新时代哲学创新与发展

主　编　董金华
副主编　李　岚

浙江工商大学出版社
ZHEJIANG GONGSHANG UNIVERSITY PRESS

·杭州·

图书在版编目(CIP)数据

新时代哲学创新与发展 / 董金华主编. — 杭州：
浙江工商大学出版社，2019.8
ISBN 978-7-5178-3298-0

Ⅰ．①新… Ⅱ．①董… Ⅲ．①哲学－中国－现代－文
集 Ⅳ．①B261－53

中国版本图书馆 CIP 数据核字(2019)第 128211 号

新时代哲学创新与发展
XINSHIDAI ZHEXUE CHUANGXIN YU FAZHAN

主　编　董金华　　　　副主编　李　岚

责任编辑　刘淑娟　　王黎明
封面设计　林朦朦
责任印制　包建辉
出版发行　浙江工商大学出版社
　　　　　（杭州市教工路 198 号　邮政编码 310012）
　　　　　（E-mail：zjgsupress@163.com）
　　　　　（网址：http://www.zjgsupress.com）
　　　　　电话：0571-88904980，88831806（传真）
排　　版　杭州朝曦图文设计有限公司
印　　刷　浙江全能工艺美术印刷有限公司
开　　本　710mm×1000mm　1/16
印　　张　21.75
字　　数　375 千
版 印 次　2019 年 8 月第 1 版　2019 年 8 月第 1 次印刷
书　　号　ISBN 978-7-5178-3298-0
定　　价　78.00 元

目　录

略论习近平新时代中国特色社会主义思想
对历史唯物主义的继承与发展[①]

赵　峰[②]

【摘　要】 习近平新时代中国特色社会主义思想是全党全国人民为实现中华民族伟大复兴而奋斗的行动指南,是党和人民实践经验和集体智慧的结晶,是中国特色社会主义理论体系的重要组成部分,是马克思主义中国化的最新成果,也是对马克思历史唯物主义的继承与发展,无处不闪烁着历史唯物主义新世界观的光辉。

【关键词】 习近平;历史唯物主义;马克思主义中国化

2018 年是马克思诞辰 200 周年,是《共产党宣言》发表 170 周年,是中国改革开放 40 周年,也是习近平新时代中国特色社会主义思想载入宪法的元年。党的十九大明确提出了习近平新时代中国特色社会主义思想,十九大通过的党章修正案把习近平新时代中国特色社会主义思想与马克思列宁主义、毛泽东思想、邓小平理论、"三个代表"重要思想和科学发展观一道作为中国共产党必须长期坚持的指导思想。党的十九届二中全会提出《中国共产党中央委员会关于修改宪法部分内容的建议》,十三届全国人大一次会议表决通过了《中华人民共和国宪法修正案》,把习近平新时代中国特色社会主义思想载入宪法。习近平新时代中国特色社会主义思想从党的指导思想转化为国家指导思想,确立了在国家政治和社会生活中的指导地位,具体展现了习近平新时代中国特色社会主义思想是党和人民实践经验和集体智慧的结晶,是中国特色社会主义理论体系的重要组成部分,是马克思主义中国化的最新成果,是对马克思历史唯物主义的继承与发展。

---

① 基金项目:本文系作者所主持国家社会科学青年项目"历史唯物主义视阈下的自由与制度研究"(项目批准号:16CZX002)的阶段性成果。

② 赵峰,中共浙江省委党校讲师,研究方向为马克思主义哲学。

一、从"现实的个人"到"以人民为中心"

在马克思之前的一切形而上学理论中,人始终是抽象的人,这一前提性的缺失使得所有旧哲学体系无一例外地走向了唯心史观的陷阱,在人类历史的谜题面前丧失了前进的方向,无论人的自由还是人的解放都成了空话。而历史唯物主义之所以是科学的世界观和方法论,正是着眼于"现实的个人及其历史活动",从而实现了整个西方哲学主题的划时代转换,把哲学的目光从天上拉回到了人间。在《德意志意识形态》中,马克思、恩格斯说:"我们不是从人们所说的、所设想出来的、想象出来的人出发,去理解有血有肉的人。我们的出发点是从事实际活动的人,而且从他们的现实生活过程中还可以描绘出这一生活过程在意识形态上的反射和反响的发展。"还说"这种考察方法不是没有前提的。它从现实的前提出发,它一刻也离不开这种前提。它的前提是人,……是处在现实的、可以通过经验观察到的、在一定条件下进行的发展过程中的人"。① 由此可见,马克思在理论建构之初就特别强调,"现实的个人"这一历史唯物主义的逻辑起点既不是从自然层面所抽象出来的被动的"物",也不是从精神层面所设想出来的缥缈的"灵",而是"在一定条件下进行的发展过程中的人"。这个过程不是一种盲目的、机械的、被动的过程,而是在具体的社会历史条件下,由活生生的"现实的个人"不断进行生命活动从而创造自己的"能动的生活过程"。历史唯物主义作为新世界观,就在于马克思对人类历史这一能动发展过程的描述是基于"现实的个人"这一主体及其生命活动即实践之上的。那么,这种"现实的个人"究竟是一种什么样的人呢?

马克思、恩格斯说:"全部人类历史的第一个前提无疑是有生命的个人的存在。因此,第一个需要确认的事实就是这些个人的肉体组织以及由此产生的个人对其他自然的关系。"同时,"一当人开始生产自己的生活资料的时候,这一步是由他们的肉体组织所决定的,人本身就开始把自己和动物区别开来。人们生产自己的生活资料,同时间接地生产着自己的物质生活本身。……个人怎么表现自己的生活,他们自己就是怎样。因此,他们是什么样的,这同他们的生产是一致的"②。"由此可见,事情是这样的:以一定的方式进行生产活动的一定的个

---

① 《马克思恩格斯选集》(第 1 卷),人民出版社 1995 年版,第 73 页。
② 同①,第 67 页。

人,发生一定的社会关系和政治关系。……社会结构和国家总是从一定的个人的生活过程中产生的。……也就是说,这些个人是从事活动的,进行物质生产的,因而是在一定的物质的、不受他们任意支配的界限、前提和条件下活动着的。"①概言之,"现实的个人"就是处在一定社会历史条件中从事实践活动的、有意识的、一切有生命的自然人,是自然性与实践性、个体性与社会性、现实性与历史性的统一,"现实的个人"构成了整个历史唯物主义理论的逻辑起点。马克思、恩格斯通过最为直观的考察,将"有生命的个人的存在"作为"全部人类历史的第一个前提",这是社会历史的现实前提而非抽象出来的理论前提,他们是"一些现实的个人",包括他们的各种实践活动及其得以生存发展的物质生活条件,正是作为历史主体的人,即"现实的、活生生的人"创造了社会历史的一切方面。也就是说,历史只不过是"现实的个人"的实践活动在时间中的展开,而历史本身则什么也没有做。人民群众通过物质生产实践"给历史规定了它的'任务'和它的'活动'",这终归是"群众的活动",人类历史的发展就是一个接一个这样的"群众的活动"的凝结。人民群众作为历史的主体,归根结底是推动社会发展的根本力量,这是历史唯物主义的基本前提和基本原理。

习近平同志在党的十九大报告中把坚持以人民为中心作为新时代中国特色社会主义思想的重要内容,他强调人民是历史的创造者,是决定党和国家前途命运的根本力量。必须坚持人民主体地位,把人民对美好生活的向往作为奋斗目标,依靠人民创造历史伟业。这些重要论述充分彰显了我们将"以人民为中心"的基本立场贯穿于习近平新时代中国特色社会主义思想的各个方面,建立在深厚的历史唯物主义哲学基础之上,体现了"现实的个人"这一历史主体在当代中国社会主义实践中的人民性特质。历史唯物主义认为,"现实的个人"是历史的主体,人民群众是不断推动人类社会向前发展的决定力量。在中国特色社会主义制度下,社会主体和国家主体都是现实的人民群众,这是实现中华民族伟大复兴中国梦的主体力量。坚持"以人民为中心"的基本立场,就要在全面深化改革的各个方面,在推动社会发展总体布局的各个环节,从根本上坚持人民主体地位。既要充分发挥人民群众的主体能动性和创造性,又要满足人民群众对美好生活的向往和追求,将发展成果惠及全体人民。

---

① 《马克思恩格斯选集》(第 1 卷),人民出版社 1995 年版,第 71—72 页。

二、从"社会基本矛盾"到"中国社会主要矛盾的变化"

对人类社会基本矛盾及其辩证运动的准确判断是历史唯物主义的核心内容之一，是对人类社会发展动力和发展机制的科学阐释。在历史唯物主义看来，人自身的实践活动构成了人类社会存在和发展的基础，这一活动包含着双重的关系，即体现人与自然之间关系的生产力和体现人与人之间关系的生产关系，而人类社会的一切文化的、法律的、政治的上层建筑便矗立在由生产关系总和所构成的经济基础之上，生产力与生产关系、经济基础与上层建筑之间的矛盾运动从根本上制约着人类历史发展的进程。正如马克思、恩格斯所说，"交往形式的联系就在于：已成为桎梏的旧交往形式被适应于比较发达的生产力，因而也适应于进步的个人自主活动方式的新交往形式所代替；新的交往形式又会成为桎梏，然后又为别的交往形式所代替。而这些条件在历史发展的每一阶段都是与同一时期的生产力的发展相适应的，所以它们的历史同时也是发展着的、由每一个新的一代承受下来的生产力的历史，从而也是个人本身力量发展的历史"。① 具体说来，生产力是作为主体的人以自身活动引起的、调整和控制人与自然界之间物质变换的能力，生产力的发展水平标志着人和自然之间的现实关系，而人与人之间在实践活动中所结成的生产关系一方面是生产的前提，另一方面又是生产的结果，二者在生产和再生产过程中的辩证运动不断推动着人类历史向前发展。更进一步，"人们在自己生活的社会生产中发生一定的、必然的、不以他们的意志为转移的关系，即同他们的物质生产的一定发展阶段相适应的生产关系。这些生产关系的总和构成社会的经济结构，即有法律的和政治的上层建筑竖立其上并有一定的社会意识与之相适应的现实基础。物质生活的生产方式制约着整个社会生活、政治生活和精神生活的过程。……社会的物质生产发展到一定阶段，便同它们一直在其中活动的现存生产关系或财产关系（这只是生产关系的法律用语）发生矛盾，于是这些关系便由生产力的发展形式变成生产力的桎梏，那时社会革命的时代就到来了。随着经济基础的变更，全部庞大的上层建筑也或快或慢地发生变革"。② 历史唯物主义通过揭示生产力与生产系、经济基础与上层建筑这一社会基本矛盾及其辩证运动，把握了人类社会发展的一般规律，为我们认

---

① 《马克思恩格斯选集》（第1卷），人民出版社1995年版，第124页。
② 《马克思恩格斯选集》（第2卷），人民出版社1995年版，第32页。

识和把握当今中国社会主要矛盾和根本任务提供了理论原则。以习近平同志为核心的党中央运用这一历史唯物主义的方法，对我国社会主要矛盾变化做出了科学而又重大的判断，这一判断构成了习近平新时代中国特色社会主义思想的重要组成部分。

党的十九大报告指出："中国特色社会主义进入新时代，我国社会主要矛盾已经转化为人民日益增长的美好生活需要和不平衡不充分的发展之间的矛盾。"这是以习近平同志为核心的党中央基于中国特色社会主义进入新时代，我国发展处在新的历史方位提出的重大战略判断，其判断依据是十八大以来我国所取得的全方位、开创性的发展成就和深层次、根本性的社会变革。近代以来，我国社会主要矛盾出现过六次大的变化，而每一次社会主要矛盾的确定，都是深刻总结历史正反两方面的经验和教训、顺应社会发展大势的重大认识。中华人民共和国成立之前，中国社会的主要矛盾是人民大众与帝国主义、封建主义和官僚资本主义的矛盾；中华人民共和国成立到土改完成之前，人民大众同帝国主义、封建主义和国民党残余势力之间的矛盾成为主要矛盾；而1953年到1956年，我们对社会主要矛盾的判断则是无产阶级和资产阶级之间的矛盾；1956年党的八大把社会主要矛盾表述为"人民对于建立先进的工业国的要求同落后的农业国的现实之间的矛盾，人民对于经济文化迅速发展的需要同当前经济文化不能满足人民需要的状况之间的矛盾"；1981年的十一届六中全会则修改为"人民日益增长的物质文化需要同落后的社会生产之间的矛盾"；如今，党的十九大指出"人民日益增长的美好生活需要和不平衡不充分的发展之间的矛盾"已成为我国社会的主要矛盾。从历史变化中可以看到，近代以来我国社会的前三对主要矛盾为阶级矛盾，而后三对主要矛盾则为发展矛盾。实践证明，能否正确地认识社会主要矛盾、恰当地把握社会矛盾运动，并以此来探寻社会发展的规律趋势和根本任务，事关中国特色社会主义的前途和命运。在改革开放40周年的今天，中国人民的物质生活已经发生了翻天覆地的变化，人民群众的需要也在不断丰富、不断提高，需要的主要形态也从生存需要向发展需要跃迁。正如十九大报告所讲，目前我国"发展质量和效益还不高，创新能力不够强，群众在就业、教育、医疗、居住、养老等方面面临不少难题"，这些发展不平衡、不充分的问题，导致人民对美好生活的追求和向往受到了一定程度的制约，发展的不平衡、不充分是我国当前更为突出的矛盾。以习近平同志为领导核心的党中央自觉运用历史唯物主义的科学方法，正确分析我国基本国情和历史方位，做出我国社会主要矛盾已经发生变化这一科学判断。

中国社会主要矛盾发生变化这一历史性判断,丰富和发展了历史唯物主义关于社会基本矛盾的理论内容,是马克思主义在 21 世纪的新发展和马克思主义中国化的新成果。马克思、恩格斯揭示了关于社会基本矛盾及其辩证运动的规律,列宁在此基础上提出了资本主义与帝国主义矛盾发展不平衡的理论,毛泽东首先完整提出对社会主要矛盾的把握,邓小平正确认识和把握了改革开放新时期中国社会的主要矛盾。十九大报告对我国社会主要矛盾变化做出的重大判断,抓住了新时代中国特色社会主义的主要特征,是习近平新时代中国特色社会主义思想的重要内容。这一重要论断,既是推动中国特色社会主义事业发展进步的重要前提,又是党和国家制定新的路线方针政策的基本依据,同时也为世界发展贡献了中国方案,极大地推动了历史唯物主义在当代的进步和发展。

三、从"世界历史"到"人类命运共同体"

在历史唯物主义的话语体系中,"世界历史"大致有两层含义:一是指人类社会诞生以来的整个历史,即人类现实生活的历史。这一点马克思曾在《1844 年经济学哲学手稿》中加以说明,即"整个所谓世界历史不外是人通过人的劳动而诞生的过程,是自然界对人说来的生成过程"[①]。二则特指随着生产力的发展和交往的相互影响,各个国家、民族、地区之间由原本狭隘、分散、相对独立的地域性发展状态日益走向统一的相互影响、相互联系、相互制约的整体发展状态的历史趋势,即"各个相互影响的活动范围在这个发展过程中越是扩大,各民族的原始封闭状态由于日益完善的生产方式、交往以及因交往而自然形成的不同民族之间的分工消灭得越彻底,历史也就越成为世界历史"[②]。我们这里所讲,特指"世界历史"的第二重含义。在马克思看来,不断向前发展的生产力水平是历史向世界历史转变的根本动力。由于生产力水平的提高,分工的种类和范围逐渐扩大,人与人之间的交往形式和由此形成的社会关系日益丰富,最终导致世界市场的建立,从而使世界各国家、民族和地区都卷入了无法置身事外的联系和交往之中,所有人和社会的生产、生活都只能在日益紧密的相互依赖和相互制约中存续并发展下去。同时,世界历史促使现代资本主义社会的基本矛盾世界化,在世界历史条件下,"对于某一国家、某一民族内部来说,完全没有必要等这种矛盾在

---

① 《马克思恩格斯文集》(第 1 卷),人民出版社 2009 年版,第 194 页。

② 《马克思恩格斯选集》(第 1 卷),人民出版社 1995 年版,第 88 页。

这个国家本身中发展到极端的地步。由广泛的国际交往所引起的同工业比较发达国家的普遍竞争就足以使工业比较不发达的国家内产生类似的矛盾，在资本主义条件下，劳动越来越具有社会性、国际性。但资本却逐渐为少数个人和集团所占有，这一世界性的矛盾只有共产主义的方式来解决。因此，共产主义是世界历史内在矛盾运动的必然产物"①。由此可以看出，"世界历史"理论本身就隐含着人类生命活动的相互依赖性以及由此展开的历史发展趋势，即全球化运动和建构人类命运共同体的现实可能性。

尽管马克思、恩格斯没有亲眼见证当今的全球化时代，但他们对于人类历史，特别是对资本主义以来的人类历史所进行的研究，以及在这一研究过程中所采取的历史唯物主义的立场、观点和方法，仍然是我们把握全球化这一历史大趋势的最重要的理论依据。按历史唯物主义的观点，当今的全球化运动不过是人类历史不断向世界历史转化的一个阶段，是世界历史这一发展趋势的深化。面对全球化的浪潮，一个国家、民族或地区想要孤立于世界历史之外单独发展越来越不可能。全球化将各个国家、民族和地区越来越紧密地联系为一个不可分割的整体，作为后发外生型的现代化国家，中国只有坚持马克思历史唯物主义的原则，以更加积极的姿态、更高质量的开放融入"世界历史"之中，推动全球化运动朝着人类历史更加文明进步的方向发展。

党的十九大报告指出，坚持和平发展道路，推动构建人类命运共同体。从逻辑上看，构建人类命运共同体就是将人类生命活动中自然的相互依赖性转化为自觉探索人类社会历史发展大趋势的共同实践，是立足本国家、本民族的发展而又超越国家、民族逻辑的历史性视野，是既合理继承、控制全部资本主义文明成果又推动资本逻辑自我扬弃的批判性理论。构建人类命运共同体是习近平新时代中国特色社会主义思想的重要组成部分，这既是世界历史发展到当今时代的现实要求，也是对马克思、恩格斯历史唯物主义理论的继承与发展；既是对世界历史发展规律的自觉把握，又是对资本主义生产方式的历史性扬弃，具有十分重要的世界历史意义。

四、从"哲学的现实世界转向"到"对美好生活的追求和向往"

从总体上看，马克思之前的全部哲学都可以算作形而上学，即以追求超验世

---

① 向延伸：《马克思世界历史理论研究》，湖南大学出版社 2007 年版，第 106 页。

界之本质为目的的哲学形态,马克思及其构建的历史唯物主义实现了西方哲学史由天上到人间、由知识论到存在论的革命性变革。西方哲学传统向来习惯于将原本统一的世界在理论上划分为两个不同的世界:如柏拉图的"可知世界"与"可感世界"、叔本华的"作为意志的世界"与"作为表象的世界",无论称谓如何,"现实世界"与"先验世界"的对立成为马克思之前所有旧哲学面临的难题,其关键便在于形而上学把所有的热情都投入到了神秘的"先验世界"之中。传统哲学家们习惯于把本体同人的活动相分离,使存在成为一种抽象的东西,本体成为抽象的本体,人也成为抽象的人,所以难以认识现实的人和现实的世界。马克思也遵循了西方哲学"两个世界"的传统,但区别在于,他所建构的历史唯物主义拒斥一切形而上学的抽象原则,而是以人为主体、以实践为原则、以人类解放为旨趣、以人类历史的现实发展为主题所构建起来的,是不同于任何形而上学的全新的唯物主义世界观。历史唯物主义的出现把哲学的目光重新拉回到了人和人的现实生活之中,使哲学主题从"世界何以可能"转向了"人类解放何以可能",实现了西方哲学从认识论向"现实世界"的转向。

按照历史唯物主义的观点,"现实的个人"总是存在于"现实世界"之中的。马克思明确地指出历史是包括两个方面的:自然史和人类史。只要有人的存在这两方面就是彼此交织、相互制约的,而自然史与人类史交织在一起彼此制约、相互交织所构筑的世界便是现实世界。马克思所说的现实世界也就是人类世界,是通过人的实践活动改造之后所形成的、人们生活于其中的"感性世界",是自然与人类社会二位一体的世界。马克思承认自然界的先在性和优先地位,但在现实世界中,自然界的优先地位必须被置于人的实践活动中去理解,现实世界当然包括自然界,但这个自然界已不是原生态的自然界,而是打上了人类烙印的"人化自然"。马克思通过对现实世界的论述把哲学的聚焦点从宇宙本体转向了人类世界,不但实现了哲学思维方式的变革,也把人类历史图景更加明晰地勾勒了出来:自人类产生之日起,由于人独特的生存方式——实践,在客观世界的基础上分化出一个人类世界,人类史和自然史便以实践为基础相互交织、彼此制约,形成了人类生活于其中的现实世界,这个现实世界形成和发展的现实过程也就是马克思所说的历史,即人的生活本身。

习近平新时代中国特色社会主义思想继承了历史唯物主义"向现实生活世界转向"的精神实质,植根于中国人民的切身利益与美好愿望,提出了"人民对美好生活的向往,就是我们的奋斗目标"。这与中国人民的幸福追求、发展愿景、美好生活融为一体,是生活化的、有生气的马克思主义新思想。正如习近平同志所说,中国共产党在中国执政,就是要带领人民把国家建设得更好,让人民生活得更好,要牢记把握人民对美好生活的向往。在十九大报告中,习近平同志再一次强调,带领人民创造美好生活,是我们党始终不渝的奋斗目标。习近平新时代中国特色社会主义思想的主题是新时代坚持和发展中国特色社会主义,而在习近平同志看来,中国特色社会主义道路是实现社会主义现代化、创造人民美好生活的必由之路。一言以蔽之,学习和贯彻习近平新时代中国特色社会主义思想,坚持和发展中国特色社会主义,其价值旨归还是在于创造人民所向往和追求的美好生活。

党的十九大报告以"八个明确"和"十四个坚持",具体展现了习近平新时代中国特色社会主义思想的丰富内涵,这对推进新时代中国特色社会主义发展、实现中华民族伟大复兴的中国梦,具有十分重要的现实意义和深远的历史意义。习近平新时代中国特色社会主义思想是全党全国人民为实现中华民族伟大复兴而奋斗的行动指南,是党和人民实践经验和集体智慧的结晶,是中国特色社会主义理论体系的重要组成部分,是马克思主义中国化的最新成果,也是对马克思历史唯物主义的继承与发展,无处不闪烁着历史唯物主义新世界观的光辉。

【参考文献】

[1] 马克思恩格斯全集[M].北京:人民出版社,2006.

[2] 马克思恩格斯选集[M].北京:人民出版社,1995.

[3] 列宁选集[M].北京:人民出版社,1995.

[4] 毛泽东选集[M].北京:人民出版社,1991.

[5] 习近平关于全面深化改革论述摘编[M].北京:中央文献出版社,2014.

[6] 习近平谈治国理政:第2卷[M].北京:外文出版社,2017.

[7] 习近平谈治国理政:第1卷[M].2版.北京:外文出版社,2018.

"四个全面"的唯物史观阐释①

曾帮飞② 　 金 　 忠③

【摘　要】 　唯物史观是科学的社会历史观,为人类正确认识和改造世界提供了指南。"四个全面"是发展中国特色社会主义伟大事业的强大精神动力,是唯物史观的当代运用。"四个全面"是我党遵循唯物史观方法论基本原则来解决当前中国社会突出问题的必然结果。它反映了社会存在与社会意识的辩证关系原理,彰显实践原则,坚持人民群众创造历史的基本观点,体现了唯物史观的群众观点。

【关键词】 　唯物史观;四个全面;战略布局

党的十八大以来,以习近平同志为核心的党中央统筹推进"五位一体"总体布局、有力实施"四个全面"战略布局,中国特色社会主义进入了新的发展阶段。马克思在《关于费尔巴哈的提纲》中强调:哲学家不应当囿于解释世界,哲学只有被付诸实践才能展现其生命力,因为"问题在于改变世界"④才能"批判性地反思实践活动和规范性地矫正实践活动"⑤。唯物史观(即历史唯物主义)是马克思主义哲学的重要组成部分,科学地揭示了人类社会发展的一般规律,是人类认识世界和改造世界的理论指南。"唯物主义历史观已经不是假设,而是科学地证明了的原理"⑥。习近平总书记多次强调,应"推动全党学习历史唯物主义基本原理和方法论"⑦,以更好地认识国情、党情和社会历史发展规律,更加顺利地开展

---

① 　基金项目:国家社会科学基金项目"我国城市社区直选模式比较分析研究"(13BZZ008)。

② 　曾帮飞,宁波大学马克思主义学院硕士研究生,研究方向为马克思主义政治学。

③ 　金忠,宁波大学马克思主义学院硕士研究生,研究方向为马克思主义政治学。

④ 　《马克思恩格斯选集》(第1卷),人民出版社2012年版年版,第136页。

⑤ 　孙正聿:《哲学通论》,复旦大学出版社2014年版,第292页。

⑥ 　《列宁选集》(第1卷),人民出版社1995年版,第10页。

⑦ 　《习近平:推动全党学习和掌握历史唯物主义更好认识规律更加能动地推进工作》,《人民日报》2013年12月5日,第1版。

工作。"四个全面"战略布局正是以习近平为核心的党中央坚持历史唯物论,对新的历史条件下治国理政这一重大课题的深邃思考的重要成果,是新一届党中央坚持全面推进中国特色社会主义的重大战略部署,是中国共产党治国理政的全新布局,它具有很强的历史逻辑与现实逻辑。"四个全面"中的"每一个'全面'",又是自成一整套的创新性的系统思想,具有很强的现实针对性,闪烁着"辩证唯物主义和历史唯物主义的理论光辉"①,"四个全面"深刻体现了唯物史观的本质要求,再次展现了唯物史观的强大生命力,是马克思主义唯物史观的当代运用。

一、"四个全面"战略布局体现社会存在与社会意识的辩证关系

马克思主义唯物史观正确解决了社会存在与社会意识的关系问题。这是任何一种社会历史理论都无法回避的首要问题,是社会历史观的基本问题。马克思主义唯物史观是社会历史观的一次伟大变革。唯物史观诞生以前,唯心史观一直占统治地位。马克思在批判唯心史观时深刻地指出:以前的历史观,或是无视现实基础,或是脱离历史过程,或是处在现实之外,致使"现实的生活生产被看成是非历史的东西,而历史的东西则被看成是某种脱离日常生活的东西,某种处于世界之外和超乎世界之上的东西"②。因此,这种历史观描述和解释历史时代的时候只能在"纯粹的精神领域""一般理论的斗争"中寻求答案。唯物史观指出,"不是意识决定生活,而是生活决定意识"③。意识依赖于物质,是社会的产物,随着物质生产的发展而发展。占统治地位的物质关系必然在观念上表现为思想上的统治地位。社会存在是社会物质生活条件的总和,作为其核心的物质资料的生产方式决定了社会生活、政治生活和精神生活的一般过程。"人们的社会存在决定人们的意识。"④

"四个全面"战略布局属于社会意识范畴,它正是从我国基本国情出发,基于现实的社会存在,即我国现在社会物质条件的总和而形成和发展的。⑤ 我国经

---

① 人民日报社评论部:《"四个全面"学习读本》,人民出版社 2015 年版,第 5 页。
② 《马克思恩格斯选集》(第 1 卷),人民出版社 2012 年版,第 173 页。
③ 同②,第 152 页。
④ 《马克思恩格斯选集》(第 2 卷),人民出版社 2012 年版,第 2 页。
⑤ 王钰鑫:《"四个全面"战略布局的哲学意蕴与展望——兼谈坚持和发展 21 世纪中国的马克思主义哲学》,《思想教育研究》2015 年第 8 期,第 34—38 页。

济总量已从世界第六位上升到第二位,但人均 GDP(约 8016 美元,2015 年国家统计局公布)与美国、日本、德国、英国等发达国家相比仍有很大差距,在全球 200 个国家和地区中仍处在 80 位以外。党中央立足基本国情,直面发展困境,创新宏观调控方式,破解经济社会发展难题,统筹改革发展稳定,各项举措力度空前,经济社会发展进入新常态。所谓新常态是指增长速度从高速向中高速转变;经济发展更加注重质的提升;经济结构优化升级,动力机制从要素驱动、投资驱动向创新驱动转变等。这些新常态是当前中国经济社会发展的阶段性特征,是我国社会存在出现的新变化和新特点。我们应科学分析当前形势,准确研判未来走势,必须历史辩证地认识我国经济发展的阶段性特征。社会存在决定着社会意识。2014 年 12 月,习近平总书记在江苏调研时强调指出,要主动把握适应经济新常态,协调推进"四个全面"发展战略,助力中国特色的社会主义现代化建设。可见,"四个全面"的提出,是立足于基本国情,立足于中国经济社会发展现状所做出的治国理政的基本理念与顶层设计,以适应并引领新常态。新常态意味着发展更科学,是全面协调、高质量、优效益的可持续发展。全面建成小康是更高层次的整体性目标,涵盖经济、政治、文化、社会、生态多个领域,它内在要求着不断提高经济发展质量和效益。新常态要求加快转变经济发展方式、推动经济结构优化升级。全面深化改革不是局部性的体制机制调整,而是自我革命式的全面革新,为转方式、调结构提供根本动力。新常态要求加快形成统一透明和规范有序的市场环境,全面依法治国和全面从严治党分别为解决这些现实问题提供法治保障和领导力量。① "四个全面"战略布局正是遵循社会存在与社会意识的辩证关系原理,"以我国现时代的社会存在为基础"②,准确把握了基本国情的新变化,才能成为新时期我党治国理政的新布局和新创造,成为全面推进中国特色社会主义建设的战略性抓手。

唯物史观指出,在社会存在决定社会意识的基础上,社会意识对社会存在具有能动的反作用,这是社会意识相对独立性最突出的表现。社会意识的正向的能动作用有助于改善社会存在。"四个全面"战略布局作为社会意识,来源于社会存在,又具有极强的战略前瞻性,指明了未来中国社会发展的前进方向,是坚持和发展中国特色社会主义的重要指导思想和行动指南。因此,正确认识和把握"四个全面"战略布局,不仅要看到它的形成与发展是由社会主义初级阶段基

---

① 管清友:《用"四个全面"引领经济新常态》,《人民日报》2015 年 8 月 5 日,第 1 版。
② 习近平:《推动全党学习和掌握历史唯物主义更好认识规律更加能动地推进工作》,《人民日报》2013 年 12 月 5 日,第 1 版。

本国情的发展变化决定的,也要认识到它作为马克思主义中国化的最新理论成果,深化了对社会发展等规律的认识,是发展中国特色社会主义事业的强大精神动力。"四个全面"战略布局有目标有举措,鲜明彰显了中国人民勇于开拓的精神品质,充分展现了中国共产党实现民族复兴的坚定信念,彰显了中国人民锐意进取的精神品质,反映了最广大人民群众的根本利益,必将激励全国人民树立共同的价值目标。应不断加深对"四个全面"战略思想的理性认同和实践自觉,充分调动广大人民群众的积极性,促进"四个全面"的贯彻落实,共同开辟中国特色社会主义道路的新境界,从而对现有的社会存在产生巨大的推进和改善作用,充分体现社会意识的相对独立性。

二、"四个全面"战略布局彰显了唯物史观的实践原则

唯物史观认为,现实的人在一定的生产条件下所从事的物质资料生产活动是社会历史的重要前提,人类社会历史发展进程是人类实践的发展史。唯物史观找到了说明社会历史现象的逻辑起点和理论支点,实现了社会发展规律的客观性与人的历史活动主观能动性的统一。唯物史观从实践出发揭示人类社会的本质,一切社会历史现象和问题都要从人的实践活动,特别是从人的物质资料生产实践中寻找答案。因此,不能离开人的实践去考察人类社会,实践是社会发展的根本动力。马克思主义唯物史观深刻揭示了实践在人类社会形成和发展过程中的地位和作用,阐明了"社会生活从本质上是实践的",从而在根本上批判了一切旧历史观的局限性,科学解决了社会历史基本问题。唯物史观也只有立足于实践,才能得到合理科学的理解,其理论意义和实践价值才能得到实现和巩固,实践原则是唯物史观的重要原则。

"'四个全面'战略布局基于我国社会发展的现实需要、回应人民群众的热切期待和解决我国面临的突出矛盾的过程中提出来的。"[①]这是对"四个全面"战略布局提出的社会历史条件和时代背景的精辟阐述和高度概括。它表明了"四个全面"战略布局来源于中国社会发展的具体实践,是关于如何将中国建设成富强民主文明和谐的社会主义现代化国家的战略性布局。它以新时期的实践要求为依据,以实践中出现的问题为导向,充分彰显了唯物史观的实践原则,具有鲜明的实践特色。因此,应遵循唯物史观的实践原则,全面理解和正确把握"四个全

---

① 曲青山:《"四个全面"战略布局是党治国理政的"牛鼻子"》,《光明日报》2015 年 7 月 13 日,第 1 版。

面"战略布局。

全面建成小康社会是我国现代化建设的阶段性目标,具有坚实的实践基础。从邓小平在20世纪70年代末80年代初提出"小康社会"的战略构想至党的十八大第一次正式提出"全面建成小康社会",贯穿其中的是中国人民追求幸福生活的生动历史实践,产生了许多重要的认识成果,包括著名的"三步走"发展战略。党的十五大把发展战略进一步具体化。经过全国人民的不懈努力,三十年实践硕果累累,2000年全国人民的生活总体上达到小康水平,顺利实现了"三步走"发展战略的第一、第二步目标。十六大以来,我国发展处于重要战略机遇期,全国人民勇迎挑战,奋力把中国特色社会主义推进到新的发展阶段。目前我国已经成为世界第二大经济体,社会生产力、科技实力、国际竞争力、综合国力等都迈上一个大台阶,人民生活水平显著提高,全面建成小康社会之路顺利推进。

改革是社会发展的直接动力。党的十一届三中全会拉开改革开放的帷幕,历经中国济体制改革的全面展开、确定市场经济是社会资源配置的方式、建设新农村、加强和改进党的建设、加强社会管理和创新、文化体制改革等。改革由浅入深、由乡村到城市、由经济领域不断向政治领域、社会管理领域、文化领域、党的建设领域等拓展,范围越来越广,力度也越来越大。党的十八大提出"全面深化改革",党的十八届三中全会确立其指导思想并做出系统部署。全面深化改革是改革发展进入深水区和攻坚期的反映,是中国特色社会主义实践道路不断拓展的反映,也是党中央针对社会利益樊篱形成、发展动力不足等实践中出现的问题的重视并着力解决的反映。可见,全面深化改革深深植根于我国经济社会发展的实践基础之上。

依法治国是国家治理体系现代化的基本特征。全面依法治国是在党领导人民有效管理国家的长期实践中形成的认识成果。党的十一届三中全会确立的社会主义法制建设的16字方针是依法治国方略的思想基础,党的十五大正式提出"依法治国",1999年"依法治国"被写入宪法。党的十七大提出要全面落实依法治国基本方略。党的十八届四中全会对依法治国进行了总体部署与全面规划。全面依法治国是保障社会系统良性运行的基础。我国正处于社会发展转型期,改革进入深水区,社会发展的复杂性和不平衡性造成社会矛盾尖锐化,群体性事件等引发的社会不稳定会阻碍全面建成小康社会目标的实现,加大改革的难度。全面依法治国是解决社会矛盾的制度保障。大力发挥法治的引领和规范作用,有利于调节社会关系、维护社会稳定、平衡社会利益、保障公平正义、规范社会行为。全面依法治国是在党领导人民有效管理国家的长期实践中形成的认识成果。

从严治党是中国共产党治党的重要原则，是各项工作顺利推进的根本保证。党的十四大通过的《中国共产党章程（修正案）》将"从严治党"写进党章，这标志着我们党正式将"从严治党"作为管党治党的根本原则。在社会转型和全面深化改革的关键时期，党面临着"四大考验"和"四大危险"，反腐败斗争形势依然严峻。必须以更严格的标准管党治党，实现党建内容的全覆盖和严要求。全面从严治党不仅着眼于管党治党，而且着眼于治国理政。2014 年 12 月，习近平总书记在江苏调研时明确提出"全面从严治党"，并将之纳入治国理政的总体框架，从而开启了党建的新常态。2016 年 10 月闭幕的党的十八届六中全会通过《中国共产党党内监督条例》，对"全面从严治党"展开扎实部署。中国共产党是执政党，全面从严治党、永葆党的纯洁性和先进性是中国特色社会主义事业顺利推进的实践要求，是人民的期盼。可见，全面从严治党是在继承优良传统和推进党的建设伟大工程的具体实践中形成的认识成果，是推进伟大事业和伟大工程的必然要求。

另一方面，应深入把握和实现"四个全面"战略布局思想的实践价值，即在实践中协调推进"四个全面"，大力发挥战略布局对社会主义实践的引领作用。唯物史观认为，在社会实践基础上产生的科学理论正确反映了社会发展的客观规律，应用于实践会促进人类社会的发展。社会实践的主体是人民群众。"四个全面"战略布局指引下的人民群众能动的实践活动可以创造出强大的物质财富和精神财富，这是社会意识相对独立性最突出的表现，也是"四个全面"战略布局的实践价值的实现过程。"四个全面"概括了中国特色社会主义建设的战略布局、战略方向和战略重点，它来于"实践，并回到实践中指导实践，它既是社会发展规律的深刻揭示，也是坚持和发展中国特色社会主义的基本遵循"①。"四个全面"是中国共产党人和中华民族伟大社会实践的认识升华，它的提出和深入开展，必将有力地促进中国现代化事业的快速发展，深刻影响中华民族伟大复兴的历史进程，推动中国梦社会实践的价值追求。

"四个全面"中每一个"全面"都是在新的实践条件下对社会发展规律（包括社会主义建设规律、马克思主义执政党建设规律）认识的进一步深化，遵循着实践逻辑。从历史方位来看，"四个全面"战略布局是在社会主义国家诞生近 100 年、中国社会主义实践 60 多年、改革开放 30 多年之际提出的，其形成与发展经

---

① 罗志军：《"四个全面"战略布局研究丛书·总论》，江苏人民出版社 2015 年版，第 5 页。

历了很长的历史跨度,是中国共产党长期实践探索中的认识成果。"四个全面"战略布局是马克思主义中国化、时代化、大众化的最新成果,必将推动社会主义现代化顺利进行。总之,应遵循唯物史观的实践原则,将"四个全面"战略布局看作是一个理论在实践基础上不断升华过程中的成果;应从建设中国特色社会主义的历史实践中去理解和把握它的产生,在实践中把握"四个全面"战略布局的理论生长点及其价值功能的具体指向,并在今后的生动实践中不断充实和发展。

三、"四个全面"战略布局坚持了唯物史观的方法论

"四个全面"战略布局是我国经济社会发展的时代产物。要准确理解和把握它的形成与发展过程以及内在的科学意蕴,应深入了解它包含的唯物史观的方法论原则。方法论是认识世界和改造世界的根本方法。恩格斯多次强调历史唯物主义是研究方法,认为如果仅是机械地把它当作"现成的公式,按照它来剪裁各种历史事实,那它就会转变为自己的对立物"[①]。因此,正确的方法应以马克思主义唯物史观作为方法论的指导,对具体历史过程、事件或人物进行具体分析,它是我们观察社会问题、分析社会问题和解决社会问题的根本方法。马克思在《德意志意识形态》一文中对唯物史观分析社会历史问题的基本方法做过精辟的阐述。"国家活动不是抽象的绝对精神的指引,而是存在于并受制于各个不同阶段的市民社会。市民社会是同直接生活的物质生产方式相联系并由其产生的交往形式。应从市民社会出发阐明资本主义社会的各种不同的理论产物和形式,并追溯他们的产生和发展过程。"[②]从社会经济基础出发、从社会经济关系出发来观察和分析人类社会,这是唯物史观与唯心史观在方法论上的根本区别。正确处理生产力与生产关系两者的关系,并着眼于是否有利于发展社会主义经济基础来深化上层建筑的体制改革,是唯物史观方法论的首要原则。"四个全面"战略布局的提出是当前我党正视和分析社会基本矛盾的产物,是我党遵循唯物史观方法论基本原则来解决当前社会突出问题的必然结果。

全面建成小康社会,位于"四个全面"战略布局的首要位置。它是我们党依据社会主义社会基本矛盾的性质、中国社会所处发展阶段等所做的科学判断。它意指:现阶段我国社会生产力水平还比较低,与发达国家相比仍存在较大差

---

① 《马克思恩格斯文集》(第 10 卷),人民出版社 2009 年版,第 583 页。
② 《马克思恩格斯选集》(第 1 卷),人民出版社 2012 年版,第 171 页。

距。城乡发展不平衡、经济增长质量不高且环境代价巨大等问题不容忽视。生产力是社会发展的最终决定力量。"四个全面"战略布局首先明确了当前中国社会的主攻任务仍是进一步发展社会生产力,全党的中心工作仍是经济建设。这就需要我们全面建成小康社会以解决社会基本矛盾。

认真实施"十三五"规划,深刻体会并认真践行"五大发展理念",分析并补齐全面建成小康社会的短板,提高生产力水平,从而实现中国经济的持续健康发展和人民生活水平全面提高。当前社会资源分配欠公平,既得利益集团形成,成为我国中国特色社会主义建设之路上的主要障碍之一,全面深化改革的战略思想应运而生。[①]"我们提出的进行全面深化改革,就是要适应我国社会基本矛盾运动的变化来推进社会发展"[②],是依据于经济基础发展的要求,明确了发展仍是解决我国所有问题的关键。全面深化改革中对生产方式和交换方式进行重组与改进等,从本质上说就是解放生产力和发展生产力,以解决束缚生产力发展的体制机制问题,实现生产力与生产关系的动态平衡。

全面依法治国、全面从严治党属于上层建筑层面的体制性改革,聚焦治国理政和制度重建。它们是解决社会基本矛盾的制度保障与领导力量,有利于增强中国特色社会主义制度自我完善和不断发展的生机活力。全面依法治国是依据生产力的发展和由之决定的经济基础的发展的要求,对宪法、法律等思想上层建筑进行制定或修改,从而构建依法治国的现代社会,以提高政府和司法的公信力,建立更公平的利益分配结构,释放和激发人民群众的积极性和创造力,扭转经济下行局面,实现中国经济的转型升级。全面从严治党,要求共产党更加严格执行和遵循组织纪律,准确把握时代发展趋势,在适时调控生产方式和交换方式的过程中发挥领导作用。进言之,全面从严治党旨在提升执政党形象,增强领导力量,提高公众对意识形态的认同与信任,以适应和促进社会主义经济基础的发展。社会基本矛盾总是不断运动着,因此需要大力发挥经济体制改革的牵引作用,不断地调整和完善生产关系和上层建筑以满足生产力和经济基础的发展要求,从而推动生产关系同生产力、上层建筑同经济基础相适应。"改革没有完成时,只有进行时。"可见,全面理解和正确把握"四个全面"战略布局,应从社会基本矛盾的发展演化入手,注重把握其内在丰富的唯物史观的方法论意蕴。

---

① 双传学:《唯物史观:"四个全面"的理论基石》,《南京大学学报》(社会科学版)2015年第5期,第5—12页。

② 习近平:《推动全党学习和掌握历史唯物主义更好认识规律更加能动地推进工作》,《人民日报》2013年12月5日,第1版。

唯物史观强调从社会经济基础出发来观察分析人类社会的同时，应从整体上把握社会结构，社会各因素相互作用，社会是不断发展的有机整体。应从社会整体出发、从社会内部各组成部分的相互作用以及人类社会与自然环境的相互作用中进行研究，全面分析社会各要素。"四个全面"战略布局强调发展的全面性、注重发展的协调性，是对唯物史观社会有机体分析方法的全面坚持与正确运用，努力实现社会主义社会的全面协调发展。正基于此，准确理解"四个全面"战略布局，应将其看作一个科学完整的有机整体，注重把握每一个"全面"之间的相互联系、相互促进、相互支持的内在逻辑关系。

"四个全面"战略布局的显著特征是全面协调推进，它涵盖了经济、文化、政治、法治、党建等诸多领域，致力于实现人与自然、人与社会、人与自身的和谐发展，"不留死角、不留空白"。它将发展目标、动力机制、法治保障和政治保证整合为一体，以一种全面建设和创新发展的全新视角，展现了党治国理政的新思路和新布局。从逻辑结构分析，"四个全面"中的每一个全面之间相互联系，相辅相成，共同构成一个严密的逻辑体系。它们是发展中国特色社会主义，实现民族复兴的"一体三翼"。"四个全面"战略布局是更注重发展的系统性、整体性、协调性的必然选择，也是我们坚持和运用唯物史观社会有机体分析方法的必然结果。

四、"四个全面"战略布局坚持人民群众创造历史的基本观点

人民群众创造历史，他们是推动历史进步的根本力量，这是唯物史观的重要观点。人民群众创造历史的决定性作用体现在生活的各个方面。他们是社会物质财富和精神财富的创造者，是社会变革的决定性力量。人民群众是马克思主义政党的根基。"人民对美好生活的向往，就是我们的奋斗目标"[1]；"党的一切工作，必须以最广大人民根本利益为最高标准，做到一切为了群众，一切依靠群众"[2]。"四个全面"战略布局正是对这一基本观点的坚持和运用，每一个"全面"都与人民群众的切身利益有着密切联系。进言之，"四个全面"战略布局贯穿着"人民群众是历史的创造者"的基本观点，始终坚持以人民为中心，肯定人民的主体地位，以促进社会公平正义为目标，顺应民心，体现民意。

首先，全面建成小康社会是对人民热切期盼美好生活的回应。全面建成小

---

① 习近平：《人民对美好生活的向往就是我们的奋斗目标》，《人民日报》2012 年 11 月 16 日，第 4 版。
② 习近平：《在纪念毛泽东同志诞辰 120 周年座谈会上的讲话》，《人民日报》2013 年 12 月 27 日，第 2 版。

康社会,作为第一个百年奋斗目标和"四个全面"的龙头,它着眼于人民群众对美好生活的期盼,着眼于实现人的全面发展。从"解决温饱"到"更加宽裕"、从"总体小康"到"全面小康"、从"全面建设小康"到"全面建成小康",它不仅表明党对建设小康社会的认识在不断深化,还生动地勾勒了人民群众的心愿图谱。全面建成小康社会,旨在使人民生活更加殷实,努力顺遂人民群众的心愿。它是"国家物质力量和精神力量都增强,全国各族人民物质生活和精神生活都改善"的全面小康。"社会主义现代化建设的极其艰巨复杂的任务摆在我们面前。""党只有紧紧地依靠群众,密切联系群众,随时听取群众的呼声,了解群众的情绪,代表群众的利益,才能形成强大的力量,顺利完成自己的各项任务。"①人民群众是历史的创造者,全面建成小康社会只有依靠人民的力量才能实现。人民的支持是顺利完成全面建成小康社会战略目标汩汩不息的力量源泉。

其次,推进全面深化改革是为了让发展成果更多更公平地惠及人民,做大"蛋糕",更要分好"蛋糕",让人民群众有更多的获得感,不断调动人民群众的积极性。党的十八届三中全会《中共中央关于全面深化改革若干重大问题的决定》将"坚持社会主义市场经济改革方向,以促进社会公平正义、增进人民福祉为出发点和落脚点"作为全面深化改革的根本方针和基本要求,深刻体现了马克思主义唯物史观。全面深化改革中,应悉心听取群众意见,积极回应群众需求。从人民群众最关心的现实利益问题中提炼改革项目,拟定改革措施,完善改革方案,从而打破利益藩篱,让人民群众在改革中多得实惠。人民群众是历史创造者,应以人民群众为主体和依靠力量,尊重人民群众的首创精神,充分调动人民群众的积极性、主动性和创造性。人民既是全面深化改革的主体,也是全面深化改革的受益者。全面深化改革只有依靠人民才更有力量,全面深化改革只有为了人民才更有意义。

再次,全面依法治国是促进社会公平正义、保障人民权益、增进人民福祉的制度保障。它以实现社会公平正义为价值追求,以保障人民群众安居乐业为奋斗目标,是小康社得以全面建成的基础。2013 年 10 月,十二届全国人大常委会公布的五年立法规划项中,进一步加强了与人民群众利益密切相关领域的立法,修改了食品安全法、行政复议法、安全生产法、社会求助法等法律。中共十八届四中全会对依法治国进行了总体部署与全面规划,标志着我国依法治国进入了"快车道"。全面依法治国,要求以法治思维和法治方式实现人民群众多元利

---

① 《邓小平文选》(第 2 卷),人民出版社 1994 年版,第 342 页。

益需求,要让人民群众合理行使当家做主的权利,维护人民当家做主的地位;要让人民群众在人大每一次立法、政府每一项执法措施中都感受到法治精神和公平正义,确保法律深入人心;"要依法对待人民群众的诉求,努力让人民群众在每一个司法案件中都能感受到公平正义,决不能让不公正的审判伤害人民群众情感、损害人民群众利益"①。人民群众是国家的主人,是社会物质财富和精神财富的创造者。侵害人民的利益,会挫伤他们创造社会财富的积极性和主动性,影响两个百年目标的实现。

最后,推进全面从严治党,是为了永葆党的先进性和纯洁性,增强党员干部的宗旨意识和民生意识,有效落实各项惠民政策和民生措施,从而更好地肩负起历史赋予自己的使命,真正维护好最广大人民群众的根本利益。党的十八大以来,开展群众路线教育实践活动和持之以恒的作风建设、党风廉政建设和反腐败斗争力度空前。全面从严治党开启党建新常态。全面从严治党,是协调推进"四个全面"战略布局的根本保证。当前经济社会发展进入新常态,新常态就要有新状态和新要求,就需要党员干部有更强的责任担当。今后要进一步把全面从严治党的要求落到实处和落到基层,切实解决群众身边的不正之风和腐败问题。人民群众是不正之风和腐败问题的受害者、知情者和评论者。因此要不断拓宽群众监督渠道和平台,完善民情反馈网络,实现群众监督与党内监督的有效结合。总之,推进全面从严治党,旨在大力促进党与人民群众的血肉联系,夯实党的合法性基础,真正做到立党为公、执政为民,维护人民群众的切身利益。这是我们党坚持马克思主义唯物史观最生动的体现。

---

① 习近平:《习近平谈治国理政》,外文出版社 2014 年版,第 141 页。

习近平新时代中国特色社会主义思想
形成的理论基础和历史渊源

李　杰①

【摘　要】　马克思恩格斯创立的以无产阶级为主体的人民大众的立场，辩证唯物主义与历史唯物主义所揭示的人类社会发展的规律和唯物辩证法，科学社会主义基本原则是习近平新时代中国特色社会主义思想形成的理论基础。马克思主义中国化的理论与实践是习近平新时代中国特色社会主义思想形成的历史渊源。习近平新时代中国特色社会主义思想的形成沿着新时代—理论—实践的逻辑，与马克思主义中国化的理论与实践的历史一脉相承。

【关键词】　习近平；新时代中国特色社会主义思想；马克思主义中国化

一、习近平新时代中国特色社会主义思想的理论基础

马克思恩格斯学说的根本立场、观点和方法是习近平新时代中国特色社会主义思想的理论基础。

习近平新时代中国特色社会主义思想在许多重大原则问题上旗帜鲜明地坚持和捍卫了马克思主义，处处闪耀着马克思主义真理的光辉。马克思恩格斯创立的唯物史观、政治经济学和科学社会主义作为一个整体，成为无产阶级政治解放的思想武器。马克思恩格斯学说的根本立场、观点和方法是习近平新时代中国特色社会主义思想形成的理论基础。

马克思、恩格斯学说的根本立场是以无产阶级为主体的人民大众的立场。马克思恩格斯的思想产生于 19 世纪 40 年代的资本主义自由竞争阶段。其全部学说的出发点就是当时无产阶级在经济上被奴役被剥削的异化生存处境，以及政治上和人格上的不平等地位，归宿点就是以解放无产阶级为前提，实现每个人

---

① 李杰，浙江金融职业学院教授，研究方向为马克思主义中国化。

的自由全面发展。以无产阶级为主体的劳动人民立场始终贯穿于唯物史观、剩余价值学说和科学社会主义的全部理论中。马克思并没有仅仅局限于对无产阶级生存处境价值上的评判,通过《资本论》剩余价值的科学分析,揭示了无产阶级异化、被奴役的根源。1848 年,《共产党宣言》为无产阶级的解放和每个人的自由全面发展指明了现实道路。马克思恩格斯学说的劳动人民立场为习近平新时代中国特色社会主义思想的以人民为中心的立场奠定了基础。

马克思、恩格斯创立了关于人类社会发展规律的唯物史观。唯物史观关于人类社会发展的第一个规律是人的需要与物质生产活动的相互影响、相互制约规律。马克思唯物史观的创立过程是从工人和农民的现实需要出发的。人的现实需要是人类社会发展的动因。人的需要的发展与生产活动互相影响、互相作用是推动人类社会发展的第一个规律。1842 年 10 月 15 日,马克思任《莱茵报》编辑期间,接触到了农民的需要和利益问题。在《1844 年经济学哲学手稿》中,他比较详尽地论述了工人劳动的异化。正是对工人与农民现实需要和利益的接触和探索,使他走上了通往唯物史观的道路。在《德意志意识形态》中,马克思考察人的物质生活条件时,也是从人的需要开始。"人们用以生产自己的生活资料的方式,首先取决于他们已有的和需要再生产的生活资料本身的特性。"①人的现实需要引起人的物质生产活动,人的物质生产活动在人类历史发展中起决定性作用。人的历史活动,即物质生产活动决定了人的需要满足的状况。发展的物质生产活动又会引起新的需要。马克思、恩格斯揭示的人类社会发展的第二个规律是生产力与生产关系、经济基础与上层建筑的矛盾运动推动人类社会发展规律。马克思认为生产力发展是社会发展的最终决定力量。生产力发展水平决定了分工的状况。由于分工,人们的生产活动必然不是抽象的,而是结成一定的生产关系,形成了人们之间的交往关系(生产关系)。国家等上层建筑也是为了协调特殊利益与共同利益之间的矛盾才产生的。物质生产与生产关系、经济基础和上层建筑之间是相互制约的关系。人的需要、物质生产活动、新的需要……每个人的自由全面发展,生产力与生产关系,经济基础与上层建筑两个规律交织在一起,互相联系,互相制约,共同推动人的自由全面发展。唯物史观的两个发展规律是习近平新时代中国特色社会主义思想遵循的基本规律。

马克思、恩格斯创立的科学社会主义和实现每个人的自由全面发展的价值目标为习近平新时代中国特色社会主义思想的形成和发展指明了方向。马克思

---

① 《马克思恩格斯选集》第 1 卷,人民出版社 2012 年版,第 147 页。

恩格斯在唯物史观和对资本主义的政治经济学批判基础上，创立了科学社会主义理论体系，揭示了社会主义代替资本主义的历史必然性，提出了实现每个人的自由全面发展的价值目标，并为实现全人类的解放指明了现实的道路，使社会主义实现了从空想到科学的飞跃。1848年2月《共产党宣言》的发表，表明科学社会主义理论的诞生。《宣言》揭露了资本家剥削工人的秘密，指出无产阶级要彻底改变自己的命运，就必须消灭私有制，与传统的所有制和传统的观念彻底决裂；《宣言》运用唯物史观阐明了社会更替的一般规律，坚定地宣誓了资本主义必然灭亡，共产主义必然胜利。共产主义运动是一个长期的过程，在世界发展史上，共产主义运动从来就没有停止过。1917年，十月革命胜利，建立了世界上第一个社会主义国家。社会主义在发展历程中遭受过严重的挫折，在复杂的世界环境下，中国特色社会主义硬生生地撑过了困难时期，使科学社会主义在21世纪的中国焕发出强大生机活力，在世界上高高举起了中国特色社会主义伟大旗帜。

二、习近平新时代中国特色社会主义思想的历史渊源

马克思主义中国化的理论与实践是习近平新时代中国特色社会主义思想的历史渊源。

恩格斯说过，每一个时代的理论思维，包括我们这个时代的理论思维，都是一种历史的产物，它在不同的时代具有完全不同的形式，同时具有完全不同的内容。随着时代的变迁和社会的发展，人民的现实需求会发生变化，因而产生不同的时代问题和时代课题，相应地，社会的主要矛盾也会发生改变。回应人民的现实诉求和时代的不同问题，形成不同的理论，这些理论得到广大人民的认同之后，再回到实践中去指导实践，促进社会的进步和人的全面发展的历史进程，这个过程推进的逻辑是时代问题—理论—实践。这个逻辑也是马克思主义中国化的历史逻辑。我们党采取科学态度，坚持把马克思主义基本原理同中国具体实际和时代特征相结合，自觉运用马克思主义立场观点方法研究和解决中国革命、建设、改革中的实际问题，不断推进马克思主义中国化，先后形成了毛泽东思想、邓小平理论、"三个代表"重要思想、科学发展观和习近平新时代中国特色社会主义思想，指引中国革命、建设、改革实践不断取得伟大胜利。

以毛泽东为核心的第一代中央领导集体开创了马克思主义中国化的道路，实现了马克思主义中国化的第一次理论飞跃，实现民族独立、人民解放是近代中国人民最迫切的需求。为了救国救民，推进中华民族的伟大复兴，无数仁人志士

进行了艰难的探索,但是这些运动没有根本改变旧中国的社会性质和中国人民的悲惨命运。十月革命之后,马克思主义传播到中国。中国共产党在艰难探索的基础上把马克思主义与中国实际相结合,开创了马克思主义中国化的理论与实践道路。在理论上,创立了毛泽东思想,实现了马克思主义中国化的第一次理论飞跃。毛泽东在1938年党的六届六中全会《论新阶段》的政治报告中第一次系统地阐述了马克思主义与中国实际相结合的思想。"马克思列宁主义的伟大力量,就在于它是和各个国家具体的革命实践相联系的。对于中国共产党来说,就是要学会把马克思列宁主义的理论应用于中国的具体环境。"[①]毛泽东反对抽象的空洞的马克思主义,反对洋八股和教条主义,主张新鲜活泼的、为中国老百姓所喜闻乐见的中国作风和中国气派。

马克思主义中国化第一次飞跃的理论成果是毛泽东思想活的灵魂是实事求是、群众路线、独立自主。毛泽东同志说:"'实事'就是客观存在着的一切事物,'是'就是客观事物的内部联系,即规律性,'求'就是我们去研究。"[②]实事求是是马克思主义的根本观点,是中国共产党人的基本思想方法、工作方法。实事求是的观点和方法成为习近平新时代中国特色社会主义思想形成的方法基础。习近平强调坚持实事求是,要深入实际,了解事物的本来面貌,要正确把握我国仍处于并将长期处于社会主义初级阶段的基本国情,要坚持为了人民利益坚持真理、修正错误,要不断推进实践基础上的理论创新,要求真务实,实干兴邦;为人民服务的宗旨意识贯穿于毛泽东思想体系。在追悼张思德的会上,毛泽东明确提出:"我们的共产党和共产党所领导的八路军、新四军是革命的队伍。我们这个队伍完全是为着解放人民的,是彻底地为人民的利益工作的。"[③]群众路线是为人民服务的宗旨意识转化为党的根本工作路线,是我们党永葆青春活力和战斗力的重要传家宝。习近平强调坚持群众路线,坚持人民是决定我们前途命运的根本力量,坚持全心全意为人民服务的根本宗旨,坚持党同人民群众的血肉联系,坚持让人民来评判我们的工作;独立自主就是坚持中国的事情必须由中国人民自己作主张、自己来处理。习近平强调坚持独立自主,就要坚定不移走中国特色社会主义道路,既不走封闭僵化的老路,也不走改旗易帜的邪路,要坚定中国特色社会主义道路自信、理论自信、制度自信和文化自信,要坚持独立自主的和平外交政策。习近平讲话中的这些思想是毛泽东思想活的灵魂在新时代的具体运用

---

①　《毛泽东选集》(第2卷),人民出版社1991年版,第534页。

②　《毛泽东选集》(第3卷),人民出版社1991年版,第801页。

③　同②,第1004页。

和发展。实践上,以毛泽东为核心的党中央团结带领中国人民开创了新民主主义革命道路,取得了新民主主义革命的胜利,建立了中华人民共和国和社会主义基本制度,占人类总人口四分之一的中国人民从此站起来了。对社会主义建设做出了初步探索,推进了社会主义建设,积累了宝贵经验,为中国走向繁荣富强奠定了坚实的基础。在实现中华民族伟大复兴的道路上以毛泽东为核心的中国共产党人完成了站起来的历史任务。

以邓小平为核心的第二代中央领导集体开创了中国特色社会主义。邓小平理论的逻辑形成和发展的过程也是遵循时代问题—理论—实践的逻辑。党的十一届三中全会以来,邓小平认真总结我国社会主义建设探索时期的经验教训,恢复了党的"实事求是"思想路线,提出了和平与发展是当代世界两大主题的时代判断,提出了我国社会主义还处在初级阶段,果断地把党和国家的工作中心从阶级斗争转移到经济建设上来。邓小平指出:"一切都要从这个实际出发,根据这个实际来制定规划。"①社会主义初级阶段的国情论与和平、发展时代主题论是马克思主义基本原理与中国实际相结合的产物,标志着我们对中国特色社会主义所处的历史方位的科学把握和正确认识,成为推进中国特色社会主义伟大事业的基本依据。在科学的历史定位基础上,准确地提出了时代的主要矛盾和问题。1981年党的十一届六中全会指出:"社会主义初级阶段的主要矛盾是人民日益增长的物质文化需要同落后的社会生产之间的矛盾。"1982年党的第十二次全国代表大会提出,"把马克思主义的普遍真理同我国的具体实际结合起来,走自己的道路,建设有中国特色的社会主义"的思想。在物质文化生活相对匮乏的改革开放初期,人民群众的期盼就是解决温饱,日子过得富足。面对这样的时代课题,以邓小平为核心的第二代中央领导集体遵循人的需要与物质生产活动、生产力与生产关系、经济基础与上层建筑的矛盾运动规律,围绕"什么是社会主义,怎样建设社会主义"开辟了改革开放之路,开创了中国特色社会主义,激发了广大人民群众的积极性和创造性,激发了社会发展活力。

以邓小平为核心的第二代中央领导集体在理论上开创了中国特色社会主义理论体系。对中国特色社会主义的认识,首先是从冲破"两个凡是",恢复党的"实事求是"思想路线为起点的。邓小平把党的思想路线确立为"解放思想,实事求是"。"只有解放思想,坚持实事求是,一切从实际出发,理论联系实际,我们的社会主义现代化建设才能顺利进行,我们党的马列主义、毛泽东思想的理论也才

---

① 《邓小平文选》(第3卷),人民出版社1993年版,第252页。

能顺利发展。"①在解放思想和实事求是思想路线指导下,形成了邓小平理论的科学体系。邓小平理论以"有中国特色社会主义的"发展道路论—社会主义初级阶段的发展阶段论—社会主义本质的根本任务论—改革的社会主义动力论—和平与发展的社会主义建设外部条件论—坚持四项基本原则的社会主义建设政治保证论—"三步走"的社会主义建设战略步骤论—社会主义的领导力量和依靠力量论—"一国两制"的祖国统一论等九个具有内在逻辑关系的主要内容构成。邓小平理论开创了中国特色社会主义理论体系,开创了中国特色社会主义道路,第一次比较系统地初步回答了在中国这样经济文化比较落后的国家如何建设社会主义、如何巩固和发展社会主义的一系列基本问题,提出了"社会主义本质"的科学论断,是马克思主义与中国实践相结合的第二次历史性飞跃。邓小平理论为习近平新时代中国特色社会主义思想的形成与发展奠定了坚实的理论基础,提供了理论框架。实践上,以邓小平为核心的第二代中央领导集体推进了中华民族复兴的伟大事业,从制度、路线、方针、政策等方面开创了中国特色社会主义实践,为习近平新时代中国特色社会主义思想的形成奠定了实践基础。在毛泽东发展战略的基础上提出了"三步走"的战略目标:二十世纪八十年代末,基本解决温饱问题,在二十世纪末迈入小康社会,在党成立一百年时总体上建成小康社会,在新中国成立一百年时基本实现现代化。制定了"一个中心,两个基本点"党的基本路线,提出了"发展就是硬道理""科学技术就是第一生产力"先进发展理念,"科教兴国""人才强国"的战略思想,"三个有利于"党和国家工作的评价标准,"一国两制"国家统一思想,推进了社会主义市场经济体制改革,开创了中国特色社会主义理论与实践,为实现中华民族走向富裕,奠定了坚实的基础。

以江泽民为核心的第三代中央领导集体围绕"建设什么样的党,怎样建设党"的问题,提出了"三个代表"重要思想,推进了中国特色社会主义伟大事业。在社会经济成分、分配关系、利益关系呈现多样化发展趋势,贫富差距拉大的国内环境和西方敌对势力加紧对我国西化、分化和渗透的国际环境下,以江泽民为核心的第三代中央领导集体指出:"我们党之所以赢得人民的拥护,是因为我们党在革命、建设和改革的各个历史时期,总是代表着中国先进生产力的发展要求,代表着中国先进文化的前进方向,代表着中国最广大人民的根本利益而不懈奋斗。"②在新的历史条件下,我们党如何更好地做到"三个代表"是全党的重大

---

① 《邓小平文选》(第 2 卷),人民出版社 1994 年版,第 143 页。
② 《江泽民文选》(第 3 卷),人民出版社 2006 年版,第 2 页。

课题。在实践上,深入开展了"讲学习,讲政治和讲正气"的"三讲"教育实践活动,开展了扶贫开发,实施了西部大开发的战略。以江泽民为核心的第三代中央领导集体,在关于什么是社会主义、怎样建设社会主义,建设什么样的党、怎样建设党的认识方面,积累了十分宝贵的经验,为新时代中国特色社会主义事业和党的建设伟大工程,奠定了理论和实践基础。

以胡锦涛为核心的中央领导集体依据时代特征围绕"实现什么样的发展,怎样发展的问题"提出了科学发展观,推进了中国特色社会主义伟大事业。这一历史时期,社会发展的各方面矛盾正处于凸显期,人民内部矛盾处于多发期。各种敌对势力渗透破坏活动依然严重存在。针对面临的各种时代问题,理论上提出树立和落实"以人为本,全面、协调、可持续发展的科学发展观",提出了构建社会主义和谐社会和加强党的执政能力建设理论。实践上,在"为民、务实、清廉"的党风廉政建设基础上,在全党大力弘扬求真务实精神,推进党风廉政建设和反腐败斗争,反对形式主义和官僚主义的歪风邪气。贯彻和实施了促进中部地区崛起、振兴东北老工业基地建设、依靠科技创新实现全面协调可持续发展的政策。以胡锦涛为核心的中央领导集体的这十年,紧紧抓住和用好我国发展的重要战略机遇期,战胜一系列重大挑战,奋力把中国特色社会主义伟大事业推进到新的发展阶段。这十年来,我们取得一系列新的历史性成就,为全面建成小康社会打下了坚实基础。我国经济总量从世界第六位跃升到第二位,在建设中国特色社会主义伟大事业,实现中华民族伟大复兴历史征程中,留下了精彩的篇章。

在中国共产党九十多年的奋斗历程中,沿着时代问题—理论—实践逻辑,既"摸着石头过河"又加强顶层设计,不断研究新情况、解决新问题、总结新经验,成功开辟出一条中国特色社会主义道路。理论上形成了毛泽东思想、邓小平理论、"三个代表"重要思想和科学发展观的中国化马克思主义,为习近平新时代中国特色社会主义思想的形成提供了直接的理论来源。实践上我们党团结带领全国各族人民,把贫穷落后的旧中国变成日益走向繁荣富强的新中国。九十多年的奋斗历程为习近平新时代中国特色社会主义思想的形成奠定了坚实的实践基础。

三、习近平新时代中国特色社会主义思想是马克思主义中国化的一脉相承

习近平在 2018 年 1 月 5 日学习贯彻党的十九大精神研讨班开班式上发表重要讲话强调,坚持问题导向,从历史和现实相贯通、国际和国内相关联、理论和

实际相结合的宽广视角,对一些重大理论和实践问题进行思考和把握,做到坚持和发展中国特色社会主义要一以贯之,推进党的建设和新的伟大工程要一以贯之,增强忧患意识、防范风险挑战要一以贯之。中国特色社会主义是改革开放以来党的全部理论和实践的主题,是我们党的伟大旗帜,是确保党和国家事业前进的正确方向。"只有回看走过的路、比较别人的路、远眺前行的路"才能更好地把坚持和发展中国特色社会主义"一以贯之"。

运用历史和现实相贯通的方法,深刻理解中国特色社会主义从哪儿来,到哪儿去。从历史看,中国特色社会主义是世世代代为实现中华民族奋斗的历程。19 世纪初期以欧文、圣西门和傅立叶为代表的空想社会主义为科学社会主义的诞生提供了丰富的思想资料。马克思恩格斯在唯物史观和对资本主义私有制的政治经济学批判基础上,创立了科学社会主义理论体系,使社会主义实现了从空想到科学的飞跃,为无产阶级革命指明了方向。列宁领导的十月革命把科学社会主义从理论变为实践。实现民族独立、人民解放、国家的繁荣富强和中华民族的伟大复兴是近代以来我们的梦想。为了救国救民,实现中华民族的伟大复兴,无数仁人志士进行了艰难的探索和尝试。正如习近平所言:"坚持和发展中国特色社会主义是一篇大文章,邓小平同志为它确定了基本思路和基本原则,以江泽民同志为核心的党的第三代中央领导集体、以胡锦涛同志为总书记的党中央在这篇文章上都写下了精彩的篇章。现在,我们这一代共产党人的任务,就是继续把这篇大文章写下去。"①以习近平为核心的新的领导集体勇于面对中国特色社会主义前进道路上的各种复杂矛盾,勇于涉险滩,勇于面对党面临的重大风险考验和党内存在的突出问题,以巨大的政治勇气和强烈的责任担当,提出了一系列新理念、新思想和新战略,解决了许多长期想解决而没有解决的难题,办成了许多过去想办而没有办成的大事,推动党和国家事业发生深层次、根本性的历史变革,推动中国特色社会主义进入了新时代。新时代中国特色社会主义是我们党带领人民经过世世代代伟大社会革命的成果,来之不易。从现实看,新时代中国特色社会主义前进道路上还有各种新的问题和新的困难,十九大报告指出:"(我国目前)发展不平衡不充分的一些突出问题尚未解决,发展质量和效益还不高,创新能力不够强,实体经济水平有待提高;生态环境保护任重道远;民生领域还有不少短板,脱贫攻坚任务艰巨,城乡区域发展和收入分配差距依然较大,群众在就业、教育、医疗、居住、养老等方面面临不少难题;社会文明水平尚需提高;

---

① 习近平:《习近平谈治国理政》,外文出版社 2014 年版,第 23 页。

社会矛盾和问题交织叠加，全面依法治国任务依然繁重，国家治理体系和治理能力有待加强；意识形态领域斗争依然复杂，国家安全面临新情况；一些改革部署和重大政策措施需要进一步落实；党的建设方面还存在不少薄弱环节。"①要解决这些问题，我们要高举中国特色社会主义伟大旗帜，要坚定中国特色社会主义政治方向，将坚持和发展中国特色社会主义贯彻于我们的奋斗始终。

运用国际和国内相关联的方法，为世界社会主义的新发展做出更大贡献。在中国特色社会主义发展历程中，我们始终把马克思主义科学社会主义的基本原则，即发展生产力的根本任务、实现无产阶级专政、确立生产资料公有制、坚持马克思主义意识形态、实现每个人自由全面发展的价值目标等与我国的国情结合起来，形成了今天走的中国特色社会主义道路。从国内看，中国特色社会主义的发展实现了人民生活从温饱到总体小康的提升，中国跃升为世界第二大经济体，日益走向世界舞台的中央。在全面建成小康社会，实现社会主义现代化强国和中华民族伟大复兴的征途中，我们仍然要继续坚持和发展中国特色社会主义，广大人民群众，尤其是党员干部，要增强政治意识、大局意识、核心意识和看齐意识"四个意识"，增强中国特色社会主义道路自信、理论自信、制度自信、文化自信"四个自信"，为实现我们的目标而努力奋斗；从国际看，中国特色社会主义不仅是我们国内的事业，也是世界科学社会主义事业。20 世纪 90 年代初，苏联解体、东欧剧变使得世界社会主义事业遭受严重挫折。我们在"三个代表""求真务实"的思想指导下，不断加强党的建设，尤其是十八大以来，中国以顽强的意志正风肃纪，反腐惩恶，消除了党和国家内部的严重隐患，党的凝聚力、创造力和战斗力显著增强，尤其打破了"社会主义失败论""马克思主义过时论""历史终结论"等各种唱衰社会主义的论调，为世界上其他国家的社会主义建设提供了有益借鉴，为发展中国家实现现代化提供了"一带一路"等中国道路和中国发展模式，为世界和平与发展事业提供了"合作共赢""人类命运共同体"等价值理念。这些都意味着科学社会主义在 21 世纪的中国焕发出强大生机活力，在世界上高高举起了中国特色社会主义伟大旗帜。在推进中国特色社会主义伟大事业中，在世界舞台上与其他国家交流合作中，我们要继续高举中国特色社会主义伟大旗帜，为世界科学社会主义伟大事业和人类文明的发展做出更大的贡献。

运用理论与实践相结合的方法，推进中国特色社会主义伟大事业。马克思

---

① 习近平：《决胜全面建成小康社会夺取新时代中国特色社会主义伟大胜利——在中国共产党第十九次全国代表大会上的报告》，《人民日报》2017 年 10 月 28 日。

认为哲学既是"晚上起飞的猫头鹰",又是"高卢的雄鸡"。哲学既反映自己的时代特征,又为时代的发展提供前导性理念,指导实践发展,从而改变现实世界。中国特色社会主义理论与实践的关系也是如此。中国特色社会主义发展的逻辑是时代的生活生产条件—人民的需求—问题—理论—实践。每个时代经济社会发展呈现出阶段性特征,并产生了社会发展阶段性需要解决的重大问题。围绕这些重大问题形成理论,在理论的指导下提出解决的思路,工作路线,方针和政策,把理论转化为实践,推进中华民族伟大复兴的历史进程和社会的不断进步。我们党采取科学态度,坚持把马克思主义基本原理同中国具体实际和时代特征相结合,自觉运用马克思主义立场观点方法研究和解决中国革命、建设、改革的实际问题,不断推进马克思主义中国化,先后形成了毛泽东思想、邓小平理论、"三个代表"重要思想、科学发展观、习近平新时代中国特色社会主义思想等重要指导思想,指引中国革命、建设、改革不断取得伟大胜利。十八大以来,在新时代中国特色社会主义实践中逐渐形成了习近平新时代中国特色社会主义思想。十九大报告围绕"新时代坚持和发展什么样的中国特色社会主义、怎样坚持和发展中国特色社会主义"这个重大时代课题,提出了"八个明确"重要思想,包括明确坚持和发展中国特色社会主义的总目标、总任务、总体布局、战略布局等方面的重要内容。十九大报告从坚持党对一切工作的领导、坚持以人民为中心、坚持全面深化改革、坚持新发展理念等14个方面,阐述了坚持和发展中国特色社会主义的基本方略。这些重要思想和基本方略成为新时代继续推进中国特色社会主义思想的行动纲领。马克思说过:"人的思维是否具有真理性,这是一个实践问题,要在实践中加以证明"。理论只要说服人,就能掌握群众,理论一经掌握群众,就会变成物质力量。一分部署,九分落实,习近平总书记在2014年强调,如果不沉下心来抓落实,再好的目标,再好的蓝图,也只是镜中花、水中月。党的十八大以来,习近平新时代中国特色社会主义思想,得到了广大人民群众的拥护,把人民凝聚和团结在一起,推动了党和国家事业的发展。党和干部要深入学习、宣传十九大精神,贯彻落实十九大报告提出的重要思想和战略举措,把先进理念、先进思想转化为现实和实践,不忘初心,继续发扬革命精神,真抓实干,"抓住人民最关心最直接最现实的利益问题,一件事情接着一件事情办,一年接着一年干",向我们的奋斗目标奋勇前进。

习近平新时代中国特色社会主义思想的
丰富内涵和精神实质[①]

刘晓璐[②]

【摘　要】　习近平新时代中国特色社会主义思想是十九大报告的灵魂,它的形成有其坚实的理论根基与现实依据,扎根于十八大以来取得的历史性成就的基础上,是在继承马克思主义、毛泽东思想、中国特色社会主义思想基础上形成的新的理论创新,习近平总书记的政治智慧与使命担当对该思想的创立有决定性贡献,是马克思主义中国化的最新理论成果。习近平总书记在十九大报告中提出的"四个伟大""八个明确"和"十四个坚持"指明了新时代中国特色社会主义思想的基本内涵,是准确理解习近平新时代中国特色社会主义思想精神实质的根本遵循。习近平新时代中国特色社会主义思想的精神实质就是为中国人民谋幸福,为中华民族谋复兴,为中国建设现代强国谋出路。习近平新时代中国特色社会主义思想一经产生就被写入《中国共产党党章》,并被载入《中华人民共和国宪法》,成为新时代党和国家各项事业的指导思想和行动指南,并且为应对全球化背景下的世界性难题提供中国智慧和中国方案,具有重大的理论价值与世界意义。

【关键词】　习近平新时代中国特色社会主义思想;内涵;精神实质

作为中共十九大报告最重要的理论成果,习近平新时代中国特色社会主义思想是十九大报告的灵魂,该思想被写入党章、载入宪法,实现了党和国家指导思想的与时俱进,是新时代党和国家各项事业发展的指导思想和行为指南。

对一思想的内涵意蕴和精神实质的准确把握首先建立在对该思想的求本探源基础上,不仅要知其然,更要知其所以然。准确把握习近平新时代中国特色社会主义思想的丰富内涵和精神实质,最重要的是要回答一个基础性问题:习近平

---

①　基金项目:浙江省一流学科"马克思主义理论"项目成果;浙江省哲学社会科学重点研究基地"文化发展创新与文化浙江建设研究中心"项目成果。

②　刘晓璐,中共浙江省委党校哲学教研部讲师,研究方向为政治伦理与公民道德。

新时代中国特色社会主义思想何以产生？显见不争的是，习近平新时代中国特色社会主义思想不是"舶来品"，也非横空出世，它的产生有其特殊的理论基础与现实基础。

一、习近平新时代中国特色社会主义思想的理论基础与现实基础

任何理论的产生都有其思想源泉和现实根基。"理论界普遍认为，中国特色社会主义理论体系的理论渊源，就是马克思列宁主义和毛泽东思想。"①作为中国特色社会主义理论体系主要内容的邓小平理论、"三个代表"重要思想和科学发展观不过是在其理论渊源指导下的继承与发展。基于这一逻辑，笔者认为，作为马克思主义中国化最新成果的习近平新时代中国特色社会主义思想形成的最重要的理论渊源就是马克思列宁主义、毛泽东思想以及中国特色社会主义思想。诚如十九大报告中指出的，"新时代中国特色社会主义思想，是对马克思列宁主义、毛泽东思想、邓小平理论、'三个代表'重要思想、科学发展观的继承和发展"②，这句话揭示的是习近平新时代中国特色社会主义思想产生的理论渊源，亦即习近平新时代中国特色社会主义思想产生的理论基础。纵览中国共产党指导思想的发展历程及其时代价值，我们发现不同发展阶段的中国特色社会主义思想的形成是一脉相承又有所突破的，毛泽东思想"为新的历史时期开创中国特色社会主义提供了宝贵经验、理论准备、物质基础"、邓小平"成功开创了中国特色社会主义"，江泽民"成功把中国特色社会主义推向二十一世纪"，胡锦涛"成功在新的历史起点上坚持和发展了中国特色社会主义"，可以说在此意义上，习近平新时代中国特色社会主义思想的形成发展是中共领导人接力探索的根本成就，都以辩证唯物主义和历史唯物主义的世界观和方法论为指导，以维护和实现最广大人民的根本利益为共同价值取向，坚持解放思想、与时俱进。特殊性在于，"习近平新时代中国特色社会主义思想是马克思主义基本原理与中国特色社会主义新时代的具体实际和时代特征相结合的产物，是马克思主义中国化的最新理论成果"③。

---

① 韩庆祥，张健，张艳涛：《中国特色社会主义基本原理》，人民出版社 2015 年版，第 5 页。

② 习近平：《决胜全面建成小康社会夺取新时代中国特色社会主义伟大胜利——在中国共产党第十九次全国代表大会上的报告》，人民出版社 2017 年版，第 20 页。

③ 邸乘光：《论习近平新时代中国特色社会主义思想》，《新疆师范大学学报》（汉文哲学社会科学版）2018 年第 2 期，第 7—21 页。

但作为"改革开放以来党的全部理论与实践的主题",它和改革开放以来形成的中国特色社会主义思想有什么不同？换句话说,作为新时代的中国特色社会主义思想理论,它的特殊性在哪里？这个特殊的现实基础,就是十八大以来,有着丰富从政实践经历、倾心为民的习近平同志带领党和人民深入进行改革开放与社会主义现代化建设的丰富实践,把中国特色社会主义推向了一个新时代。"时代是思想之母,实践是理论之源。"①这个新时代,是习近平总书记对中国特色社会主义新的发展阶段、新的历史方位的新判断,是习近平新时代中国特色社会主义思想产生的最重要的现实依据。"新时代提出新要求,新要求催生新理论。"②这个新时代的判断建立在对我国改革开放以来社会主义建设取得的重大历史性成就的基础上,中国由站起来、富起来向强起来迈进,立足于新时代取得的重大历史性成就,以习近平同志为代表的党中央对当前我国社会主要矛盾的转化做了更为精准、科学的判断,新的社会矛盾催生了新思想,新思想开启了中国现代化强国的中国梦,为中国实现中华民族伟大复兴和实现社会主义现代化提供思想指导与行动指南。新时代新矛盾的产生是习近平新时代中国特色社会主义思想产生的现实基础,但作为党和人民实践经验和集体智慧的结晶,习近平新时代中国特色社会主义思想的形成除了需要现实基础外,更离不开习近平总书记个人丰富的地方实践以及在实践中深邃的理论思考和理论创造,并且在某种意义上说,习近平总书记的政治智慧与理论创造对新思想的创立起决定性作用。

二、习近平新时代中国特色社会主义思想的丰富内涵与精神实质

十九大报告明确指出,十八大以来,面对国际国内形势的变化和国内发展的考虑,我们面临着重大的时代课题,"这就是必须从理论和实践结合上系统回答新时代坚持和发展什么样的中国特色社会主义、怎样坚持和发展中国特色社会主义"③,这一时代课题的实质是如何从理论的角度揭示新时代中国特色社会主义"是什么"以及如何从实践角度回答新时代中国特色社会主义"怎么办"的问

---

① 习近平:《决胜全面建成小康社会夺取新时代中国特色社会主义伟大胜利——在中国共产党第十九次全国代表大会上的报告》,人民出版社 2017 年版,第 26 页。

② 张前:《习近平新时代中国特色社会主义思想的理论内涵与实践要求——"学习贯彻党的十九大精神理论研讨会"概述》,《青海社会科学》2017 年第 6 期,第 20—24 页。

③ 同①,第 18 页。

题。十九大报告提出的这一重大时代课题及对此课题的回应构成了习近平新时代中国特色社会主义思想的最重要的内涵与精神实质。

纵览中国共产党近百年的发展历程，我们发现马克思主义基本原理始终是指导中国共产党搞革命、干建设、进行改革的根本指导思想，科学理论指导实践并在实践中不断深化形成新思想，就是中华人民共和国建国以来党的指导思想的根本特质。如果说毛泽东思想是马克思主义基本原理指导中国革命实践的产物；那么习近平新时代中国特色社会主义思想是马克思主义基本原理同十八大以来党的改革开放与社会主义现代化的具体实践紧密结合而形成的最新理论成果与最新理论总结，是认识和实践的具体的历史的统一。

习近平新时代中国特色社会主义思想是什么？作为一个本体论问题，对此问题的回答旨在揭示习近平新时代中国特色社会主义思想的内涵意蕴。"理解一个思想体系的精神实质应该深入到它的思想内容中去寻找。"[①]换句话说，对一理论精神实质的探求奠基于该理论科学内涵把握之上，准确把握习近平新时代中国特色社会主义的科学内涵是科学概括、提炼这一思想精神实质的前提。

十九大报告最显著的理论价值在于习近平新时代中国特色社会主义思想的确立，核心议题是新时代坚持和发展什么样的中国特色社会主义以及怎样坚持和发展中国特色社会主义，根本目标是实现近代以来中华民族伟大复兴的中国梦。围绕这一主题，习近平总书记在会上提出了"四个伟大""八个明确"和"十四个坚持"以指明新时代中国特色社会主义思想的基本内涵，此即理解和把握习近平新时代中国特色社会主义思想的内涵意蕴和精神实质的根本遵循。首先，"四个伟大"是习近平新时代中国特色社会主义思想形成的现实立足点，"是关乎党和国家前途和命运的重大根本问题。"[②]作为一个马克思主义执政党，中国共产党时刻坚持问题导向，秉承实践出真知、思想源于实践的工作方法、原则。"任何真正的理论都是对时代问题、时代任务的思考和解答。"[③]习近平新时代中国特色社会主义思想是十八大以来党最显著的理论创新成果，也是建立在"四个伟大"实践基础之上的。其次，"八个明确"是习近平新时代中国特色社会主义思想的核心内容，旨在指导夺取"四个伟大"的新胜利。"八个明确"之间的逻辑关系

---

① 孙熙国：《习近平新时代中国特色社会主义思想的精神实质》，《中国高校社会科学》2018年第2期，第20页。

② 何毅亭：《习近平新时代中国特色社会主义思想的理论渊源和发展脉络》，《秘书工作》2018年第1期，第14页。

③ 同①，第21页。

在于:"第一个明确"指出了新时代中国特色社会主义建设的"总任务是实现社会主义现代化和中华民族伟大复兴"①,这是习近平新时代中国特色社会主义思想的主题目标;"第二个明确"指出以人民为中心的发展思想是应对"新矛盾"、实现全体人民富裕的根本价值导向,也是新思想的核心要义,是把握新思想内涵意蕴和精神实质的关键;"第三个明确"指出新时代中国特色社会主义建设要高度重视"两大布局":"五位一体"的总体布局和"四个全面"的战略布局;"第四个明确"揭示了新时代实现总任务的根本路径:完善"制度"和推进国家治理体系、能力的现代化;后面四个明确分别揭示实现总任务的法治保证、国防军队保障、国际环境和政治保证。概括地讲,"八个明确"之间的逻辑关系是:为了坚持和发展中国特色社会主义的主题目标,新时代中国特色社会主义建设要始终坚持以人民为中心的发展思想作为根本价值导向,宏观上要重视"两大布局",微观上要加强根本路径建设,并不断优化完善新时代中国特色社会主义实践的国内、国际环境保障。最后,"十四个坚持"旨在从实践层面回答"怎么办"的问题,是习近平新时代中国特色社会主义思想的实践要求,是贯彻落实新思想的现实化路径。"十四坚持"旨在聚焦新时代新矛盾判断基础上,集中围绕"两大布局"来谋划,并为实现现代化强国提供基本具体的实践方略。"八个明确"和"十四个坚持"作为对新时代重大课题两个基本问题的回应构成了习近平新时代中国特色社会主义思想的基本内容,是透析新思想内涵意蕴和精神实质的理论依据。

综览"四个伟大""八个明确"与"十四个坚持"的理论逻辑,笔者发现习近平新时代中国特色社会主义思想(以下简称新思想)的逻辑起点是社会主要矛盾的转化,新矛盾的判断基于新时代的历史方位审视上,它回答了新思想"从何而来"的问题。新矛盾激发新思想,新思想的核心要义是坚持与发展中国特色社会主义,实质在于坚持以人民为中心的发展思想,"两大布局"与根本路径是贯彻落实新思想的两大抓手,旨为实现现代化强国梦和实现世界人民和平发展提供理论方案和思想智慧,这就是新思想蕴含的丰富内涵所在。

任何一种思想理论都有其精神实质,绝对精神是黑格尔哲学的精神实质,自我意识是费希特哲学的精神实质,如果说实事求是是马克思主义哲学的精神实质,那么,新时代中国特色社会主义的精神实质是什么?所谓精神实质,即一理论的精髓、核心和最本质的内容。习近平新时代中国特色社会主义思想的精神

---

① 习近平:《决胜全面建成小康社会夺取新时代中国特色社会主义伟大胜利——在中国共产党第十九次全国代表大会上的报告》,人民出版社 2017 年版,第 19 页。

实质就是为中国人民谋幸福，为中华民族谋复兴，为中国建设现代强国谋出路。

习近平新时代中国特色社会主义思想内涵丰富，无论就其形成来说，还是就其内容实质而言，习近平新时代中国特色社会主义思想都具有鲜明的民族特色、实践特色与时代特色，"是统揽伟大斗争、伟大工程、伟大事业、伟大梦想的社会主义，是根植于中国大地、反映中国人民意愿、适应中国和时代发展进步要求的社会主义"①。习近平新时代中国特色社会主义思想的创立者习近平总书记对新思想的创立有决定性贡献，他深刻把握时代特征与历史方位，准确提出新矛盾转化的科学判断，集深邃的理论智慧与强烈的使命担当于一身，系统全面回答了新时代背景下，"人类走向何处，中国走向何处，这就是经过社会主义道路，走向新的社会形态的大命题"②，具体到中国特殊的国情、时代背景考量，就是中国人民走向何处的大命题。"人民有信仰，民族有希望，国家有力量。"人民、民族、国家之间的逻辑关系是：没有国家的富强，民族的振兴，就没有人民的幸福。在此意义上，可以说，新时代中国走向何处的大命题，关系到中国人民的幸福、中华民族的复兴和中国现代强国建设，因此，习近平新时代中国特色社会主义思想的精神实质就是实现人民幸福、实现民族伟大复兴、建设社会主义现代化强国。

三、习近平新时代中国特色社会主义思想的理论价值与世界意义

习近平同志在党的十九大报告中明确指出："全党要深刻领会新时代中国特色社会主义思想的精神实质和丰富内涵，在各项工作中全面准确贯彻落实。"③可见，全面准确认识习近平新时代中国特色社会主义思想的科学内涵和精神实质，对于增强贯彻落实习近平新时代中国特色社会主义思想作为各项工作的指导思想和行动指南的自觉性和坚定性，为应对全球化背景下世界性难题提供中国智慧和中国方案，具有重大的理论价值与世界意义。

习近平新时代中国特色社会主义思想最重要的理论价值在于：在文化多元、价值多元的现代民主法治社会，尤其是西方资本主义蓬勃发展的全球化时代，习

---

① 王伟光：《当代中国马克思主义的最新理论成果——习近平新时代中国特色社会主义思想学习体会》，《中国社会科学》2017年第12期。

② 同①，第14页。

③ 习近平：《决胜全面建成小康社会夺取新时代中国特色社会主义伟大胜利——在中国共产党第十九次全国代表大会上的报告》，人民出版社2017年版，第20页。

近平新时代中国特色社会主义思想的确立有利于抵制各种反马克思主义或非马克思主义观点，以及历史虚无主义，高扬马克思主义的科学真理性，并进一步推进马克思主义中国化。

马克思主义从诞生之日起，就因思想观点与方法的科学性著称于世，尤其是，在以马克思主义理论为指导的社会主义国家焕发出强大生命力。但是，进入20世纪以来，马克思主义的权威性日渐受到各种反马克思主义、非马克思主义、抑或历史虚无主义思想的消解，总的来说，马克思主义的权威性面临多方面挑战，这些挑战既有因科学技术迅猛发展导致的，也有因经济全球化、文化多样化、社会价值多元化引发的。马克思主义的产生和马克思主义中国化的一个共同特征在于，理论总是在同各种反马克思主义、非马克思主义思潮的斗争中逐渐确立的。"历史虚无主义的要害就在于它是否定马克思主义、否定党的领袖、否定人民英雄、否定中国共产党的历史、否定中国革命的历史、否定中华人民共和国史的错误思潮和错误观点。中国特色社会主义的发展成就、正确道路、科学理论体系、先进的制度和文化是驳倒历史虚无主义的有力武器。"[①]十九大报告中的"第二个意味着"揭示了习近平新时代中国特色社会主义思想的科学性与重要理论地位，同时也再次向全世界彰显马克思主义在新时代的生机活力，这种生机活力就通过"第一个意味着"表现出来。中国改革开放的40年，并不是一帆风顺的，之所以成就卓著，根本原因在于中国共产党对马克思主义基本原理、科学社会主义基本原则的理论坚守，坚定不移走中国特色社会主义道路的坚定信心，"经受住了社会主义低潮的考验，……抵制了西方所鼓吹的'普世价值''宪政民主'等错误思潮，开拓了中国特色社会主义的新局面。"[②]历史地看，中国特色社会主义在成功应对2008年全球性经济危机考验时表现出来的"风景这边独好"的繁荣局面，强有力地抨击了"共产主义失败论"与"历史终结论"，彻底消解了"社会主义低潮综合征"。新时代中国特色社会主义思想的确立，再次强有力地"证明了社会主义作为人类历史最新社会形态的历史必然性，科学社会主义的基本原则是有强大生命力的，马克思主义关于'两个必然'的历史趋势是不可逆转的，人类

① 蔡永生：《论当代中国鲜活的马克思主义的核心要义——习近平新时代中国特色社会主义思想研究》，《南京师大学报（社会科学版）》2018年第1期，第11页。

② 王伟光：《当代中国马克思主义的最新理论成果——习近平新时代中国特色社会主义思想学习体会》，《中国社会科学》2017年第12期，第12—13页。

社会发展的客观规律是不可替代的。"①新时代语境下,改革开放 40 年取得的历史性成就使得中国屹立于世界民族之林,检验了习近平新时代中国特色社会主义思想的科学性,也再次向全世界昭示了社会主义的优越性,为马克思主义发展开辟了新境界,推动了马克思主义中国化的进一步发展。"正如十月革命在 20 世纪初开辟了人类历史和世界社会主义发展新纪元一样,中国特色社会主义新时代在 21 世纪初揭开了世界社会主义运动驶出低谷走向发展的新纪元。"②十九大报告中的"第一个意味着"奠定了习近平新时代中国特色社会主义思想的实践根基与实践目标。"中国特色社会主义进入新时代,意味着近代以来久经磨难的中华民族迎来了从站起来、富起来到强起来的伟大飞跃,迎来了实现中华民族伟大复兴的光明前景"③,这句话揭示了作为党和国家实现指导思想和行动指南的习近平新时代中国特色社会主义思想得以确立的现实是,中国历经毛泽东时代的"站起来"、邓小平时期的"富起来",正迈向习近平的"强起来"的时代,以习近平新时代中国特色社会主义思想为行动指南进而实现中华民族伟大复兴的目标指日可待。"中国现在站在世界社会主义运动的最前沿。科学社会主义在中国的成功实践表明了共产主义、社会主义的真理性。"④总之,习近平新时代中国特色社会主义思想在中国的确立既是理论发展到新阶段的产物,更是科学社会主义焕发新生机迈向新阶段的表现。

最后,就世界发展而言,十九大报告中的"第三个意味着"揭示了习近平新时代中国特色社会主义思想形成的世界意义。习近平新时代中国特色社会主义思想是在总结党的十八大以来发生的历史性成就和历史性变革基础上形成的理论创新,支撑新思想产生的中国道路、中国实践得到了国际社会的高度认可和举世公认。"中国道路激荡世界。"⑤十八大以来的 5 年时间里,中国在反腐败、精准扶贫、国防和军队改革取得的成就展现着中国智慧,也为世界其他国家相关领域问题的解决提供了中国智慧与中国方案。以反腐败为例,十八大以来的 5 年里,中国在实践领域坚持"老虎""苍蝇"一起打,零容忍、全覆盖、多视角,巡视组回头看,以培养忠诚干净有担当的新时代领导干部队伍,使不敢腐、不能腐、不想腐的

———————————

①② 王伟光:《当代中国马克思主义的最新理论成果——习近平新时代中国特色社会主义思想学习体会》,《中国社会科学》2017 年第 12 期,第 13 页。

③ 习近平:《决胜全面建成小康社会夺取新时代中国特色社会主义伟大胜利——在中国共产党第十九次全国代表大会上的报告》,人民出版社 2017 年版,第 10 页。

④⑤ 胡建华:《深刻领会习近平新时代中国特色社会主义思想的丰富内涵和精神实质》,《桂海论丛》2017 年第 6 期,第 5 页。

观念扎根每一位党和国家工作人员、领导干部心中。干部廉洁队伍建设作为一场自身的革命,实践起来困难重重,而中国的反腐败振奋了人心,为世界各国反腐败的推动贡献了中国智慧与中国方案。尤为显著的是,中国在"一带一路"倡议中提出的构建人类命运共同体的伟大战略构想,"已被多次写入联合国文件,产生日益广泛而深远的国际影响"①"为国际社会开辟了一条合作共赢、共建共享的文明发展新道路。"②新时代构建人类命运共同体的重大意义在于,它超越近代以来"国强必霸"、靠战争和掠夺推进现代化的陈旧逻辑,为谋求人类和谐发展、和平发展、共享发展开辟了新道路,拓宽了发展中国家走向现代化的新途径,彰显了新时代中国共产党的宽广视野和博大情怀。总之,"中国不仅为世界经济社会发展提供了越来越多的'物质产品',更为世界发展和人类进步提供超越意识形态的'中国方案'。"③这是中国对世界做出的最大贡献,也是习近平新时代中国特色社会主义思想的最重要的世界意义。

---

① 中共中央宣传部:《习近平新时代中国特色社会主义思想三十讲》,学习出版社 2018 年 5 月版,第285 页。
② 胡建华:《深刻领会习近平新时代中国特色社会主义思想的丰富内涵和精神实质》,《桂海论丛》2017 年第 6 期,第 5 页。
③ 何毅亭:《习近平新时代中国特色社会主义思想的理论渊源和发展脉络》,《秘书工作》2018 年第 1期,第 14 页。

习近平新时代中国特色社会主义思想的方法论探析

叶星亮①

【摘　要】　习近平新时代中国特色社会主义思想的方法论博大精深、内涵丰富。本文主要从强化党领导一切，以人民为中心，以问题为导向，强化"四个意识"，坚持"四个自信"，协调"四个全面"，统筹"五位一体"，坚持群众路线，坚持唯物史观，坚持理论和实践创新，立足中国、放眼世界等方面进行了探析。

【关键词】　习近平；新时代中国特色社会主义思想；方法论

习近平新时代中国特色社会主义思想的方法论博大精深、内涵丰富，主要体现在党的领导、人民至上、问题导向、四个意识、四个自信、四个全面、五位一体、群众路线、唯物史观、理论创新、放眼世界等诸多方面。

一、习近平新时代中国特色社会主义思想的鲜明特征

强化党领导一切，以踏石留印、抓铁有痕的劲头抓党建。这是习近平新时代中国特色社会主义思想的鲜明特征。习近平总书记在党的十九大报告中，把坚持党对一切工作的领导作为新时代坚持和发展中国特色社会主义基本方略的第一条，强调"党政军民学，东西南北中，党是领导一切的"。只有始终坚持党对一切工作的领导，才能在更高水平上实现全党思想上的统一、政治上的团结、行动上的一致，进一步提高党的创造力、凝聚力、战斗力，才能为全面建成小康社会，夺取新时代中国特色社会主义伟大胜利提供最有力的保障。党领导一切是毛泽东同志的著名论断。早在 1942 年 9 月，我们党就强调党领导一切其他组织，如军队、政府与民众团体。中华人民共和国成立后，毛泽东同志先后多次强调"党领导一切"的思想。1962 年 1 月，毛泽东同志在扩大的中央工作会议上明确指

---

① 叶星亮，中共松阳县委党校高级讲师，研究方向为政治伦理、基层党建。

出："工、农、商、学、兵、政、党这七个方面,党是领导一切的。党要领导工业、农业、商业、文化教育、军队和政府。"1973 年 12 月,毛泽东在主持召开的政治局会议上说："政治局是管全部的,党政军民学、东西南北中。"办好中国的事情,中国特色社会主义事业的成败,关键在于党的领导,这是中国特色社会主义最本质的特征,是中国特色社会主义制度的最大优势。习近平总书记提出的"四个伟大"中起决定性作用的是党的建设新的伟大工程。他说,在国家治理体系的大棋局中,党中央是坐镇中军帐的"帅",车马炮各展其长,一盘棋大局分明。无论哪个领域、哪个方面的工作,都应从加强党的领导抓起,从根本上扭转了一段时间以来党的领导弱化、虚化、空泛化现象,确立了"党是领导一切"的原则,始终坚持打铁必须自身硬,始终坚持全面从严管党治党的首要方法,坚持思想建党、纪律强党、制度治党同向发力,坚持以铁的严肃纪律、顽强的意志品质正风肃纪、反腐惩恶。立起纪律规矩这个顶梁柱,以铁的纪律确保全党统一意志、统一行动、步调一致向前进。我们要进行伟大斗争、推进伟大事业、实现伟大梦想,必须毫不动摇坚持和完善党的领导,毫不动摇把党建设得更加坚强有力,始终坚持党对一切工作的领导。

二、习近平新时代中国特色社会主义思想的出发点和落脚点

以人民为中心,促进社会公平正义,保障人民安居乐业。这是习近平新时代中国特色社会主义思想的出发点和落脚点。党的十八大以来,习近平总书记继承和发展马克思主义人民主体性思想,坚持稳中求进工作总基调,结合新时代的历史实际创造性地提出"以人民为中心"的发展思想。他强调,人民是历史的创造者,是决定党和国家前途命运的根本力量,要始终把人民放在心中最高位置,永远把人民群众对美好生活的向往作为奋斗目标,人民期盼什么、需要什么,我们就干什么,全面建成小康社会,一个都不能少。精准扶贫,切实增强了人民群众的获得感、幸福感、安全感。他强调,全党同志一定要永远与人民同呼吸共命运心连心,把党的群众路线贯彻到治国理政全部活动之中,始终同人民想在一起、干在一起,多谋民生之利、多解民生之忧,在幼有所育、学有所教、劳有所得、病有所医、老有所养、住有所居、弱有所扶上不断取得新进展。

三、习近平新时代中国特色社会主义思想的重要方法论

以问题为导向,正确做出社会主要矛盾发生变化的政治论断。这是习近平新时代中国特色社会主义思想的重要方法论。习近平新时代中国特色社会主义思想不仅从理论上提出了"八个明确",更在行动上规划了十四条基本方略。每一条都强烈地体现了发现问题、分析问题、解决问题的政治智慧。这就是一切从实际出发、理论联系实际、实事求是的重要方法。习近平总书记以敏锐的洞察力,深刻把握国内外形势的变化和我国各项事业的发展,聚焦发展差距拉大、民生短板突出、生态治理紧迫、腐败现象严重等问题,做出了我国社会主要矛盾发生变化的重大政治论断,为新时代制定和完善路线方针政策提供了科学依据。这体现了直面问题的政治勇气。面对发展起来的一些牵动面广、耦合性强的深层次矛盾,习近平总书记不回避、不退让,运用矛盾相辅相成的特性,在解决矛盾的过程中推动事物发展。他强调,历史只会眷顾坚定者、奋进者、搏击者,而不会等待犹豫者、懈怠者、畏难者,要敢于斗争、敢于胜利。这体现了解决问题的政治能力。

四、习近平新时代中国特色社会主义思想的前提条件和根本保证

强化"四个意识",坚决维护党中央权威和集中统一领导。这是习近平新时代中国特色社会主义思想的前提条件和根本保证。进一步增强政治意识、大局意识、核心意识、看齐意识,始终坚定正确政治方向,牢牢站稳政治立场,自觉在思想上政治上行动上同党中央保持高度一致,坚定不移地沿着党的十九大指引的方向前进。一是强化政治意识,这是坚持党对一切工作的领导的首要条件。增强政治意识,就是要坚定执行党的理论路线方针政策,严格遵守党章,严格遵守党的政治纪律和政治规矩,自觉维护党中央权威和集中统一领导。二是强化大局意识,这是坚持党对一切工作领导的基本前提。正确认识大局,就要服从大局、维护大局,这是最大的政治。自觉服从大局,就要坚决做到个人利益服从集体利益,局部利益服从整体利益,暂时利益服从长远利益,小局服从大局,小道理服从大道理。坚决服从大局,就要坚决服从中央部署、服从大局需要。坚定维护大局,就要把地方和部门的工作实际同大局联系起来,同贯彻落实党的十九大决策部署一致起来,使十九大精神转化为各地方各方面的生动实践。三是强化核

心意识,这是坚持党对一切工作领导的本质要求。深刻认识服从核心、维护核心就是进一步筑牢绝对忠诚的思想根基。确立党中央的核心、全党的核心,紧紧围绕核心,反映了全党全军全国各族人民的共同心愿,是党和国家根本利益所在。坚持党对一切工作的领导,就是必须在思想上充分信赖核心、政治上坚决维护核心、组织上自觉服从核心、感情上深刻认同核心;必须在行动上严守党的政治纪律和政治规矩,对党绝对忠诚,在政治立场、政治方向、政治原则、政治道路上始终同党中央保持高度一致,任何时候任何情况下都以党的方向为方向、以党的旗帜为旗帜、以党的意志为意志,做到中央提倡的坚决响应,中央决定的坚决照办,中央禁止的坚决杜绝,坚决抵制破坏党的集中统一的行为。四是强化看齐意识,这是坚持党对一切工作领导的根本保证。看齐意识就是要向党中央看齐,向党的十九大确立的理论和路线方针政策看齐,向党中央的重大决策部署看齐,进一步形成强大的向心力和凝聚力。看齐意识既要在思想上看齐,也要在行动上紧跟,更要在工作中担当,真正做到在思想上同心同德、行动上步调一致、工作上勇挑重担,不折不扣地把党中央精神贯彻到位、落实到位。

五、习近平新时代中国特色社会主义思想的精神支柱和思想根基

坚持"四个自信",牢固树立中华民族优秀传统文化传承。这是习近平新时代中国特色社会主义思想的精神支柱和思想根基。过去,一度有一些知名人士喜欢用西方的标准来衡量判断我们的一切,经常引用西方的世界观、人生观、价值观来看待我们的是非与否。最主要的是对我们的道路、理论、制度和文化缺乏自信。习近平总书记指出,文化自信,是更基础、更广泛、更深厚的自信。中国特色社会主义文化,源于中华民族五千多年文明历史所孕育的中华优秀传统文化,熔铸于党领导人民在革命、建设、改革中创造的革命文化和社会主义先进文化,植根于中国特色社会主义伟大实践。离开文化自信,道路自信、理论自信和制度自信就会失去精神基石和文化滋养。只有坚持文化自信,才能为实现中华民族伟大复兴的中国梦提供强大精神支撑。坚定中国特色社会主义道路自信、理论自信、制度自信、文化自信;要解决好世界观、人生观、价值观这个"总开关"问题,以信仰的力量凝聚意志力量、统一思想行动。

六、习近平新时代中国特色社会主义思想的基本目标和总体框架

协调"四个全面",突出深化改革,全面建成小康社会。这是习近平新时代中国特色社会主义思想的基本目标和总体框架。"四个全面"战略布局是以习近平同志为核心的党中央领导集体治国理政战略思想的基本目标和总体框架,"四个全面"即全面建成小康社会、全面深化改革、全面依法治国、全面从严治党。习近平总书记认为,全面建成小康社会是实现中国梦的关键一步。他从覆盖人群的角度说,谁也不能落下。他说,小康不小康,关键看老乡。农民占人口最大多数,如果没有农村的小康,农民的小康,没有农村的现代化,全面小康无从谈起。中西部地区民众,尤其是少数民族同胞也不能落下。如果落下了,不仅仅是经济问题、社会问题,还会是严重的政治问题。协调推进"四个全面"战略布局,推动党和国家事业取得历史性成就,发生历史性变革。尤其是深入贯彻落实新发展理念,以法治思维和法治方式创新社会治理,创造了经济由高速增长转向高质量发展、社会大局和谐稳定的"两大奇迹",推动了消除贫困、惩治腐败"两大世界难题"的解决,找到了新时代跳出历史周期律的秘密,赢得了党心民心,使当前和今后一个时期,党和国家各项工作关键环节、重点领域、主攻方向更加清晰,内在逻辑更加严密,这为推动改革开放和社会主义现代化建设迈上新台阶提供了强力保障。"四个全面"战略布局的提出,更完整地展现出以习近平为核心的党中央治国理政的重要内容,闪耀着马克思主义与中国实际相结合的思想光辉,饱含着马克思主义的立场观点方法。

七、习近平新时代中国特色社会主义思想的千秋大计

统筹"五位一体",提出"创新、协调、绿色、开放、共享"新发展理念。这是习近平新时代中国特色社会主义思想的千秋大计。"五位一体"总布局是一个有机整体,经济建设是根本,政治建设是保证,文化建设是灵魂,社会建设是条件,生态文明建设是基础。党的十八大以来,习近平总书记带领全党全国人民,坚持稳中求进工作总基调,统筹推进"五位一体"总体布局,提高党把方向、谋大局、定政策、促改革的能力和定力,确保党始终总揽全局、协调各方。他不仅瞩目当下,还着眼未来,突出强调生态文明建设。他说,建设生态文明是中华民族永续发展的千秋大计,必须树立和践行绿水青山就是金山银山的理念,建设美丽中国,为子

孙后代留下天蓝、地绿、水清的生产生活环境。习近平总书记提出的"创新、协调、绿色、开放、共享"的发展理念，更加强调健康的速度，更加强调质量，更加强调民生，更加强调环保，促进了现代化建设各方面相协调，促进了生产关系与生产力、上层建筑与经济基础相协调，不断开拓生产发展、生活富裕、生态良好的文明发展道路。这几年，围绕改善民生环境，生态文明制度改革有了大力的推进：修订实施史上最严格的《环境保护法》，制定印发《中共中央国务院关于加快推进生态文明建设的意见》，出台《生态文明体制改革总体方案》《党政领导干部生态环境损害责任追究办法（试行）》《环境保护督察方案（试行）》等生态文明体制改革"1＋6"系列重要文件，从各个方面健全生态文明制度体系，把环境保护和生态文明建设纳入法治化、制度化、系统化、常态化的轨道。

八、习近平新时代中国特色社会主义思想的本质要求

坚持群众路线，开展常态化制度化的党内系列教育实践活动。这是习近平新时代中国特色社会主义思想的本质要求。通过开展党的群众路线教育实践活动、"三严三实"专题教育、"两学一做"学习教育，制定修订一系列党内法规，充分发动群众，积极依靠群众，密切联系群众，促进党员领导干部不敢腐的目标初步实现，不能腐的笼子越扎越牢，不想腐的堤坝正在构筑，反腐败斗争压倒性态势已经形成并巩固发展，从严管党治党实现了从宽松软到严紧硬的深刻转变。习近平总书记指出，我们党能够带领人民进行伟大的社会革命，也能够进行伟大的自我革命。从中央政治局抓起，从中央八项规定破题，习近平总书记率先垂范，以身作则，带头廉洁自律，倡导勤俭节约，严刹"四风"，出行从简，用餐简便，抓"关键少数"，全党上行下效，自我净化、自我完善、自我革新、自我提高能力不断增强，党内政治生态气象更新。社会风气明显转好，餐桌自觉"光盘行动"。

九、习近平新时代中国特色社会主义思想的战略创新思维方式

坚持唯物史观，解决许多长期想解决而没有解决的难题。这是习近平新时代中国特色社会主义思想的战略创新思维方式。党的十八大以来，习近平总书记坚持马克思主义基本原理，坚持辩证唯物主义和历史唯物主义，坚持一切从实际出发，坚持战略思维、系统思维、创新思维、底线思维、法治思维，扭住深层次矛盾和重点难点问题持续发力、精准发力，解决了许多长期想解决而没有解决的难

题,办成了许多过去想办而没有办成的大事,深刻回答了新时代坚持和发展中国特色社会主义的一系列重大理论和现实问题,在解决一个个具体问题中推动中国特色社会主义进入新时代。

十、习近平新时代中国特色社会主义思想的生机活力

坚持理论和实践创新,推进马克思主义基本原理与当代中国实际相结合。这是习近平新时代中国特色社会主义思想的生机活力。党的十八大以来,习近平总书记对党的理论创新和实践创新问题做过多次重要论述,指出:"我们党之所以能够历经考验磨难无往而不胜,关键就在于不断进行实践创新和理论创新","把坚持马克思主义和发展马克思主义统一起来,结合新的实践不断作出新的理论创造,这是马克思主义永葆生机活力的奥妙所在"。实践是人们能动地改造客观世界的活动。习近平总书记在中共中央政治局第二十次集体学习时强调指出,"要学习掌握认识和实践辩证关系的原理","要根据时代变化和实践发展,不断深化认识,不断总结经验,不断实现理论创新和实践创新良性互动"。认识与实践、理论创新和实践创新之间是辩证统一、互存互动的关系。实践是检验真理的唯一标准。理论创新来源于实践创新,理论创新成果形成之后又对新的实践创新提供理论指导。习近平总书记指出:"必须高度重视理论的作用,增强理论自信和战略定力,对经过反复实践和比较得出的正确理论,要坚定不移坚持。"以习近平同志为核心的党中央坚持在实践创新基础上的理论创新,不断根据新的实践创造出新的理论,为我们制定各项方针政策、推进各项工作提供了科学指导。

十一、习近平新时代中国特色社会主义思想的宏伟目标

立足中国,放眼世界,构建人类命运共同体。这是习近平新时代中国特色社会主义思想的宏伟目标。习近平总书记强调,中国共产党既是为中国人民谋幸福的政党,也是为人类进步事业而奋斗的政党,他呼吁各国人民秉持"天下一家"的理念,构建人类命运共同体。中国大地发生的历史性变革,中国人民取得的历史性成就,为处于低潮期的世界社会主义运动注入了新的活力,"让社会主义学说重新伟大",也让那些对共产主义失去信心的人看到了希望。可以说,习近平新时代中国特色社会主义思想,开辟了马克思主义新境界,它不仅有效解决了中

国问题,也"给世界上那些既希望加快发展又希望保持自身独立性的国家和民族提供了全新选择,为解决人类问题贡献了中国智慧和中国方案"。

伟大时代产生伟大思想,伟大思想引领伟大时代。我们将在习近平新时代中国特色社会主义思想的科学指引下,不忘初心、牢记使命,奋力走好新时代长征路,确保在建党 100 周年时,全国各地的经济、社会、文化、政治、生态文明的发展取得重大突破,真正全面建成小康社会。

【参考文献】

[1] 毛泽东年谱(1949—1976):第 6 卷[M].北京:中央文献出版社,2013.

[2] 习近平.决胜全面建成小康社会 夺取新时代中国特色社会主义伟大胜利——在中国共产党第十九次全国代表大会上的报告[M].北京:人民出版社,2017.

[3] 习近平谈治国理政[M].北京:外文出版社,2014.

[4] 习近平谈治国理政:第 2 卷[M].北京:外文出版社,2017.

[5] 赵刚印."党领导一切"是怎么来的[EB/OL].中国共产党历史网.2017-11-27. http://www.zgdsw.org.cn/n1/2017/1127/c218998-29669825.html.

习近平新时代中国特色社会主义思想蕴含的
方法论的鲜明特点

严国红[①]

【摘　要】　科学的工作方法是习近平新时代中国特色社会主义思想所蕴含的重要内容。从总体上看,习近平总书记的工作方法有着具有深远的世界眼光和战略思维能力、始终坚持马克思主义的科学方法论、全心全意的人民立场等鲜明特点。这些特点具体融入于战略定力、大局观、预见性、发展观点、两点论和重点论、全面系统以及工作方法的目的、来源、运用等方面,充分体现了习近平总书记工作方法的科学性和系统性。这些科学工作方法都是当代马克思主义中国化的最新重要成果,值得深入学习和领会。

【关键词】　习近平;工作方法;特点

众所周知,恩格斯晚年对什么是马克思主义进行过多次总结,并明确提出了"马克思的整个世界观不是教义,而是方法。它提供的不是现成的教条,而是进一步研究的出发点和供这种研究使用的方法"[②]的重要论述,西方马克思主义的代表人物卢卡奇也明确认为"方法是马克思主义的正统"。而习近平新时代中国特色社会主义思想是当代马克思主义中国化的最新成果,一个重要表现就是"科学方法论",只有对马克思主义的科学方法论进行继承并开展符合中国改革实践的创新,才能从根本上呈现"当代马克思主义中国化的最新成果"的永恒活力。可以说,科学的方法论是彰显习近平新时代中国特色社会主义思想是当代马克思主义中国化的最新成果的重要标志。正如习近平在马克思诞辰200周年重要讲话中所引用的马克思的名言一样,"批判的武器当然不能代替武器的批判,物质力量只能用物质力量来摧毁;但是理论一经掌握群众,也会变成物质力量"。习近平新时代中国特色社会主义思想要真正成为群众掌握的物质力量,也必须

---

①　严国红,中共浙江省委党校哲学教研部副教授,研究方向为马克思主义哲学。

②　《马克思恩格斯文集》(第10卷),人民出版社2009年版,第691页。

转化成科学的方法论。事实上,习近平新时代中国特色社会主义思想始终贯彻科学的工作方法论原则。"改革开放是前无古人的崭新事业,必须坚持正确的方法论。"①在全面深化改革过程中,始终立足我国基本国情,坚持问题导向,"按照实际决定工作方针"②是习近平总书记最基本的工作方法。从总体上看,习近平新时代中国特色社会主义思想所蕴含的科学方法论具有定位高、精髓明、立场坚三个鲜明的特点。

一、定位高:深远的世界眼光和战略思维能力

早在浙江工作期间,习近平总书记就提出了"要站在战略的高度,善于从政治上认识和判断形势,观察和处理问题,善于透过纷繁复杂的表面现象,把握事物的本质和发展的内在规律"③,并要求用世界眼光和战略思维去准确把握当今时代和中国大势,尤其是政治、经济、文化方面。十八大以后,习近平总书记又提出,"要树立世界眼光、把握时代脉搏,要把当今世界的风云变幻看准、看清、看透,从林林总总的表象中发现本质,尤其要认清长远趋势"④。在工作中,善于抓住本质,善于看清工作中的长远趋势,这是习近平新时代中国特色社会主义思想所深刻蕴含的科学方法论,其内在隐含着"高超的战略思维能力、深远的世界眼光"的典型特征。

(一)方法论要保持正确的战略定力

表现在政治方向上,方法论都要保持正确的战略定力。在习近平总书记看来,在改革的深水区和攻坚期,尤其是在风云变幻的世界大势中深化改革,其复杂度、敏感度和困难度都将是空前的,因此,在工作方法上最需要的是战略定力,"要从纷繁复杂的事物表象中把准改革脉搏,从众说纷纭中开好改革药方,没有很强的战略定力是不行的"⑤。习近平总书记强调,科学方法论的战略定力首先表现在政治方面上,"在坚持正确政治方向这个问题上,一定要有很强的战略定力,不为任何风险所惧,不被任何干扰所惑,咬定青山不放松"⑥。政治方向正确

---

①　习近平:《习近平谈治国理政》(第1卷),外文出版社2014年版,第67页。

②　《习近平总书记系列重要讲话读本》,学习出版社2016年版,第280页。

③　习近平:《之江新语》,浙江人民出版社2007年版,第20页。

④　《中央外事工作会议在京举行》,人民网,2014年11月30日,http://politics.people.com.cn/n/2014/1130/c1024-26118788.html。

⑤　习近平:《关于全面深化改革论述摘编》,中央文献出版社,第19页。

⑥　《习近平关于国防和军队建设重要论述选编》,解放军出版社2014年版,第186页。

了,工作方法才能有政治保障,才能确保不会出现颠覆性错误。其次表现在对"社会发展阶段性特征"①的把握上,科学方法论是建立在科学定位基础上的,从历史和现实、理论和实践、国内和国际等的结合上进行思考,从我国社会发展的历史方位上来思考,从党和国家事业发展大局出发进行思考,得出正确结论。②

(二)科学方法论要始终坚持大局观

表现在视域范围上,科学方法论要始终坚持大局观。习近平总书记始终强调在工作方法上的大局观。"从改革大局出发看待利益关系调整,只要对全局改革有利、对党和国家事业发展有利、对本系统本领域形成完善的体制机制有利,都要自觉服从改革大局、服务改革大局。"③战略思维是一种全局性的思维,世界眼光也是一种全局性思维,只有把握好了全局,才能把握好工作的基本趋势。在工作中要时刻保持大局观就是要正确理解局部与全局的辩证关系,一方面,要树立全局和局部同等重要的认识,"局部和全局相互依存,没有局部就无所谓全局"④,局部制约全局,全局由局部构成,两者是紧密联系在一起的,没有局部认识,也就没有全局认识。比如,关于全面深化改革,首先必须在正确认识到全面深化改革的全局性问题的同时,正确认识配套性工作局部性问题,不能顾此失彼。另一方面,在工作中,要充分认识到局部对全局的基础作用,只有在全局中,局部才有意义。从认识规律上看,人们一般都是从局部开始认识事物的,通常情况下,局部认识比较具体,但是不能把握好事物发展的趋势,因此,在开展工作过程中,要正确认识局部,同时还必须将局部认识放置于全局之中,搞清楚局部和全局之间的内在的本质性联系,才能真正指导工作,这是正确工作方法的一个重要原则。正如习近平总书记在《之江新语》所说:"我们既要大处着眼,学习曹冲称象,善于把本地区、本部门的工作这头'象',置于构建和谐社会全局这条'大船'上来定位和谋划,提出前瞻性的工作思路"⑤。再一方面,在工作中抓全局才是正确的工作方法。局部只是"树木",全局是"森林",局部是有局限的,只有全局才能有利于工作的长期有效性。因此,在工作中,要避免用局部利益代替全局利益,都要"防止眼前合理却不利于全局和长远的情况发生"⑥。

---

①② 习近平:《习近平谈治国理政》(第2卷),外文出版社2014年版,第61页。

③　同①,第104页。

④　《习近平总书记系列重要讲话读本》,学习出版社2016年版,第79—80页。

⑤　习近平:《之江新语》,浙江人民出版社2013年版,第243页。

⑥　同④,第80页。

(三)科学方法论要力求战略与战术相结合

表现在战略谋划上,科学方法论要力求战略与战术相结合。"战略上判断得准确,战略上谋划得科学,战略上赢得主动,党和人民事业就大有希望。"①习近平总书记强调科学方法论要坚持"蹄疾而步稳"原则,在他看来,正确的科学方法论应该既讲战略,又讲战术。在战略上要"蹄疾",在解决突出问题中实现战略突破,在把握战略全局中推进各项工作。②即在战略上要勇于进取,胆子要大;在战术上要"步稳",即在战术上要稳扎稳打,步步为营。"只要经过了充分论证和评估,只要是符合实际、必须做的,该干的还是要大胆干。"③要处理好战略与战术的配合问题,要注意"疾"与"稳"的关系。一方面,工作方法运用要坚定,要敢于"冲破思想观念的障碍,突破利益固化的藩篱"④,进行改革工作要果敢,"就是改革再难也要向前推进,敢于担当,敢于啃硬骨头,敢于涉险滩。"⑤另一方面,开展工作要沉稳,要循序渐进,"要有'功成不必在我'的境界,一张好的蓝图,只要是科学的、切合实际的、符合人民愿望的,就要像接力赛一样,一棒一棒接着干下去"⑥。习近平总书记始终强调,抓任何工作,都要有久久为功、利在长远的耐心和耐力。⑦ 在任何工作中,"既要防止拖延病,又要防止急躁症"⑧。

二、精髓明:始终坚持马克思主义的科学方法论

马克思主义哲学是中国共产党人的世界观和方法论,在坚持以马克思主义为指导这一根本问题上,我们必须坚定不移,任何时候任何情况下都不能动摇。⑨ 在全面深化改革过程中,习近平总书记高度重视马克思主义哲学在开展工作过程中的重要引领作用,尤其是善于用辩证法看待问题和解决问题。正是在马克思主义哲学思维的引领下,习近平总书记在部署"过河"任务的同时,有效指导解决"桥或船"的问题,为党员干部提供了贯穿着马克思主义的立场观点方

①② 习近平:《习近平谈治国理政》(第 2 卷),外文出版社 2014 年版,第 10 页。
③ 习近平:《习近平谈治国理政》(第 1 卷),外文出版社 2014 年版,第 87 页。
④ 同③,第 87 页。
⑤ 同③,第 101 页。
⑥ 同①,第 85 页
⑦ 同①,第 146 页。
⑧ 同①,第 85 页
⑨ 同①,第 66 页。

法的科学方法论。

(一)强调科学方法论的发展性,在工作思维上要始终贯穿发展观点

"坚持马克思主义,坚持社会主义,一定要有发展的观点。"[①]一方面,要用发展的眼光正确看待和处理工作的根本方向。在工作的根本方向上贯穿发展的观点是为了保持工作的正确性、连续性和高效性。从本质上讲,我们的一切工作都是为了发展社会主义,这是我们工作的旗帜和根本方向,众所周知,社会主义仍在不断完善之中,在建设社会主义的工作过程中,不可避免地要面对众多现实问题,如,如何运用中华人民共和国成立后的三十年的经验指导改革后的三十年的中国特色社会主义改革实践? 这就涉及开展工作的根本方向问题,习近平总书记反复强调,"改革开放前的社会主义实践探索为改革开放后的社会主义实践探索积累了条件,改革开放后的社会主义实践探索是对前一个时期的坚持、改革、发展"[②]。只有贯穿发展的观点,工作才能前后相济,才会将先前行之有效的经验运用于现今的工作之中,才会基于过去和现在的工作状态和特点去考量未来工作的基本方向和核心途径,也就是说,只有贯穿发展的观点,工作方法才具有科学性。另一方面,要用发展的手段处理工作中的复杂利益关系。"当前,我国社会各种利益关系十分复杂,要坚持发展地而不是静止地、全面地而不是片面地、系统地而不是零散地、普遍联系地而不是单一孤立地观察事物,准确把握客观实际,真正掌握规律,妥善处理各种重大关系。"[③]在改革的深水区和攻坚期,矛盾不可避免,既有过去积累下来的矛盾,又有新出现的矛盾,还有过去旧矛盾与新事物融合后出现的矛盾,在处理这些不同类型矛盾的工作过程中,只有用发展的观点将这些矛盾中的复杂利益关系联系起来,以"公共利益最大化"为基本原则,才能真正做好工作,只有在工作方法方式上贯穿发展的观点,才能不断针对新情况和新问题,创新解决矛盾的新工作方法。再一方面,要用发展的创新思维处理工作中出现的"问题"。改革的各项工作,具体到一个地方、一个部门、一个单位,问题各不相同,只能用发展的创新思维才能真正解决问题。"要坚持有什么问题就解决什么问题,什么问题难就重点解决什么问题,什么问题突出就着力攻克什么问题,无论解决什么问题,都要综合分析、举

---

① 习近平:《习近平谈治国理政》(第 1 卷),外文出版社 2014 年版,第 23 页。
② 《习近平总书记系列重要讲话读本》,学习出版社 2016 年版,第 32 页。
③ 同②,第 281 页。

一反三。"①

(二)强调科学方法论的底线问题,不能丢弃唯物辩证法

在科学方法论中,习近平总书记也非常强调底线思维,即唯物辩证法仍然是我们开展各项工作的核心方法。在改革过程中,习近平总书记为我们树立了运用唯物辩证法的典范。首先,习近平总书记突出强调如何通过"两点论"和"重点论"相结合做好改革中的各项工作,"在任何工作中,我们既要讲两点论,又要讲重点论,没有主次,不加区别,眉毛胡子一把抓,是做不好工作的"②。如,在市场与政府的关系方面,他强调,"把'看不见的手'和'看得见的手'都用好。"③又如,在国家安全观方面,"既重视外部安全,又重视内部安全"④等等。"两点论"和"重点论"不是截然分开的,而是高度统一的:"两点论"是"重点论"中的"两点论","重点论"是"两点论"中的"重点论"。因此,习近平总书记强调,在开展工作过程中,要坚持"两点论"和"重点论"的统一,善于厘清主要矛盾和次要矛盾、矛盾的主要方面和次要方面,区分轻重缓急,在兼顾一般的同时紧紧抓住主要矛盾和矛盾的主要方面,以重点突破带动整体推进,在整体推进中实现重点突破。⑤

在坚持"两点论"和"重点论"的统一的基础上,习近平总书记反复强调"全面系统"的科学方法论。一方面,在进行全面深化改革工作的顶层设计与规划过程中,习近平总书记始终充分考虑深化改革工作的系统性、整体性以及具体性。"要加强宏观思考和顶层设计,更加注重改革的系统性、整体性、协同性,同时也要继续鼓励大胆试验、大胆突破,不断把改革开放引向深入。"⑥另一方面,在开展全面深化改革的各项具体工作时,在充分搞清中国社会现实的基础上,综合平衡,统筹兼顾,有时候狠抓大问题,在处理大问题的同时解决小问题,有时候以小带大,小中见大,也就是说,习近平总书记真正做到了"十个指头弹钢琴"⑦。"我们要学会运用辩证法,善于'弹钢琴',处理好局部和全局、当前和长远、重点和非重点的关系,在权衡利弊中趋利避害、作出最为有利的战略抉择。"⑧

---

① 习近平:《习近平谈治国理政》(第 2 卷),外文出版社 2014 年版,第 184 页。
② 同①,第 23 页。
③ 《习近平总书记系列重要讲话读本》,学习出版社 2016 年版,第 150 页。
④ 习近平:《习近平谈治国理政》(第 1 卷),外文出版社 2014 年版,第 201 页。
⑤ 同①,第 221 页。
⑥ 同④,第 68 页。
⑦ 同④,第 102 页。
⑧ 同①,第 206 页。

其次，习近平总书记始终强调科学方法论要有防范风险的"底线"。"分析国际国内形势，既要看到成绩和机遇，更要看到短板和不足、困难和挑战，看到形势发展变化给我们带来的风险，从最坏处着眼，做最充分的准备，朝好的方向努力，争取最好的结果。"[①]在习近平总书记看来，如期全面建成小康社会，既具有充分条件，也面临艰巨任务，前进道路并不平坦，诸多矛盾叠加、风险隐患增多的挑战依然严峻复杂。[②] 因此，科学方法论必然具有"防风险"的内在要求，一是不能制造风险。"对可能发生的各种风险，各级党委和政府要增强责任感和自觉性，把自己职责范围内的风险防控好，不能把防风险的责任都推给上面，也不能把防风险的责任都留给后面，更不能在工作中不负责任地制造风险。"[③]二是要加强对风险的研判。要加强对各种风险源的调查研判，提高动态监测、实时预警能力，推进风险防控工作科学化、精细化，对各种可能的风险及其原因都要心中有数、对症下药、综合施策，出手及时有力，力争把风险化解在源头，不让小风险演化为大风险，不让个别风险演化为综合风险，不让局部风险演化为区域性或系统性风险，不让经济风险演化为社会政治风险，不让国际风险演化为国内风险。[④] 三是要防范风险。在改革工作过程中，"我们必须把防风险摆在突出位置，'图之于未萌，虑之于未有'，力争不出现重大风险或在出现重大风险时扛得住、过得去"[⑤]。

辩证法贯穿于习近平总书记工作方法的方方面面。如，在工作方法上，习近平总书记还强调理论与实践的统一、现实与理想的统一、当前与长远的统一、务虚与务实的统一、继承与创新的统一、重点和一般的统一、压力和动力的统一、战争与和平的统一、经济发展与生态保护的统一、稳中求进与改革创新的统一、数量速度与质量效益的统一、扬长与避短的统一、供给与需求的统一、共建与共享的统一等等，这些都是习近平总书记工作中运用生动活泼的辩证法的生动写照。

三、立场坚：全心全意的人民立场

从群众中来、到群众中去，是我们党的根本工作路线和工作方法。"人民立场是中国共产党的根本政治立场，是马克思主义政党区别于其他政党的显著标

---

① 习近平：《习近平谈治国理政》(第2卷)，外文出版社2014年版，第60页。
② 同①，第72页。
③④ 同①，第82页。
⑤ 同①，第81页。

志。"①习近平总书记强调:"中国共产党及其领导的国家是代表最广大人民根本利益的,其一切理论和路线方针政策,其一切工作部署和工作安排,都应该来自人民,都应该为人民利益而制定和实施。"②在长期的工作实践中,习近平总书记在充分继承我党关于人民群众观点的优秀传统的同时,也形成了新时期的群众路线的工作方法,这些工作方法都内在地融入"人民至上"之中,时时刻刻彰显人民立场也是习近平总书记的科学方法论的重要特性。

(一)科学方法论一定要具有人民决策性

一切工作方法都是为了群众有更美好的生活。"人民对美好生活的向往,就是我们的奋斗目标。"③这是习近平总书记工作方法的思维源泉和思维起点,我们的党与其他一切政党相区别的标志就在于我们党行动的出发点和落脚点都是为人民服务,因此,一切工作方法都必须站在群众的立场上,"始终把人民放在心中最高的位置"④。工作方法的目标都是为了人民的幸福生活,而工作方法的呈现方式就是在工作过程中,尽可能实现公共利益最大化。因此,在工作方法的立场方面,就是要处理好涉及最广大人民的根本利益的工作,对于影响到群众切身利益的各项工作,尤其是重大决策,必须倾向群众意见,在充分考虑群众承受能力的基础上,开展社会稳定的风险评估工作,在工作开展之前就把影响到群众利益的问题及时化解掉。"推进任何一项重大改革,都要站在人民立场上把握和处理好涉及改革的重大问题,都要从人民利益出发谋划改革思路,制定改革举措"⑤,同时,加强责任制度的建设与落实,决不能在开展工作过程中,损害群众权益,坚决查处各种工作过程中的损害群众权益的违纪违法行为。

(二)科学方法论一定要具有人民实践性

一切工作方法都必须从群众的实践中来。一方面,只有群众实践中才有正确解决群众问题的工作方法。"人民是历史的创造者,群众是真正的英雄。人民群众是我们力量的源泉。"⑥关于社会主义建设的各项工作方法都应该来源于人民,都应该是群众经验和智慧的总结,"人民群众中有的是能者和智者,要虚心向

---

① 习近平:《习近平谈治国理政》(第 2 卷),外文出版社 2014 年版,第 40 页。
② 同①,第 295 页。
③ 习近平:《习近平谈治国理政》(第 1 卷),外文出版社 2014 年版,第 48 页。
④ 同③,第 43 页。
⑤ 同③,第 98 页。
⑥ 同③,第 5 页。

他们求教问策,把政治智慧的增长、执政本领的增强、领导艺术的提高深深扎根于人民群众的实践沃土之中,不断从人民群众中吸收营养和力量。""在人民面前,我们永远是小学生,必须自觉拜人民为师,向能者求教,向智者问策。"①在工作方法上,要善于从人民群众的实践中汲取智慧和力量,"深入群众中寻找解决问题的方案和办法"②。因此,必须充分调动群众的积极性、主动性和创造性,让群众的聪明才智充分发挥出来,这就需要尊重人民群众的主体地位和历史首创精神,所以习近平总书记强调:"必须充分尊重人民所表达的意愿、所创造的经验、所拥有的权利、所发挥的作用。"③只有人民的积极性得到充分发挥,我们关于改革的各项工作才能获得正确的工作方法。另一方面,在各项工作方法的运用之中,人民群众是最有效有力的监督者。"保持同人民群众的血肉联系,始终是我们党立于不败之地的根基。"④要让人民群众监督党员干部工作中的作风问题,努力使党员干部保持清正廉洁的政治本色,严格按制度和规则办事,严守党纪国法;让人民群众监督党员干部工作中的态度和决心问题,监督党员干部是否是抓实干、是否善始善终。再一方面,人民群众是各项工作方法的最终评判者,各项工作方法的正确与否,不是以领导干部满意不满意为基准的,而是必须以群众是不是满意为基准。"检验一切工作的成效,最终都要看人民是否真正得到了实惠,人民生活是否真正得到了改善,人民权益是否真正得到了保障。"⑤因此,必须把群众工作做实、做深、做细、做透。总之,一切工作"要从人民伟大实践中汲取智慧和力量,办好顺民意、解民忧、惠民生的实事,纠正损害群众利益的行为。"⑥

(三)科学方法论一定要具有人民效果性

一切工作方法必须正确运用到解决群众现实问题的实践活动中去,并产生让人民满意的效果。如果工作没有达到让人民满意的效果,那么我们就会脱离群众。"如果我们脱离群众,失去人民拥护和支持,最终也会走向失败。"⑦因此习近平总书记始终关注民生,注重将自己的工作方法运用到解决群众问题的实

① 习近平:《习近平谈治国理政》(第1卷),外文出版社2014年版,第27页。
② 《习近平总书记系列重要讲话读本》,学习出版社2016年版,第283页。
③ 同①,第4页。
④ 同①,第15页。
⑤ 同②,第213页。
⑥ 同①,第16页。
⑦ 同①,第15—16页。

践中去,努力达到人民满意的效果,一方面,强调科学方法论的解决问题的针对性和务实性。改革工作要解决问题的源头来于民众,而要掌握这些问题,就必须大兴调查研究之风,对真实情况了然于胸。"要把调查研究作为基本功,深入基层、深入群众、深入实际,了解情况、问计于民。"①另一方面,强调科学方法的真正落实性。要达到人民效果性,必须要脚踏实地、真抓实干,"对定下来的工作部署,要一抓到底、善始善终,坚决防止走过场、一阵风。"②在落实过程中,要有顽强的工作斗志。面对工作难题,要有明知山有虎、偏向虎山行的劲头,积极寻找克服困难的具体对策,豁得出来、顶得上去,真正成为带领人民群众战风险、渡难关的主心骨。③ 再一方面,强调科学方法论的干部模范效应。"各级领导干部特别是高级干部要从自身做起,给下级带个好头。"④只有各级领导干部"发扬钉钉子精神,有坚持不懈的韧劲,推出的每件事都要一抓到底,一件事情接着一件事情办,一年接着一年干,锲而不舍向前走,做到件件有着落、事事有回音"⑤让群众看到变化、得到实惠,科学方法论的人民效果性才能最终突显出来。

当然,始终坚持科学方法论是习近平总书记一贯的工作风格和特点,例如,调查研究。早在1988年,习近平同志初到福建宁德时,就跑遍了闽东地区,并针对当时的干部工作方法的实际情况,提出并建立了干部"四下基层"的调查研究制度。在浙江,习近平又提出大兴调查研究之风,并提出了在调查研究工作中,"一定要保持求真务实的作风,努力在求深、求实、求细、求着人先鞭、求效上下功夫"⑥等等,这些重要的科学方法论在十八大后仍然被习近平总书记坚持与发扬,并最终成为习近平新时代中国特色社会主义思想中的重要组成部分。这些科学方法论都是当代马克思主义中国化的最新重要成果,值得我们深入学习和领会,而这些科学方法论的鲜明特点又是我们深刻理解科学方法论的钥匙。

---

① 习近平:《习近平谈治国理政》(第 2 卷),外文出版社 2014 年版,第 144 页。
② 同①,第 146 页。
③ 同①,第 146 页。
④ 同①,第 167—168 页。
⑤ 同①,第 361 页。
⑥ 习近平:《干在实处 走在前列》,中共中央党校出版社 2006 年版,第 535 页。

习近平新时代中国特色社会主义思想的方法论

——兼论党的青年群众工作"存量"逻辑与"增量"路径

刘东海①

【摘　要】　习近平新时代中国特色社会主义思想中蕴含着丰富的群众观点,尤其是进一步丰富了党的青年群众工作的方法。党的青年群众工作是党的群众路线在长期革命、建设、改革等实践中始终坚持的基础性工作。党的青年群众基础是执政党历经时代洗礼、历史考验和人民选择的宝贵"政治"资源。新时代巩固党的青年群众基础,就是要进一步盘活党的青年群众工作"存量"这一党长期执政之基;扩大党的青年群众基础,就是要进一步搞活党的青年群众工作"增量"这一党永葆活力之源;巩固和扩大党的青年群众基础既要盘活"存量",又要搞活"增量",不断汇聚党的青年群众基础"正能量"。

【关键词】　青年群众工作;存量;增量

2018 年 7 月 2 日,习近平总书记在与团中央新一届领导班子集体谈话时指出,共青团的三个根本性问题,即根本任务、政治责任和工作主线。总书记再次向全团强调指出,共青团要把巩固和扩大党执政的青年群众基础作为政治责任。

一、党的青年群众工作"存量"逻辑

青年是党的工作和服务对象之一,"我们是未来的党,而未来是属于青年的"②。党对青年的要求和青年的群体特征,共同构成了党的青年群众工作的内在规定性。党的青年群众工作的"存量"逻辑是党的群众路线在长期革命、建设、改革等实践中的规律总结。

---

①　刘东海,浙江省团校干部教育中心讲师,研究方向为青少年工作与共青团研究。
②　中共中央编译局:《列宁全集》(第 11 卷),人民出版社 1959 年第 2 版,第 338 页。

（一）党的青年群众工作是中国青年运动发展方向和历史进程的决定因素

中国青年运动是在中国共产党的领导下，把马克思主义青年观的基本原理和中国青年实际相结合，沿着历史的维度和现实的角度开展的社会群体活动。党的领导是中国青年运动最显著的特征。近代以来，中华民族跌入"五千年来未有之低谷"，神州混沌，百姓困厄，国将不国，民不聊生。十月革命一声炮响，为中国送来马克思主义。李大钊、陈独秀等早期马克思主义者，发出了声嘶力竭的呐喊。《庶民的胜利》《布尔什维主义的胜利》《我的马克思主义观》等一大批战斗檄文在青年群体中广泛流传，为青年提供了"观察国家命运的工具"。马克思主义理论武装的中国青年逐步成为一支新生政治力量登上历史舞台。1919年爆发的五四运动，是旧民主主义革命时期中国青年运动的最高潮，同时也是新民主主义革命时期中国青年运动的发端。这场"反帝反封建的爱国运动"促进了马克思主义在中国的传播，为中国共产党的诞生做了思想上和干部上的准备。

1921年仲夏，中国共产党的诞生使中国革命面貌焕然一新。中国青年由此找到了现实中的革命导师，中国青年运动由此找到了历史方位中的正确方向。"许多青年在党、团组织引导下，学习马克思主义理论，积极投身于火热的斗争之中，进一步与工农群众相结合，因而使青年运动上升到一个新的水平。"[①]在青年运动中，中国青年得到了前所未有的历练和成长，青年运动成为青年和共产党"互选""互构"的历史中介。在青年与共产党的"互选"过程中，逐步实现了两者的"互构"。一方面是青年选择共产党，并愿意在党的领导下，有序开展青年运动，进一步巩固和扩大了党的群众基础；另一方面是共产党选择青年，党通过青年运动发现和培养青年骨干力量，使青年骨干快速成长。

中国青年运动具有鲜明的时代主题。革命战争年代，中国青年运动主要在青年团带领下，协助和参与共产党进行武装斗争为主，以推翻"封建主义、帝国主义和官僚资本主义"三座大山，建立新中国作为自己的使命。这一时期的青年运动以斗争为时代主题。和平建设时期，中国青年运动主要在共青团带领下，积极投身社会主义"四化"建设，以建设"富强民主文明和谐美丽的社会主义现代化强国"为己任，贡献青年才智。这一时期的青年运动以建设为时代主题。中国特色社会主义进入新时代，这一阶段"为实现中华民族伟大复兴的中国梦而奋斗，是

① 中共中央党史研究室：《中国共产党历史 第一卷（1921—1949）》，中共党史出版社2011年版，第98页。

中国青年运动的时代主题"①。无论什么时期，无论哪个阶段，党的青年群众工作始终引领中国青年运动的发展方向，并有效安排中国青年运动的历史进程。一系列卓有成效的青年群众工作夯实了党的青年群众基础，为党长期执政打下坚实的群众基础。

（二）党的青年群众工作是践行党的群众路线在青年群体中的现实运用

党的群众路线是开展党的青年群众工作逻辑大前提。党的群众路线是党的根本工作路线。"一切为了群众，一切依靠群众，从群众中来，到群众中去。"坚持党的群众路线，是党在长期革命和建设中的制胜法宝。"历史和现实都表明，一个政权也好，一个政党也好，其前途与命运最终取决于人心向背，不能赢得最广大群众的支持，就必然垮台。"②青年群体作为人民群众的重要组成部分，在人民群众中具有举足轻重的作用。"一个有远见的民族，总是把关注的目光投向青年；一个有远见的政党，总是把青年看作是推动历史发展和社会前进的重要力量。"③没有青年的支持与参与，党的事业就不可能发展，没有青年的认同和追随，党的执政基础就不可能巩固。巩固和扩大党的青年群众基础就是要运用好党的群众路线基本原则、方法、政策，并为青年群众量身定做符合青年群众特点的工作方法。

"相信群众能够自己解放自己，相信他们是历史的创造者"④是党的青年群众工作逻辑小前提。青年群众从自发到自觉的历史过程不是一蹴而就的，经历了迷茫、困顿到积极、向上的过程。青年群众自己解放自己需要外部因素来刺激，青年群众创造历史需要时空平台作为中介。在众多外部刺激因素中，中国共产党及其缔造和领导的中国共产主义青年团，无疑是青年群众点石成金、自我解放过程中最重要的外部因素。建团之初，党就明确指出，"团必须百倍地加强争取青年群众的工作，这是团的工作的最弱的一环，然而这是最主要的一环"⑤。新时代共青团"要根据青年分化分隔的特点科学地推进群众路线，以改革创新精

---

① 中共中央文献研究室：《十八大以来重要文献选编》（上），中共文献出版社2014年版，第281页。
② 江泽民：《论有中国特色社会主义》，中央文献出版社2002年版，第64页。
③ 胡锦涛：《迈向新世纪创造新业绩——在共青团第十四次全国代表大会上的祝词》，《人民日报》1998年6月20日，第1版。
④ 中共中央文献研究室：《刘少奇论党的建设》，中央文献出版社1991年版，第695页。
⑤ 《建党以来重要文献选编（1921—1949）》（第9册），中央文献出版社2011年版，第144页。

神和竞争状态推进群众路线，必须克服团干部工作中的缺陷来推进群众路线"①。

共青团"是党去团结与领导广大青年群众的核心"②，这是党的青年群众工作的基本结论。共青团是党的青年群众工作主要实施者，为党提供了大批助手和接班人。"我们党和国家的建设发展必须拥有正确的道路，不仅如此，无产阶级革命的最终胜利还需要大批的继承者和接班人。"③但是继承者和接班人从来都不是既定的和天生的，而是要经过浪里淘沙的甄别培养。"中国社会主义青年团代表中国青年无产阶级的革命团体，所以他的生命在不停的实际活动上面，而不在坐以论道或空谈主义的上面。"④有着坚定的共产主义理想信念、丰富的青年工作经验、残酷的革命斗争检验和可靠的政治品质保证的共青团在青年群众工作方面，经历了革命战争洗礼、和平建设磨炼，使共青团有能力应对新时代青年群众工作的各种挑战。在党的领导下，共青团重新设置标尺、执剑长行，开创新时代中国青年群众工作新局面。

(三)党的青年群众工作是推进国家治理能力和治理体系现代化重要力量

具有先进性的共青团是推进国家治理体系和治理能力现代化的重要力量。现代政治哲学认为，"宏观权力的运行需要靠微观权力支持"⑤。国家治理能力和治理体系现代化是党和政府宏观权力运行下的系统工程，需要共青团、工会、妇联等群团组织及其他社会力量等微观权力支持。法国社会学家涂尔干认为，"如果在政府与个人之间没有一系列次级群体的存在，那么国家也就不可能存在下去。如果这些次级群体与个人的联系非常紧密，那么它们就会强劲地把个人吸收进群体活动里，并以此把个人纳入社会生活的主流之中"⑥。共青团就是这样一个具有强大引用力的次级群体，大量原子化、离散化的青年被吸纳到团组织中来，并被有效地整合为多级先进青年的群团组织。被有效组织起来的青年，在团组织中学习中国特色社会主义和共产主义，得到迅速的成长和发展。

---

① 邓希泉：《论群众路线与共青团的根本任务》，《中国青年政治学院学报》2014 第 4 期，第 14—18 页。

② 《建党以来重要文献选编(1921—1949)》(第 26 册)，中央文献出版社 2011 年版，第 2 页。

③ 中共中央文献研究室：《毛泽东邓小平江泽民论世界观人生观价值观》，人民出版社 1997 年版，第 241 页。

④ 共青团中央青运史档案馆：《中国共青团历次全国代表大会概览》，中国青年出版社 2012 年版，第 12 页。

⑤ 卜长莉：《社会资本与社会和谐》，社会科学文献出版社 2005 年版，第 96 页。

⑥ 埃米尔·涂尔干：《社会分工论》，渠东译，生活·读书·新知三联书店 2013 年版，第 40—41 页。

　　具有资源获取能力的共青团是开展党的青年群众工作的前提条件。共青团在体制内有获取资源的便捷优势。党之所以委派共青团开展党的青年群众工作，是由党团间的因果联系和长期斗争的历史选择共同决定的。共产党缔造共青团，共青团天然站边共产党。共青团功不可没，共产党也尽力提携。革命战争年代，大量团员青年追随共产党，为党战胜敌对势力，赢得革命最终胜利抛头颅洒热血，做出了巨大贡献。和平建设时期，亿万青年团员拥护执政党，为党完成中心任务，取得一个又一个胜利贡献青春力量。党团关系历史悠久，现实联系紧密。早在1929年中共六届二中全会上通过的《组织问题决议案》中就指出，共青团"是无产阶级先锋队中的青年组织，是党的后备军，故党必须将帮助团发展工作看作是自己的任务"①。共产党帮助共青团，共青团自觉接受共产党的领导，两者相得益彰，国内没有其他青年政治力量能像共青团这样，能获取执政党如此丰厚的政治关照和政策倾斜。

　　具有枢纽性的共青团是开展党的青年群众工作的必要条件。枢纽型社会组织是国家治理和社会管理的理想结构。共青团"在国内青年中具有最广泛的群众性和最强大的吸引力、凝聚力、影响力，具有其他青年组织无法比拟的主导地位，是枢纽型社会组织的一个理想模型"②。作为枢纽的共青团是党联系青年群众的桥梁和纽带。共青团自身"类政党"的组织结构，使其形成了从中央到地方，机关到学校，企业到村社的"纵向到底，横向到边"的完备组织网络体系，并形成了有效网络矩阵。共青团跨界别、跨领域的联络机制，使其具备了与党委政府、企事业单位有效沟通的渠道。共青团在思想引领、价值引导、组织领导、社会管理、青年服务中形成了"青春温暖行动""希望工程""青年志愿者""青年文明号""青年岗位能手""青年双创"等一系列巩固和扩大党的青年群众基础的品牌活动。

二、党的青年群众工作"增量"路径

　　巩固党的青年群众基础是党的青年群众工作的"存量"，这是长期革命斗争和国家建设积累的成果。广大青年对执政党合法性和合理性的政治认同，是开展党的青年群众工作的思想前提。进一步扩大党的青年群众基础"增量"是巩固

---

　　① 《中共中央文件选集(1929)》(第5册)，中共中央党校出版社1983年版，第241页。
　　② 叶林:《"陌生人"城市社会背景下的枢纽型组织发展》，《中国行政管理》2013年第11期，第57页。

执政合法性和合理性的有效手段。

（一）党管青年原则是党的青年群众工作的核心原则

党管青年原则是习近平新时代中国特色社会主义思想的重要体现。党的十八大以来，以习近平同志为核心的党中央高度重视青年工作、亲切关怀青年成长。"党从来都把青年看作是祖国的未来、民族的希望，从来都把青年作为党和人民事业发展的生力军，从来都支持青年在人民的伟大奋斗中实现自己的人生理想。"①党中央提出党管青年原则是对马克思主义青年观和党的青年工作理论的重大创新。"既包含着对青年的历史作用特别是青年在党的事业发展中极端重要性的充分肯定，又包含着党对青年一代的关心爱护、殷切期望和严格要求。"②党管青年原则深刻回答了新时代"青年要实现怎样的发展""青年发展依靠什么"和"青年发展朝哪里去"等一系列理论和现实问题。党的事业后继有人离不了青年，培养"担当民族复兴大任的时代新人"离不开党。

党管青年原则是新时代中国青年运动的基本遵循。共产党是中国青年运动的领导力量，共青团是中国青年运动的主导者。党管青年原则重构了党、团和青年三者之间的逻辑关联。不容否认，共青团是共产党与青年之间的中间介质，发挥着党联系青年的桥梁和纽带作用。但是团组织有效资源配置不足以及当前面临的"四化"问题，使共青团自身都意识到"如果不积极应对、不改革创新，可能失去组织存在的价值"③。在群团改革尤其是共青团改革大背景下，党中央提出党管青年原则，一方面是党所持青年态度的反应，另一方面是对"桥梁和纽带"作用的回应。党管青年原则使党直管青年在理论上和实践上，都变得可能。于大处说，共青团只有深刻适应现实，才能继续引领中国青年运动。于小处讲，共青团只有努力找到应对策略，才能确保组织存在的价值。

党管青年原则是党管干部原则的延伸。"党政军民学，东西南北中，党是领导一切的。"④青年工作寓于党的全局工作之中。青年作为党的后备干部，理应置于党的管理之下。只不过青年成长为党的干部是一个长期的、历史的过程，"培养周期长，提干比例低"是党的干部成长的客观现实。党没有专门负责青年

---

① 习近平：《习近平在同各界优秀青年代表座谈时的讲话》，《人民日报》2013 年 5 月 5 日，第 2 版。
② 共青团中央书记处：《坚持党管青年的重要原则》，《求是》2017 年第 16 期，第 28 页。
③ 共青团中央书记处：《积极稳妥地深化共青团改革》，《人民日报》2015 年 10 月 9 日，第 7 版。
④ 习近平：《决胜全面建成小康社会夺取新时代中国特色社会主义伟大胜利——在中国共产党第十九次全国代表大会上的报告》，人民出版社 2017 年版，第 15 页。

工作的青年部,而是将青年工作交给了党的助手——共青团。作为党管干部的党委组织部,主要任务是管理党员干部,对于尚未成长为党员的青年以及共青团员、人民群众则没有职权来实施管理。因此,党管青年原则主要落到共青团身上。如果说党管干部是直管,那么党管青年则是代管。这种代管是代表,而非替代,即共青团代表共产党管理青年。因此,在必要的时候党可以对青年实行直管。共青团代管青年,一方面是党托付的政治任务,另一方面是团开展工作的有力抓手,是团的干部得到锻炼的政治机遇。

(二)青年政策是党的青年群众工作的制度保障

党和国家对青年采取一系列优先政策,是党的青年群众工作的重要制度保障。"国家青年政策是一国政府为促进青年发展而制定的法律、方针及纲领的总和"[①],"是一种关于青年发展与青年工作的完整全面的政策"[②]。2017年4月,中办、国办联合颁发的《中长期青年发展规划(2016—2025年)》(以下简称《青年发展规划》)是新时代党和国家青年工作的行动纲领。《青年发展规划》指明了青年发展的指导思想、根本遵循和总体目标,在青年思想道德、青年教育、青年健康等十个发展领域,提出具体发展目标和发展措施。《青年发展规划》为今后一个阶段,共青团开展党的青年群众工作提出了方向、指针和要求。

青年政策是党和国家审时度势,以青年需求为导向,结合时代发展新特征,制定的国家公共政策。"青年政策的形成是青年事务国家化的重要标志,是制度化青年事务的产物,充分反映国家对青年事务的重视和投入,它是政策发展青年事务的理念、物质、制度的结合体。"[③]长期起来,青年政策散见于我国的法律、法规、条例和文件、批示、通知中,我国青年政策多以原则性规定为主,缺乏成体系化的理论建构,这使得我国青年政策零碎,不利于实施;即便实施起来,也存在协调困难,资源浪费的问题,同时由于缺乏评价体系,导致对青年政策的实施绩效难以量化评估。

共青团是青年政策的有力推动者。"青年与政治发展之间的关系应该是以接班人政治为基础,以公民政治为发展方向,充分考虑代际政治发展规律、最大限度地避免反叛政治出现。"[④]在确保政治正确的前提下,共青团依托与执政党

① 赵勇:《制定国家青年政策的国际经验》,《中国青年政治学院学报》2000年第5期,第10页。
② 楚岛生:《青年政策研究之我见》,《中国青年研究》1990年第3期,第5页。
③ 余逸群:《青年政策研究论纲》,《北京青年政治学院学报》2005年第2期,第15页。
④ 孙琳:《论青年政治的三种模式及其发展走向》,《当代青年研究》2013年第5期,第73页。

的特殊关系,以及在政治参与过程中的特殊地位,使共青团成为青年政策的有力推动者。党的青年政策因青年力量的影响相应调整,青年群体的利益诉求因党的青年政策得到加强。一直以来,共青团成功推动在青少年维权、青年职工权益保障、青年婚恋等方面的政策出台。《青年发展规划》就是共青团推动青年政策出台的最重要制度性成果。

(三)青年社会事务是党的青年群众工作的主要内容

青年社会事务是开展青年群众工作的有力抓手。改革开放以来,社会主体不断分化和多元化,青年群体分化重组,急需共青团从全团、全国层面整体推进青年社会事务,形成青年社会事务的有效服务体系。1988年8月,共青团首次提出要"承担政府委托的有关青年工作事务"[1],拉开了团开展青年社会事务的序幕。为青年谋利、谋事、谋成,是共青团创立之初就坚守的"初心"。早在1949年,党中央在建团决议中就明确指出:"青年团应在最大多数人民的最大利益的基础上,经常地注意和努力为青年群众的特殊利益和切身需要而服务。"[2]青年社会事务涉及青年教育、就业、维权、婚恋交友、权益保护、文化生活等方面,是青年最关心、与青年利益最密切的青年群众工作内容。

共青团要充分照顾青年群众特点。"具体问题具体分析"是马克思主义活的灵魂。毛泽东曾指出:"青年团要配合党的中心工作,但在配合党的中心工作当中,要有自己的独立工作,要照顾青年的特点。"[3]习近平总书记深刻指出:"要深入研究当代青年成长的新特点和新规律,把准方向、摸准脉搏,大力推进团的组织和工作创新。"[4]照顾青年的特点,就是要站在党全局事业的高度,运用青年视角,站稳青年立场,充分运用好在青年工作范围内自由活动的政策支持。团组织要避免陷入身份尴尬,青年离开了团还是青年,而共青团离开了青年就不能称其为共青团。团自身的改革、创新是开展青年事务的前提条件。

共青团要协助政府管理好青年事务。从性质上来看,团属于"群众性团体组织",社团组织既不是党委机关,也不是政府机关。从职能上来看,团既没有政治上的完全治吏职权,也没有社会上的完整治理职能。团有完备的组织架构,但在

---

① 胡献忠:《国家与青年关系中的"共青团在场"》,《中国青年社会科学》2017年第6期,第78页。
② 中央档案馆:《中共中央青年运动文件选编》,中国青年出版社1988年出版,第709页。
③ 中共中央文献研究室:《毛泽东文集》(第6卷),人民出版社1999年版,第276页。
④ 新华社:《让青春在实现中国梦的征程上焕发光彩——以习近平同志为总书记的党中央关心青年和青年工作纪实》,《人民日报》2015年07月24日,第1版。

资源配置中团不占优势,在与政府各职能部门的横向联系中,急需党委、政府提供政治关照、政策倾斜和资金保障。在政府职能转型过程中,共青团要顺势而为,努力承接政府涉青类服务外包。进一步"发挥好作为国家政权的重要社会支柱作用"①,并在解决"青年问题社会化"和"社会问题青年化"过程中,将青年问题解决在萌发阶段。

三、汇聚新时代党的青年群众工作"正能量"

"中国特色社会主义进入新时代,我国社会主要矛盾已经转化为人民日益增长的美好生活需要和不平衡不充分的发展之间的矛盾。"②这是党中央做出的重大政治判断,是当前我国社会主义最鲜明的时代特征。新时代党的青年群众工作是党的伟大事业的重要组成部分。

(一)政治主责是共青团开展党的青年群众工作的政治使命

政治是共青团的生命线,须臾不可背离。"在政治上要绝对的受党的指导"③,这既是执政党的政治要求,更是共青团的政治生命。共青团要理直气壮地讲政治,开展党的青年群众工作更是要旗帜鲜明地讲政治,把为党培养"担当民族复兴大任的时代新人"作为使命担当。

一是加强政治教育本领。邓小平同志指出:"共产主义青年团作为我们这支队伍的名称,不只是给全体团员带来巨大的光荣,而且,也在中国青年的肩上放上了更为繁重的任务。这个任务就是在党的领导下,用共产主义精神教育青年一代。"④以党史、国史、团史教育为主,帮助广大青年树立正确的历史观。"青年人不了解这些历史,我们要用历史教育青年,教育人民。"⑤当前,要在全团深入学习习近平新时代中国特色社会主义思想,用马克思主义中国化的最新理论成果武装全团。

二是要加强意识形态斗争本领。在多元价值观的格局下,青年人当中较为普遍地存在信仰迷失、反传统、反权威的虚无主义心态,容易受不良信息的影响,

---

① 中共中央文献研究室:《十五大以来重要文献选编》(中册),中央文献出版社 2011 年版,第 23 页。

② 习近平:《决胜全面建成小康社会夺取新时代中国特色社会主义伟大胜利——在中国共产党第十九次全国代表大会上的报告》,人民出版社 2017 年版,第 11 页。

③ 中央档案馆:《中共中央文件选集》(第 1 册),中央党校出版社 1982 年版,第 297 页。

④ 《邓小平文选》(第 1 卷),人民出版社 1994 年版,第 275—276 页。

⑤ 《邓小平文选》(第 3 卷),人民出版社 1993 年版,第 199 页。

失去人生理想、信仰和价值标准,缺乏价值判断的基本能力。[①] 意识形态斗争的严峻形势和思想政治建设的迫切要求,使得青年思想政治工作任重道远。在党的青年群众工作中,正确的意识形态立场能产生正确的价值观,是抵御各种杂乱思潮的有效免疫剂。

三是加强价值引领本领。"各级团组织要把青年思想引导工作放在首位,引导广大青年坚定跟党走中国特色社会主义道路。"[②]"青年要实现这种全面发展,必须要有物质支撑、精神支撑和社会支撑。马克思主义中国化是当代中国青年发展的精神支撑。"[③]在党的青年群众工作中要用社会主义核心价值体系引领青年,在青年中构筑防止西方意识形态渗透的文化基础。

(二)服务青年是共青团开展党的青年群众工作的使命担当

"围绕中心、服务大局"是党政对团的工作要求,更是团组织青年、服务青年、引导青年的抓手和着力点。围绕中心是突出团的政治属性,服务大局是夯实团的群众基础。团要充分运用好层级化动员和社会化动员两种手段,为党和政府分忧解难。

服务青年是群众工作和青年工作的重要内容,基层团干部要倍加珍惜团岗。立志做青年友,不做青年官。只有自己认识到青年工作的重要性,以及团委(支部)书记、青年干部对于本单位、本系统青年工作的重要性,青年工作的开展才具有乐趣与动力。只有自己先重视自己,自己先端正态度立场,才有可能进入党政视野。

铁打的营盘流水的"领导",团岗不是仕途上的捷径,而是职业生涯中的青春原点。团干部在服务青年时要"议大势、懂大局、管本行",充分发挥助手作用。团的根基在青年中,服务青年不是讲大道理,而是解决实际困难,团干部要运用好社会关系,在服务中广结人脉。

(三)与时俱进是共青团开展党的青年群众工作的内在要求

与时俱进是马克思主义活的灵魂。马克思主义政党和群众工作都具有与时

---

① 陆海燕、黄诚:《从当代青年特点看思想政治教育的发展》,《思想教育研究》2012 年第 2 期,第 48-51 页。

② 习近平:《紧跟党走在时代前列走在青年前列,在实现中华民族伟大复兴的征途中续写新光荣》,《人民日报》2013 年 6 月 21 日,第 1 版。

③ 陆士桢:《从青年发展的视角看当代中国马克思主义的传播》,《中国青年政治学院学报》2007 年第 1 期,第 57 页。

俱进的时代特征。

一是要有改革精神。党的青年群众工作是共青团自身改革的重要内容。团的改革不但要跟团正在遭受的弱化、虚化、污名化、边缘化之虞赛跑,更要和越来越年轻的社会主体的期望值赛跑,并有能耐把大量团外世界的活动,吸纳到制度中来。

二是要创新考核机制。党的青年群众工作要考虑显隐产出问题,即经济指标考量和社会影响指标考量。经济指标考量是显性指标,它要求共青团从羞于谈钱,走向对"政府"负责;社会影响指标考量是隐性指标考量,它要求共青团从羞于谈权,走向对"党委"负责。同时创新宣传方式,"宣传应同青年喜爱的感性形式结合起来,把抽象的意识形态观念蕴含在生动活泼的表现形式之中,才能使主流意识形态超越理性概念与感性意识的间隔,实现主流意识形态同青年价值观的沟通对话,在最大程度上争取共识"[1]。

三要有担当精神。"青年兴则国家兴,青年强则国家强。青年一代有理想、有本领、有担当,国家就有前途,民族就有希望。"[2]共青团要把培养中国特色社会主义事业建设者和接班人作为根本任务,把巩固和扩大党执政的青年群众基础作为政治责任。

---

① 廉思:《善做"看不见"的青年意识形态工作》,《人民论坛》2015 年第 5 期,第 60—61 页。
② 习近平:《决胜全面建成小康社会夺取新时代中国特色社会主义伟大胜利——在中国共产党第十九次全国代表大会上的报告》,人民出版社 2017 年版,第 70 页。

习近平新时代中国特色社会主义思想大众化路径思考

胡义清①

【摘　要】 习近平新时代中国特色社会主义思想已经成为我们党和国家的指导思想，需要我们准确高效地进行大众化。当前大众化的路径主要有组织专业人员集体宣讲、电子化传播、先进人物现身说法、现场感受法、互动法等。大众化要取得理想效果必须紧紧围绕群众关心的问题，原原本本传达新时代中国特色社会主义思想。大众化的重心在基层，对受众要进行合理的分类，要精心设计宣传场景，调动受众投入所有感官，大众化应把全国人民对重大问题的认识统一到新时代中国特色社会主义思想上来。

【关键词】 习近平新时代中国特色社会主义思想；大众化；路径

党的十九大概括和提出了习近平新时代中国特色社会主义思想，将其确立为党必须长期坚持的指导思想并写进党章，十三届全国人大一次会议通过宪法修正案，郑重地把习近平新时代中国特色社会主义思想载入宪法，两个重要决定表明这一科学理论已经成为全党和全国人民的意志，是中国人民实现中国梦的行动指南。习近平新时代中国特色社会主义思想在理论上和实践上系统回答了什么是中国特色社会主义，怎样坚持和发展中国特色社会主义，它是党和人民群众实践经验的总结，是集体智慧的结晶，是以习近平为代表的中国共产党人进行艰苦理论创新的成果，是马克思主义中国化的最新成果。"批判的武器当然不能代替武器的批判，物质力量只能用物质力量来摧毁；但是理论一经掌握群众，也会变成物质力量。"为此我们要用习近平新时代中国特色社会主义武装全体党员和人民群众，让它转化变革现实的巨大力量。

马克思主义政党历来重视党的指导思想的大众化。马克思认为支配物质资料生产的阶级必然支配精神资料的生产，没有精神资料的人的思想从属于支配

---

① 胡义清，浙江生态文明学院教授，研究方向为马克思主义理论。

精神资料生产的阶级,马克思、恩格斯重视对工人的教育。列宁认为无产阶级的阶级意识只能从外部灌输给工人。葛兰西在总结意大利共产党政治斗争的教训时指出要通过系统的党内活动保证所有党员对革命运动的直接目标有彻底的理解,具有对形势进行马克思主义分析和把握政治方向的能力。葛兰西发现社会集团的霸权体现为统治和知识与道德的领导权。"关键的问题不是被领导者消极的和间接的同意,而是单独个人的积极的和直接的同意,从而是单独个人参加它们的活动,哪怕这样会在表面上造成瓦解和混乱。"历史表明,无论革命时期还是执政时期,共产党将党的指导思想进行有效的大众化是非常必要的。长期以来我们党努力推动马克思主义大众化,坚持用马克思主义武装全党和人民。19世纪40年代的延安整风、1958—1960年工农兵群众学哲学用哲学,20世纪80年代的整党(统一思想,整顿作风,加强纪律,纯洁组织)。20世纪90年代的三讲(讲学习、讲政治和讲正气)教育活动,2005年开始的以实践"三个代表"重要思想为主要内容的保持共产党员先进性教育活动、2013年的群众路线教育、2016年的两学一做("学党章党规、学系列讲话,做合格党员")的学习教育活动等对于认清现状,统一思想,克服困难,解决实际问题,推动我们党和国家的事业前进具有重要的作用。

习近平新时代中国特色社会主义思想大众化是指习近平新时代中国特色社会主义思想的基本原理由抽象到具体,由深奥到通俗,由被少数人理解掌握到被多数人理解掌握的过程。它的目的是促进理论创新,推动实践发展,提高人民素质。十九届中央政治局要求推动党的理论创新成果走近群众,凝聚党心民心、扩大社会共识。这一过程也是习近平新时代中国特色社会主义思想大众化的过程。大众化要取得理想效果需要我们进行有效传播并得到广大党员群众接收—认同—内化—践行。在社会利益分化、价值观多元化、传播媒介网络化、人人都是自媒体的时代,这一工作充满挑战,需要我们充分借鉴中外马克思主义大众化的经验,根据时代要求和实际情况进行创造性的工作。

从传播主体、客体和媒介等方面,我们将习近平新时代中国特色社会主义思想大众化具体路径概括为五条。

一、组织专业人员集体宣讲

20世纪初列宁针对俄国工人运动中的自发性,指出"工人本来也不可能有社会民主主义的意识。这种意识只能从外面灌输进去。"从方法论的角度看,当今国民的主体性有所增强,文化水平普遍提高,单向的填鸭式灌输确实效果不佳。然而从战略上看,思想舆论阵地并非静止孤立的真空地带,先进的思想不主动占领,它很可能就被落后的思想占领。这表明主动向广大群众集体宣讲习近平新时代中国特色社会主义思想仍非常有必要,而且这依然是这一科学指导思想大众化的重要路径。首先对专业人员进行宣讲前培训。党校、行政学院、社会主义学院、高校、中学、小学思政教师在进行宣讲前必须接受培训和考核,只有考核合格的教师才能从事集体宣讲。其次,有组织有计划进行集体宣讲。最后,根据每次集体宣讲的反馈信息进行调整提高。在分众化的基础上,宣讲者应紧紧针对对象的实际情况,通过接地气的语言、图像、符号、肢体动作等手段将新时代中国特色社会主义思想准确地传达给广大受众。集体宣讲以及某些现场互动,有助于大家了解习近平新时代中国特色社会主义思想的地位、内容、精神实质和实践要求等知识,宣讲中还交织了宣讲者自身的喜怒哀乐等情感展示,好的宣讲能够拉近受众和党中央与习总书记的感情,加深大家对习近平新时代中国特色思想的理解和认可,有利于新时代中国特色社会主义深入人心,有利于这一科学理论赢得人民群众的拥护和贯彻落实。

集体宣讲有优点也有不足。一方面由专业人员进行集体宣讲的优点是明显的。集体宣讲只要有专业的宣讲者,有时间、空间场地和普通音响即可,对硬件设施的要求不高。集体宣讲的受众面广,效率高。另一方面,集体宣讲对宣讲者要求高,要选好人。它要求宣讲者经过专门训练,知识水平高,能够全面吃透习近平新时代中国特色社会主义思想,宣讲技能好,有丰富的现场讲授经验,并且态度虔诚,每次宣讲前对对象有过深入了解,对所讲内容进行过精心准备。此外,集体宣讲毕竟是在"集体"中进行,即使进行了分众化,它的针对性仍然不足。

二、电子化传播

通过深加工将习近平新时代中国特色社会主义思想转化为歌曲、顺口溜、纪录片、通讯、报告、访谈、戏剧、漫画、动画、广告等形式,借助收音机、组合音箱、激光唱机、手机、电话、电脑、电视机、影碟机、录像机、摄录机、电子显示屏等电子媒介,以声光电等形式全方位全时空地传播。电子化传播是当前较为普遍,较为实用的路径。比如2017年中国汽车保有量达到2.17亿辆,绝大多数车子上面安装了收音机;截至2017年6月底,中国网民规模达到7.51亿,手机网民规模达7.24亿。这些汽车所有者和手机用户很有可能相互交叉,但他们的数量依然非常可观。

电子化传播的优点:一是及时直接,受时空限制小。每个人只要拥有相关的电子产品便可进行。二是费用低廉。一般情况下,不用在手机电视等月租费外支付额外费用。三是受众可以自主选择。电子产品所有者可根据自身的偏好,选择自己喜欢的传播媒介和方式,还能选择自己感兴趣的内容和作者。电子传播中传播者和受众的自主性增强也带来了不确定性:一是传播的内容不可控。在自媒体时代,人人都是新闻发言人,人人都是宣传者和表演者。传播的个体化和大众化增加了传播的自由度,这可能导致传播者对传播内容根据自己的兴趣偏好等随意取舍。习近平新时代中国特色社会主义思想是一个整体,需要我们全面了解,系统把握,但在这种传播中难免会被以偏概全、断章取义。二是传播的过程不可控。由于每个传播者的年龄、性别、民族、种族、生活区域、职业、社会地位、人生经历等不尽相同,对习近平新时代中国特色社会主义思想的理解就可能不同:有的自身知识水平有限,有的夹带了个人利益偏见,有的带着个人情绪,有的获取的信息不全甚至是虚假信息,因此在有的传播过程中出现理解上的偏差甚至曲解,充满不确定性。三是传播效果不可控。传播主体和客体素质的参差不齐、对传播内容的随意取舍、传播时空的拓展、传播过程的多样性等因素决定了传播效果可能和党委政府预期的效果有差距。为此我们一方面要发挥电子传播的优点,降低大众化的成本,拓展习近平新时代中国特色社会主义思想大众化的对象、路径、时空范围;另一方面要加强技术研究、发挥网络大 V 的积极作用、加强电子传播的监管,让大家理性发声,打造风清气正的网上舆论氛围,传播正能量,共筑中国梦。

三、先进人物的现身说法

"现身说法"是指在宣讲中宣讲人讲述自己在工作、生活、学习中的亲身经历和体验来帮助受众弄懂习近平新时代中国特色社会主义思想。各行各业各个时期都会有自己的先锋模范,他们或者品行高尚无私奉献,或者技艺精湛在岗位上表现卓越,对国家对社会做出了突出贡献。榜样的力量是无穷的,先进人物由于自身的先进性,拥有很多的"光环",往往成了人们争相学习、仿效的对象。广大人民群众在未见其人未闻其声之前就对他们产生了崇敬感。这样自然就增加了宣讲的权威性和感染力。先进人物联系自己的经历和感受,根据群众工作生活中的实际情况,结合群众的所盼、所感和所惑来传播习近平新时代中国特色社会主义思想。这种现身说法的传播方式让群众觉得接地气,可信可听可行,是一种较为有效的方式。它会促进科学理论走向群众,走向基层,扩大它的影响力并加快它转化为实际力量的速度。当然先进人物现身说法也有不确定性。有的先进人物擅长身教而非言传,有的个性低调情愿默默无闻而不愿在大庭广众之下抛头露面,有的长期从事理工农医专业,若要进行新时代中国特色社会主义思想宣讲需要较长的准备时间,有的确实工作繁忙无暇宣讲。因此我们对先进人物进行宣讲要有所选择,吸收那些对宣讲工作有兴趣,又有宣讲禀赋的人来宣讲。同时对他们进行个性化的岗前培训,提高他们的理论水平、口头表达能力,从而增强宣讲的吸引力和说服力,真正把党的指导思想传播到广大群众之中。

四、现场感受法

百闻不如一见,现场切身感受能够让人刻骨铭心,起到说教所起不到的作用。我们将习近平新时代中国特色社会主义思想进行科学分类,在条件许可的情况下,结合内容需要组织受众到一些革命、建设、改革时期的旧址以及习近平同志曾经工作过的地方参观考察,感受党的光辉伟大和习总书记强大的人格魅力。比如:上海一大旧址、嘉兴红船、井冈山、瑞金、古田、长汀、遵义、会宁、吴起镇、延安、大别山、盐城、沂蒙山、西柏坡等各时期的革命根据地。通过现场听解说、看实物和体验革命的艰苦生活比如吃红米饭、南瓜汤等“红军饭”、挑粮、重走长征路等体会到中国共产党领导中国人民取得新民主主义革命胜利的不易,认识到没有中国共产党就没有新中国,党的领导核心地位是人民的选择和历史的选择,让受众更加热爱中国共产党和拥护中国共产党的领导。参观改革开放前体现开拓进取精神的如红旗渠、焦裕禄纪念馆、大庆油田、黑龙江垦区,改革开放以来的如小岗,以及包括深圳、浦东、昆山、义乌小商品市场、温州、泉州等18个典型地区,还可以包括在党建、社会治理、民族团结、保卫边疆、文化、教育、科技、国防军事、生态环保、一国两制等单项建设表现优秀的地区和单位。通过到现场感受更加深刻理解到中国特色社会主义来之不易,中华民族伟大复兴大有希望。参观习近平同志工作过的地方,如梁家河、正定、厦门、宁德、“两山”理念诞生地余村等,让大家现场了解习近平同志各个时期的奋斗足迹和重要理念,更加坚定“四个意识”。通过现场感受,我们会更加全面了解新时代中国特色社会主义思想的形成过程,更加深刻理解有关新时代坚持和发展中国特色社会主义的总目标、总任务、总体布局、战略布局和发展方向、发展方式、发展动力、战略步骤、外部条件、政治保证等的论述,更加自觉地贯彻执行"八个明确"和"十四个坚持"。现场感受的不足之处:一是由于费用、安全等因素,这一教育活动很难普及。二是一些革命遗址和先进精神展示区域原汁原味呈现不够,而现代性和商业气息却很浓,冲淡了教育主题。三是如果受众对感受对象事前没有深入了解,这一活动就等同于一般的旅游,教育活动变成走过场,教育效果不明显。

五、互动法

这里的互动法是一种教学方法和活动,但是这里突出的是答问者的身份特殊。事先搜集受众关心的问题进行科学的概括分类,根据问题的特点邀请参与过习近平新时代中国特色社会主义思想整理的同志和党的十九大报告的撰写者、十九大党代表与群众直接互动,就提出的问题作答,或者现场回答受众提出的问题。这一方面回答了群众关心的问题,另一方面在答疑解惑过程中促进大家准确把握习近平新时代中国特色社会主义思想。这种路径的好处是答问者亲身经历了报告的起草或者大会讨论,能够直接提供丰富的一手信息,解答具有权威性和准确性。受众可能能够获得一些平常无法听到和知晓的知识和细节,从而加深对新时代中国特色社会主义思想的理解和把握。答问者在基层释疑解惑的过程中,有可能了解到基层群众对习近平新时代中国特色社会主义思想的实际想法,有可能发现实际的大众化过程中存在的问题和不足,从而有利于改进我们的宣传工作。这一路径的问题是这类特殊的解答者往往日理万机,基层一般情况下很难请到他们亲临现场。

以上五条路径的区分是相对的,文章只是就其主要方面展开叙述。现实中每一种路径往往还包含了其他的路径,比如在信息化时代各种传播路径几乎都需要话筒音响、幻灯片等电子设备协助,因此电子化传播在另外几种传播中被普遍使用。有的传播方式可能是集多种传播方式至少是两种于一身,比如专业人员的集体宣讲,这个专业人员有可能参与了习近平新时代中国特色社会主义思想的整理,还可能是党的十九大代表。互动法作为一种教学方法在其他四种路径中都可以使用。

六、小　结

大众化的路径可以不同,但是达到的目的是一样的——用习近平新时代中国特色社会主义思想武装广大党员干部群众,让全国人民都学懂弄通做实新时代中国特色社会主义思想,夺取中国特色社会主义事业的新胜利。大众化要以人民群众关注的问题为中心,从问题引入,在讨论如何解决问题时原原本本宣传思想的观点;精心设计各种宣传思想的场景,场景要符合普遍的真实情况,大众化的重心在基层,重点对象是广大群众,因此宣传者要深入城镇、乡村、工矿企业等一线场所宣传;宣传者要在心理和精神两个层面进行宣传;根据不同年龄性别职业偏好等对对象进行分类,充分调动对象的眼、耳、鼻、舌、心、手和脚等器官全方位参与宣传活动,增强互动;尊重对象的主体性,多采用讨论、现场参观、I课堂等方式,让对象有时间和空间自由真实地表达自己的想法;宣传者事先要作认真的学习和调研,对对象的观点要有所了解,对有偏差的观点进行及时引导,把大家的观点统一到思想上来。

【参考文献】

[1] 安东尼奥·葛兰西.狱中札记[M].葆煦译,北京:人民出版社,1983.

[2] 列宁选集:第1卷[M].中共中央编译局译,人民出版社,1972.

[3] 习近平谈治国理政:第1卷[M].北京:外文出版社,2014.

[4] 习近平谈治国理政:第2卷[M].北京:外文出版社,2017.

[5] 中共中央宣传部.习近平新时代中国特色社会主义思想三十讲[M].北京:学习出版社,2018.

[6] 李春会.传播视域下的马克思主义大众化[M].北京:人民出版社,2013.

[7] 郑洁.网络传播视域下马克思主义大众化的实现路径研究[M].北京:中国社会科学出版社,2015.

中国特色社会主义进入新时代的理论逻辑

章越松①

【摘　要】　中国特色社会主义进入新时代有着深刻的历史逻辑、实践逻辑和理论逻辑。历史逻辑与实践逻辑是基于事实描述的归纳，而理论逻辑则是基于价值层面的演绎。只有通过理论逻辑的演绎，才能在深刻认识进入新时代判断的内在逻辑基础上进一步理解习近平新时代中国特色社会主义思想的理论实质。从理论逻辑的构成看，社会主义初级阶段的时代层次性是中国特色社会主义进入新时代的基本内核，而质量互变规律是其合理内核。

【关键词】　中国特色社会主义；新时代；理论逻辑

习近平在党的十九大报告中提出："经过长期努力，中国特色社会主义进入了新时代，这是我国发展新的历史方位。"②这既是一个基于政治意义上的事实判断，也是一个基于科学意义上的价值判断。从逻辑体系看，关于进入新时代的判断既是党的十九大报告的立论基础、哲学方法和逻辑起点，也是其最核心、最基础的问题。如何理解进入新时代的判断，不仅关涉如何从整体性层面把握党的十九大报告，而且还关涉如何理解习近平新时代中国特色社会主义思想的理论实质，因为正是进入了新时代，才有了新思想、新使命、新征程、新气象、新作为。

中国特色社会主义进入新时代有着极为深刻的内在逻辑，而非主观任意的选择。中国共产党革命、建设、改革的伟大实践赓续是其历史逻辑，党的十八大以来的"极不平凡的五年"所取得的历史性成就和发生的历史性变革是其实践逻辑。历史逻辑与实践逻辑所呈现出来的是基于事实描述的归纳，属于事实判断。对理论的分析不应止于事实层面的归纳，因为这只回答了"是什么"的问题，而更

---

①　章越松，绍兴文理学院马克思主义学院院长、教授，主要从事执政党建设和社会意识形态研究。

②　习近平：《决胜全面建成小康社会 夺取新时代中国特色社会主义伟大胜利——在中国共产党第十九次全国代表大会上的报告》，人民出版社 2017 年版，第 10 页。

重要的是在于价值层面的演绎——理论逻辑,即必须回答"为什么"。事实判断与价值判断并非平行并列的关系,而是一种递进关系,价值判断高于事实判断,事实判断是价值判断形成的基础和前提。只有通过理论逻辑的演绎,才能进一步深刻认识进入新时代判断的内在逻辑。中国特色社会主义进入新时代的理论逻辑主要表现在以下两个方面。

一、社会主义初级阶段的时代层次性是中国特色社会主义进入新时代理论逻辑的基本内核

从词义看,《辞海》对于时代的释义主要有三层面意思:"①按一定历史时期内的某个在政治活动中所占据的地位以及依据各阶级的经济、政治、文化等状况划分的社会各个发展阶段。如,封建时代;社会主义时代。②依据某种特征划分的社会、国家或个人的各个发展阶段。如,新石器时代;五四时代;青年时代。③犹言时世。"[①]除第三层面意思言指时期外,前两层意思主要指的是关于人类社会特定历史阶段的划分。

从学理看,对于时代概念的厘定,可以从时间与空间两个维度着手:从时间维度看,时代是指社会历史发展的时间尺度;从空间维度看,时代是指世界发展的地域尺度。作为一个基于时空的历史范畴,时代反映的是人类社会所处的特定的历史发展阶段的总体状况。

对于时代,马克思主义经典作家有着精辟的论述。马克思恩格斯在《共产党宣言》中指出:"至今一切社会的历史都是阶级斗争的历史。……在过去的各个历史时代,我们几乎到处都可以看到社会完全划分为各个不同的等级,看到社会地位分成多种多样的层次。"[②]马克思恩格斯用阶级来划分时代,这里的时代可以视之为社会形态。列宁在此基础上做了进一步的论述:"这里谈的是大历史时代。……我们能够知道,而且确实知道,哪一个阶级是这个或那个时代的中心,决定着时代的主要内容、时代发展的主要方向、时代的历史背景的主要特点等等。"[③]列宁所言的时代是指"在'世界历史'范围内按一定标准划分的社会发展的一定历史阶段。"[④]由此可见,时代就是社会形态层面意义上的历史阶段。邓

---

① 《辞海》,上海辞书出版社 1990 年版,第 1558 页。
② 《马克思恩格斯选集》(第 1 卷),人民出版社 2012 年版,第 400—401 页。
③ 《列宁全集》(第 26 卷),人民出版社 1982 年第 2 版,第 143 页。
④ 李慎明:《对时代和时代主题的辨析》,《红旗文稿》2015 年第 22 期,第 4—9 页。

小平关于时代主题论述中的时代就是在此语境下进行的。然而,进入新时代的时代概念显然不是这个层面含义,这就需要对时代的内涵做进一步的厘定。

时代不仅是一个历史范畴,而且还是一个相对性范畴。从相对性看,时代具有层次性。"由于社会矛盾的复杂性,决定了某一时代在其基本特征不变的情况下,某些具体特征可能发生变化,而由此就使时代显现出了不同的层次。所谓时代的层次性就是指时代是由大时代和小时代构成的,或者说大时代和小时代是时代的两个具有紧密联系又有所差别的范畴。"①

大时代的时代指的是社会形态层面的时代。在马克思主义经典作家的语境中,社会形态多数情况下是指生产关系的总和,有时也指生产力和生产关系的统一,或经济基础和上层建筑的统一。在论述社会形态的更替时,他们则将生产力、生产关系和上层建筑等要素视之为一个统一整体。社会形态就是与生产力和生产关系相适应,经济基础与上层建筑以一定的形式结合的社会模式。社会历史运动规律形成并实现于人的实践活动,体现着社会结构诸要素之间的本质的、必然性的联系。社会结构诸要素——生产力与生产关系、经济基础与上层建筑的矛盾构成了社会基本矛盾。社会基本矛盾推动并决定着社会形态的不断更替,并呈现出统一性和多样性。大时代的演进和发展归根到底是由社会基本矛盾决定的。而大时代又呈现出两种基本样态:一种是社会形态量变层面的时代。如,原始社会、奴隶社会、封建社会、资本主义社会、社会主义社会、共产主义社会等社会形态之时代;另一种则是社会形态质变层面的时代,即两种社会形态的过渡阶段。如,从封建主义向资本主义过渡的时代、从资本主义向社会主义过渡的时代。虽然社会基本矛盾决定着社会形态不断地向前发展,但是在大时代中,社会基本矛盾的展开及其运动并不是以线性、均速的方式呈现出来的,相反却是以波浪式前进或螺旋式上升的方式曲折地前进。相对于大时代的总体发展趋势,每一个波浪或螺旋则是小时代。也就是说,大时代是由若干个相对独立并相互联系的小时代构成的。就每个小时代而言,将之放大看,也不是以线性、均速的方式前进的,而是以波浪式或螺旋式的方式前进的。这表明在每个小时代中,还可以划分出若干个小小时代。大时代中涵盖了若干个小时代,每个小时代中又涵盖了若干个小小时代,这就是时代的层次性。

时代的层次性表明,中国不仅正处于并将长期处于从资本主义向社会主义

---

① 马捷莎:《论时代的层次性与当代世界主题》,《北京师范大学学报》(社会科学版)1997年第3期,第64—68页。

过渡的大时代,也正处于并将长期处于社会主义初级阶段的小时代。我国的社会主义初级阶段是一个长期的历史过程,起始于 20 世纪 50 年代生产资料私有制的社会主义改造基本完成,止于 21 世纪中叶富强民主文明和谐美丽的社会主义现代化强国的实现,至少要上百年时间。如果把整个社会主义初级阶段这一历史时期视为一个小时代的话,那么这个小时代则可划分为若干个小小时代。以党的十八大为时间节点,之前之后分别隶属于不同的时代,当然这两个时代都是在社会主义初级阶段这个小时代下的小小时代。从这个意义上看,社会主义初级阶段的时代层次性是中国特色社会主义进入新时代理论逻辑的基本内核。

二、质量互变规律是中国特色社会主义进入新时代理论逻辑的合理内核

唯物辩证法认为,矛盾是推进事物向前发展的根本动力,矛盾运动表现为量变与质变及其相互转化。量变与质变是事物变化的两种基本状态,量变与质变的相互过渡、相互交替构成了质量互变规律。由于事物发展的复杂性和不平衡性,量变与质变往往不是以纯粹的形式进行,而是相互交错的。即,量变中渗透着质变,在量变过程中有部分质变;质变中渗透着量变,在质变的过程中有量的扩张。就量变过程中的部分质变而言,存在着阶段性部分质变和局部性部分质变两种形式。其中,前者为事物的根本性质未变而比较次要的性质发生了变化,使事物的发展呈现出阶段性;后者为事物全局的性质未变而其中个别部分发生了性质的变化。

社会基本矛盾运动的曲折发展态势,表明社会基本矛盾的发展总体上是平衡的。然而,这种平衡却是社会基本矛盾规定下的各种矛盾此消彼长相互之间博弈的动态平衡,进而言之,就是社会基本矛盾规定下的主要矛盾与次要矛盾相互之间的转化。这种博弈与转化所形成的张力,使得大时代的发展呈现出波浪式前进或螺旋式上升的样态。正如前面所论述的,每一个波浪或螺旋,都是大时代下的小时代。

从质量互变规律看,大时代属于量变过程,其中包含着阶段性部分质变和局部性部分质变两种形式。相对于大时代之量变而言,这两种部分质变其实就是大时代下的小时代之间的演进。无论阶段性部分质变抑或局部性部分质变,都不是由社会基本矛盾决定的,而是由社会基本矛盾规定下的社会主要矛盾决定的。换而言之,决定大时代发展的是社会基本矛盾,决定小时代发展的则是社会

主要矛盾。可见,不同时代问题是一定时代的不同时期所需要解决的主要矛盾,判别小时代之间界分的主要标志是社会主要矛盾的转变。

"中国特色社会主义进入新时代,我国社会主要矛盾已经转化为人民日益增长的美好生活需要和不平衡不充分的发展之间的矛盾。"①从质量互变规律看,社会主要矛盾的这种转变属于阶段性部分质变和局部性部分质变。阶段性部分质变是事物的本质属性和非本质属性变化不平衡性的一种表现。本质属性是相对稳定的,与事物发展过程共进退同始终,而非本质属性却是常常变动的,只要事物的本质属性不变,事物总体上仍处于量变过程,但非本质属性发生了重大变化,使得事物呈现出明显的阶段性;而局部性部分质变则是事物内部各部分发展不平衡性的一种表现。由于各种条件不同,构成全局的各个局部的变化并不是齐头并进的,其中有些先发生变化,有些暂时不变,有些后发生变化,这就出现了各个局部变化的不平衡性。如果事物的全局的根本性质未变,而是其中某些局部的性质发生变化,那就只是总的量变过程中的部分质变。社会主义初级阶段整个历史过程都属于量变的过程,但事物的本质属性和非本质属性的不平衡性、事物的各个部分发展的不平衡性,使社会主义初级阶段出现阶段性部分质量和局部性部分质变,即呈现出不同的时代。

虽然中国特色社会主义进入了新时代,社会主要矛盾发生了转化,但仔细分析仍可以看到这种变化并不是根本属性的变化或者是全局性质的变化,只是非本质属性的变化和局部性质的变化。从需求方看,人们的需求层次升级换代,从物质文化层面提升至美好生活层面,这种提升既涵盖纵向领域里的从数量规模的需要到质量效益需要的提升,也涵盖横向领域里的从经济、文化层面的需要到民主、法治、公平、正义、安全、环境等层面需要的拓宽。从供给方看,随着"我国社会生产力水平总体上显著提高,社会生产能力在很多方面进入世界前列"②,落后的社会生产已经不再是现实生活的真实写照,"更加突出的问题是发展不平衡不充分,这已经成为满足人民日益增长的美好生活需要的主要制约因素。"说到底,发展的不平衡不充分仍然是社会生产问题。虽然中国特色社会主义进入了新时代,之后的社会生产已不再落后,但与人民日益增长的美好生活需要还存在着较大差距。这也意味着,进入新时代之后的社会主要矛盾尽管已经发生转变,但与进入新时代之前的社会主要矛盾相比照,其根本性质未变,只是同一系

---

①② 习近平:《决胜全面建成小康社会 夺取新时代中国特色社会主义伟大胜利——在中国共产党第十九次全国代表大会上的报告》,人民出版社 2017 年版,第 11 页。

列不同层级的转变。如果将进入新时代之前的社会主要矛盾视之为 1.0 版本的话,那么,进入新时代之后的社会主要矛盾则是 2.0 版本。从这个意义上看,质量互变规律是中国特色社会主义进入新时代理论逻辑的合理内核。

习近平以人民为中心的马克思主义发展观研究

刁小行[①]

【摘　要】　从马克思主义以人民为主体的发展观追根溯源,在回溯中国共产党以人民为主体的发展观的基础上,论述了中国共产党以人民为主体的发展观的理论起源和发展历程。习近平以人民为主体的发展观涵盖了政治、经济、社会、文化和生态等诸多方面,从发展主体、发展目的、发展导向出发对其基本内涵进行系统性的概括。习近平始终坚持以人民为主体的价值追求,提出了创新、协调、绿色、开放、共享的发展理念,坚持把人民共创、共建、共享、共有、共同富裕作为根本出发点和落脚点,致力于提高发展的创新性、公平性、普惠性,不断地增强人民的幸福感。这一系列重要论述皆是习近平以人民为主体的发展观的具体体现。这既符合我国当前发展的需要,也是我国必须长期坚持的基本政策。

【关键词】　人民主体;马克思主义发展观;习近平新时代中国特色社会主义思想

马克思主义以人民为主体的发展观属于唯物史观的一个基本理论,贯穿了马克思主义哲学、政治经济学和科学社会主义三大部分,同时也是马克思主义理论的核心和灵魂,集中体现了无产阶级政党的世界观、人生观和价值观。从其基本内涵来看,主要包括四大方面,即人民是历史主体,人民是实践主体,人民是价值主体,以及人民是利益主体。

一、以人民为主体的马克思主义发展观的基本内涵

人民是历史主体。其一,人民群众是物质财富的创造者。马克思肯定了人在社会历史以及生产活动中的作用,他认为广大人民群众通过自己的辛勤劳动

---

①　刁小行,温州医科大学马克思主义学院副教授,研究方向为西方政治哲学与马克思主义中国化。

换得了物质生活资料,并因此推动了社会的发展。其二,人民群众是精神财富的创造者。由于人民群众创造了物质财富,而精神财富又建立在物质财富的基础之上,所以人民群众在精神财富的创造中也发挥着积极的作用。因此,所有的财富之源,无论物质财富还是精神财富,都来自人民的生活和实践,当然也包括真理。其三,人民群众是社会变革和社会进步的决定性力量。从根本上来说,生产力的发展决定生产关系的变革和社会制度的变化。但是,单纯依靠生产力的发展是无法实现和完成这些生产关系的变革和社会制度的变化的,还需要人民群众的帮助。人民群众作为生产力中最活跃的因素,即劳动者,在生产活动和实践中不断地推动生产力的发展,从而导致了生产关系的变革和社会制度的变化。在一定的历史阶段里,如果新旧生产力之间发生矛盾,社会矛盾就会激化,那么社会革命时代就会到来。想要解决社会基本矛盾,最主要的办法就是革命,人类社会正是在人民群众不断地斗争和革命中向前推进。法国大革命的失败,在马克思看来,是因为革命主体仅仅代表着部分特殊群体的利益,而非最广大人民群众的利益。由此,马克思得出一个重要结论:"历史活动是群众的事业。随着历史活动的深入,必将是群众队伍的扩大。"①由此可见,人民是历史主体。

人民是实践主体。其一,马克思认为,人民群众通过自己的实践活动认识和改造世界。实践奠定了人类社会的基础,它与客观真理紧密相连,只有通过实践,人们才能找到一切社会现象的根源。其二,社会历史发展的过程与人民群众有意识、有目的的社会活动是密不可分的,马克思指出生产力和生产关系的矛盾运动是社会历史发展的根本动力。物质生产力的发展决定社会的发展,而人是生产力中最具有决定性的力量,物质资料本身就是人民群众劳动的产物,而劳动对象只有进入人的视野才有意义和价值,才能真正起到实际生产力的作用。

人民是价值主体。其一,人民是价值创造主体。人民的实践是一切价值的源泉,人民通过改造主客观世界,创造了属于人民的价值世界,并改变和发展了人与世界、人与人之间的价值关系,改造世界的实质就是价值的创造。人的认识能力和实践能力决定了自然物能否成为价值,人要想改造客观世界、认识和创造价值,就必须具备一定的认识和实践的能力,实践和价值创造活动的进一步发展要求人们不断增强自身认知能力、提高自身素质。其二,人民是价值评价主体。在马克思看来,人民不仅是价值创造主体,也是价值评价主体。把人民作为价值评价主体,就意味着要站在人民的价值立场上改变世界,为实现全人类的全面自

---

① 《马克思恩格斯文集》,人民出版社 2009 年版,第 320 页。

由和发展而奋斗。

人民是利益主体。其一,人民的利益是历史发展的直接动因。在马克思恩格斯看来,实现人的全面而自由的发展是社会发展的终极目标,即每个人不受约束、充分发挥其自主能力。人的发展离不开社会的发展,人的发展是衡量社会进步的尺度和推动社会前进的动力,人的发展需要社会的发展作为历史依据。也就是说,社会的发展是实现人自身发展的前提,而社会发展的最终目标,即实现每个人的全面而自由的发展。其二,人民的利益是推动社会发展的力量。正是由于人民对自己现实利益的追求,从而在整体上决定了历史不断向前发展。根据历史唯物主义的观点,人民群众是推动历史发展的主要力量,而非个别英雄或杰出人物,人类历史发展的最终目的就在于人民群众总体利益的实现。可以说,人民群众的总体利益是不同利益之间相互作用而成的综合结果,这是人类历史发展的方向,也是人类社会进步的真正动力所在。

二、中国共产党以人民为主体的发展观的历史回溯

中国共产党以人民为主体的发展观是马克思主义以人民为主体的发展观与我国的具体实际相结合的产物。我党在中国特色社会主义事业的伟大实践中,在继承前人优秀成果的基础上,始终坚持全心全意为人民服务的思想,并不断吸纳更多的时代精华,不断赋予以人民为主体的发展观新内涵。毛泽东作为我党第一代领导核心,提出了全心全意为人民服务的根本宗旨以及将坚持群众路线作为我党的根本路线;邓小平继承和发展了毛泽东以人民为主体的发展观,并明确提出"消灭剥削,消除两极分化,实现共同富裕"是社会主义的根本目的;江泽民则在新的历史条件下丰富和发展了群众路线,并提出了"三个代表"重要思想;胡锦涛在新世纪又提出了"以人为本"的科学发展观,并且明确提出了要构建社会主义和谐社会;在历史发展的新阶段,习近平提出了"中国梦",赋予了以人民为主体的发展观新的时代内涵。回顾中国共产党以人民为主体的发展观的发展历程,在几次理论飞跃中,不仅推动了中国化的马克思主义理论的新发展,同时也推动了马克思主义理论的新飞跃。

(一)革命与建设时期的以人民为主体的发展观

在革命和建设时期,毛泽东作为党中央的领导核心,第一次将马克思主义基本理论与中国的具体实际相结合,将解放人民和实现人民当家做主作为自己的

崇高理想,明确地指出了中国共产党的根本宗旨,创造性地提出了群众观点和群众路线,确立了中国共产党以人民为主体的发展观。

其一,关于党的根本宗旨。1939 年 2 月 20 日,毛泽东在致张闻天的信中第一次提到了"为人民服务"这一命题。1942 年 5 月,毛泽东在延安文艺座谈会上明确提出了文艺要为人民服务,这是首次毛泽东将"为人民服务"提升到马克思主义以人民为主体的价值观的高度。1944 年 9 月 8 日,在张思德同志的追悼会上,毛泽东第一次系统全面地阐述了"为人民服务"的思想,之后又在一系列重要讲话中反复强调了"为人民服务"问题。1945 年 5 月,在党的七大上,"为人民服务"被正式写进党章,首次明确了"全心全意为人民服务"是党的根本宗旨。

其二,关于群众观点和群众路线。在革命战争时期,毛泽东反复强调:"革命战争是群众的战争,只有动员群众才能进行战争,只有依靠群众才能进行战争。"[①]在延安整风运动之后,毛泽东第一次系统地阐释了群众观点和群众路线,在一切的工作中,共产党员必须坚持"从群众中来到群众中去"的基本原则;之后在中共七大上,毛泽东深刻指出:"人民,只有人民,才是创造世界历史的动力。"[②]这是中国共产党第一次把群众路线提高到党的政治路线和组织路线,同时也标志着以人民为主体的发展观达到了完备和成熟的阶段。在社会主义三大改造任务完成后,我国进行了大规模的社会主义建设。我党继续坚持群众观点和群众路线,并不断深化以人民为主体的发展观。毛泽东依然强调:"我们力量的来源就是人民群众,解决人民内部矛盾,不能用咒骂,也不能用拳头,更不能用刀枪,只能用讨论的方法,说理的方法,批评和自我批评的方法。"[③]总之,在中国共产党领导人民群众进行革命和建设的过程中,以毛泽东为核心的第一代领导集体创造性地提出了党的根本宗旨,以及将群众观点和群众路线作为党的一切工作的根本方法,赋予了中国共产党以人民为主体的发展观的基本内涵。

(二)改革开放新时期的以人民为主体的发展观

党的十一届三中全会后,我国正式进入改革开放和社会主义现代化建设的新时期,中共中央强调恢复发扬密切联系群众的优良传统和作风,以往的实践已经证明了是否坚持以人民为主体的发展观,关系到中国共产党的生死存亡,关系到党所领导的一切事业的兴衰盛亡。因此,在未来的发展道路上,我党必须倡导

---

① 《毛泽东选集》(第 1 卷),人民出版社 1991 年版,第 136 页。
② 《毛泽东选集》(第 3 卷),人民出版社 1991 年版,第 131 页。
③ 毛泽东:《在扩大的中央工作会议上的讲话》,《人民日报》1978 年 7 月 1 日,第 1 版。

并始终坚持"一切从群众中来到群众中去"的基本路线,持续推进中国特色社会主义事业的发展。

1.邓小平以人民为主体的发展观

邓小平继承和发扬了革命和建设时期以人民为主体的发展观,明确提出了社会主义的根本任务、根本目的,从而阐释了社会主义的本质,进一步丰富和发展了中国共产党以人民为主体的发展观。

其一,邓小平创造性地提出了社会主义的根本任务是解放生产力、发展生产力。首先,物质生活是人生存的最根本要素,而经济基础和上层建筑只有建立在一定的生产力水平上才能更好更健康地发展,因此,只有满足了人们的衣食住行,才能达到参加政治、文化等一系列活动的基本条件。其次,大力发展生产力有助于彰显社会主义制度的优越性。充分发挥社会主义制度的优越性,在经济上,就必须将改善人民的物质生活水平作为目的去解放和发展生产力;在政治上,就必须通过保障基层民主,让广大人民群众真切地享有基本的公民权利,从而达到充分发扬人民民主的目的。

其二,邓小平将人民群众的利益作为价值评价的最高标准。邓小平始终坚持将人民群众的利益作为发展生产力、提出重大决策的根本前提,为中国特色社会主义事业的建设提供了基本遵循。此外,坚持将人民作为价值主体,是由中国共产党的根本宗旨和阶级性决定的,更是我党坚持贯彻以人民为主体的发展观的具体体现。

其三,邓小平明确地指出了社会主义的根本目的是消灭剥削、消除两极分化,最终达到共同富裕。1992年,邓小平在南方谈话时说:"社会主义的本质,是解放生产力,发展生产力,消灭剥削,消除两极分化,最终达到共同富裕。"[①]这一重要论述是邓小平对社会主义的全新诠释,也是对以人民为主体的发展观的升华和发展。他继承了马克思关于只有发展生产力才能消灭贫穷、消灭社会上的各种差距的基本观点,开创了建设有中国特色社会主义的崭新局面。

2.江泽民以人民为主体的发展观

面对新的历史条件,江泽民结合国际国内形势,围绕"建设什么样的党和怎样建设党"这一重大而深远的问题,继续坚持和发扬以人民为主体的发展观,提出了"三个代表"重要思想,指出"发展是执政兴国的第一要务",全面论述了改革、发展与稳定的关系。

---

① 《邓小平文选》(第3卷),人民出版社1993年版,第373页。

首先,江泽民提出了要始终代表最广大人民群众的根本利益。从出发点来看,人作为社会和历史前进的动力主体,无论先进生产力的发展要求,还是先进文化的前进方向,都无法离开人这个主体因素。从落脚点来看,人从事的一切生产活动也是为了满足人民大众的需求。我国作为社会主义大国,人民是国家活动的主体,因此在治国理政的实践中必须体现人民主体性。

其次,江泽民指出了"发展是执政兴国的第一要务"。把执政兴国作为第一要务,是为了不断提高我国的生产力水平,从而提高人民的生活水平。追根溯源还是为了维护人民群众的根本利益,这是我党一切发展的根本目标和最终归宿。这就要求我们在谋求发展的同时,要处理好各个群体之间的利益,尤其要顾及基层群体的利益,切实关心弱势群体,解决好他们的问题,才能更好地赢得发展,我党以人民为主体的发展观才能更好地得到体现。

再次,江泽民全面论述了改革、发展与稳定的关系。改革是动力、发展是目的、稳定是前提。人民群众作为改革的主体,也是党的依靠力量。我党的根本宗旨决定了一切发展都要依靠人民,更是为了人民,而发展又必须建立在稳定的基础上,所以要正确处理好三者的关系,将发展的成果真正落实到人民群众身上,从而更好地凸显人民主体性的执政理念。总之,江泽民在继承和发展毛泽东和邓小平以人民为主体的发展观的基础上,更加突出了我党密切联系群众的优良作风。

3.胡锦涛以人民为主体的发展观

在党的十六届三中全会上,胡锦涛明确提出了:"要坚持以人为本,树立全面、协调、可持续的发展观。"科学发展观是我党坚持以人民为主体的发展观的又一重要的理论飞跃,更是对马克思主义以人民为主体的发展观的创新性贡献。它不仅更加突出了以人为本的发展理念,把社会公正提升到更重要的位置,同时也明确提出了构建和谐社会的重大命题。

其一,突出了以人为本的发展理念。胡锦涛强调:"坚持以人为本,就是要以实现人的自由和全面发展为目标,从人民群众的根本利益出发谋发展、促发展,不断满足人民群众日益增长的物质文化需要,切实保障人民群众的经济政治和文化权益,让发展的成果惠及全体人民。"[①]科学发展观的提出明确指明了我国经济发展的新战略、新思路,我党从改善人民生活出发,到提高人民生活水平落脚,时刻关注民生,改善民生,高度重视现实层面的关系人民群众利益的问题,将

---

① 《十六大以来重要文献选编》(上),中央文献出版社2014年版,第49页。

民生问题上升到更加突出的位置,进一步突出以人为本的发展理念。

其二,把社会公正提升到更重要的位置。科学发展观作为以人为本的发展理念,把社会公正提升到更重要的位置。首先,社会公正是社会中的每个成员应被公平对待,维护每个社会成员最基本的权益,从而保证每个人应得或应有的部分,让每个人平等而自由的发展;其次,社会公正涵盖了社会经济、政治、文化等各个领域,既涉及收入分配,也涉及社会保障。胡锦涛多次强调在收入分配方面,更加注重公平,提高低收入者的收入,扩大中等收入者的收入,调节过高收入者的收入,更加体现社会公正。

其三,明确提出构建和谐社会的重大命题。胡锦涛基于时代变化,始终坚持以人民为主体的发展观,提出了构建和谐社会的重大命题,这是马克思主义以人民为主体的发展观又一创新成果。首先,将"和谐"上升到前所未有的高度。涉及了人与人的和谐、人与社会的和谐、自然与社会的和谐等,通过和谐发展,最终落实到人的全面发展,让各个群体之间共同发展,实现共赢的目的。其次,将社会建设并列到经济建设、政治建设、文化建设之中,归根结底是通过社会的发展,不断提高人民的生活水平,满足人民的意志和夙愿。总而言之,胡锦涛将以人民为主体的发展观进行了新的概括和深化,从而更好地确保了中国特色社会主义建设更加稳定有序地发展。

总之,回溯中国共产党以人民为主体的发展观历程,无论在革命建设时期,还是在改革开放新时期,党中央历届领导集体都把马克思主义基本理论与中国发展的不同阶段的实际情况相结合,形成了一系列具有中国特色的以人民为主体的发展观,并为新阶段实现"中国梦"的伟大实践提供了巨大的理论和实践指导。

三、习近平以人民为主体的发展观

党的十八大以来,习近平始终坚持贯彻马克思主义以人民为主体的发展观,从发展主体、发展目的、发展导向三个方面,以及经济、政治、文化、社会、生态文明等层面赋予了马克思主义以人民为主体的发展观新的内涵,具体表现为把人民群众作为实现中国梦的依靠力量;强化群众观点并把群众路线作为党的生命线和根本工作线;把提高人民生活水平作为发展社会主义的目的和归宿;着力保障和改善民生,保证人民群众切实得到实惠;把促进社会公平正义作为发展社会民主政治的核心价值追求;把人民群众作为社会主义先进文化发展的最终价值导向;明确提出生态文明建设关系人民福祉,并纳入"五位一体"发展总布局。

(一)在发展主体上更加突出依靠人民群众

1.把人民群众作为实现中国梦的依靠力量

人民对美好生活的向往,是党坚持不懈的奋斗目标,也是中国梦的动力来源。中国梦有丰富的具体内涵,具体表现为:国家富强、民族振兴、人民幸福,而人民幸福不仅是切实关系每个人的利益,更是与国家的意志紧密相连。中国是一个人民民主专政的社会主义大国,人民是国家的主人,而中国共产党代表最广大人民的根本利益,人民群众又是我党执政的根基和力量的源泉。因此,把人民群众作为实现中国梦的依靠力量是顺应民众呼声、凝聚民众之力的智慧之举。

首先,人民群众是社会历史的创造者,凝聚着无穷的智慧和力量,是党推进各种工作的力量源泉,也是实现中国梦的坚实力量。改革开放三十多年来,我国的经济在迅速发展的同时,人民群众的生活水平也大大提高,这势必使部分人民群众对美好生活抱有更高的期待,广大党员只有倾听人民群众的声音,顺应人民群众的意愿,中国梦才能在党的回应和人民的拥护中实现。中国梦的实现必须建立在调动广大人民群众的积极性、主动性和创造性的基础上,没有广大人民群众的中国梦,就好比无水之源和无本之木。当前,坚持和发展人民民主,必须让人民群众真实感受到自己是民族复兴伟业的主人翁。其次,实现中华民族的伟大复兴,不仅是实现国家富强和民族振兴,归根结底是为了实现人民幸福。人民幸福,就是让中国人民享受更好的生活,拥有更好的教育、更稳定的工作、更满意的收入、更可靠的社会保障、更高水平的医疗服务、更舒适的居住环境。中国共产党始终坚持全心全意为人民服务的宗旨,坚持发展为了人民、发展依靠人民、发展的成果由人民共享。总而言之,实现人民幸福是中国梦的根本目的和内在动力。

2.强化群众观点并把群众路线作为党的生命线和根本工作线

新阶段,习近平不断强化群众观点,并把群众路线作为党的根本工作路线。坚持人民主体地位,就意味着要时刻关注人民的生活,赢得民心才是发展事业的关键。首先,党员干部必须时刻聆听人民群众的诉求,其次,要把人民群众切身的利益及时解决好,再次,要自觉地接受人民群众的监督。

其一,人民群众的诉求就是人民群众切身利益的反映,广大党员干部要学会时刻聆听人民群众的诉求,设身处地站在人民群众的立场上思考问题,从而帮助人民群众解决困难。广大人民群众最能代表事情的真相,如果广大党员干部将群众的事情看成小事,那么党便会失去人民的信任,更会失去执政的根基。因此,广大党员干部只有转变工作作风,深入群众和基层,体察民情,聆听民声,人民群众才能与党员干部"打成一片",党员干部才能听到最真实的声音,我党才能更准确地制定方针、政策和路线。

其二,人民群众的利益就是党的根本利益。群众事无小事,解决群众的利益,就是解决党要解决的问题。一切涉及群众利益的问题,无疑是关系人民群众的衣食住行的具体问题,教育、就业、收入、医疗、住房、社会保障等问题都是人民群众最关心也是我党最需要及时解决的问题。广大党员干部必须起到带头作用,从人民群众的根本凤愿出发,为人民群众办正事、办实事、办好事,真正地发挥党员的作用,只有人民群众跟党员不断贴近,我们的事业才能发展得更好,我们的"中国梦"才能更早地实现。

其三,自觉地接受人民群众的监督是党员加强自身建设的重要途径之一。广大党员干部做得好不好,衡量和评判标准来自人民群众。一些党员干部的小毛病与小问题需要人民群众的监督,才更容易修正,只有自觉接受人民群众的监督,才能有效避免小问题变成大纰漏。自觉接受人民群众的监督更有利于党员干部加强自身的素质和修养,从而更好地为人民群众服务。

(二)在发展目的上更加突出为了人民群众

1.把提高人民生活水平作为发展社会主义经济的目的和归宿

当前,我国正处于全面建成小康社会的关键性阶段,我党始终坚持发扬人民主体性,把提高人民生活水平作为发展经济的目的和归宿。"两个一百年"的目标贯穿了以人民为主体的发展观,全面建成小康社会归根结底是为了满足人民对美好生活的期盼,而伟大目标的实现也需要依靠人民来完成。因此,始终贯彻以人民为主体的发展观是当前发展社会主义经济的现实需要。

为了实现"十三五"时期的发展目标,习近平提出了"五大发展理念",从内涵来看,同样彰显了以人民为主体的发展观。创新,其主体是亿万群众。广大人民群众积极参与到创业中,从而使创新发展获得不竭的动力,并让创新成果由大众共享。协调,其目的是维护人民群众的根本利益。通过协调城乡、区域、经济与生态的发展,增强发展的平衡性和协调性。我党实施精准扶贫等战略,推进"五位一体"总布局,就是为了增强发展的整体性和协调性。绿色,是为了人民群众拥有健康的生活家园。通过绿色发展建设一个良好的生态环境,为人民群众提供一个天蓝地绿、空气清新的生存环境,人民只有生存得好,才能生活得好,同时也为子孙后代营造一个美丽健康的家园。开放,其目的是互惠互利。我国对外实行开放,既实现了我国的经济发展,也为其他国家的发展提供了机遇;既符合我国人民的利益,也符合其他国家人民的利益。共享,其目的是让发展成果由人民享有。在全面迈进小康社会的进程中,让人民享有发展的机遇,享受发展的成果,就要不断完善社会保障制度,着力保证机会更加公平公正,这是共享发展的重点。

2.着力保障和改善民生并保证人民群众切实得到实惠

民生连着民意,民意关系国运。提高人民物质文化水平是改革开放和社会主义现代化建设的根本目的,中国共产党在中国特色社会主义建设的道路上,应从维护最广大人民根本利益的高度着眼,多为人民群众谋利,多为人民群众分忧,帮助人民群众解决最关心的教育、就业、医疗、养老和住房等现实问题,在学有所教、劳有所得、病有所医、老有所养、住有所居上取得新的进展,努力让人民过上更好的生活。始终坚持把民生放在首位,不断实现好、维护好、发展好最广大人民的根本利益,在经济发展的基础上朝着共同富裕的方向稳步向前,使人民群众切实得到实惠。此外,逐步建立社会公平保障体系,加强社会事业改革创新,尤其是教育领域综合改革和医疗卫生体系改革要更加深化,就业创业体制机制要更加健全,收入分配格局要更加合理有序,从而更好地满足人民群众的需求,这是保障和改善民生的基石。

(三)在发展导向上更加突出人民群众的立场

1.把促进社会公平正义作为发展社会民主政治的核心价值追求

公平正义是中国特色社会主义的内在要求,只有切实维护和实现公平正义,才能让广大人民群众享受民主权利,各方面的社会关系才能和谐。2014年1月7日,习近平在中央政法工作会议上强调:"要把维护社会大局稳定作为基本任务,把促进社会公平正义作为核心价值追求,把保障人民安居乐业作为根本目标,坚持严格执法公正司法。"[①]要贯彻落实习近平"维护社会公平正义"的要求,就必须把建立社会公平保障体系作为中国特色社会主义的重大任务,就必须把人民群众的立场摆在更突出的位置,就必须让广大人民群众在社会发展中享受参与平等、竞争平等、发展平等、共享平等,从而实现权利公平、机会公平、规则公平。

---

① 《习近平在中央政法工作会议上的讲话》,《人民日报》2014年1月9日,第1版。

其一，要努力维护最广大人民的根本利益，通过保障公民的人身权、财产权等基本权利不受侵犯，在司法案件中杜绝不公正审判，从而让人民群众感到公平正义，保证人民群众的感情不受到伤害，保证人民群众的权益不受到损害，从而落实人民群众的经济、政治、文化、社会等各方面权利，满足人民群众对美好生活的向往和期待。同时要加强全体人民的法治观念，弘扬社会主义法治精神，要坚持把依法治国和以德治国相结合，高度重视道德对公民行为的规范作用，让公民依法维护合法权益的同时，自觉履行法定义务，使权利和义务相一致。

其二，要切实发展基层民主，通过健全基层选举、议事、公开、述职、问责等机制让民主渠道更加通畅。开展形式多样的基层民主协商，让居民在基层事务中依法自己管理自己、自己教育自己、自己监督自己，从而不断推进基层协商制度化。

其三，要解决好人民群众最关心的利益问题，不断为人民群众解难题，认真倾听群众意见，满足群众需求，保障群众的知情权、参与权、表达权和监督权，从而保证公平正义。

2.把人民群众的利益作为发展社会主义先进文化的最终价值导向

人民群众创造和建设了中国特色社会主义文化，同时也是推动社会进步的主体，所以推动社会主义文化大发展大繁荣必须自觉贯彻党的群众路线。人民日益增长的物质文化需求是人民利益的根本所在，是党保持先进性的根本要求，也是社会主义的价值目标所在。要坚持文化发展为了人民、文化发展依靠人民、文化发展成果由人民共享。

建设中国特色社会主义文化，就是要把握中国特色社会主义文化的前进方向，应着眼于人民群众的需要和发展，将人民群众的精神成长作为党发展社会主义文化的落脚点。要让文化管理体制更加完善，现代文化市场体系更加健全，还要构建现代公共文化服务体系，从而推进文化体制机制创新。党的十八届三中全会通过的《中共中央关于全面深化改革若干重大问题的决定》将推进先进文化体制机制创新作为全面深化改革的一项重要内容，习近平强调："坚持以人民为中心的工作导向，要把人民群众作为社会主义先进文化的最终价值导向。中国特色社会主义文化必须与时代发展同进步、与人民群众共命运。"[①]

中国特色社会主义文化是反映人民群众生活实际的文化，更是维护人民群

---

① 《关于〈中共中央关于全面深化改革若干重大问题的决定〉的说明》，人民出版社 2014 年版，第 12 页。

众利益的文化,实现这种文化的大众化,人民群众就能真正树立起科学的人生观、价值观,从而能够更加坚定共产主义理想信念和爱国主义的崇高价值追求。中国共产党一贯主张理论与实践相结合、与人民群众相结合,这些都是时代发展的要求,也是党不断推进马克思主义中国化的一条基本经验。只有将中国特色社会主义文化大众化,才能将以人民为主体的最终价值导向落到实处。

3.明确提出生态文明建设关系人民福祉,并纳入"五位一体"总布局

四十多年来,改革开放为我国的发展做出举世瞩目的成就。中国在以资源被高度消耗和生态环境被严重破坏为代价的前提下迅猛发展,从长远来看,片面的追求经济发展严重违背了马克思主义辩证观,如何将生态文明建设同其他建设相统一,以习近平为核心的党中央明确提出了"五位一体"的总布局,将生态文明建设提升到制度层面,这是关系人民利益、关乎社会和谐、甚至与国家命脉息息相关的重大举措。

其一,良好的生态环境是人民心之所向和意之所往。从现阶段的发展着眼,在物质基础得到高度发展的今天,老百姓追求的不再是吃饱穿暖等方面的基本需求,而是需要一个天蓝地绿、空气清新的生存环境,从而拥有一个健康的体魄。从长远的发展着眼,我们的子孙后代同样需要一个健康绿色的生存环境,食物的安全、空气的安全、环境的安全,这是我们现阶段甚至长期需要治理的问题。生态文明是人类文明发展到现阶段的一个文明形态,需要广大人民群众的积极参与、热情加入,人人需要生态文明,生态文明建设更需要人人。

其二,生态文明关系社会和谐。具体表现为经济文明、政治文明、文化文明、社会文明与生态文明并驾齐驱,只有满足人民的物质需求、精神需求及生态需求,实现人与自然、人与社会、自然与社会的和谐,才能称得上是和谐社会。在生态文明建设中,坚持以人民为主体,不仅意味着我们要对当代人负责,我们还要对子孙后代,甚至千秋万代负责,只有这样我们才能真正地达到建设生态文明的目的。

总体来说,习近平以人民为主体的发展观具有十分丰富的内涵,涉及经济、政治、文化、社会、生态文明多个层面,习近平始终坚持把人民群众作为一切工作的出发点和落脚点,不断深化马克思主义以人民为主体的发展观,为实现中华民族伟大复兴的中国梦提供智力支持和理论保障。

四、结 论

党的十八大以来,以习近平为核心的党中央始终坚持马克思主义以人民为主体的发展观,从经济、政治、文化、社会、生态文明等多层面赋予了马克思主义以人民为主体的发展观新的内涵。习近平始终坚持把实现共同富裕、人民幸福作为发展的根本目的,坚持把人民群众作为发展的依靠力量,这是中国共产党以人民为主体的价值取向的具体体现,是遵循中国特色社会主义建设规律的理论结晶,也是继承和发展中国共产党以人民为主体的发展观的最新成果,更是马克思主义以人民为主体的发展观的新飞跃。总体来说,目前国内学术界对习近平以人民为主体的发展观研究还尚未有系统的详细的论述。本文从马克思主义以人民为主体的发展观追根溯源,又在回溯中国共产党以人民为主体的发展观的基础上,论述了中国共产党以人民为主体的发展观的理论起源和发展历程。由于习近平以人民为主体的发展观涵盖了政治、经济、社会、文化和生态等诸多方面,本文从发展主体、发展目的、发展导向出发对其基本内涵进行系统性的概括。

当前,我国仍处于社会主义初级阶段,习近平始终坚持以人民为主体的价值目标,提出了创新、协调、绿色、开放、共享的发展理念,坚持把人民共创、共建、共享、共有、共同富裕作为根本出发点和落脚点,致力于提高发展的创新性、公平性、普惠性,不断地增强人民的幸福感。这一系列重要论述皆是习近平以人民为主体的发展观的具体体现。这既符合我国当前发展的需要,也是我国必须长期坚持的基本政策。

哲学视域下的"绿水青山就是金山银山"理念①

侯子峰②

【摘　要】　从哲学视域看,习近平总书记提出的"绿水青山就是金山银山"理念肯定了自然环境对人类物质世界与精神世界发展所具有的重要作用(本体论方面);肯定了自然环境和经济发展的双重价值,特别是指明了自然环境的巨大经济价值(价值论方面);反映了改革开放以来我国社会经济发展的基本历程与一般规律(认识论方面);确认通过不断解放思想,创新思路方式,最终能够实现生态建设和经济发展的双赢(实践论方面)。"绿水青山金山银山"理念有力回应了新时代下人民群众对于美好生活的期待,有助于推进美丽中国建设。

【关键词】　习近平;绿水青山就是金山银山;美好生活;美丽中国

2017 年 10 月,必须树立和践行"绿水青山就是金山银山的理念"(以下简称"两山"理念③)被写进党的十九大报告。"两山"理念现在已经成为我党执政的重要指导理念之一。因而,深入理解它的科学内涵及基本内容④显得格外必要。学界关于"两山"理念的研究集中在理论内涵、理论意义、实践价值、体制机制、技术路径等领域,在研究视角上多是从政治学、经济学等维度出发,关于哲学维度

---

①　本文系国家社会科学基金项目"习近平总书记关于生态文明建设思想研究"(项目编号:17BKS077)阶段性研究成果。

②　侯子峰,湖州师范学院马克思主义学院第一党支部书记,研究方向为生态哲学。

③　"两山"理念是现在较为通行的对十九大报告当中提出的"绿水青山就是金山银山的理念"之简称。除了"两山"理念的简称外,以前还有"两山"思想、"两山"重要思想、"两山"论、"两山"科学论断等叫法。有学者把习近平的"两山"误解为"金山银山"。事实上,"两山"理念之中的一个"山"是指"绿水青山",一个"山"是指作为财富形象表达的"金山银山"。这样的简称做法源于习近平在 2006 年 3 月 23 日《浙江日报》"之江新语"的专栏中,把"绿水青山"和"金山银山"简称为"两座山"

④　"两山"理念含有丰富的内容,主要有三:一是"两山"理念的转化路径(见《浙江日报》2005 年 8 月 24 日的"之江新语"专栏);二是在实践中关于"两山"认识的三阶段论(见《浙江日报》2006 年 3 月 23 日的"之江新语"专栏);三是针对"绿水青山"和"金山银山"的关系所应采取的态度(见 2013 习近平同志在哈萨克斯坦纳扎尔巴耶夫大学演讲并回答学生提问时关于"两山"理念的表述)。

的研究还较少。笔者试图从本体论、认识论、价值论、实践论等哲学维度阐释与分析"两山"理念,以图更清晰明了"两山"理念并增加"两山"理念研究的深度和广度。

一、本体论:"两山"理念肯定了以"绿水青山"为代表的自然环境是人类生存与发展的物质与精神前提条件

"两山"理念指出,"绿水青山"是人类生存与发展的物质前提。我们知道,水与人的生产与发展关系极为密切,它可饮用、可灌溉、可捕鱼,人类文明的摇篮往往在江河附近,如中华文明的摇篮在黄河流域、古埃及的文明在尼罗河流域、古印度文明在恒河流域、美索不达米亚文明在两河流域,等等。但人们所需要的水只能理解为"绿水",水被污染了,就不能灌溉、饮用、养鱼了。山也很重要,山是水的命脉。所以除了绿水我们还要青山,须知光秃秃的山不仅不美观,还留不住水。习近平讲的"生命共同体"就是对这一命题的深刻表达:"人的命脉在田,田的命脉在水,水的命脉在山,山的命脉在土,土的命脉在树。"[①]

同时,"两山"理念还突出了"绿水青山"对于人类精神世界发展所具有的重要作用。习近平在多个场合表示,要慎砍树、不填湖,不搞大开发,这既具有保护生态的意味,又是为人类的精神世界发展保留素养和材料。在论及城市建设时,习近平精辟地指出,要"依托现有山水脉络等独特风光,让城市融入大自然,让居民望得见山、看得见水、记得住乡愁"[②]。"乡愁"一词体现了人们对过去所居住的山水田园之记忆,山水林田湖草都是人的精神生活的重要组成部分,不能轻易将之消灭或破坏,否则人类的精神世界就会成为无根的所在。

山水资源无疑是自然环境的代表性体现,习近平确立"绿水青山"对于人类生存与发展的重要性,其目的在于确立自然环境本身的重要性。相较而言,作为具体化的"绿水青山"比自然环境更直观与形象,所以"两山"理念易于被广大人民群众接受。当人民群众接受了"两山"理念,就易于接受自然环境的本体论价值,从而确保在社会实践中不会因盲目发展经济而破坏环境,即在经济发展与环境保护有可能发生冲突的情况下,能够树立"宁肯不要钱,也不要污染"或"宁要绿水青山,不要金山银山"的强烈意识。

---

① 习近平:《习近平谈治国理政》,外文出版社 2014 年版,第 85 页。在党的十九大报告中,习近平更是提出了关于"山水林田湖草"的系统治理观点。

② 《中央城镇化工作会议在北京举行》,《光明日报》2013 年 12 月 15 日,第 1 版。

二、价值论:"两山"理念肯定了自然环境和经济发展的双重价值, 特别是指出自然环境具有巨大经济价值

习近平对于"绿水青山"和"金山银山"之间的态度实际上是两层意思,这两层意思都表达了追求经济发展和自然环境的双赢。且看习近平论述的原文:"我们既要绿水青山,也要金山银山。宁要绿水青山,不要金山银山,而且绿水青山就是金山银山。"[①]通过原文可以看到,习近平并没有说三句并列的话,而是说了两句话:第一句话是"我们既要绿水青山,也要金山银山。"第二句话是"宁要绿水青山,不要金山银山,而且绿水青山就是金山银山。"由此可见,"宁要绿水青山,不要金山银山"不能单独拿出来进行解读,它的内容从属于"绿水青山就是金山银山"。也就是说,"宁要绿水青山,不要金山银山"的表达只有和"绿水青山就是金山银山"紧密联系起来,才符合习近平的原意。通过这样的分析可以看到,习近平想表达的意思是清楚的,即我们在发展当中要追求的是经济建设与环境保护的双赢,而不是单赢。

"两山"理念的提出没有否定"金山银山"的价值,而是强调了它的价值:即"既要绿水青山,也要金山银山"。我们现在尚处在社会主义初级阶段,在这个阶段发展社会生产力依然是我们各项工作之中最重要的部分:"以经济建设为中心是兴国之要,发展仍是解决我国所有问题的关键。"[②]当然,我们认为习近平所追求的经济财富是需要界定的。一方面,不能为了经济财富的增加而破坏自然环境,这属于杀鸡取卵的事情,任何时候、任何情况下都不可为。另一方面,追求经济财富需要遵循客观规律,不能盲目求快。习近平所追求的经济增长应理解为扎扎实实的、没有水分的经济增长。

从哲学上看,"两山"理念的理论贡献在于它突出了自然环境的经济价值,从而使人与自然、经济发展与环境保护在更高层面实现了统一。在马克思看来,好的自然条件本身就意味着生产力:"外界自然条件在经济上可以分为两大类:生活资料的自然富源,例如土壤的肥力、鱼产丰富的水域等等;劳动资料的自然富

---

① 中共中央宣传部:《习近平总书记系列重要讲话读本》,学习出版社、人民出版社 2014 年版,第120 页。

② 中共中央文献研究室:《习近平关于全面建成小康社会论述摘编》,中央文献出版社 2016 年版,第19 页。

源,如奔腾的瀑布、可以航行的河流、森林、金属、煤炭等等。"①而"两山"理念指出,良好的生态环境可以带来"源源不断"的社会生产力,即"改善生态环境就是发展生产力"②。

习近平所说的自然的经济价值和西方学者所说的自然具有经济价值确有不同之处,值得注意。诚然,一些西方学者如罗尔斯顿在《哲学走向荒野》一书中就指出自然具有以下价值:经济价值、生命支撑价值、消遣价值、科学价值、审美价值、生命价值、多样性与统一性价值、稳定性与自发性价值、辩证的价值、宗教象征价值等。③ 然而,习近平的"两山"理念与以罗尔斯顿为代表的西方学者所提出的自然之经济价值有着很大不同:一是西方学者所说的自然具有的经济价值是指自然资源通过人类的劳动而获得使用价值和交换价值,而习近平所说的是自然资源通过向生态经济方面转化从而获得价值。二是西方学者认为自然资源有价值,但自然资源越用越少,不能勇敢地面对人类对自然环境的大力改造这一事实,是悲观地对待自然,而习近平则是乐观地看待自然环境,认为人们可以通过改善自然环境创造更多的经济价值。三是习近平的理论相较于西方学者的理论强调了自然资源的生态经济转化,这种转化是高效的,比一般的经济发展具有更高级、更环保、更可持续的优势。

三、认识论:"两山"理念反映了改革开放以来我国社会经济发展的基本历程与一般规律

2006 年 3 月,习近平形成了关于自然环境与经济发展之间矛盾关系的三阶段论:第一个阶段是用绿水青山去换金山银山,用资源与环境的代价来换取发展的成果;第二个阶段是经济发展与资源环境的矛盾凸显出来,人们意识到"既要金山银山,但是也要保住绿水青山";第三个阶段是"认识到绿水青山可以源源不断地带来金山银山,绿水青山本身就是金山银山"。④ 习近平关于绿水青山与金山银山之间矛盾关系的三阶段论深刻地反映了人们的认识与实践。从改革开放以来的 40 年发展历程来看,我国社会经济经历了三个阶段。

第一阶段对应 1978 年到 1995 年,这一段时间人们只重视发展经济,导致环

---

① 《马克思恩格斯全集》(第 44 卷),人民出版社 2001 年版,第 586 页。
② 习近平:《习近平谈治国理政》,外文出版社 2014 年版,第 209 页。
③ 霍尔姆斯·罗尔斯顿:《哲学走向荒野》,吉林人民出版社 2000 年版。
④ 习近平:《之江新语》,浙江人民出版社 2007 年版,第 186 页。

境遭到一定程度的破坏。这一段时期,人们只重视发展经济,没有考虑长远,没有重视保护环境,一味向自然索取,"吃了祖宗饭,断了子孙路"。人们没有想到,大量的工农业生产带来经济财富增加的同时是水质变脏、空气变浑、土壤被污染。随着自然环境和生活环境的破坏的加剧,人们逐渐开始反思自己的行为。

第二阶段对应 1995 年到 2005 年,这段时间人们意识到既要发展经济又必须保护环境,代表性的是 1995 年江泽民提出了"可持续发展战略",2003 年胡锦涛提出了科学发展观。随着自然环境被破坏,人们身心健康受到极大威胁,一些人士的生态意识开始觉醒,意识到"既要金山银山,也要保住绿水青山"。面对经济发展与环境恶化、资源匮乏之间的矛盾冲突,人们开始接受党中央提出的可持续发展战略和科学发展观理论。

第三阶段是 2005 年至今,人们充分意识到了保护生态不仅不会阻碍还会极大促进经济发展、带来经济财富,代表性的是 2005 年习近平在安吉提出的"两山"理念。在改变传统的高耗能、高污染发展之路,寻求可持续发展的进程中,人们逐渐意识到自然环境可以带来经济财富。特别是习近平提出的"两山"理念唤醒了人们的觉悟,人们开始积极地从自然环境中寻求财富,积极发展生态农业、生态工业、生态旅游等生态经济。随着生态经济的较好发展,人们真正意识到自然环境中蕴藏着源源不断的经济财富,绿水青山本身就是金山银山,开始通过积极保护生态环境来发展经济,形成经济发展与环境保护浑然一体又和谐统一的局面。

2017 年 10 月,"两山"理念被写进党的十九大报告和党章之中,但这并不意味着人们对它的认识已经彻底完成。事实上,它还需要通过理论反思和实践总结做进一步完善。真理的显现不是一步到位的,它本身就是一个过程,即从相对真理到绝对真理的过程。笔者认为,即使从国内来看,关于"两山"理念的应用范围、不同地区具体实现路径、配套制度等还有许多待深入研究的地方。以"两山"理念的诞生地与践行样板地——浙江安吉为例。2005 年,安吉人民在听到习近平"两山"理念之后深受鼓舞,开始大力推进生态文明建设,并认为建好绿水青山会自然而然地带来金山银山。事实证明,事情的发展并非像想象中那样一帆风顺,经过两三年的迷茫和探索,安吉才逐渐找到了"绿水青山"通向"金山银山"的实现道路,至此之后,它的生态建设、经济建设和社会建设才走向康庄大道。2015 年 8 月,在纪念"两山"理念提出十周年之际,时任安吉县委书记单锦炎对安吉的发展历程进行了归纳总结,认为安吉发展经历了三个阶段:第一个阶段是"只要金山银山,不要绿水青山"的邪路;第二个阶段是以为"绿水青山"自然会变成"金山银山"的弯路；第三个阶段是坚定不移地举生态旗帜、打生态牌、走生态路，着力在把"绿水青山"转化为"金山银山"上下功夫，走出一条绿水青山与金山银山相互促进的山区科学发展新路。安吉的"两山"转化之路基本经验有三：一是不断创美环境，养育绿水青山；二是不断抓实生态建设项目，转化绿水青山；三是不断惠及民生，共享绿水青山。① 安吉通过多年探索找到了自己的"两山"转化之路，它的经验有许多可供借鉴的地方，然而其他欲开展"两山"转化的地方只能借鉴安吉经验而不能照搬安吉经验。只有在实践中不断的探索，各地才能逐渐找到适合本地的道路，最后实现"绿水青山"与"金山银山"的双赢。

四、实践论：创新思路方法，不负青山赢金山

习近平的"两山"理念强调了生态资源的经济方面转化，指出我国很多地方拥有良好的生态优势，应把这些地区生态环境优势转化为生态经济优势，使绿水青山变成金山银山。从哲学上看，社会实践活动的合理性和可能性只能放到一定的历史中去审视。习近平的论断之所以正确，即现实可行，就在于现在我们一些地区已经处于"逆城镇化"发展阶段。以生态旅游为例，富裕起来的人们开始去追求更好的自然环境，希望到有绿水青山的地方去休养，去旅游，去观光，去生活。这为一些具有自然禀赋的山区和乡村提供了千载难逢的发展机遇，特别是对于那些具有区位优势的地方而言更是这样。

实现"两山"的转化，首先要创造美好的自然环境，护美绿水青山。人们欲实现"两山"转化一定要以一定的物质条件作为基础，这个物质基础就是先建好"绿水青山"。"留得青山在，不愁没柴烧。"把好的自然环境做优，把变差的自然环境复绿。事实上，很多环境曾经遭到破坏的地区通过改善生态环境，进而创造了"金山银山"。这方面的典型性案例有浙江安吉、福建长汀、河北塞罕坝林场。所以要抱着对人民群众和子孙后代高度负责的态度，千方百计推进生态文明建设，增强森林覆盖率，推进生态环境治理工作开展，实现天蓝地绿山青水净，创造适宜人类生活、居住、闲暇、创业的美好自然环境。

实现"两山"的转化，必须需要创新思路方法。在实践活动中，为了有好的效果要充分发挥人的主观能动性。习近平指出，"绿水青山和金山银山决不是对立

---

① 中国安吉县委宣传部：《照着这条路走下去》，内部文稿 2005 年版，第 224—227 页。

的,关键在人,关键在思路"①。要不断解放思想,创造条件,在实践基础上使绿水青山变为金山银山。在"两山"的转化上,习近平特别强调了两点:一方面,要善于因地制宜。从哲学角度来讲,同一个事物在不同的条件下会有不同的性质和规律。② 故适宜发展生态农业,则搞高效生态农业;适宜发展生态工业,则把当地的生态农业产品链条拉长,搞生态加工业;适宜生态旅游,则利用当地的自然资源和文化资源优势,搞好旅游业。另一方面,要搞出特色。我国地大物博,各地自然禀赋不同、区位状况不同,所以在追求"两山"转化时务必要注意结合本地自然环境状况和历史文化情况,搞出地方特色,避免千城一面、千村一面、具体产业雷同。

五、结 论

笔者认为,理解"两山"的所有内容必须将其统一于现实的实践活动。正如大家所知道的,马克思曾说:"哲学家们只是用不同的方式解释世界,而问题在于改变世界。"③习近平的"两山"理念就是一个重在改变世界的理论。他的理论产生于实践,其目的也是为了指导实践。习近平说:"人民对美好生活的向往就是我们的奋斗目标。"④也就是说,如何更好地保护生态环境,如何让人民群众在保护生态环境的同时获得经济财富,最终实现人民群众对美好生活的追求与向往、过上幸福生活,是"两山"理念最根本的意义所在。

因而,理解习近平的"两山"理念的出发点在于其实践维度。对于我们学者而言,研究"两山"理念也要着重研究"绿水青山"如何向"金山银山"转化。⑤ 从改变现实的实践维度重新审视"两山"理念的哲学意蕴会发现:本体论的"两山"理念告诉人民,自然环境特别是绿水青山对于人类生存与发展具有重要的作用,不能为了发展竭泽而渔、饮鸩止渴;认识论上的"两山"理念告诉人民,"两山"理

① 中共中央文献研究室:《习近平关于社会主义生态文明建设论述摘编》,中央文献出版社 2017 年版,第 23 页。

② 艾思奇:《大众哲学》,中华书局 2017 年版,第 170 页。

③ 《马克思恩格斯文集》(第 1 卷),人民出版社 2009 年版,第 506 页。

④ 习近平:《习近平谈治国理政》,外文出版社 2014 年版,第 4 页。

⑤ 研究"两山"理念重在研究"绿水青山"(生态环境)向"金山银山"(经济财富)的转化,即重点研究生态资源的经济化。因为有绿水青山并不等同于就有金山银山,绿水青山需要向金山银山转化,而这种转化的工夫才是"两山"理念的真谛。也就是说,研究"两山"理念要重在说明为什么绿水青山"就是"金山银山。如果这个目的达到了,"两山"理念无论在认识上还是实践上的革命性作用就都体现出来了。

念的形成与发展是一个过程,关于它的实施也涉及许多思想和规律性知识,而这都需要在实践的基础上逐步认识深刻、彻底;价值论上的"两山"理念告诉人民,"绿水青山"和"金山银山"都对人民的生产、生活具有重要意义,特别是指出"绿水青山"对于经济财富的实现具有重要价值,激发人民群众自觉、主动保护环境的动力,以赢得经济发展与环境保护的双赢;实践论上的"两山"理念告诉我们,一定要护美环境,在此基础之上,因地制宜,创新思路方法,逐步地实现"两山"的转化。

此外笔者认为,"绿水青山就是金山银山"之所以在党的十九大报告当中被称为一种"理念",而不是使用"思想""科学论断"等表述,正是为了强调它的实践功用。理由如下:其一,"理念"本身就是人的头脑中所含义的一种意识,①这种意识是一种"信念",②在多数情况下是直接面向、针对实践活动的。也就是说,"理念"含有"观念"的意思,同时意味着坚信这种"观念",并付之于实践活动。其二,党的十九大报告提出,要"树立和践行"绿水青山就是金山银山的理念,"践行"二字充分强调了其实践性。其三,"两山"理念和"新发展理念"一样,都是在同样的意义和背景下使用"理念"一词。在十九大报告当中,同时出现"新发展理念"和"绿水青山就是金山银山的理念"的表述绝非偶然。如果肯定"新发展理念"是一种非常现实的指导实践的理论,那么"两山"理念亦然。其四,从"两山"理念的表述使用背景来看,也特别强调了其实践性。党的十九大报告把"两山"理念放在一个非常现实的、为了建设美丽中国的目的上使用:"必须树立和践行绿水青山就是金山银山的理念,坚持节约资源和保护环境的基本国策,像对待生命一样对待生态环境,统筹山水林田湖草系统治理,实行最严格的生态环境保护制度,形成绿色发展方式和生活方式……"③

可以说,"两山"理念克服了经济发展和环境保护的零和博弈思维以及生态中心论和人类中心论之间的形而上学式对立,为加快生态文明建设,推进绿色发展,指出了一条现实可行的道路。同时,"两山"理念为世界生态文明建设和绿色发展提供了"中国方案",为全球生态安全做出了突出的理论贡献。

① 在2017年新修订的《中国共产党章程》之中,把"两山"在"意识"的层面上使用:"增强绿水青山就是金山银山的意识"。

② "理念"一词既有"理想""观念"的意思,又有"信念"的意思。参见:《新编现汉语辞海》,光明日报出版社2012年版,第799页。

③ 习近平:《决胜全面建成小康社会 夺取新时代中国特色社会主义伟大胜利——在中国共产党第十九次全国代表大会上的报告》,人民出版社2017年版,第23—24页。

大国形象何以构建？

——习近平对外国家形象战略思想初探①

李　岚②

【摘　要】　基于东西方之间不同的文化传统和政治考量，中国的对外国家形象战略意图的实现，总是显得困难重重。自十八大以来，以习近平总书记为核心的党中央准确把握了对外国家形象塑造的战略黄金期，结合当前"世情，国情，党情"的深刻变化，在战略定位、战略路径与战略举措等方面提出并践行了一系列新的思想。习近平对外国家形象战略思想的提出，不仅为中国国家利益的实现创造了有利的外部环境，同时也为向世界展示中国，实现中华民族在物质和精神上的伟大复兴打下了坚实的基础。

【关键词】　国家形象；中国意象；文化他者；文化软实力；文化自信；中国梦

国家形象是软实力的重要范畴，是包括硬实力与软实力在内的国家综合实力的具体体现。对于中国这样一个意识形态和政治制度与西方迥异、迅速崛起且正致力于民族伟大复兴的社会主义大国来说，国家形象问题至关重要。

自中华人民共和国成立以来，党的历届领导集体都非常重视国家形象的塑造。在不同的历史时期，针对面临的国际危机和挑战，党和政府采取切实有效的措施以树立中国良好的形象、维护中国的国家利益，这为当前中国更好地赢得国际声誉、增强软实力积累了宝贵经验。自十八大以来，以习近平为核心的党中央准确把握了对外国家形象塑造的战略黄金期，结合当前"世情，国情，党情"的深刻变化，在战略定位、战略路径与战略举措等方面提出并践行了一系列新的思想，深入挖掘其理论旨趣与现实意义，对国家政治利益、经济利益以及文化利益和安全利益等的实现具有重要的战略意义。

①　本文系浙江省党校系统中国特色社会主义理论体系研究中心立项课题"习近平对外国家形象战略思想研究"（项目编号：ZX19005）的阶段性研究成果。
②　李岚：中共浙江省委党校哲学教研部副教授，研究方向为政治哲学。

一、西方眼中的中国为何？ ——"中国对外国家形象"命题的提出

何为国家形象？根据美国政治学家布丁（Boulding，K. E. ）的观点，它是一国的自我认知以及国际体系中其他行为体对它的认知的结合。作为一系列信息输入和输出产生的结果，它是一个"结构十分明确的信息资本"[①]。一方面，"象"离不开"形"，"形"是信息的输入，"象"是信息的输出，对一国形象的认知依赖于一个国家的政治、经济、军事、文化、外交等客观存在。另一方面，即便是从同样的"形"出发，对"形"的最终认知，亦非从客观到主观的简单复刻。换言之，一国的自我认知或是试图向外界传递的形象，与其他行为体对它的解读之间，横亘着政治积习、历史经验、文化价值、认知心理等的差异，亦脱不开现有的以传媒为介质的"知识—权力"格局。因而，对国家形象的认知必然是总体性的，又是多维度的。

如果回溯西方对中国形象认知[②]的生成、流变、延续和固化的全过程，我们意识到，西方的中国形象研究是一种在"文化他者"的话语框架内展开的，从根本上说，西方研究中国形象的动因，是为了完成其在器物、制度和文化上的自我确证。从这一逻辑原点出发，西方对于东方的种种"刻板印象"、西方之于东方的误解与冲突，"西强我弱"的话语现状等都能找到某种合理的解释。

1750 年之后，西方对中国的态度发生了由美化到丑化，由爱慕到憎恨的彻底反转：在此之前，"大汗的大陆""大中华帝国""孔夫子的中国"的形象类型无一不投射出西方对东方的器物、制度与文化的艳羡。而在此之后，西方笔下的中国成了"停滞衰败的帝国""东方专制的帝国"以及"野蛮或者半野蛮的帝国"。"中国潮"起，"中国潮"落，这其中的缘由引人探析。是 1750 年前后，中国发生了巨变么？答案是否定的。李鸿章所说的"数千年未有之大变局"尚未到来，漫长的封建社会继续苟延残喘，直到 20 世纪初才寿终正寝。因而，逆转的根源需从西方自身去寻找。在周宁教授看来，西方构建的中国形象，包含了三方面的内容：

[①] Boulding, K. E. , "National Images and International Systems," *The Journal of Conflict Resolution*, Vol. 03，March 1959, pp. 120-131.

[②] 话语权问题是跨文化交流中的关键因素。可以说，强势的西方文明正是由于垄断了话语权，所以在很长的一个历史时期内，对中国形象的认知呈现出单一化和片面化的倾向。从这个意义上说，中国的崛起就是要取得这种话语权与世界秩序的诠释权。基于这个考虑，在中国的对外国家形象构建的问题上，我们主要考察的是西方的视角，而暂不涉及广大的亚非拉地区。

(1)对地理现实的中国的某种认识与想象；(2)对中西关系的焦虑与期望；(3)对西方文化自我认同的隐喻性表述或象征。① 由此可见，中国形象构建的核心并不是东方，换言之，西方认识东方并非只单纯出于对东方的好奇。更准确地说，比好奇更为根本的，是为了重新发现自我。

自 1250 年始直到 18 世纪中叶，是西方现代精神结构的形成时期。所谓的西方现代精神，从根本上说，就是一种世俗的资本主义精神，它代表了一种取代封建宗法关系的全新的意识形态。在文艺复兴之后的五百年间，地理大发现、资本与技术的积累、土地及自由劳动力的产生等一系列事件催生了资本主义生产方式、商品方式与经济社会组织形态的确立，西方精神中想要突破旧有意识形态束缚的"文化理想与变革冲动"也呼之欲出。从某种意义上说，萌芽中的世俗资本主义精神之所以不断表达着对异域中国的"王权统一、商业财富、感性奢靡的生活风格的向往"，是因为中国形象承载着某种象征意义，后者或许就是具有革命性的欧洲资本主义萌芽精神的代言，表达着对西方传统社会的不满与变革的期望。

而这一状况在 1750 年前后西方现代精神确立之后发生了改变。如果说，上一个阶段对中国的向往表现了西方自我否定与自我超越的冲动，那么在启蒙运动之后的几百年中，中国形象不断被丑化的倾向就体现了西方精神确立自我认知以后，改而寻求对这一"唯一真"的确证。随着"进步""民主""文明"这三个西方大叙事的建立，传统中国的开明君主制形象和自然哲学与道德楷模的形象开始受到质疑，中国形象的崩塌也就顺理成章了。

回顾整个西方的中国形象史，我们发现，东西方之间存在着的福柯意义上的权力与知识的共谋关系：知识根本上受到权力的支配，被权力所浸染；同时权力也借助知识被再生产出来，知识因而就成了一种具有意识形态功能的话语。简言之，"东方主义"②永远是相对于"西方中心主义"而言的，东方学就是一种权力的产物，是对真实东方的歪曲，体现了一种西方的文化霸权。这种"文化霸权主义"不仅体现在为知识与想象层面上建立的一种中西方之间差异对立、优劣等级关系，同时还在权力与价值层面上体现为配合、协调、支持西方意义上的民主与帝国主义扩张，为掠夺与征服提供意识形态性的"正义理由"。至此，我们理解了西方对于东方有意或是无意的曲解或是误读的整个逻辑——中国形象可以是理

---

① 周宁：《西方的中国形象史：问题与领域》，《东南学术》2005 年第 1 期。
② 爱德华·W·萨义德：《东方学》，王宇根译，生活·读书·新知三联书店 1999 年版。

想化的,也可能是丑恶化的,这完全取决于西方的实际诉求,中国形象永远是作为西方现代文化的"他者"镜像存在的。并且,时至今日,这一逻辑仍在延续。

二、向世界讲述一个怎样的中国——习近平对外国家形象战略思想的基本内涵

在中共中央十八届政治局第十二次集体学习时,习近平总书记将中国的国家形象归纳为包含历史文化、国内建设、外交政策和国情特色在内的四个方面,即中国历史底蕴深厚、各民族多元一体、文化多样和谐的文明大国形象,政治清明、经济发展、文化繁荣、社会稳定、人民团结、山河秀美的东方大国形象,坚持和平发展、促进共同发展、维护国际公平正义、为人类做出贡献的负责任大国形象和对外更加开放、更加具有亲和力、充满希望、充满活力的社会主义大国形象。可以说,文明大国、东方大国、负责任大国和社会主义大国,是中国想要向世界传达的最基本的形象,不仅指明了中国国家形象建设的基本定位,也锚定了中国国家形象战略的总体方向。

文明大国形象是树立良好国家形象的首要目标。中国拥有悠久的历史和丰富的文化,积淀了中华民族最深沉的精神追求,是我们最深厚的文化软实力,也是中华民族屹立于世界之林的特殊标识。中国外文局对外传播研究中心联合多家调查机构给出的连续五年的《中国国家形象全球调查报告》显示,中国历史悠久、充满魅力的东方大国形象在海外受访者,尤其是发达国家中最受认可。

负责任大国是中国对外形象的重要维度。正如习近平总书记在中共十九大报告中所指出的那样,中国"始终做世界和平的建设者、全球发展的贡献者、国际秩序的维护者"[1]。从国家利益角度,中国需要维护世界和平与稳定的国际秩序,积极承担国际责任是中国发展的内在需求;同时,积极承担国际责任也符合国际社会对中国崛起的期待,是优化中国国际形象的必由之路。2016—2017 年的《中国国家形象全球调查报告》显示,中国作为全球发展的贡献者形象也较为突出,尤其在科技、经济和文化等多个领域参与全球治理的表现得到国际社会的普遍好评[2]。与美国在国际社会中咄咄逼人的国家形象相反,"和合文化"影响下的中国所倡导的共商共建共享为全球治理注入了一种柔性的力量。

---

① 《党的十九大报告辅导读本》,人民出版社 2017 年版,第 25 页。
② 《中国国家形象全球调查报告 2016—2017》,中国外文局对外传播研究中心传播战略研究室,2018 年 1 月 5 日。

　　东方大国形象和社会主义大国形象是现代中国的根本标识,也是国家形象战略实现的最终确认。中国对外国家形象战略意图想要在这两个维度突出重围,仍然任重而道远。但是也出现了一些值得关注的新现象,2016—2017年的《中国国家形象全球调查报告》中,"全面从严治党"首次成为海外受访者对中国执政党的第一印象,同时高度重视后者所体现出来的"高度凝聚力"和"组织严密"。并且,国际社会也更加认同中国发展道路和模式是中国快速发展的重要原因这一看法。

　　可以说,这一基本定位是以习近平同志为核心的党中央在准确把握中国历史文化基因、深入研究和分析世界发展趋势的基础上,吸纳党在各个时期构建对外形象的历史经验,所形成的最新的理论和实践成果。首先,这是对中国共产党历史形象的进一步弘扬,从毛泽东"另起炉灶""打扫干净屋子再请客""一边倒"的方针所确立的独立自主的社会主义大国形象,到邓小平主张的"独立自主、不结盟的全方位的和平外交"政策所确立的走和平道路的改革开放的国家形象等,我们党在各个历史时期,都树立了具有鲜明中国特色的政治、经济和文化形象,极大地维护和拓展了中国国家利益,这也为习近平国家形象战略思想的提出奠定了良好的基础。其次,这一基本定位是对当下中国正走近世界舞台中央的深刻把握。向世界文明发展传递中国价值、给世界经济复苏注入中国动能、为世界和平发展贡献中国力量、与世界治理机制改革分享中国智慧[①]是中华民族复兴之路的题中之义。

　　更为重要的是,这也是基于深刻的历史反思所做出的判断。在如何对外讲述一个正在崛起的中国的问题上,与世界求同和保持自身特色之间一直存在着一种张力,是"改变自我"迎合世界,还是在全球化大潮中"凸显自我"? 新一届中央领导集体无疑选择了后者,中国独特的历史背景决定了中国形象必然是独一无二的。只有真正建立起中国人自己的话语体系和文化自觉,才能最终赢得国际社会的理解和尊重。这一看似平淡的结论背后,凝聚着几代人近两百年的追寻,中国的现代化道路,在经历了闭关锁国和全盘西化这二者间的激进跳跃之后,终于开始冷静地给出"我是谁"这个问题的答案。

---

①　袁赛男:《中国大国形象战略的新飞跃》,《学习时报》2017年10月2日,第A2版。

三、作为"文化他者"的中国如何道出自身——习近平对外国家形象战略思想的具体展开

（一）中国对外国家形象战略意图的现实可能性

"他们无法表述自己，他们必须被别人表述。"①既然西方现代性观念体系中的"知识—权力""中心—边缘"②的格局似乎难以打破，那么当下中国的国家形象重构该从何谈起？

首先，必须承认，由于国家形象问题受到"他塑"的极大影响，西方的"中国意象"中存在着很多固化的因素。概括说来，由于中西方在思维模式、认知框架和文化差异等方面存在的客观认知惯式的差异，以及基于不同的国家利益、意识形态和西方国家内部的政治力量的竞争、价值观输出的需要等主观认知定势方面的对峙，在任何一个历史时期，中国的对外国家形象战略意图的实现，都显得困难重重。

其次，从更广泛的意义上来看，因为国家形象问题在"自塑—他塑—主客体合塑"的框架内得以建立，对于主体而言，仍存在着不少腾挪的空间。国家形象问题最终表现为既不完全依赖于主体，又不完全受制于客体的复杂的认知过程，因而在综合考量国内与国外、过去和未来、时间和空间、物质和精神等维度的基础上，依托主客间循环往复而形成的某种"主体间性"，构建符合中国国家利益的国际形象既是可欲的，也是可行的。本质上，一国的国家形象不是静态的主客体关系的结果，而是一种兼具主客观性的总体感知。

当前，已有学者提出"当今中国已迎来实施国家形象战略维护国家利益的黄金时期"③的论断。可以说，这一判断是持之有故，言之成理的，它从根本上反映了十八大以来，党中央对中国自身定位的变与不变的清醒的认识。一方面，如党的十九大报告中明确指出的，"我们必须清醒地认识到，我国仍处于并将长期处于社会主义初级阶段的基本国情没有变，我国是世界最大发展中国家的国际地

① 出自马克思《路易·波拿巴的雾月十八日》，被萨义德引作《东方学》的题记。
② 伊曼纽尔·沃勒斯坦：《现代世界体系》，郭方等译，高等教育出版社1998年版。
③ 刘艳房：《全球化背景下的中国国家形象战略研究——基于国家利益的研究视角》，中央编译出版社2016年版，第240页。

位没有变"①。并且，"观察和认识中国，历史和现实都要看，物质和精神也都要看。……脱离了中国的历史，脱离了中国的文化，脱离了中国人的精神世界，脱离了当代中国的深刻变革，是难以正确认识中国的"②。这意味着，虽然西方业已掌握了"标准的制定权"，为了营造良好的发展环境，中国必须尽力融入西方的话语体系，但是与此同时也应该明确，在向国际社会解释中国的过程中，在与"世界的话语"求同之时，首先应该对"我是谁"的问题有一个清晰的认识。如史景迁所说，"中国无须改变自己以迎合西方，西方也无须改变自己来迎合中国"，因为归根结底，国家形象问题受制于国与国之间的"利益、政治及价值观"的差异，并且，由文化传统的差异造成的"刻板印象"无法在短期内消除。

另一方面，实施国家形象战略的内部和外部条件已经发生了重大的变化。从内部条件来看，实施国家形象战略根本上以从"富起来"到"强起来"的转变为支撑。"弱国无外交"，如何毅亭在《二十一世纪是中国话语复兴的世纪》中所言，强大话语往往背靠强大国家，话语衰落往往源于国家衰落。在1750年前后，西方"文化霸权"确立的另一面，是强势的工业文明对于农业文明的替代与超越，西方的技术进步和生产力发展是西方话语上升为世界的主导话语的强大后盾。国家形象的提升必须仰赖硬实力的进一步做大做强。党的十八大以来，以习近平为核心的党中央团结带领全国各族人民攻坚克难、砥砺奋进，推动党和国家事业取得了全方位开创性的历史性成就，发生了深层次根本性的历史性变革：经济实力和综合国力大幅提升、人民群众获得感与日俱增、民主法治迈出重大步伐、文化自信更加彰显、大国外交阔步向前，这为国家形象战略的积极推进奠定了坚实的基础。从外部条件来看，随着中国的崛起，中国的国际角色也在发生着重大的也是必然的历史变化。首先，中国由一个落后的发展中国家变成一个迅速崛起，并对地区和世界事务越来越具有重要影响力的发展中国家；其次，中国由国际体系的旁观者、反对者正在变成一个积极参与者和改造者；再次，中国由一个过去被国际社会忽略和偶尔借重的对象正在变成一个既被重视、又被借重、同时又被加以防范和制约的对象。③ 这凸显了中国在对外的身份定位问题上从"韬光养

① 《习近平在会见二十一世纪理事会北京会议外方代表时的谈话（2013年11月2日）》，《人民日报》2013年11月3日。
② 《在布鲁日欧洲学院的演讲》，新华网，2014年4月1日，http://www.xinhuanet.com/politics/2014-04/01/c_1110054309.htm。
③ 孟祥青：《中国国际角色完成历史性转变》，《环球时报》，http://news.sina.com.cn/c/2006-01-05/12178781291.shtml。

晦"走向"奋发有为"的现实机遇、历史必然以及现实要求。

(二)习近平对外国家形象战略思想的精神实质、理论品格与实践指向

习近平对外国家形象战略思想,具体言之,是以"中国梦"思想为表征,"人类命运共同体"思想为主线,以"和平、发展、合作、共赢"为目标,以"民族伟大复兴"为旨归的对外国家形象整体战略,不仅具有涵盖政治、经济、文化、外交、传播等多领域的实践指向,同时以时代性和正义性为其理论品格。

其一,习近平对外国家形象战略的思想以"中国梦"思想为表征。十八大以来,习近平总书记发表了一系列重要讲话,提出了许多治国理政的新理念、新思想与新战略,其中"中国梦"无疑是引发西方强烈认同的关键词。许多国外的学者、政要以及主流媒体和智库皆对此表现出了浓厚的兴趣,深入研究中国梦的世界意义和全球影响,并将其视作研判中国发展走向、理解中国内外政策的重要途径。"中国梦"的价值内涵不仅包括对内的国家富强、民族复兴和人民幸福,对外也塑形着中国的"和平、发展、合作、共赢"的负责任大国形象。显然,"中国梦"可被视为连通中国和世界的核心概念,是新时代中国国家形象战略的重要抓手。"中国梦"容易让人联想到"美国梦",而后者所涵盖的勇于开拓、追求财富、向往自由等理念,已然成为美国精神的代言,其所形成的强大的对异域文化的吸引力,有力地塑造了美国的形象。相较而言,中国虽然在经济领域取得了举世瞩目的成就,但在人文精神领域,仍存在着不完善的地方。从历史演进、道路制度、发展方式、价值理念等角度说明中国国家形象的自有的鲜明特色,用融通中外的话语更好地解读中国梦,讲好中国故事,对于形成更加完整、更加均衡的大国形象,有着重要的作用。

其二,习近平对外国家形象战略的思想以"人类命运共同体"思想为主线,以"和平、发展、合作、共赢"为目标,以"民族伟大复兴"为旨归。习近平以面向世界的宽阔胸襟、以面向未来的长远眼光,在不同场合多次提到了"人类命运共同体"思想。2015 年 9 月,在联合国成立 70 周年系列峰会上,习近平总书记全面阐述了打造人类命运共同体的主要内涵——建立平等相待、互商互谅的伙伴关系,营造公道正义、共建共享的安全格局,谋求开放创新、包容互惠的发展前景,促进和而不同、兼收并蓄的文明交流,构筑尊崇自然、绿色发展的生态体系。"五位一体"的清晰脉络,形成了打造人类命运共同体的总布局和总路径,描绘了国际关系发展的美好前景,成为中国特色大国外交理论创新的重大成果。可以说,构建以合作共赢为核心的新型国际关系,打造人类命运共同体,是全球治理体系变革

处在历史转折关口,是中国给世界呈现的独具东方智慧的解决方案。英国剑桥大学教授马丁·雅克对此评价说,"中国提供了一种'新的可能'"。这是前无古人的伟大创举,也是改变世界的伟大创造。这充分表明,中国有能力向世界贡献除物质产品以外的精神产品,并积极引导促进和谐世界、有利于世界和平发展的国际价值观。换言之,民族复兴不仅仅体现于数字层面的经济复兴,还必然包括文化与精神复兴。另一方面,这一超越民族国家和意识形态的"全球观"的提出,是中华民族伟大复兴的中国梦同人类社会共同发展进步的"世界梦"的有机统一,中国梦同样也是和平、发展、合作、共赢的梦。如习近平同志在会见二十一世纪理事会北京会议外方代表时所说的那样,"中国梦与中国人民追求美好生活的梦想是相连的,也是与各国人民追求和平与发展的美好梦想相通的"①。

　　其三,习近平对外国家形象战略思想不仅具有强大的理论品格,同时也具备明确的实践指向。"以和为贵"是中华文化的根本特征和基本价值取向,也是习近平对外国家形象战略的价值依托,"中国人自古就主张和而不同。我们希望,国与国之间、不同文明之间能够平等交流、相互借鉴、共同进步……"②"和为贵""和而不同"是中华民族延续至今的优秀传统,体现在大国关系上,就是要求同存异、和平和谐,体现在不同文明之间,就是要平等交流、相互借鉴。这是中国传统文化的特质,也为解决世界共性难题提供了智慧和思路。西方文明由于其固有的思维模式和历史传统,难以妥善处理一味地求发展带来的经济危机、贫富分化、环境破坏、战争冲突等问题。在资本驱力下,现代社会在创造了巨大财富的同时,也在破坏着人与自然、人与他人、人与社会之间的和谐关系。十八大以来中国在政治、经济、文化、外交、传播等多领域实施的,包括推动构建人类命运共同体和新型国际关系,全球经济治理的中国方案的提出,以义为利、倡导合作发展理念的外交实践、共商共建共享的"一带一路"的实施、倡议构建网络空间命运共同体等实践在内的对外国家形象战略,是解决世界共性问题的有益尝试。以"和"的态度来应对世界事务,既着眼于当今整个世界发展所面临的新矛盾新挑战,为当今时代提供了极为重要、富有价值的处理大国关系的理念,具有鲜明的时代性,又致力于维护世界人民的安定幸福生活,彰显着人民至上、发展正义的价值取向。

----

　　① 《习近平在会见二十一世纪理事会北京会议外方代表时的谈话(2013年11月2日)》,《人民日报》2013年11月3日。
　　② 《习近平接受金砖国家媒体联合采访》,《人民日报》,2013年03月20日,http://politics.people.com.cn/n/2013/0320/c1024-20845460.html

（三）"两大原则"与"三个维度"——习近平对外国家形象战略的总体路径与策略分析

路径选择是国家形象战略目标实现的关键。以习近平为核心的党中央,在深刻洞察西方认知偏好的基础上,坚持对内以五大发展理念为引领进一步提升"硬实力",对外输出中国价值与中国精神,以"软硬兼施"与"内外兼修"两大原则为指导,积极提升中国国际形象。

首先,习近平对外国家形象战略以国家硬实力为基础,以文化软实力为感召。如上所述,国家形象,是一国综合国力的体现。十八大以来,党领导全国各族人民取得了改革开放和社会主义现代化建设的历史性成就,党和国家事业全面开创新局面,这是中国的国际形象得到提升的根本保障。然而,一国的国家形象,除了以硬实力为基础以外,还仰赖一种以价值观和文化来影响和吸引他人的能力的软实力。随着中华民族大踏步走向复兴,中国积极参与国际政治,中国的国际话语权得到了很大的提升。在 APEC 峰会、G20 杭州峰会、达沃斯论坛、"一带一路"国际合作高峰论坛等众多国际场合中,"中国方案"为低迷的全球经济、失调的全球治理注入了活力。习近平总书记提出的"人类命运共同体",更是将追求"和而不同"的中国智慧展现在了世界人民面前。民心是最大的政治,"人类命运共同体"所倡导的共享共赢、惠及民众,归根结底,就是抓住了"民心相通"这一关键,就是抓住了增强制度与文化的号召力、凝聚力与感召力的核心要义。

其次,习近平对外国家形象战略注重内外兼顾,双向推进。一方面,一国的国家形象受到客体的政治考量和文化背景以及所处的时代环境的影响和制约,在对外宣传的过程中,由外向内,从了解海外受众的特点出发,在议题和议程设置、话语的选取、方式的使用以及媒介的运用等方面入手,借鉴世界的话语,运用最新的技术,利用亲善的资源,讲好中国故事,致力于构建既体现中国特色、中国风格、中国气派,又能融通于世界的话语体系,掌握国际舆论的主动权。同时,注重"术不离道",中国的国家形象的对外宣传之"道",用费正清先生的话来概括,"中国是不能仅仅用西方术语的转移来理解的,它是一种与众不同的生灵。它的政治必须从它内部的发生和发展去理解"[①]。又如《新中国对外宣传史》的作者姚遥所言,民族复兴的梦想,必须从根本上有别于历史上西方列强的称霸企图,

---

① 费正清、麦克法夸克:《剑桥中华人民共和国史(1949—1965)》,中国社会科学出版社 1990 年版,第 14—15 页。

有别于军事扩张、维持货币霸权的传统大国之路。[①]另一方面，要构建名副其实的良好的大国形象，也离不开国内的各项改革和建设的深化推进。比如在政治领域，进一步加强社会主义民主政治建设，继续积极稳妥推进政治体制改革，发展更加广泛、充分和健全的人民民主，以解决腐败与制度不透明等的问题，以反击西方国家对中国不民主、不自由的抹黑，才能更好地凸显中国政治清明的国家形象。

再次，习近平对外国家形象战略在实施过程中，从价值引导、制度保障以及实践推进三个维度积极构建中国的对外国家形象。重点突出发挥"巧实力"宣传"中国方案"对世界的贡献，打造中国"和合文化"品牌，并以新媒体为杠杆拓宽国家形象传播渠道，以"知行合一"为原则践行和谐共赢发展理念，引导国际价值观等具体的应对策略。限于篇幅，兹不赘言。

提升对外国家形象，归根结底，就是提升文化自信。如习近平总书记在联合国教科文组织总部发表的演讲中所言，要用"和而不同"来理解包括中国在内的世界各种文明，强调文明的"多样""平等""包容"。因而，必须树立跨文化交流中的多元主体性意识，增强对中华文明的文化自信心，切忌妄自尊大、妄自菲薄。在西方强势文明的背景下，习近平对外国家形象战略思想的提出，不仅为中国国家利益的实现创造了有利的外部环境，同时也为向世界展示中国，实现中华民族在物质和精神双重意义上的伟大复兴打下了坚实的基础。

---

① 姚遥:《新中国对外宣传史》,清华大学出版社 2014 年版,第 467 页。

习近平新时代新闻舆论观的哲学意蕴

李庆喜① 杨　亮②

【摘　要】 习近平新时代新闻舆论观是新时代中国特色社会主义思想的重要组成部分,极大地丰富了马克思主义新闻舆论观的时代特征,推动了马克思主义新闻舆论观达到新的历史境界,包含着深刻的哲学意蕴。社会主要矛盾的变化是习近平新闻舆论观产生的社会背景。习近平深刻地阐明了新闻舆论工作中上层建筑与经济基础的辩证法、坚持党性和人民性的统一的原则,并将以人为本作为新时代新闻媒体发展的动力之源。社会主要矛盾的变化,社会生产力的发展,特别是互联网技术的发展,决定了新闻媒体必须以创新发展作为自己的最高境界。

【关键词】 新闻舆论观;社会主要矛盾;意识形态;创新发展

党的十八大以来,习近平总书记站在新的历史方位,根据我国社会主要矛盾的变化,从党的意识形态建设的高度出发,深刻思考我国新闻舆论工作经验教训,对新时期党的新闻舆论工作进行了科学系统的阐述,提出了许多富有中国特色和时代气息的创造性观点,形成了独具特色的新时代新闻舆论观。

一、社会主要矛盾的变化是习近平新闻舆论观形成的社会背景

新时代、新的社会主要矛盾,是习近平新闻舆论观形成的特殊社会历史条件。伴随着中国革命和建设事业的进程,马克思主义中国化也经历了三次飞跃,分别形成了三个划时代的理论形态:毛泽东思想、邓小平理论和习近平新时代中国特色社会主义思想。由于革命斗争的现实需要,相对而言,毛泽东思想更加强

① 李庆喜,浙江嘉兴学院马克思主义学院讲师。研究方向为习近平中国特色社会主义思想、马克思主义中国化。

② 杨亮:浙江中医药大学马克思主义学院副教授,研究方向为马克思主义中国化。

调辩证唯物主义的斗争性。1987年党的十三大报告准确地判断出当时我国社会主要矛盾是"人民日益增长的物质文化需要"同"落后的社会生产"之间的矛盾,由之赋予了邓小平理论"建设性"的重要特征。经过改革开放几十年的努力,中国特色社会主义建设获得了全方位的进步。但是,根据辩证唯物主义的对立统一规律,事物是一个包含着复杂矛盾群的整体,主要矛盾与非主要的矛盾的转化是一个事物发展过程的普遍现象。党的十八大前后一段时间,人民"日益增长的美好生活需要",与发展的"不平衡不充分"逐渐上升为我国社会的主要矛盾。我国社会面临着一系列问题。特别是两个文明建设的不平衡,并由之产生的贪污腐败、山头主义等,给我国带来严重的社会问题。为此,以习近平总书记为核心的党中央致力扭转社会风气。"习主席在紧要关头挽救了党、挽救了军队。"①因此,总体上来看,"治理性"是习近平思想的主要特征。

新时代社会主要矛盾反映在新闻领域中,从现象上来说,就是新闻媒体报道在真实性、水平质量等方面与人民群众的需要存在差距,公信力、影响力与党的意识形态高水平建设之间还不匹配。从深层次来说,这些问题的出现,本质上是长期存在的政治意识不强、核心意识不强、使命意识不牢、创新意识不够等意识形态问题。抓住了这一点,就抓住了新时代新闻舆论工作的主要矛盾。因此,要实现新闻媒体的健康发展,必须"把政治方向放在第一位"。

坚持正确的政治方向是新时代新闻舆论工作的根本要求,知易行难。新闻媒体要坚持正确的政治方向,一是要不折不扣地坚持自己的党性原则,党性是新闻媒体最重要的政治属性,坚持正确的政治方向最重要的就是要坚持党性原则。二是要坚持马克思主义新闻舆论观,自觉抵制种种非马克思主义思想的影响。三是要坚持正确的舆论导向,始终把社会主义核心价值观作为宣传报告的中心思想。四是要坚持以正面宣传为主,努力营造正能量的舆论氛围。"四个坚持"构成了新闻媒体坚持正确政治方向的基本要求,这是评判新时代新闻舆论工作成败得失的关键。要做到"四个坚持",就必须牢固树立"四个意识",自觉维护党的核心和中央权威,服从党的集中统一领导,坚定自觉地把党中央决策部署落到实处,只有这样,新闻媒体才能不折不扣地实现新时代党和人民赋予的神圣职责和使命。

---

① 王宁:《坚决维护和贯彻军委主席负责制确保党对武警部队绝对领导》,《学习时报》2017年10月11日,第A1版。

二、上层建筑与经济基础的辩证法是习近平新闻舆论观的总定位

从学理上来说,习近平新闻舆论观有着深厚的理论渊源。马克思曾把人类社会形象地比作为一座大厦,并把社会关系区分为经济基础和上层建筑两大部分。经济基础决定上层建筑,而上层建筑对经济基础具有强大的反作用。这一运动规律,是历史唯物主义关于人类社会发展的基本规律之一。习近平总书记指出,"新闻舆论是上层建筑、意识形态的重要组成部分"①。正是在这种意义上,习近平总书记给出了新闻舆论工作的总定位:新闻舆论工作是极端重要的意识形态工作,是治国理政、定国安邦的大事。这是对新闻舆论工作的基本哲学判断。显然,这一认识已经突破了以往"喉舌论""阵地论"等器物层面,而上升到了哲学的高度。正是从这一认识高度出发,习近平总书记指出,新闻媒体工作是中国特色社会主义事业的重要组成部分。新闻舆论必须坚持正确的政治方向,这是做好一切新闻舆论的根本前提。只有坚持了这个前提,我们才能进一步巩固马克思主义在我国意识形态领域中的指导地位,凝心努力,为实现中华民族伟大复兴提供充分的思想动力。

习近平总书记强调,意识形态建设"事关党的前途命运,事关国家长治久安,事关民族凝聚力和向心力"②。新闻舆论工作本身不创造意识形态,但是却是意识形态的主要传播者。我国新闻媒体的职责和使命,从根本上来说就是要通过新闻舆论宣传不断加强马克思主义的影响力,保证其牢牢占据意识形态领域的指导地位。只有这样,才能为全党、全国人民建设中国特色社会主义打好"共同思想基础"③。在新的历史时期,新闻媒体工作的主要任务,就是要准确地传播党的声音,生动地讲好中国故事。只有把党的声音传播好,把党的主张灌输到人民群众心灵的最深处,才能实现"人民有信仰,国家有力量,民族有希望"④。才能建构起高度的文化自信,为中华民族的伟大复兴创造出深厚持久的精神动力。

---

① 习近平:《在浙江省新闻单位负责人议会上的讲话(2002 年 12 月 24 日)》,《干在实处　走在前列——推进浙江新发展的思考与实践》,中共中央党校出版社 2006 年版,第 308 页。

② 习近平:《在 2013 年全国宣传思想工作会议上的讲话》,转引自尹韵公:《深刻认识意识形态工作的极端重要性》,《紫光阁》2013 年第 10 期,第 18—19 页。

③ 《习近平谈治国理政》,外文出版社 2014 年 10 月第 1 版,第 153 页。

④ 习近平:《决胜全面建成小康社会 夺取新时代中国特色社会主义伟大胜利——在中国共产党第十九次全国代表大会上的报告》,人民网,http://cpc.people.com.cn/n1/2017/1028/c64094-29613660.html。

因此，新闻舆论工作，必须坚持真理性与价值性的统一。经济效益与社会效益，是新闻媒体产业鸟之两翼。准确把握经济效益与社会效益的辩证法，经济效益与社会效益相得益彰，对于新闻媒体行业的发展至关重要。社会效益是使命，经济效益是动力。好的经济效益，对于新闻媒体行业各项工作的发展，可以发挥良好的基础性作用。而良好的社会效益，又会进一步推进新闻媒体产生更加强大的经济效益。新闻媒体既有产业经济性质，更有意识形态性质。作为一种现代经济产业，它必然有着追求经济效益的内在动力。但是从本质上来说，其意识形态属性决定了其必须把社会效益放在首位。当经济效益与社会效益发生冲突时，必须以社会效益为主。这是由新闻媒体的党性和使命决定的。

在当今西方社会，新闻媒体已经上升为"第五种权力"，成为在立法、行政、司法这三种权力之外的一种独立的社会力量。近年来，随着网络传播技术的迅猛发展及互联网群众的扩大，又衍生出一种新的媒介权力形式——"第五种权力"——相对于传统新闻媒体、依托于各种网络平台的网民话语权。随着我国社会的发展，"第五种权力"已在我国社会的方方面面展现出日益重要的作用。因此，在新的社会历史条件下坚持正确的政治方向，充分发挥自身在意识形态领域强大的宣传作用，已经成为我国新闻媒体越来越重要的社会功能之一。不仅如此，习近平总书记还多次强调，领导干部也要努力提高主观能动性，化被动为主动，不断增强同媒体交流的意识，提高与媒体打交道的能力，从而通过媒体了解民情，发现问题，宣讲政策，发动群众，进一步做好本职工作。

三、党性和人民性的统一是习近平新闻舆论观的基本原则

坚持党性原则，坚持人民性，二者统一于新时代新闻舆论工作的生动实践中。党性原则是中国特色社会主义新闻舆论工作的根本原则，是马克思主义新闻舆论观的精髓。"坚持党性，核心就是坚持正确政治方向，站稳政治立场。"党管媒体原则，是习近平新闻舆论观的基本内容之一，是确保党对媒体的主导权、管理权的重要保证。党的领导是做好新闻舆论一切工作的关键。因此，党和政府主办的媒体"必须姓党"，所有工作"都要体现党的意志、反映党的主张，维护党中央的权威、维护党的团结，做到爱党、护党、为党"①。新闻舆论工作坚持了党

① 《习近平在党的新闻舆论工作座谈会上强调坚持正确方向创新方法手段提高新闻舆论传播力引导力》，《人民日报》2016年2月20日，第1版。

性原则,也就坚持了人民性。我们党来自人民,服务人民,人民性是新闻媒体坚持党性原则的必然逻辑结果。人民性,既是新闻媒体对自身职责和使命的深刻认识,也是新闻媒体实现自我发展的必然要求。一方面,只有坚持人民性,党性原则才能得到彻底地体现,新闻媒体才能充分发挥自己党的喉舌的功能。另一方面,随着科技的发展和社会的进步和社会主要矛盾的变化,我国人民的主人翁意识越来越显著,人民群众已经在很大程度上成为新闻媒体工作合格与否的"评委"。因此,新时代的新闻舆论工作只有"把实现好、维护好、发展好最广大人民根本利益作为出发点和落脚点",扎实树立"以人民为中心"[①]的工作导向,才能让人民满意,获得不竭的发展动力。总之,党性原则和人民性原则的高度统一既保证了新闻媒体成为党的意识形态的合格传播者,又为新闻媒体的新发展提供了可靠的动力保障。

强烈的意识形态属性,党性与人民性的统一,要求新闻舆论工作必须坚持正确的舆论导向,必须把正面宣传作为工作的主基调。"新闻舆论工作各个方面、各个环节都要坚持正确舆论导向。"[②]但是以正面宣传为主绝不等于歌功颂德,绝不是要回避矛盾,报喜不报忧,对社会上一些消极丑恶现象视而不见。新闻媒体必须从党性和人民性的立场出发,牢记自身的批判性特点,准确地报道事实,客观地分析评价,充分发挥其舆论监督功能。这种寓价值性判断于对真理的追求之中的要求,与十九大报告中"伟大斗争"思想高度一致,深刻地体现出习近平思想"治理哲学"的本质特点。

四、以人为本是习近平新闻舆论观的动力之源

马克思主义哲学不同于旧唯物主义的一个重要特点,就在于其辩证法的本性。在马克思和恩格斯看来,人与客观世界的关系是一种"实践"关系。人不是被动地反映世界,而是能动地改造世界。当客观世界作为劳动工具和改造对象成为既定之物时,人的主观能动性就上升为矛盾的主要方面。正是在这种意义上,马克思主义哲学始终认为,"人"是社会发展的最核心力量。在革命战争时期,以毛泽东同志为核心的第一代共产党领导集体在长期革命斗争中深刻领悟马克思主义哲学的精髓,理论联系实际,将马克思主义的群众史观升华为独具中

---

① 习近平:《习近平谈治国理政》,外文出版社 2014 年版,第 154 页。
② 《习近平在党的新闻舆论工作座谈会上强调坚持正确方向创新方法手段提高新闻舆论传播力引导力》,《人民日报》2016 年 2 月 20 日,第 1 版。

国特色的群众路线。胡锦涛同志继往开来提出"科学发展观",并且把"以人为本"作为这一思想的核心。这一理论不仅要回答中国特色社会主义建设"为了谁"的问题,也要回答"依靠谁"的问题。十八大后,习近平同志从历史唯物主义的理论高度,明确地指出了"人""人才"在新闻媒体发展中的关键性作用。

人的劳动是一切价值之源,新闻媒体要发展,人才是第一资源,新闻媒体竞争的关键是人才竞争。由于生产力的发展,特别是由于互联网技术的日新月异,人类交往手段不断提高,各种新型宣传媒体不断出现,从根本上改变了传统的媒体竞争法则。一些传统媒体例如纸质媒体甚至面临着"to be or not to be"(是生还是死)的艰难处境。这种现象的出现,实质上反映出部分新闻媒体工作者面对着新的历史条件,不能做到与时俱进,产生了一定"能力危机"。因此,无论传统纸质媒体的涅槃重生,还是新兴数字媒体更上层楼;无论主流媒体巩固已有社会影响力,还是国内媒体走向世界舞台的中心,都需要高度重视人才队伍建设,这是新时代新闻媒体提高自身竞争力的必要前提。

新闻媒体加强人才队伍建设,必须坚持思想建设与能力建设的辩证统一。一方面,人才队伍建设必须"坚持正确政治方向"。政治原则是否坚定,是新闻媒体人才评判的关键指标。新闻媒体工作者是高度专业化的技术人员。但是不同于普通的技术人员,新闻舆论工作的意识形态属性要求新闻舆论工作者必须是"又红又专"的专业技术人员。另一方面,新闻媒体工作者只有技术过硬,成为"全媒型、专家型"人才,才能充分适应新情况,解决新问题,满足新时代新闻舆论工作的要求,在日益激烈的产业竞争中,在日益激烈的话语权竞争中坚守党的意识形态阵地。总之,加强人才队伍建设的目的,就是要"造就一支政治坚定、业务精湛、作风优良、党和人民放心的新闻舆论工作队伍"①。

五、创新发展是习近平新闻舆论观的最高境界

发展是第一要务,创新是第一动力。进入新时代后,包括新闻媒体在内的我国许多产业逐步达到或者靠近世界先进水平,并"走向世界舞台的中心",以前那些依靠量的扩张或者简单地引进西方国家科技和管理模式来提升行业水平的做法必定难以为继。社会生产力的发展,人们交往方式的变化,新的社会主要矛盾

---

① 《习近平在党的新闻舆论工作座谈会上强调坚持正确方向创新方法手段提高新闻舆论传播力引导力》,《人民日报》2016 年 2 月 20 日,第 1 版。

的形成,要求新闻舆论工作必须大力开展创新,始终把创新作为自己最可信赖的生存方式。因此,新闻舆论工作"比以往任何时候都更加需要创新"①。新的社会条件下,"是否善于创新,能否做到常做常新"②关系到新闻媒体能否发展壮大,关系到新闻媒体能否保持自身强大的生命力。创新,在一定程度上已经成为新闻媒体生死攸关的不二选择。因此,新闻媒体必须把"创新作为永恒主题"③,大力开展新闻理念创新,宣传手段创新,特别是基层工作创新。通过创新,才能够挖掘新的新闻素材,发现新的问题,为新闻媒体进一步发展提出新观点,构建起新时代新闻舆论工作格局。

　　创新以求实为基本前提,求实以创新为最终归宿。因此,创新新闻媒体工作,首先必须把握新闻舆论工作的规律。新闻舆论工作是一门科学,要按照规律办事。尊重规律,必须坚持实事求是。在新闻媒体的语境中,实事求是有两个层面的基本含义。一是尊重新闻舆论的传播规律及新闻媒体的发展规律,取胜于"新"。二是尊重新闻舆论的真实性原则,取信于"真"。就第一个方面来说,要充分尊重新闻舆论工作的特殊性,将人的主观能动性与客观规律性相结合,这是我们做好新闻舆论工作的基本遵循。每一种事物都有自身的特殊矛盾,新闻舆论一个显著的特殊性就在于"新",在于自己的时效性。因此,时效性是判断新闻媒体影响力的第一把标尺,只有牢牢把握新闻舆论的时效性,才能够赢得先机。如果"新闻"成了"旧闻",新闻也就失去了自身的特殊价值。就第二个方面而言,"真实性是新闻的生命"④。真实性原则,既是新闻媒体党性要求,也是人民性的客观体现,是新闻媒体必须永远坚持的底线思维。只有牢牢坚持真实性原则,新闻媒体才能最终为人民群众认可,获得公信力,为开展创新也打下扎实的群众基础。反之,如果新闻报道经不起历史和人民的检验,必定会影响自己的公信力,造成难以挽回的损失。因此,开展新闻舆论工作时必须坚持以唯物辩证法为指导,既要有分析思维,从微观视角深入地报道个别事实,又要有综合思维,从宏观视角客观地把握事物的全貌。

　　当今时代,互联网已经发展成为新闻舆论最主要的传播手段,成为党的意识

　　① 习近平:《在全国宣传思想工作会议上的讲话(2013年8月19日)》,《习近平关于全面深化改革论述摘编》,中央文献出版社2014年版,第84页。
　　② 习近平:《在浙江省新闻单位负责人议会上的讲话(2002年12月24日)》,《干在实处　走在前列——推进浙江新发展的思考与实践》,中共中央党校出版社2006年版,第311页。
　　③ 习近平:《在哲学社会科学座谈会上的讲话》,人民出版社2016年版,第20—22页。
　　④ 《习近平在党的新闻舆论工作座谈会上强调坚持正确方向创新方法手段提高新闻舆论传播力引导力》,《人民日报》2016年2月20日,第1版。

形态最重要的宣传阵地,互联网已经成为新闻舆论工作最重要的创新领域。对于新闻媒体而言,互联网的发展即是挑战,更是重大的机遇。新闻媒体如果能够与时俱进,勇立潮头,代表先进生产力的发展方向,紧紧抓住时代的脉搏,大力开展创新,就能够不断提高自身的议题设置能力,掌握主导权、话语权。反之,如果因循守旧,故步自封,必将成为时代的弃儿。因此,新闻媒体必须强化互联网思维,必须牢固树立一体化发展的新理念,推动"传统媒体和新兴媒体融合发展"①。媒体融合已成为大势所趋。媒体融合的目标,就是要依托现代科技特别是互联网技术,培育一批不仅在国内国际都具有强大竞争力的、不同于传统新闻媒体的新型主流媒体,并形成集团化、产业化发展模式,不断提高自身的行业影响力和公信力,并以此为基础牢牢把握舆论引导的主动权。

　　习近平新闻舆论观是新时代中国特色社会主义思想的重要组成部分,体系严谨,思想深刻,进一步推动了马克思主义新闻舆论观的发展及其中国化进程,闪耀着唯物辩证法的光辉。深入研究习近平新闻舆论观的哲学意蕴,对于新时代新闻媒体攻坚克难,实现跨越式发展具有重大的理论和现实意义。

---

① 季为民、叶俊:《论习近平新闻思想》,《新闻与传播研究》2018 年第 4 期,第 5—16 页。

和谐共生与和谐发展

——从自然观的发展逻辑看习近平生态哲学思想的当代价值①

王明亮②

【摘　要】　和谐共生与和谐发展是习近平生态哲学思想所追求的人与自然的关系。人与自然的共生与发展在自然观的发展史上有着清晰的发展逻辑,分别是以自然为主体的人与自然的共生发展关系,以人为主体的抽象的人与自然的共生发展关系,马克思主义在克服近代自然观的抽象性的基础上实现的人与自然具体的历史的共生发展关系。习近平生态哲学思想继承和发展了马克思主义自然观,为当代中国和世界实现人与自然的和谐共生与和谐发展奠定了坚实的理论基础。

【关键词】　和谐共生;和谐发展;自然观;习近平生态哲学思想

在党的十九大报告中,关于人与自然的关系有着两处重要的论述。一是和谐共生,"我们要建设的现代化是人与自然和谐共生的现代化,既要创造更多物质财富和精神财富以满足人民日益增长的美好生活的需要,也要提供更多优质生态产品以满足人民日益增长的优美生态环境的需要"③。二是和谐发展,"我们要牢固树立社会主义生态文明观,推动形成人与自然和谐发展现代化建设新格局,为保护生态环境做出我们这一代人的努力!"④将和谐共生与和谐发展作为中国特色社会主义所追求的人与自然的关系,突出地表现出习近平生态哲学思想的根本特征和当代价值,这可以通过考察自然观的发展逻辑得到彰显。

---

①　基金项目:教育部青年课题:"人类命运共同体"视域下中华文化国际传播能力建设研究(项目编号:18yjc710099);浙江省教育厅课题:基于人类命运共同体视域的绿色发展理念研究(项目编号:y201738414)。

②　王明亮,绍兴文理学院马克思主义学院讲师,研究方向为生态马克思主义和中国特色社会主义。

③　习近平:《决胜全面建成小康社会夺取新时代中国特色社会主义伟大胜利——在中国共产党第十九次全国代表大会上的报告》,人民出版社 2017 年版,第 50 页。

④　同③,第 52 页。

一、以自然为主体的人与自然共生发展关系

人与自然的关系是人类生存所要面对的首要关系。在人类文明早期,自然既是人类生活资料的直接来源,又在人类面前表现为无法抗拒的外部力量。此时的自然是一个存在论的、规范性的概念,对人的思想和行为进行着规定,而人作为自然的有机组成部分,参与自然的运行。因此,哲学史上最早对人与自然关系的描述是以自然为主体的共生发展关系,在中国古代哲学和古希腊哲学那里表现得尤为明显。

中国古代哲学的自然观突出表现为"天人合一"学说。"天"是中国古代哲学的核心,其基本含义涵盖了我们今天所说的自然。中国古代哲学虽然流派众多,但是"天人合一"却是不同哲学流派共同的哲学基础和价值追求。这里的"天",一方面指自然界,是不依人的意志为转移的外部世界,如孔子说:"天何言哉,四时行焉,百物生焉,天何言哉!"另一方面,"天"(自然)又是一个生存论的概念,它为人的行为尤其是道德举止提供了规范,如老子所说:"人法地,地法天,天法道,道法自然。"朱熹则明确提出,正是由于天具有规范性的意义,它才成为天,"天之所以为天者,理而已。天非有此道理,不能为天,故苍苍者即此道理之天"①。

这里的人和自然之间的关系,不仅仅是顺从自然或者是改造自然的关系,而是在"天人相分"的基础上达到天人合一或者是"天人和谐"的有机关系。如董仲舒提出"天地人,万物之本也。天生之,地养之,人成之。天生之以孝悌,地养之以衣食,人成之以礼乐。三者相为手足,不可一无也"②。

因此,在中国古代哲学那里,自然不是一个脱离人类而独立存在的事物,它对人的行为进行了规范,为人的存在提供了价值归属,而人的存在和发展则是为了实现自然所确立的法则。人和自然处于一种有机的关系之中,并不存在根本的矛盾。

作为西方文明的重要源泉的古希腊哲学对待自然的态度同样如此。一般认为,在西方"自然"源于古希腊的"physis"。有学者认为"在早期古希腊思想家那里,physis 首先意味着一个万物发生和成长的过程,由此引申出万物的起始和事物的始基的意思,最后是事物的一种组织原则、结构的意思。Physis 作为事物的

---

① 朱熹:《朱子全书》(第 14 册),上海古籍出版社、安徽教育出版社 2002 年版,第 900 页。
② 董仲舒:《春秋繁露新注》,曾振宇、傅永聚注,商务印书馆 2010 年版,第 119 页。

始基不是某种如物质那样的僵死的原始材料,而是有运动和生命的东西,是不朽的和不可摧毁的东西"①。

对于古希腊人来说,自然与人的实践有着密切的关联,最为突出的表现是自然对于人的行为具有强烈的规范性,比如在智者运动中,智者们提出自然概念来对抗雅典的城邦律法;在亚里士多德那里,内在的目的因作为自然存在的原因之一,成为完善人的行为的价值指引,亚里士多德对现实的规定是"实现了的目的",从而人和自然的关系变成了人在自然中的自我实现问题。评价人的发展,则在于是否实现了自然的目的。晚期希腊哲学则将顺应自然法则看作是获取人生幸福的根本途径。

综上所述,在中国古代哲学和古希腊哲学那里,人与自然的关系是一种共生关系,但却是建立在人依附于自然的基础上的共生。自然有其目的,是自我实现的,而人的发展就是和自然保持一致。这种自然观在高度依附自然的自给自足的自然经济中占据着主导地位,直到近代资本主义生产方式的出现,才从根本上发生了变化。

二、以人为主体的抽象的人与自然的共生发展关系

在人类思想史上,自然失去对人的规范属性,成为与人相对立的独立存在有着漫长的发展过程。基督教文明的出现及其代替希腊文明在西方占据主导地位在这一过程中发挥了重要作用。在基督教的世界观里,自然不再具有对于人的规范作用和神圣性,上帝成了唯一神圣的、具有规范作用的存在,而自然与人类一样是上帝的创造物。目的论的观点在此时得到了发扬,自然的存在是为了人的生存,人的生存是为了彰显上帝的荣光。经过漫长的基督教的教化和解释,人成为仅次于上帝的、高居自然之上的存在物。因此,同样是受造物,只有人才具有价值性,才具有从犯罪到赎罪的发展过程,自然作为上帝的创造物则没有发展,自然和人之间的关系则是自然成为人类生存发展的条件。

人对于自然的优先地位在文艺复兴时期被进一步地强化了,此时的人文主义者避开了人与上帝的关系,重点论述人与兽的区别、人与万物之间的关系。通过将人确立为万物的灵长,凸显了人对于自然的优越性。同时对世俗感性生活的肯定,则使得自然逐渐转变成满足人的需要的对象。自然从人的行为规范的

---

① 　 张汝伦:《什么是"自然"?》,《哲学研究》2011 年第 4 期,第 83—94 页、128 页。

制定者,转变为满足人的主体需要的纯粹客体。

人与自然的这种关系在哲学上突出的表现为近代哲学之父笛卡尔所提出的"我思故我在"的命题。"我思故我在"将思维的主体性作为哲学的开端,为近代哲学确立了基本原则,它也是人与自然关系的根本颠倒在哲学领域的体现。在笛卡尔的哲学体系里,思维首先能够确定的是自身的存在,继而从思维的内容出发,推导出客观的物质世界也就是自然的存在。因此自然的存在依据来自思维者的主体——人,脱离思维主体的自然则是无意义的。

在笛卡尔奠定近代哲学基本原则之后,康德将人与自然的关系又向前推进了一步,康德通过对先天综合判断的考察,指出人类认识领域之外是感性的杂多。只有经过人类的感性直观形式——时间、空间和知性范畴,外部世界才能够成为确定的知识,而这二者都不是自然所具有的,从而提出了著名的"知性为自然立法"的命题。因此人类不仅相对于自然具有优先性,而且是自然的立法者。康德从哲学上否定了自然对于人类行为的规范作用,自然成了人类认识领域之外的物自体。

作为德国古典哲学的集大成者和西方形而上学传统的最高成就者,黑格尔将人的主体性和主动性发挥到了极致。在黑格尔看来,整个世界就是绝对精神的自我异化和自我实现的过程。自然在这个过程中不过是绝对精神自我异化和对象化的一个阶段,最终是要复归到绝对精神自身的。黑格尔的绝对唯心主义体系的形成标志着近代西方形而上学的完成,也在哲学层面确立了人与自然的基本关系:理性不但为自然立法,而且通过自我异化和对象化的方式创造了自然。在这里,人与自然的共生发展关系,与古代社会相比已经完全颠倒了。人与自然的共生关系依然存在,但却是以人为主体的共生,人为自然的存在确立法则,自然为人的发展和自我实现提供条件。同样,人与自然也有着发展关系,绝对精神的运动和发展过程既是人的发展,也是自然的发展。自然发展属于人的发展,准确来说属于人的思维的发展。

在黑格尔这里人和自然之间的共生发展关系已经完全确立起来了,无论作为主体的思维,还是作为客观存在的自然,都属于绝对精神的发展过程。自然界有了发展历史,并且它的历史是由绝对精神规定方向的。此时,具体的历史的自然观和人化自然的自然观已经呼之欲出了。

三、西方近代哲学对自然观的发展和它的抽象性

西方近代哲学影响深远，它的出现是资本开启的市场经济在观念上的反映，其根本特征是由思维主体的先在性所主导的主客体的抽象对立与统一。这种思维方式在自然观上就表现为人与自然之间的抽象对立和抽象的共生发展关系。

首先，由笛卡尔所确立的"我思故我在"的原则，主体表现为思维主体，是指有思维能力的人，而非与自然有着密切关系的人。因此，作为与抽象的思维能力相对应的自然，只能是抽象的自然，而非与人有着密切关联的自然。抽象的人表现为抽象的思维主体、欲望主体、活动主体，抽象的自然则表现为与人相对应的认识对象，欲求对象和改造对象。这与马克思所说的作为社会关系总和的现实的人，和作为人类无机身体的现实的自然有着本质区别。

其次，在康德那里，自然界和人类社会是二元对立的。自然作为认识的对象，是由人的认识能力进行规定的，先天综合判断的普遍性保证了知识的必然性。但是在人类社会的实践领域，知性以及知性所获得的必然性因果原理却并不占据主导地位。也就是说，自然的运行遵循因果关系，人类社会的根本法则却是和自身一致的绝对命令。虽然康德在判断力批判中通过自然目的论连接了自然的发展和人类社会的发展，但是自然只是抽象地作为实现终极目的——人的道德心和宗教的手段而已。

此后，无论康德的"知性为自然立法"还是黑格尔的绝对精神异化为自然，并且复归于绝对精神的观点，都是抽象的主体需要和主体能动性与脱离人类社会历史实践活动的客体——抽象的自然之间的关系。在这种自然观的影响之下，人与自然之间的关系表现为一个问题的两个方面：一方面表现为从人的立场出发，主张人类作为价值主体可以从自身需要出发任意的改造自然界，这表现为各种形式的人类中心主义。另一方面表现为从自然的内在价值出发，否认人类改造自然的正当性，甚至将人类视为地球之癌。

自然观的发展，虽然有思想发展的内在逻辑，但更重要的是受生产方式的变迁决定的。自然失去对人的规范性，成为与人相对立的等待改造的外部对象，是与劳动力成为商品相一致的。在资本主义生产方式出现之前，社会生产直接建立在以自然为基础的人与人的依赖关系之上，财富表现为形形色色的使用价值，此时自然被视为财富的直接源泉。资本主义生产方式出现之后，财富主要以商品的形式出现，社会生产的直接目的不是为了实现商品的使用价值，而是为了实

现商品的价值,那么作为商品价值的源泉的人类劳动就成为社会生产的核心,自然则表现为实现人类劳动,也就是实现商品价值的外部条件。在这种情况下,自然的神圣性和规范性就在思想史上消失了,取而代之的则是人类活动的主体性和一个单纯的等待被改造的自然。在自然观上的人与自然的抽象对立就这样完成了。

四、马克思现实的自然观为真正实现人与自然的和谐共生发展奠定了基础

抽象的自然观是现代社会生态危机产生的思想根源,它和由资本开启的市场经济相适应,它们互为补充地造成了现代社会的生态危机。实现人与自然的和谐共生与和谐发展一方面要在现实生产过程中扬弃资本主义生产方式,另一方面则要在思想领域扬弃抽象的人与自然的二元对立观点。马克思主义自然观的出现为扬弃人与自然的抽象对立奠定了坚实的理论基础。这突出地表现为马克思现实的人和现实的自然的观念。

与西方近代哲学不同,马克思并不是从思维或理性入手,而是从人的生产活动,从人的对象性活动入手谈论人。马克思认为之前的哲学家谈论的是一些没有任何前提的人,但现实的人首先需要吃喝住穿以及其他一些东西,“因此,第一个历史活动就是生产满足这些需要的资料,即生产物质生活本身,而且,这是人们从几千年前直到今天单是为了维持生活就必须每日每时从事的历史活动,是一切历史的基本条件”①。

在现实的生产实践中,人和自然内在的联系了起来。生产实践活动首先是一种对象性的活动,它需要以自然作为自身的对象,也就是说人的本质、人的存在和发展与作为人的对象的自然是不可分割的。在这个意义上,马克思将自然看作人类的无机的身体。马克思指出“所谓人的肉体生活和精神生活同自然界的关系,不外是说自然界同自身相联系,因为人是自然界的一部分”②。因此,人类的生存依赖于自然的存在,人类的发展就是自然的发展。人与自然的共存、发展关系,在人类的具体的、现实的对象化劳动的基础上内在地确定了下来。

现代社会人与自然关系的紧张,归根结底在于人与人的关系紧张。在资本

---

① 《马克思恩格斯选集》(第 1 卷),人民出版社 2012 年版,第 158 页。
② 同①,第 56 页。

主义生产方式下,劳动产品是以商品的形式出现的,而商品的交换尺度并不是商品的使用价值——即对人类的有用性,而是商品的价值——凝结在商品中的无差别的人类劳动。在资本主义生产方式下,积累财富是为了实现对劳动的控制和攫取,因此,人与自然的关系发生了根本的变化,自然虽然仍然是人类的无机的身体,但有了更重要的规定,即资本增值的手段。为了实现资本的增值,作为人类无机的身体的自然是可以被牺牲的。于是产生了近代以来为了资本的短期利益对生态环境造成长期性破坏,乃至危害人类和其他物种生存的众多事件的发生。以资本的增值为基础,破坏人与自然和谐共生、和谐发展的机制因此确立了起来。

另一方面,从现实的人与现实的自然出发,我们也不应当过于强调自然的内在价值——如深层次生态学那样——认为要更加看重其他物种的生存权利。实际上,即使人对自然的破坏大到自然不再适合人类生存,自然也将通过长时间的演化恢复生机。从价值追求的角度上说,谋求人与自然的共生发展,是追求以人类的利益为根本的共生发展。人的对象性活动的普遍性意味着人类要将整个自然作为自己的对象,也意味着人类要全面地认识自然,并把人类活动和自然的运转内在地、深入地融合在一起。人类应当在充分认识自然的复杂性和可能造成的各种影响的基础上改造自然,从而将自然的发展纳入人的发展之中。认识到自然界作为人类的无机的身体对于人的存在与发展所具有的根本性的意义。所以在马克思看来,人对于自然的态度不应该是为少数人,甚至是为一代人牟取短暂的利益,而应是将自然作为整个人类的生存发展的基础,他以土地为例指出,"从一个较高级的经济的社会形态的角度看,个别人对土地的私有权,和一个人对另一个人的私有权一样,是十分荒谬的。甚至整个社会,一个民族,以至一切同时存在的社会加在一起,都不是土地的所有者。他们只是土地的占有者,土地的受益者,并且他们作为好家长把经过改良的土地传给后代"[①]。

五、习近平生态哲学思想对马克思主义自然观的继承和发展

中国特色社会主义是当代世界最为鲜活的社会主义实践,它在直面和解决时代问题的基础上,继承和发展了马克思主义。习近平生态哲学思想正是立足当代世界人与自然的突出矛盾,创造性地运用马克思主义自然观解决实际问题

---

① 马克思:《资本论》(第 3 卷),人民出版社 2004 年版,第 878 页。

而取得的理论成果,这一理论成果的取得将为当代世界实现人与自然的和谐共生与和谐发展奠定坚实的基础。

(一)习近平生态哲学思想发展了马克思主义现实的自然观

习近平生态哲学思想并不是脱离社会生产的抽象处理人与自然关系的教条,而是在深刻理解当代中国的现实矛盾的基础上提出的。正如前文所述,马克思认为人与自然的矛盾在根本上源于人与人的矛盾,因此脱离具体的社会发展状况和矛盾特点谈论生态文明建设无疑是建造空中楼阁。

首先,现实的人在其需要的满足方面有着发展变化的过程,现实的自然也不是一成不变的。习近平生态哲学思想首先确定了当代生态文明建设的时间坐标,即在当代中国社会物质文化需要已经得到一定程度的满足,但却是在不平衡不充分的发展的条件下进行的。在这种情况下,自然环境发生了巨大的变化,良好的生态环境逐渐在各种需要中凸显出来。"老百姓过去盼'温饱',现在'盼环保';过去'求生存',现在'求生态'"[①]新时代中国社会发展条件的变化已经使我们不必也不能以牺牲环境的方式发展经济;与之相反,实现人与自然的和谐共生、和谐发展成为解决不平衡不充分发展的重要关节。社会生产的进步是我们进行生态文明建设的现实条件。

其次,现实的人的需要是多方面的,现实的自然在满足人不同的需要方面也有着不同的作用。从根本上说人类一切需要的满足都必须以自然资源的供给作为基础。自然资源在经济、政治、社会、文化和生态文明方面发挥作用的形式又有所不同。看不到人与自然的现实性、社会生活的复杂性,抽象谈论人与自然的关系,正是众多生态哲学思想沦为绿色乌托邦的根本原因。与之相反,一直以来党和政府都是统筹解决人与自然的矛盾和社会其他矛盾。十八大以来,党将生态文明建设作为中国特色社会主义总布局的有机组成部分之一,将绿色发展理念作为五大发展理念的有机组成部分之一,将生态文明建设和绿色发展放在新时代中国特色社会主义建设的全局中进行谋划,这就为真正实现人和自然的和谐共生发展提供了实践基础。

再次,现实的人分为不同的利益群体,有着不同的利益诉求,其对自然资源占有和使用是不同的,在保护生态环境方面所承担的历史责任也是不同的,因此,不区分不同地区和国家的现实情况抽象的谈论生态环境的保护是不现实的,

---

① 中共中央宣传部:《习近平新时代中国特色社会主义思想三十讲》,学习出版社 2018 年版,第244 页。

也是没有成效的。习近平总书记在谈到巴黎协议时指出："巴黎协议应该有利于照顾各国国情，讲求务实有效。应该尊重各国特别是发展中国家在国内政策、能力建设、经济结构方面的差异，不搞一刀切。应对气候变化不应该妨碍发展中国家消除贫困、提高人民生活水平的合理需求。要照顾发展中国家的特殊困难。"[①]现实世界中不同的群体和国家是由现实的人组成的，他们面临着具体和特定的自然条件和社会条件，生态环境对于他们的意义是不同的。另一方面，对于人类来说，自然是一个无法分割的整体，生态环境关乎所有的地区和国家生存发展。因此对于当前世界，只有在充分考虑不同地区和国家的实际需求的前提下谋求人与自然的和谐共生与和谐发展，才能够将生态环境的保护落到实处。

综上所述，习近平生态哲学思想继承和发展了马克思的生态哲学思想，将当代的生态文明建设建立在现实的人和现实的自然的基础之上，从而使得生态文明建设在当代不再是抽象的"绿色乌托邦"。

（二）习近平生态哲学思想为在当代实现人与自然的和谐共生与发展奠定了坚实的理论基础

在马克思看来，自然是人类无机的身体，这意味着自然中所蕴含的力量具有成为人类力量的潜力。因此，虽然马克思继承发展了古典政治经济学中劳动创造价值的学说，但他并没有否认人类劳动之外的自然界同样是使用价值的来源，"劳动不是一切财富的源泉。自然界同劳动一样也是使用价值（而物质财富就是由使用价值构成的！）的源泉，劳动本身不过是一种自然力即人的劳动力的表现"[②]。因此，当我们谈论人类社会发展的真正尺度——生产力时，就应当认识到，所有的生产力都是广义的自然力，生产力的发展不过是将包括人的劳动力在内的自然力纳入社会实践活动中，从而不断地实现人类社会的目标，或者是为实现这一目标创造条件。因此社会生产力和自然生产力从根本上说是一致的，自然环境的保护和社会经济的发展之间并不存在根本的矛盾。

习近平总书记指出，保护生态环境就是保护生产力，改善生态环境就是发展生产力。这是对生产力理论的一次重要发展。结合马克思的人化自然理论、自然力和人的劳动力的关系的论述，我们发现习近平总书记实际上指出了实现人与自然的和谐共生、和谐发展的理论基础。

首先，人与自然的和谐共生与和谐发展要以人为价值核心。按照目前通行

---

① 《习近平谈治国理政》（第2卷），外文出版社2017年版，第528—529页。
② 《马克思恩格斯选集》（第3卷），人民出版社2012年版，第357页。

的解释,生产力是人类改造自然界以适应自身需要的物质力量,是人类存在和发展的基础。在逻辑上,保护生态环境和改善生态环境是手段,保护和改善生产力则是目的;以人为本的价值取向没有改变,保护和改善生态环境是为了更好地实现人的生存和发展,脱离现实的人的发展,脱离现实的人的需要的满足,生态环境的保护是不可能进行下去的,"强调发展不能破坏生态环境是对的,但为了保护生态环境而不敢迈出发展步伐就有点绝对化了"①。

其次,人与自然的和谐共生与和谐发展要以良好的生态环境为物质基础。良好的生态环境是人的发展所必需的物质基础,人类在改造自然的过程中所取得的一切成果,从根本上说都是在改造自然力的条件下取得的。自然力对于人类社会的支撑作用远远超出了经济的范围。从这个视角出发可对"两山理论"做出如下解读:1.良好的生态环境可以带来经济效益;2.即使没有经济效益,良好的生态环境也是人类社会的重要财富;3.通过破坏生态环境换取经济效益的增长往往是得不偿失,甚至损失是无法挽回的;4.自然有它内在的价值和自我恢复能力,通过人类的努力,合理地利用自然规律,可以为人类提供优良的生态产品。

最后,实现人与自然的和谐共生与和谐发展的关键是转变社会发展方式。人与自然的和谐共生、和谐发展要以人为价值核心,以良好的生态环境为物质基础,实现二者有机结合的现实途径就是转变思路,转变社会发展方式。其中最关键的是扭转唯有经济的增长才是发展的观念。习近平总书记指出,"我们强调不简单以国内生产总值增长率论英雄,不是不要发展了,而是要扭转只要经济增长不顾其他各项事业发展的思路,扭转为了经济增长数字不顾一切、不计后果、最后得不偿失的做法。"②另一方面,通过一定的方式优良的生态环境本身就可以带来包括经济增长在内的社会发展。习近平总书记在中央扶贫开发工作会议上指出:"我国现有一千三百九十二个 5A 和 4A 级旅游风景名胜区,百分之六十以上分布在中西部地区,百分之七十以上的景区周边集中分布着大量贫困村。不少地方通过发展旅游扶贫、搞特色种养,找到一条生态文明和发展经济相得益彰的脱贫致富路子,正所谓思路一变天地宽。"③

转变发展思路的观点对当代世界的生态文明建设同样有着重要的启示,正如生态学马克思主义者 J·B·福斯特指出的那样,现在西方国家在进行环境保护时,存在的一个严重的错误就是"经济简化论",就是认为经济和环境之间可以

---

① 《习近平关于社会主义生态文明建设论述摘编》,中央文献出版社 2017 年版,第 22 页。
② 同①,第 23 页。
③ 《十八大以来重要文献选编》(下),中央文献出版社 2018 年版,第 50 页。

实现等价互换,这实际上还是一种经济发展和环境保护之间的零和博弈思维。习近平生态哲学思想则立足于破除这种零和博弈思想,力图通过转变发展方式,实现人与自然的和谐共生与发展。

总而言之,坚持以人为价值核心,以良好的生态环境为物质基础,转变发展思路和发展模式,是在当代实现人与自然和谐共生、和谐发展的理论基础。它不仅对于建设中国特色社会主义生态文明具有重大意义,也为克服当代世界的生态危机提供了中国智慧和中国方案。

党的政治建设：演进、内涵、特征

解红晖①　　刘书宜②

【摘　要】　党的十九大报告首次将党的政治建设纳入党的建设总布局，确立了政治建设的首要性位置。这是党的建设理论的一次创新，是党的建设历史经验与现实诉求相结合的重要成果，赋予了党的政治建设丰富的科学内涵。注重政治建设价值的导向性、强调党的政治建设地位的统领性、明确党的政治建设引领的全局性是十八大以来党的政治建设的主要特征。

【关键词】　中国共产党；政治建设；从严治党；首位

中国特色社会主义进入新时代。根据新时代新要求，党的十九大首次从党的建设总布局的高度，明确了政治建设在党的建设中的首要的突出性地位。政治建设"事关党举旗、走路、定向的大问题"，"事关党能否永葆生机活力，是管党治党的根本性问题"。③ 强调把党的政治建设放在首位，是党的建设理论的一次创新，丰富和发展了马克思主义的党建理论。加强政治建设并使其居于首要地位，是党的建设历史经验与现实要求相结合的重要成果，具有重大的理论意义与实践价值。

一、党的政治建设的演进

政党是当今世界各国普遍存在的一种社会政治现象。马克思主义认为，政党是特定阶级利益的集中代表者，是该阶级的政治领导者和组织者。政党有明

---

①　解红晖，宁波大学马克思主义学院副教授，研究方向为马克思主义理论与政治学。
②　刘书宜，宁波大学马克思主义学院硕士研究生，研究方向为马克思主义理论与政治学。
③　新华社：《习近平在十九届中央纪委二次全会上发表重要讲话》，《新华日报》2018年1月11日，第1版。

确的政治纲领和政治目标,有相对稳定的领导核心及组织机构,这是政党有别于一般政治性团体的显著性特征。① 政治性是政党的灵魂,政党的政治属性决定了政治建设内在于政党自身建设之中。中国共产党是马克思列宁主义与中国工人运动相结合的产物,历来重视加强党的政治建设。

新民主主义革命时期,党的政治建设主要着重于党的政治纲领、政治路线的制定和落实。制定纲领是政治建设的重要内容。马克思在写给德国社会民主党领袖威廉·白拉克的信中指出,实际运动比纲领重要,但"制定一个原则性纲领,这就是在全世界面前树立起可供人们用来衡量党的运动水平的里程碑"②。可见,党的纲领是标志党的运动水平的界碑。中国共产党是在马克思主义党建理论指导下建立起来的先进政党。1921 年 7 月,在嘉兴南湖游船上,党的一大通过的《中国共产党纲领》是中国共产党的第一个政治纲领,并被赋予了党章意义。1929 年 12 月,由毛泽东起草的《中国共产党红军第四军第九次代表大会决议案》是建党的纲领性文件。决议强调了从思想上加强党的建设的重要性,同时指出要厉行集中指导下的党内政治生活,应"始终坚持把政治工作作为生命线,这是人民军队在血与火的实践中得出的结论。"③1939 年 10 月,毛泽东在《〈共产党人〉发刊词》中指出了中国共产党在中国革命中战胜敌人的三个法宝,党的建设是法宝之一,并认为建设一个全国性的有广大群众基础的"思想上政治上组织上完全巩固"④的政党是一项伟大的工程。该文创造性地提出党的建设要密切联系党的政治路线,从政治路线上加强党的建设。这是毛泽东建党思想的重要内容,它确立了政治建设是党的建设布局的构成性要素。党的政治建设的基本任务是确保党在政治上的先进性。抗战时期,为肃清党内不良风气,全党范围内开展整风运动和马克思主义教育活动,提高党员干部的政治觉悟,并提出党的建设必须同党的政治路线和政治策略结合起来,以确保党对中国革命事业的正确领导。1945 年党的七大确定了"放手发动群众,壮大人民力量","打败日本侵略者,解放全国人民以建立一个新民主主义的国家"的政治路线,概括了党的三大优良作风,党的政治建设思想得到进一步的发展。中华人民共和国成立初期,中国共产党由革命党转变成执政党。党如何保持自己的先进性,使合法性得到承认;如何领导人民群众实现新民主主义向社会主义的顺利过渡,是党面临的新

---

① 刘先江、韩景云:《马克思的政党观》,解放军出版社 2014 年版,第 63—65 页。
② 《马克思恩格斯文集》(第 3 卷),人民出版社 2009 年版,第 426 页。
③ 《建国以来重要文献选编》(第 11 册),中央文献出版社 1995 年版,第 67 页。
④ 《毛泽东选集》(第 2 卷),人民出版社 1991 年版,第 602 页。

课题。过渡时期政治路线的制定及围绕政治路线制定相应的方针与政策，以及思想政治工作的展开，是这一时期党的政治建设的主要内容。全国人大一届一次会议的召开、《关于增强党的团结的决议》和《中华人民共和国宪法》的通过，是党重视政治建设的重要成果，是"一化三改"任务目标顺利完成的政治保障。

社会主义建设时期，社会主义制度建立之后，如何在执政条件下加强民主集中制，维护党的团结统一是党的第一代中央领导集体探索解决的重要问题。1956年召开的党的八大系统阐述了民主集中制的原理，并提出"党的团结和统一"是党的生命的命题。① 虽然在其后的运动中没有得到很好的贯彻与坚持，这仍是中国共产党在探索中国特色社会主义政治建设中的宝贵成果。1957夏秋后，全国性整风运动、反右派斗争、大跃进、人民公社、反右倾斗争及之后历时十年的"文化大革命"，使党的政治建设遭遇了挫折。总之，社会主义建设时期党的政治建设呈现双向度和多维度。②

改革开放时期，在以邓小平为核心的老一辈无产阶级革命家的努力下，党的十一届三中全会断然抛弃了"左倾"错误的政治路线，强调党和国家工作重心的转移，从而完成了最根本的拨乱反正，包括政治路线上的拨乱反正。1986年，邓小平在天津视察工作时指出"到什么时候都得讲政治"③。共产党员讲政治，这是我国科学技术发展和现代化建设的重要推力。1987年10月，党的十三大完整表述了党的基本路线：领导和团结各族人民，以经济建设为中心，坚持四项基本原则，坚持改革开放，自力更生，艰苦创业，为把我国建设成为富强、民主、文明的社会主义现代化国家而奋斗。讲政治，保证党的正确路线，是邓小平为核心的党中央对改革开放新时期政治形势的正确判断，也是我党对历史经验的深刻总结。1992年10月，党的十四大的报告中首次提出"政治建设"一词，虽不是基于党建布局的维度，却是在深入阐析全党面临挑战的语境中提出。④ 1995年9月，江泽民在党的十四届五中全会中提出党的政治建设的六大关键环节，并从政党政治理论的视角进一步强调了讲政治的重要性。讲政治关乎一个政党的存亡兴盛，因为"政党就是围绕自己的政治纲领，按照自己的政治路线，为实现自己的政治目标而组织起来的政治集团"⑤。进入新世纪，胡锦涛多次向全党发出"讲政

① 张启华、张树军：《中国共产党思想理论发展史》（上卷），人民出版社2011年版，第817页。
② 张书林：《党的政治建设：演进、动因、方略》，《理论探讨》2018年第1期，第51—58页。
③ 《邓小平文选》（第3卷），人民出版社1993年版，第166页。
④ 张启华、张树军：《中国共产党思想理论发展史》（下卷），人民出版社2011年版，第1630页。
⑤ 《江泽民文选》（第2卷），人民出版社2006年版，第360页。

治、顾大局、守纪律"的政治要求,进一步明确指出严肃政治纪律,推动党的事业健康发展。

党的十八大以来,我党面临着国内外环境的新变化和新挑战,以习总书记为核心的党中央明确了政治建设在党的建设战略布局中的首要地位。历史实践告诉我们,旗帜鲜明讲政治是马克思主义政党在党的建设的不同时期和不同阶段提出的政治建设论断,包含着深刻的内容,具有现实启示意义。新时期要高度重视党的政治建设,推进党的建设新的伟大工程。进言之,加强政治建设并使其居于首要地位,是党的建设历史经验与现实要求相结合的重要成果。

二、新时代党的政治建设的科学内涵

党的政治建设是政党为了加强自身建设而展开的关于党的政治目标、政治纲领、政治立场、政治策略等在内的系统性工作,政治建设反映了政党之间的本质区别。① 马克思主义政党是无产阶级的政治组织,代表了无产阶级的意志和利益,"没有任何同整个无产阶级的利益不同的利益"②。"旗帜鲜明讲政治是马克思主义政党的根本要求"③。党的政治建设关乎党的政治地位、政治前途、政治方向和政治统一,是政党建设和发展的内在要求。中国特色社会主义进入新时代,我党面临的内、外部环境发生了深刻变化,带来了严峻的考验与挑战。习近平总书记对党建工作提出了新的实践要求,确立了党的政治建设的重要地位,丰富了党的政治建设的科学内涵。

(一)坚持党中央权威和集中统一领导是政治建设的首要任务

政治的根本问题是国家政权问题,政治的本质是国家政权。中国共产党为实现民族独立和人民解放在艰苦卓绝的革命斗争中取得了政权。如何维护和巩固政权,实现最广大人民群众的利益,是党的政治建设任务。维护党的权威是党的政治建设任务中的任务。马克思主义经典作家在领导工人运动和建立无产阶级政党的实践中多次强调权威的重要性。恩格斯在《论权威》中较为全面地阐述了权威的内容和实质,特别指出了权威在经济活动和政治斗争中的重要作用,

---

① 张灿:《论政治建设在党的建设中的统领地位》,《求实》2018 年第 1 期,第 15—26 页。
② 《马克思恩格斯选集》(第 1 卷),人民出版社 1995 年版,第 285 页。
③ 双传学:《把党的政治建设摆在首位》,《红旗文稿》2017 年第 24 期,第 4—6 页。

从而有力地驳斥无政府主义者反对一切权威的谬论。① 维护党中央权威是我们党在社会主义革命和建设时期形成的政治优势。革命建设初期，统一的领导核心尚未形成，中国革命事业屡遭失败。遵义会议开启了党的政治建设的伟大实践新篇章，明确了以毛泽东同志为核心的党中央的领导地位，从此中国革命步入新的发展阶段。邓小平同志指出，"任何一个领导集体都应该有一个核心，没有核心的领导是靠不住的"②。社会主义现代化建设不能依靠没有核心的领导。维护党中央权威和集中统一领导是政治建设的关键，是首要任务。党的十九大报告明确指出了党的政治建设的首要任务，"保证全党服从中央，坚持党中央权威和集中统一领导"③。报告中深刻诠释了一个政党要在政治上有所建树，推进党和国家各项事业的创新性发展，首先应自觉维护国家的领导核心和中央权威，坚持和加强党的全面领导，形成强大合力，维护党的团结。因此，坚持党中央权威和集中统一领导是党内政治中的最大规矩，党员同志要自觉维护党中央权威和核心地位，牢固树立"四个意识"，始终坚持党的政治立场，明确党的政治方向，深入贯彻党的政治路线，在政治上行动上与党中央保持高度的一致。

（二）不断加强党的长期执政能力是政治建设的基本目标

党的十九大第一次将党的长期执政能力建设写入了党章。从"执政能力建设"到"长期执政能力建设"，党章中的两字之差，却意蕴深刻。一方面是从法理上明确了中国共产党是社会主义事业的坚强领导核心；另一方面从现实上说明我们党对新时期长期执政面临的危险挑战有了更加准确和清晰的把握，对党建工作有了新的政治定位。中国共产党是一个长期执政的党。这是新时期推进党的政治建设的基本事实和逻辑前提，也蕴涵着一个拥有8900多万党员的执政党的自信与清醒。中国共产党逐步发展壮大的根本原因在于时刻保持先进性和纯洁性，不断提高党的执政能力。中国特色社会主义进入新时代，国内外形势、从政环境，以及社会主要矛盾的新变化，对党的长期执政都是严峻的挑战。"打铁还需自身硬"，党的历史使命决定了其在长期执政条件下应有高度的忧患意识和敏感的问题意识，准确判断世情、国情、党情的变化，以非凡的勇气和魄力进行自我革新，不断提升党的长期执政能力，推进党的先进性和纯洁性建设，从而以过

①　《马克思恩格斯文集》（第3卷），人民出版社2009年版，第341—344页。
②　《邓小平文选》（第3卷），人民出版社1993年版，第310页。
③　习近平：《决胜全面建设小康社会夺取新时代中国特色社会主义伟大胜利》，《党建》2017年第11期，第15—34页。

硬的政治能力深入推进党的建设新的伟大工程。党必须深化对马克思主义政党执政规律的认识，进一步提高党的建设的科学化水平，着重在政治领导、思想引领、群众组织和社会号召方面增强党的战斗力和创造力，推进党的先进性建设，使党成为本领高强的执政党，能总揽全局，协调各方，组织和带领广大人民积极应对各种挑战，实现有效发展，不断满足人民对美好生活的需求，确保党始终成为并胜任伟大事业的坚强领导核心。[①] 因此，不断加强党的长期执政能力是贯穿政治建设始终的工作主线，它是党的政治建设的基本目标。

（三）坚定执行党的政治路线是党的政治建设的根本原则

党的政治建设是党在正确思想路线的基础上，通过实事求是地对所处社会、经济、文化等方面的深入分析，制定正确的纲领、路线、方针和政策，以统一与引导全体党员与广大人民群众，为完成党的历史使命而奋斗。加强党的政治建设必须明确党内政治工作开展的方向。党的纲领体现党的性质和宗旨，政治路线是党的纲领的具体体现，为党的建设确定方向。道路决定命运，路线指引道路，正确的路线指引成功之路。党的政治路线是制定党的建设中各项具体工作路线和政策的根本依据和必须遵循的基本原则。新时期党的政治路线是党在社会主义初级阶段的基本路线。坚定执行党的政治路线，要求党员干部们在工作和实践中始终坚持"一个中心、两个基本点"，毫不动摇，在中国特色社会主义事业中勇于担当，不断创新，矢志不移地为把我国建设成为社会主义现代化国家而奋斗。这是党在深刻总结历史经验、科学分析社会主要矛盾的基础上形成并确定的，是为了实现党的政治纲领而确定的总任务。习近平总书记强调指出，我国的基本国情尚未改变，应坚持党的基本路线不动摇、坚持"四个自信"、增强"四个意识"，不断推进伟大事业的进程。全面贯彻执行党的政治路线，养成政治自觉，"在政治立场、政治方向、政治原则、政治道路上同党中央保持高度一致"[②]，是党的政治建设工作的根本原则。看齐政治路线、遵循政治路线是稳步推进党的政治建设的根本原则，是伟大事业取得成就并最终完成共产党人历史使命的政治保证。

———————

① 刘先春、葛英儒：《新时代党的政治建设的科学内涵与时代要求》，《马克思主义理论学科研究》2017 年第 7 期，第 48—56 页。

② 习近平：《决胜全面建设小康社会夺取新时代中国特色社会主义伟大胜利》，《党建》2017 年第 11 期，第 15—34 页。

（四）严明政治纪律和政治规矩是党的政治建设的根本保证

政党纪律是马克思主义经典作家的重要思想观点，是无产阶级共产党长期实践中形成的优良传统和工作经验。1859 年马克思在严厉批判斐迪南·拉萨尔中立主义政策的信件中明确指出："我们现在必须绝对保持党的纪律"，否则很难保证党的事业的成功。无产阶级政党正是以严明的纪律规范党员，造就了富有战斗力的、有深厚群众基础的革命队伍，不断克服各种反马克思主义，战胜了无政府主义、改良主义和自由主义等。"如果不严明党的纪律，党的凝聚力和战斗力就会大大削弱"[①]，全面从严治党受挫，最终将会影响党的领导能力和全面执政能力的提高。政治纪律是党的纪律中最关键的部分，具有根本性。纪律是成文的规矩，规矩包括不成文的纪律。习近平总书记在十八届中央纪委第五次全会上的讲话中首次正式提出"政治规矩"一词。"没有规矩不成其为政党。"[②]将政治规矩同政治纪律一并强调，体现了十八大以来中央全面从严治党的力度和决心。党要管好党，"就要靠严明的纪律和规矩"[③]。

《中国共产党廉洁自律准则》和《中国共产党纪律处分条例》的修订出台，明确划出"底线"，标志着党的纪律和规矩建设全面加强，从严治党的实践成果走向制度化和常态化。党的政治纪律和政治规矩，对于党内帮派主义者、山头主义者、阳奉阴违者等是"戒尺"，是"高压线"。党的政治纪律和政治规矩，对于党的政治建设事业来说，是保驾护航的生命线。严明政治纪律和政治规矩，严防"七个有之"，坚决维护党中央权威，保证党的集中统一领导。它内在要求强化党内活动的制度设计，用铁一般的政治制度推动政治建设，使全党服从党中央的政治决策，严格贯彻落实党中央的政治路线，确保全体党员在思想上政治上行动上同党中央保持高度一致。

（五）提升党员的政治意识和党性修养是政治建设的基础

党员是党的政治建设的主体，他们是党的政治建设的参与者和实践者。加强政治建设，需要增强党员的政治意识，端正党员的政治态度，提升党员的党性修养。政治觉悟决定政治态度，党性修养是政治能力提升的重要因素。因此，提

---

① 中共中央文献研究室编：《习近平关于全面从严治党论述摘编》，中央文献出版社 2016 年版，第 102 页。
② 中共中央文献研究室编：《十八大以来重要文献选编》，中央文献出版社 2014 年版，第 347 页。
③ 中共中央宣传部：《习近平总书记系列重要讲话读本（2016 年版）》，人民出版社 2016 年版，第 118 页。

升党员自身的政治意识、政治觉悟和党性修养是加强政治建设的内在要求,夯实政治建设的基础。政治意识是"四个意识"中的核心,表现为党员干部对党员身份的高度认同并始终把党放在心中最高位置。政治觉悟是党员在政治生活实践中领悟政治问题、确立政治立场、明辨政治是非的能力和水平。因此,全体党员特别是高级干部应在工作、学习和社会生活中加强党性锻炼,强化党员意识,坚守党性原则,将讲政治与党内生活结合起来。将党内政治生活作为开展政治建设的重要平台与实践场域。"严肃党内政治生活、净化党内政治生态"①是党的建设中的根本性工作。严肃党内政治生活,增强政治意识,不断提高政治觉悟,展示共产党人政治担当。全体党员要自觉学习马克思主义理论,深刻领会新时代中国特色社会主义思想的精神实质,提高政治素养,提升政治觉悟。党章是党建立和党员活动必须遵循的总规范,是最高党法。它充分体现了党的性质和宗旨。

全体党员要认真学习党章,自觉尊崇党章,并将党章内化为共同遵守的根本行为规范,这是党性修养的突出表现。提升党员的政治意识和党性修养是政治建设的基础,表明了这是一项经常性工作和长远性工作。当然,真正实现党员的政治觉悟和党性修养提升,还要依赖于党的思想建设这一更为基础性工作的推进与完成。大力加强对党员同志的理想信念教育,系统学习和掌握马克思主义理论,引导全党党员不忘初心,牢记党使命,用党的理论知识武装头脑,在思想上与党中央保持一致,从而在根本上推进新时代党的政治建设。

三、党的政治建设的主要特征

以习近平为核心的党中央科学分析党的建设面临的"四大考验"和"四大危险",提出新形势下全党要坚定推进从严治党的战略思想,将党的建设伟大工程推向新的发展阶段。从严治党"迫切需要我们首先从政治上抓好",习总书记与时俱进地提出了一系列有关党的政治建设的新论断、新观念和新要求,丰富和发展了党的政治建设理论,为新时期推进党的建设提供了战略指南。十八大以来党的政治建设的主要特征有:

(1)注重政治建设价值的导向性,即注重以党内政治文化作为党的政治建设的价值导向。价值导向是指社会或群体、个人在多种具体价值取向中选择和确立某种主导追求方向的过程。培根曾说,确立正确的方向很重要,可使跛足者胜

---

① 中共中央文献研究室编:《习近平关于全面从严治党论述摘编》,中央文献出版社 2016 年版,第 37 页。

过迷失方向的健步者。正确的政治方向是党内一切工作顺利开展的前提与保证。党的十八大以来，习近平总书记继承和发展了党内政治文化的优良传统，多次强调政治文化是政治生活的灵魂，是培厚良好政治生态的土壤。在党的十八届六中全会上，习近平总书记郑重提出加强党内政治文化建设的重大任务，并对党内政治文化的实践提出更高的要求。弘扬和发展政治文化，特别是弘扬和发展先进的党内政治文化，夯实政治建设的思想基础，以党内政治文化作为党的政治建设的价值导向和内在精神，引导党员和党员领导干部不忘初心、牢记使命，永葆党的先进性和纯洁性，永葆共产党人的政治本色。这是党的十八大以来党内政治文化建设的目标，也是党的政治建设的重要内容。

党内政治文化的主体是社会主义先进文化，是充分体现中国共产党党性的文化。在 90 多年的革命和建设中，中国共产党形成了系统完备和特色鲜明的党内政治文化。发展培育和发展积极健康的先进党内政治文化，确保党的政治建设的价值追求的正确方向，构筑共产党的精神家园和政治灵魂。将中国共产党建设成强大的马克思主义执政党，牢记全心全意为人民服务的使命宗旨。坚持马克思主义的指导地位，矢志不移地追求共产主义的远大理想，大力弘扬忠诚老实、光明坦荡、公道正派、清正廉洁等价值观，有助于为中国共产党获得更大的社会认同，发挥更大的政治领导力和社会号召力。党的十九大报告中再次把"发展积极健康的党内政治文化，全面净化党内政治生态"作为坚持全面从严治党的重要内容提了出来。突出强调党的政治建设，是十八大以来全面从严治党的重要的实践成果。注重政治建设价值的导向性，是十八大以来党的政治建设的鲜明特征之一。

（2）强调党的政治建设地位的统领性，即强调政治建设在党的建设中的统领性地位。党的十八大以来，以习近平同志为核心的党中央提出"办好中国的事情关键在党"。面对"四大危险"和"四大考验"，为使党能够胜任"关键"性角色，使我们的党始终成为中国特色社会主义事业的坚强领导核心，党中央以"刮骨疗毒，壮士断腕"的非凡勇气推进全面从严治党。"讲政治"是全面从严治党的内在要求。应从政治建设上看问题，实现管党治党责任的切实落实、党内政治生活规范化、政治纪律和政治规矩制度化，从而推动各级党组织和广大党员政治意识增强和政治觉悟提高。党的政治建设是党的根本性建设，加强党的政治建设，要求把握好正确的政治立场、政治方向、政治原则，从而统领党的其他方面的建设。具体而言，党的政治建设决定着思想建设的内容、党的政治建设决定着组织建设的结构、党的政治建设决定着作风建设的立场、党的政治建设决定着纪律建设的方向、党的政治建设决定着制度建设的依据。① 党的思想、组织、作风、纪律等建设最终必须落实到党的政治建设上。②

党的十九大报告中正式将党的政治建设纳入党的建设总体布局中,突出指出新时代党的建设要以"党的政治建设为统领""把党的政治建设摆在首位",③强调了党的政治建设地位的统领性。这是对党优良传统的继承性发扬,更是推进全面从严治党向纵深发展的重大战略部署。发挥政治建设的统领性作用,不能忽视党的其他方面的建设等。突出重点发挥政治建设的作用,同时要"统筹推进党的各项建设",从而协调推进党的建设。总书记突出政治建设的核心作用与根本地位,廓清了党的建设中的主次矛盾关系,把握住了党的建设问题的本质。把握住问题的本质,才能更全面更深刻地认识问题和解决问题。因为抓住了事物的本质的理论才是"彻底"的理论。"彻底"的理论就能说服人,被人民群众所支持和掌握。④ 强调政治建设在党的建设中的统领性地位,是十八大以来党的政治建设的又一鲜明特征。

(3)明确党的政治建设引领的全局性,是就党的政治建设引领的场域而言。中国共产党的政治建设不仅引领着中国共产党建设的方向,而且引领着国家政治建设的社会主义方向。

国家政治建设是与经济、文化、社会、生态文明等建设共同构成中国特色社会主义建设不可分割的重要组成部分,其目标是民主、法治、有序,包括国体和政体建设、政治方略设计、政治策略制定等。"党的建设的政治空间来源于中国共产党人始终坚持的初心和使命。"⑤党的政治建设是国家政治建设的重要组成部分,融合于并统领着国家政治建设 。"党的领导、依法治国与人民当家做主"的政治设计很好地将党的政治建设与国家政治建设统一起来。⑥

加强党的政治建设,就是要坚持党对一切工作的领导。党的十八大以来,加强党的全局性领导的举措频出并逐渐制度化,如党中央政治局常委会听取"一会

---

① 黄红平:《新时代中国共产党政治建设的理论框架》,《党建》2018 年第 1 期,第 56—63 页。

② 王世谊:《以政治建设为统领的内在逻辑及启示》,《唯实》2018 年第 1 期,第 43—47 页。

③ 习近平:《决胜全面建成小康社会夺取新时代中国特色社会主义伟大胜利》,《党建》2017 年第 11 期,第 15—34 页。

④ 《马克思恩格斯文集》(第 1 卷),人民出版社 2009 年版,第 11 页。

⑤ 《党的政治建设的核心、维度与空间》,《华南理工大学学报》(社科版)2017 年第 11 期,第 9—15 页。

⑥ 戴玉琴:《新时代"党的政治建设理论"话语转换的内在机理分析》,《湖湘论坛》2018 年第 2 期,第 76—82 页。

一府两院"党组工作汇报制度的建立,彰显了党总揽全局和协调各方的领导核心作用,明确了党的政治建设的全局性引领的最高原则。保证着国家政治建设的社会主义方向。"党政军民学,东西南北中",党是一切工作的领导。

党的政治建设地位的凸显,是中国共产党科学探索和不断总结马克思主义政党执政规律和社会主义建设规律的必然结果。加强党的政治建设的首要任务是确保党中央权威和集中统一领导,凸显马克思主义政党的政治属性,保证党的建设方向的正确性,提高党的建设的实际效果,对党的建设新的伟大工程起着决定性作用。中国共产党是世界上党员最多的执政党,坚持和完善中国共产党总揽社会主义建设全局的领导核心作用,有助于协调多元利益关系,构建和谐社会,提升治国理政效率。"中国特色社会主义最本质的特征就是坚持中国共产党的领导。"[1]党的建设新的伟大工程与伟大斗争、伟大事业、伟大梦想紧密联系和相互作用,并决定影响着伟大斗争、伟大事业、伟大梦想。可见,居于首要地位的党的政治建设引领着中国特色社会主义伟大事业,引领着面向未来的中国人民伟大梦想的航船。党的政治建设引领具有全局性。中国共产党的政治建设决定着中国共产党建设的效果,决定着中国治国理政的效率,决定着中国特色社会主义事业的成败。

【参考文献】

[1] 习近平. 习近平谈治国理政[M]. 北京:外文出版社,2014.

[2] 中共中央文献研究室:习近平关于全面从严治党论述摘编[M]. 北京:中央文献出版社,2016.

[3] 马克思主义基本原理概论(修订版)[M]. 北京:高等教育出版社,2018.

[4] 刘先江,韩景云. 马克思的政党观[M]. 北京:解放军出版社,2014.

[5] 徐俦,王雷.党的建设理论揽要[M]. 沈阳:辽宁人民出版社,1992.

[6] 张启华,张树军. 中国共产党思想理论发展史[M]. 北京:人民出版社,2011.

[7] 习近平关于严明党的纪律和规矩论述摘编[M]. 北京:中央文献出版社、中国方正出版社,2016.

[8] 唐中明. 砥砺前行——全面从严治党永远在路上[M]. 北京:红旗出版社,2017.

① 中共中央文献研究室编:《习近平关于协调推进"四个全面"战略布局论述摘编》,中央文献出版社2015年版,第166页。

[9] 毛泽东选集[M]．北京：人民出版社，1991.

[10] 钟龙彪．从严治党的历史与现实研究[M]．北京：国家行政学院出版社，2015.

[11] 中共中央文献研究室.十八大以来重要文献选编[M].北京:中央文献出版社,2014.

[12] 王炳林.党的历史与党的建设研究[M].北京:人民出版社,2017.

[13] 董树君,蔡常青.重视政治建设是全面从严治党的必然要求[J],红旗文稿,2016(17).

第二国际理论家何以走向"经济决定论"①

刘菲菲②　　郝继松③

【摘　要】　第二国际理论家为澄清历史唯物主义的科学性,曾经批判过经济决定论,但最终与自己的初衷、与马克思主义相背离,把历史唯物主义庸俗化为经济决定论。这种转变是在实证主义、社会达尔文主义、旧唯物主义等理论共同影响下的产物。分析第二国际理论家的这一段理论经历,对于今天理解和把握历史唯物主义的当代意蕴和价值,都有重要的启示意义。

【关键词】　经济决定论;实证主义;社会达尔文主义;辩证法

把历史唯物主义解读为"经济决定论",是对历史唯物主义的一种比较普遍的误解、误读。从马克思主义发展史来看,第二国际理论家在捍卫马克思主义时,也曾批判过经济决定论,曾努力澄清马克思历史唯物主义的科学性。但是,他们在批判资产阶级经济决定论的过程中不自觉地保留了某些经济决定论的倾向,或者走向了经济决定论,使之倒退到旧唯物主义的窠臼中。因此,虽然第二国际并不是"经济决定论"的始作俑者,但是"经济决定论"最后在很大程度上还是成为第二国际对马克思历史唯物主义的一种较为普遍的解释。第二国际理论家为什么会走向经济决定论? 本文将从实证主义、社会达尔文主义、旧唯物主义(辩证法缺失)三个方面分析其产生的理论根源,以求教方家。

---

①　本文系浙江省哲学社会科学规划课题"马克思恩格斯对经济决定论的批判及其当代价值研究"(18NDJC205YB)阶段性成果。

②　刘菲菲,浙江工业大学马克思主义学院讲师。

③　郝继松,浙江省委党校、文化发展创新与文化浙江建设研究中心研究人员。

一、实证主义对历史唯物主义"所谓的科学化"

一般说来,实证主义作为一种哲学流派,是由孔德等思想家奠基的,其基本精神是排斥形而上学(尤其是反对黑格尔的思辨哲学),强调感觉经验和科学方法的价值。因此在他们那里,感觉经验或事实才是真实的、有用的,即实证的;实证的事实才是可能的,才是认识的范围。科学便是描述这些事实或经验之间的关系或联系,即规律。哲学的方法也是如此。哲学并非是探究经验现象之外的东西,而是"协调、综合"各门科学的关系,但是以往的唯物主义和唯心主义并没有做到这一点。所以,实证主义自称是一种"超越唯心主义和唯物主义"的崭新的哲学,即科学的哲学。孔德等人主张将这一哲学应用到社会学、伦理学、宗教等领域,用实证的自然科学的观点和方法解释社会历史现象。① 因为实证思想在自然科学中取得的成功是显而易见的,所以这种方法理应延伸到社会领域。孔德认为,人类与社会历史是一致的,人类历史就是"全人类学习实证主义的过程",是"人性的发展和成长的过程"。② 在后来进一步阐发这一思想时,孔德一方面吸收了孟德斯鸠关于"历史和社会现象决定论"的观念,"规律是由事物本性中产生出来的必然关系",即,其用于社会变化的一种决定论原则;另一方面又借鉴了孔多塞关于人类理性进步的历史观,即"人类理性的进步是人类社会变化的基础"。③ 于是,孔德得出的基本观点是"社会现象取决于一种严格的决定论;这种决定论是以人类社会不可避免的变化形式出现的,而人类社会的变化又是受人类理性的进步所支配的"④。多样的社会现象被归结为人类变化的基本系列,而历史的目的被归结为人类理性的进步:历史主要是人类理智的进步史。"今天任何一个明智的人都无法怀疑这样的事实,即在长期持续的努力和探索过程中,人类的才智总是沿着一条精确选定的道路前进的。事先对这条道路的精确认识,在某种程度上使掌握足够情况的智者能在这种努力和探索迟早实现前……预料到各个时期的基本进步。"⑤历史的阶段由于适应了一种必然性,因而可以被较高的"才智"预料,理性的必然进步成了历史的基本内容,而变革的动力就是

---

① 冯契、徐孝通:《外国哲学大辞典》,上海辞书出版社 2000 年版,第 567 页。
② 雷蒙·阿隆:《社会学主要思潮》,上海译文出版社 2015 年版,第 64 页。
③ 同②,第 72—73 页。
④ 同②,第 73 页。
⑤ 同②,第 77 页。

"实证主义的诞生和不断成熟",社会历史的最终阶段就是实证主义的全面实现。① 总之,所有的社会科学都应具备自然科学那样的精确性。

19世纪70年代,马赫主义开始兴起。它在实质上是实证主义形态的进一步发展,而且,马赫主义直接影响了20世纪一大批科学家、思想家、活动家。马赫继承和发展了孔德的主要精神,同时吸收借鉴了康德的批判哲学,主张哲学以科学原则为基础,强调"要素一元论"。他认为,感觉经验是"认识的界限和世界的基础",所谓的因果规律、物质、主体等都只是主观意识的产物,是形而上学的抽象,它们必须被世界要素间的函数关系取代。我们不能探讨"世界本身是什么",而只能探讨"世界呈现给我们什么"。② 马赫也自称超越了唯物主义与唯心主义的对立,他更是鲜明地攻击唯物主义,攻击马克思的历史唯物主义。在马赫看来,唯物主义是一种反映论,其对经验做了"不可容忍的超越",仍然是"形而上学"。因为马赫认为,科学理论仅仅是遵循用少量思维(经济思维)的原则对感觉经验做出完善的描述,而并不是对所谓客观世界及其规律的反映。

客观地讲,实证主义反对思辨唯心主义,提倡科学方法或实证方法是有其进步性的,其在一定程度上迎合了、描述了自然科学与工业生产所取得的巨大成果。尤其是随着自然科学的发展,人们越来越认识到,可以用科学规律来解释自然界的现象。这样一来,人们也越来越希望利用自然科学研究的方法来进行社会历史的研究,越来越希望社会历史的研究成果能成为自然科学意义上的"科学成果",希望在社会历史领域中发现像自然科学规律那样精确的理性规律。因此,19世纪中叶以来,实证主义在自然科学和社会科学领域中的影响日益显著,自然科学和社会科学研究领域普遍采用了实证的经验研究方法。在这一社会文化背景下,实证主义吸引了一批思想家、活动家,包括工人运动中的一些领导者,对工人运动产生了一定影响。在马克思主义和社会主义运动内部出现了将马克思主义"科学化"或实证主义化的倾向或企图。例如,第二国际重要的理论家考茨基曾言:"我并不把马克思主义理解为任何哲学,而是把它理解为一种实验科学,即一种特殊的社会观。"因为"马克思没有宣布任何哲学,而是宣布了所有哲学的终结"。③ 所谓的历史唯物主义,在考茨基看来只不过是"经验归纳法"和"发生学方法"的统一,这体现了浓厚的实证主义倾向。梅林声称,历史唯物主义

① 雷蒙·阿隆:《社会学主要思潮》,上海译文出版社2015年版,第78页。
② 冯契、徐孝通:《外国哲学大辞典》,上海辞书出版社2000年版,第581页。
③ 姚顺良:《马克思主义哲学史——从创立到第二国际》,北京师范大学出版社2010年版,第265—266页。

和自然科学的唯物主义一样,都遵循着"科学研究的原则",通过对历史材料的实践验证和归纳推理进行工作,因而是一种"科学的假说"。"在这方面,马赫完全与马克思相一致,完全撇开哲学,而只是在历史和自然科学方面的实践工作中考察人类的精神进步。"①德国民主党人阿德勒等甚至主张用马赫主义补充马克思主义。由此可见,实证主义渗透到了第二国际的理论阵营之中,严重影响了马克思主义在工人运动中的传播,以及对工人运动的理论指导。

不可否认,实证主义主张科学/哲学是对事实或事物的肯定描述,这一点是具有合理性的;但是,他们没有看到,在对事实或事物的肯定性描述中同样也包含着否定性的理解。进而也不可能理解所谓的否定不是纯粹的否定,而是于其中也包含着肯定性描述的否定。因此,实证主义在对必然的规律的强调中,历史的偶然性被忽略了,其理论内部隐藏着"天意论"或"命定论"的痕迹。② 同样不可否认,正如达尔文发现了生物界的进化规律一样,马克思发现了社会历史的发展规律,对历史的研究不再像以往的思辨哲学那样用哲学的意识形态去看待历史,而是从历史本身去研究历史规律。这是历史唯物主义科学性的一个体现。或许由于这一点,历史唯物主义受到了实证主义的诟病,同时,这也是第二国际理论家误解马克思进而企图将马克思主义"科学化"或实证主义化的一个重要原因。实证主义思潮不断"腐蚀"着第二国际理论家,同时,由于这一时期资本主义社会发展的新状况,马克思思想的经济方面被提到了突出地位。因此,尽管第二国际理论家是出于捍卫、传播马克思主义的初衷,但在理论斗争中,有些人不自觉地把历史唯物主义混同为以机械论为基础的"自然科学的唯物主义",在关注马克思思想的经济方面的同时逐渐将历史唯物主义解释为片面强调经济基础决定上层建筑的经济决定论,最终背离了自己的初衷。③

二、社会达尔文主义对历史唯物主义"所谓的补充"

达尔文进化论是 19 世纪的三大科学发现之一,它的基本观点是,包括人类在内的有机界是自然选择的过程,以适者生存、优胜劣汰为基本准则。在当时,由于生物界既是自然界发展的顶峰,又是自然界和人类社会之间的过渡阶段,所

① 姚顺良:《马克思主义哲学史——从创立到第二国际》,北京师范大学出版社 2010 年版,第285 页。
② 雷蒙·阿隆:《社会学主要思潮》,上海译文出版社 2015 年版,第 79 页。
③ 姚顺良等:《资本主义理解史》(第 2 卷),江苏人民出版社 2009 年版,第 182—183 页。

以达尔文的进化论思想在科学界和思想界都产生了巨大的影响。到 19 世纪后半叶,斯宾塞、白哲特等思想家主张将达尔文针对自然界所提出的生存斗争和自然选择的规律推广到人类社会历史领域,以此来解释人类社会的发展。这便是"社会达尔文主义",其在很长一段时间内发展成为"显学"。他们认为,人类社会像自然界一样也存在着生存斗争,也遵循着适者生存的自然规律。生存斗争是人类社会历史发展和进步的"根本动力"。[①]

斯宾塞不赞同孔德偏重于人的观念、理智等主观因素的看法,认为"社会学"应该从外部世界、从构成自然界的各种现象等客观因素出发。他把社会现象类比于自然现象,强调不仅自然界是一个有机的整体,而且人类社会也是一个有机的整体——"社会有机整体"。于是,斯宾塞把孔德的"社会静力学"和"社会动力学"发展为"社会有机体论"和"社会进化论"。他认为,"社会进化的动力是由环境的作用和个体的活动决定的,其中环境的作用占主要地位";"自然环境是影响社会进化的最基本的因素"。[②] 环境是不断变化的,为了适应不断变化的环境,"社会有机体"会自然而然地发生变化,进而形成人类生活的"第二环境"。不同形式的社会有机体在不同的环境中,随着不同的进化过程而形成。因此,社会进化的过程就是按照生物界的生存斗争、优胜劣汰的原则自然而然地逐渐实现的。基于这样的社会进化论学说,斯宾塞等社会达尔文主义者歪曲马克思的阶级观点和革命学说。他们把马克思对阶级分化的剖析、对阶级斗争的揭示都归结于生存斗争之下,所谓阶级斗争只不过是生存斗争在社会有机体进化中的一种表现和结果罢了。马克思历史唯物主义对资本主义私有制、对国民经济学、对机器大工业、对雇佣劳动与资本等的一系列剖析与批判的现实性与深刻性,都被所谓的生存斗争或自然而然的进化所取消。工人的悲惨境地——贫困、失业成了社会进化过程中遵循适者生存、优胜劣汰的自然现象和必然结果。换句话说,造成工人贫困、失业的根本原因与资本主义制度、资本主义生产方式本身无关。所谓的阶级革命、无产阶级专政都没有开对药方。要真正解决工人的悲惨境地,只能通过控制人口数量,提高人口质量,增强其生存斗争的能力。由此可见,在社会达尔文主义者那里,全部的历史都可以被纳入生存斗争这唯一的自然规律之中。通过用生物学的科学性外衣取消社会历史发展过程中的人的能动性、革命性,用所谓唯一科学的进化规律来粉饰自己的科学性。从本质上来讲,社会达尔文主

① 夏基松:《现代西方哲学辞典》,安徽人民出版社 1987 年版,第 233 页。
② 姚顺良等:《资本主义理解史》(第 2 卷),江苏人民出版社 2009 年版,第 184 页。

义是用对具体事实的归纳和解释代替对普遍本质的认识,是对实证科学研究方法的贯彻实施,因而社会达尔文主义的世界观基础就是实证主义(哲学)。①

　　斯宾塞等社会达尔文主义者的这些思想在当时很长一段时期内对思想界产生了非常大的影响,其在歪曲马克思主义的同时,也渗透到了马克思主义理论界之中。当时第二国际的主要理论家主动承担起捍卫马克思主义、解释和传播马克思主义的责任,但在这一过程中,他们又都在不同程度上受到了达尔文进化论的影响,甚至,许多人力图从理论上使社会达尔文主义同马克思主义结合起来,用"人工器官"等同达尔文主义相类似的范畴来诠释和阐发历史唯物主义。典型的代表人物就是考茨基。考茨基肯定经济发展要通过政治变革来开辟道路,肯定人的能动性,否定资本主义经济会自然而然崩溃的理论;但是,他同时又强调甚至是夸大社会形态发展的自然史性质,夸大合法斗争、社会改良在从资本主义社会向社会主义社会转变过程中的作用,最终在政治实践上投入社会改良主义的怀抱。由此,考茨基的社会达尔文主义倾向可见一斑。拉法格通过对自然环境和社会环境的区分来阐释历史唯物主义,但其范畴同样与社会达尔文主义的范畴相类似。第二国际理论家的阐释表面上看起来似乎是从马克思和恩格斯的某些论点出发的,可实际后果却是在捍卫和阐释中从根本上偏离了历史唯物主义的实质,助长了社会达尔文主义的错误倾向,进而把马克思的政治经济学批判误解为经济决定论。理论初衷与实际后果背离的一个重要原因就在于,他们不了解马克思恩格斯所经历的艰难的复杂的哲学探索与思想斗争的过程而实现的哲学变革的世界观意义,从而过于强调所谓科学性,而忽视了历史唯物主义革命性的方面,忽视了马克思的新辩证法,导致在不同程度上把历史唯物主义简单化、绝对化。

三、辩证法缺失的旧唯物主义

　　19 世纪 80 年代,马克思主义在工人运动中迅速传播,成为欧洲各国工人运动的主导思想。资产阶级理论家改变用"沉默"扼杀的策略,开始公开对马克思主义进行研究、歪曲、批判。第二国际理论家以捍卫、传播马克思主义为自己的良好愿望与责任,同资产阶级理论家做着英勇的理论斗争,为马克思主义的传播做出了重大的贡献。第二国际主要的理论家存在一个共同特点,即"他们首先参

---

① 　孙伯鍨、侯惠勤:《马克思主义哲学的历史和现状》,南京大学出版社 2015 年版,第 279 页。

加了反对现存社会制度的斗争,然后才成为马克思学说的拥护者"。① 例如,考茨基19世纪70年代中期投身工人运动,80年代转向马克思主义;拉法格在学生时代投入反政府的学生运动,80年代前后转向马克思主义;普列汉诺夫在转向马克思主义之前已是大学教授;梅林、拉布里奥拉等亦是如此。这表明,他们转向马克思主义的道路并非是从哲学世界观的转变开始的,而更多的是出于反对现存社会制度、进行工人运动的需要。也就是说,他们接受了马克思的学说,但是,他们不了解马克思恩格斯所经历的艰难复杂的"哲学探索和思想斗争",其世界观的转变是不彻底的。因而,他们也就不了解马克思恩格斯所实现的"哲学变革的世界观意义",不懂得马克思恩格斯创立的历史唯物主义不同于以往一切旧唯物主义和唯心主义的地方。历史唯物主义以从事实践活动的现实的个人为出发点,尊重和揭示社会历史规律,同时也合理吸收、发展辩证法,尊重和肯定人的主观能动性,是合规律性与合目的性的统一、科学性与革命性的统一。

　　正是基于世界观转变的不彻底,在面对资本主义新的发展状况和自然科学的巨大成就时,第二国际主要的理论家把历史唯物主义所实现的科学性与革命性的统一割裂开来,甚至是对立开来。一方面,他们从实证主义的立场来解释历史唯物主义的革命意义与科学性质,把历史唯物主义的科学性同经验科学或实证科学相混淆;另一方面,他们在反对思辨哲学尤其是黑格尔哲学的同时,没有把马克思的辩证法与黑格尔的辩证法区别开来,而是为了所谓的科学性而否定辩证法的客观性,造成辩证法的缺失。例如,考茨基认为历史唯物主义是和达尔文进化论相同性质的经验科学或实证科学。他宣称马克思没有宣布任何哲学,而只是宣布了"哲学的终结",由此忽视了或否认了历史唯物主义的批判性质和实践功能,把历史唯物主义的科学性视为经验科学。考茨基虽然试图"从经济必然性中推导出革命任务",但是却把革命变革归结于生产力状况的思想简单化、绝对化、教条化,同时又把"社会发展的强制性"放在首要位置,最终站在无产阶级革命的对立面。② 梅林虽然强调历史唯物主义的革命性意义,但是却将其局限于社会领域,而且在阐释经济发展对意识形态领域的决定性影响时,往往忽略道德、政治等因素,忽视了社会生活现象的复杂性;此外,他认为马克思恩格斯在自然科学领域也是"机械唯物主义者"。普列汉诺夫虽然也强调辩证法的意义,批判资产阶级思想家强加给马克思的"宿命论",但是由于并不懂得"认识中的主

---

① 孙伯鍨、侯惠勤:《马克思主义哲学的历史和现状》,南京大学出版社2015年版,第355页。
② 同①,第365—366页。

观能动作用和革命活动中的主观因素的作用",“在说明社会的基础与上层建筑的辩证的相互关系和上层建筑自身的辩证过程时”，也有“抽象化公式化的表现”，“或多或少存在着经济唯物主义的倾向”。① 总之，他们没有真正懂得马克思的辩证法，不了解历史唯物主义所实现的科学性与革命性的统一，相反，他们将历史发展中的客观因素与主观因素割裂开来，甚至用前者去阉割后者，因而都在不同程度上将历史唯物主义机械化、庸俗化。

从马克思主义发展史来看，马克思恩格斯在后期回击资产阶级理论家对历史唯物主义的歪曲和质疑时，正如恩格斯所指出的那样，确实突出了学说中的经济因素，但又未能“始终都有时间、地点和机会来给其他参与相互作用的因素以应有的重视”②。而第二国际理论家在接受马克思思想学说时，未经历、也几乎不了解马克思恩格斯所经历的艰辛的哲学探索，以及探索后所实现的哲学世界观变革。他们多以马克思的经济学说为突破口来接受、阐释、捍卫和传播马克思恩格斯的历史唯物主义。可以说，第二国际理论家接受马克思恩格斯历史唯物主义的顺序正好与马克思恩格斯创立历史唯物主义的顺序相反。③ 他们几乎不了解马克思恩格斯所实现的哲学变革，不了解旧唯物主义和唯心主义的本质及其缺陷，不了解马克思的辩证法与黑格尔辩证法的本质区别。结果则正如柯尔施所指出的，第二国际的理论家在阐释马克思哲学的时候，由于取消了黑格尔，遗忘了辩证法，因而无法理解马克思哲学实践变革的真正内涵，他们不是简单地将马克思的“新唯物主义”与旧唯物主义哲学混为一谈，就是将“新唯物主义”片面地解释为“经济唯物主义”或“经济决定论”，或者将马克思主义的“发展”概念曲解为拒斥“灾变”的“庸俗进化论”。就这样，第二国际理论家在捍卫、传播历史唯物主义的过程中无意识地制造着把历史唯物主义作为“实证科学”的神话。显然，这是一种理论的倒退，排除辩证法，割裂历史唯物主义的实践性（批判性）与科学性，结果只能是丧失批判性。即，在理论上无法穿透资本主义日常经验的现象层面，不能从现代社会结构错综复杂的组成部分之间的矛盾运动出发，而是借助于简化论的经验模式，在实践上堕入同资本主义现实妥协和改良的道路。从本质讲，这种丧失批判性的“经济决定论”恰恰是马克思恩格斯所坚决批判的“自然科学式的唯物主义”，即一种旧唯物主义。

总之，由于第二国际理论家没有真正理解马克思恩格斯所创立的历史唯物

---

① 孙伯鍨、侯惠勤：《马克思主义哲学的历史和现状》，南京大学出版社 2015 年版，第 365 页。
② 戴维·麦克莱伦：《马克思思想导论》，中国人民大学出版社 2008 年版，第 128 页。
③ 同①，第 357 页。

主义是不同于以往一切旧唯物主义和唯心主义的崭新的哲学,没有理解马克思的辩证法是根本不同于黑格尔思辨哲学辩证法的新辩证法,因而也就无法理解历史唯物主义所实现的科学性与革命性的统一,即实践哲学与历史科学的统一、批判性质与实践功能的统一、历史发展中的客观因素与主观因素的统一。在捍卫马克思主义的过程中,最终把历史唯物主义混淆为实证主义意义上的经验科学,否定了辩证法,不仅未能在新的资本主义发展条件下阐释、捍卫历史唯物主义,未能有效打击实证主义和庸俗进化论等歪曲马克思主义的思潮,而且最终与自己的初衷、与马克思主义相背离,把历史唯物主义庸俗化为经济决定论。分析和理解第二国际理论家的这一段理论过程,不仅对于理解马克思主义史上关于历史唯物主义与经济决定论这一论争,而且对于当下理解和把握历史唯物主义的当代意蕴和价值,都有重要的启示意义。坚持马克思主义最好的方式就是发展马克思主义,尤其是在今天这样一个更为复杂的现代性状况中,需要付出更加艰苦的努力!

【参考文献】

[1] 冯契,徐孝通. 外国哲学大辞典[M]. 上海:上海辞书出版社,2000.

[2] 雷蒙·阿隆. 社会学主要思潮[M]. 上海:上海译文出版社,2015.

[3] 姚顺良. 马克思主义哲学史——从创立到第二国际[M]. 北京:北京师范大学出版社,2010.

[4] 姚顺良,等. 资本主义理解史:第2卷[M]. 南京:江苏人民出版社,2009.

[5] 孙伯鍨,侯惠勤. 马克思主义哲学的历史和现状[M]. 南京:南京大学出版社,2015.

[6] 戴维·麦克莱伦. 马克思思想导论[M]. 北京:中国人民大学出版社,2008.

论人民是新时代全面深化改革的主体

吴媚霞[①]　李包庚[②]

【摘　要】　历史唯物主义"人民观"强调人是社会历史发展的主体,科学把握人的主体地位是新时代全面深化改革的重要前提。新时代必须充分坚持人民的主体地位,以人民利益为导向,同人民一道推进改革事业的发展。一方面,要明确人民是改革的价值主体,人民是改革的认识和实践主体,人民是改革的评价主体;另一方面,要深入贯彻人民主体性的战略路径,即以五大发展理念引领改革,以四个全面保障改革,坚决捍卫人民的核心利益。

【关键词】　人民观;全面深化改革;主体地位;新时代

　　长期以来,中国共产党一直以人民为中心,全心全意为人民服务。当前,我国改革进入攻坚期、深水区,在新的历史方位下,我们今天的改革将往何处去?习近平指出,全面深化改革仍是新时代我们要坚定不移推动发展的事业。中国共产党汲取历史经验、结合时代需要,从全面可持续发展的高度做全面深化改革的重大决策,它与每个中国人民的切身利益相关、与中国特色社会主义现代化建设事业相连,是决定社会主义前途命运的关键举措,是完善和发展中国特色社会主义的根本动力。历史唯物主义"人民观"强调,人民群众是历史的创造者,是社会历史发展的主体。新时代,如何以人民群众推动改革、激发人民群众的主体性力量,事关全面深化改革能否顺利推进、收效良好。

一、科学把握历史唯物主义"人民观"是新时代全面深化改革的前提

　　"人民主体观"是马克思历史唯物主义的重要内容,习近平总书记在讲话中

①　吴媚霞,宁波大学马克思主义学院硕士研究生,研究方向为马克思主义基本原理。
②　李包庚,博士,教授,宁波大学马克思主义学院副院长,硕士生导师。

曾多次提到历史唯物主义"人民观",其中,"人民是全面深化改革的主体"思想更是对历史唯物主义"人民观"的承继与发展。因此,科学把握历史唯物主义"人民观"是新时代全面深化改革的前提。

(一)历史唯物主义"人民观"

"人民观"是马克思主义唯物史观的重要内容,马克思、恩格斯论证了人民是社会物质财富、精神财富的创造者,是社会变革的决定力量;确立了人民群众的主体地位,指明了人是历史前进的推动者。首先,人是社会历史发展的主体。"人是全部人类活动和全部人类关系的本质、基础"①,既是"劳动的主体"②,也是"社会联系的主体"③。在马克思看来,人之所以能够成为社会历史发展的主体,是因为人是处于一定社会关系中的从事实践活动的人,并且人在实践活动中表现出了区别于动物活动的能动性、创造性和自主性。人可以以自己的需求为导向,决定实践的内容,决定历史的发展。其次,人是推动社会历史发展的动力。社会的存在是以人的存在为前提的,而社会的发展更是离不开人的生产、生活实践活动。"历史不过是追求着自己目的的人的活动而已。"④因为人的社会实践是有目的有意识的活动,人能够根据自己的需要来改造环境,从而满足自己的生活、生产需要。在这一基础之上,人不断积累经验、改进技术,创造了更多的物质财富、精神财富,推动了生产力的发展和生产关系的变革,形成了对社会的推动作用。最后,人的自由全面发展是社会历史发展的最终目标。黑格尔曾明确指出:"社会和国家的目的在于使一切人类的潜能以及一切个人的能力在一切方面和一切方向都可以得到发展和表现。"⑤马克思在黑格尔的基础上,提出从事实践活动的"现实的人"是全部人类活动和人类关系发展的基础,而历史的发展也将以实现人的自由而全面的发展为最终价值指向。从这一意义上说,人既是价值的创造者,又是价值的享受者。换言之,人在认识、改造世界,创造价值的过程中,自我价值也在不断地提升和实现,二者是辩证统一的。

---

① 《马克思恩格斯全集》(第2卷),人民出版社1957年版,第118页。
② 《马克思恩格斯全集》(第46卷),人民出版社1979年版,第96页。
③ 同②,第31页。
④ 《马克思恩格斯文集》(第1卷),人民出版社2009年版,第295页。
⑤ 黑格尔:《美学》(第1卷),朱光潜译,商务印书馆1979年版,第59页。

（二）"人民是全面深化改革的主体"是对历史唯物主义"人民观"的坚持和发展

在马克思主义中国化的过程中,中国共产党坚持用发展的眼光看待马克思主义,指导我国的实践活动,并在这一过程中回答和解决新问题,提出和推进新理论。其中,"人民是改革的主体"思想就是中国共产党在继承马克思历史唯物主义人民主体思想的基础上,结合中国改革开放40年的实践经验所形成的对人民群众的地位、作用的科学判断和创新认识。党的十八届三中全会通过的《中共中央关于全面深化改革若干重大问题的决定》(以下简称《决定》)充分体现了对人民群众主体地位的尊重。《决定》强调:全面深化改革必须"坚持以人为本,尊重人民主体地位,发挥群众首创精神,紧紧依靠人民推动改革,促进人的全面发展"①。作为我党的改革理念,"人民是全面深化改革的主体"思想蕴含着三重含义,即人民是改革的价值主体,人民是改革的认识和实践主体,人民是改革的评价主体。它体现了我党在推动改革的过程中始终坚定人民立场、"以百姓心连心"的内在逻辑和改革成果由全体人民共享的价值目标,是对历史唯物主义"人民观"的创新性解读和深化发展。真正理解和把握改革的人民主体地位,不仅是真正理解和把握历史唯物主义人民主体思想真谛的关键,也是突破改革各项工作的关隘口和推进改革各项事业发展的根本要求,更是我们不断克服艰难险阻、乘风破浪,将中国特色社会主义推向更加光明美好未来的重要保证。因此,在新时代全面深化改革的重要时期,要在始终坚持和发展马克思历史唯物主义"人民观"基础上,以人民为中心,尊重人民,依靠人民;把人民当作主体,坚持人民主体地位,同人民群众一道推进改革;把人民当作目的,全心全意为人民服务,让人民共享改革发展成果。

二、新时代全面深化改革坚持人民主体性的三重逻辑

人民群众是历史的创造者,新时代全面深化改革坚持人民的主体地位,要明确坚持人民主体性的三重逻辑:明确人民是改革的价值主体,改革是为了人民群众,改革成果由人民共享;明确人民是改革的认识和实践主体,改革的推进必须紧紧依靠人民群众;明确人民是改革的评价主体地位,改革成效好坏要由人民来检阅,人民是改革成效的"阅卷人"。

---

① 《中共中央关于全面深化改革若干重大问题的决定》,《人民日报》2013年11月16日,第13版。

(一)新时代全面深化改革的价值主体

人民是新时代全面深化改革的价值主体。改革的根本目的,就是要以解放、发展社会生产力为手段,实现最广大人民的根本利益,实现社会进步、国家富强、人的全面发展。中国共产党是为人民服务的党,以人民为中心是其根本政治立场,这要求党在推进改革事业时必须以全面增进民生福祉、促进社会公平正义为出发点。党的十八大以来,我党以解决群众反映强烈的突出问题为导向,各领域改革不断提速,全面深化改革取得了突破性进展,人民群众的获得感不断增强。在经济领域,坚持社会主义市场经济改革方向,以经济体制改革为重点,推进供给侧改革,更好满足广大人民群众的物质需求;在政治领域,强调以保证人民当家做主为根本,推进政治体制改革,发展更加广泛、更加充分、更加健全的人民民主;在文化领域,强调文化体制改革的系统性、整体性、协同性,突出文化的创新发展,进一步满足了人民群众日益增长的文化需求;在社会领域,聚焦民生热点难点问题,围绕更好保障和改善民生、促进社会公平正义,出台了数量众多的改革举措,给人民群众带来了实实在在的利益。在生态领域,坚持"良好生态环境是最普惠的民生福祉",着力抓突出环境问题,加强生态环境的治理与保护,致力于为人民群众创造环境优美的生态乐园,实现人与自然的和谐发展。新时代推进任何一项重大改革,都要站在人民的立场上谋划改革思路、制定改革举措,以实现大多数人的利益为目标,使广大人民群众享受到改革与发展的成果,真正使改革成为"人民的改革"。

(二)新时代全面深化改革的认识与实践主体

人民是新时代全面深化改革的认识和实践主体。改革不只是国家政党和政府的事业,也不只是领导人、干部官员的事业,它是与人民群众息息相关的事业,要坚持人民主体地位,尊重人民,依靠人民,充分发挥人民群众的创新精神。改革开放40年的实践告诉我们,只有得到人民的真心支持和广泛参与,才有可能汇聚起推进改革的强大力量,克服和战胜各种困难险阻。其一,人民是全面深化改革的认识主体。马克思主义认识论认为,正确的认识对于人们认识改造客观事物、发挥主观能动性具有指引作用。改革事业的认识主体是人民群众,唯有人民群众对改革有了全面、正确的认识,才能形成科学的方法论,才能更加深刻地融于改革的大浪潮中。全面深化改革要最大限度地发挥人民主人翁精神,凝聚人民的改革共识和改革智慧,在全社会形成理解改革、支持改革、参与改革的合力。其二,人民是全面深化改革的实践主体。"改革开放中许许多多的东西,都是由群众在实践中提出来的。"①当前,改革进入了攻坚期和深水区,必然触及社会的各个层面,其复杂性、敏感度为改革的推进带来了很大的挑战,而人民群众又与这些挑战、问题切身相关。伟大的变革能否顺利推行的关键在于人民群众的参与,要解决好改革所面临的复杂问题、严峻形势,"要坚持党的群众路线,建立社会参与机制,充分发挥人民群众积极性、主动性、创造性"②。因此,在新的历史起点上全面深化改革,要坚持人民有所呼、改革有所应,努力使改革符合广大人民群众意愿、得到广大人民群众拥护,从而汇聚起全面深化改革的磅礴伟力,谱写改革新篇章。

(三)新时代全面深化改革的评价主体

人民是新时代全面深化改革的评价主体。人民,只有人民才是全面深化改革的检验者和阅卷人。人民是"阅卷人",是由人民的主体地位决定的,也是由党全心全意为人民服务的根本宗旨决定的。习近平强调:"人民是我们党的工作的最高裁决者和最终评判者"③,这一论述,充分肯定了人民的评价主体地位,体现了共产党人强烈的责任担当和深厚的人民情怀。马克思曾说:"历史活动是群众的事业,随着历史活动的深入,必将是群众队伍的扩大。"④作为社会物质财富的创造者,人民群众从根本上推动了社会的发展;作为社会精神财富的创造者,人民群众推动了社会的全面进步;作为社会变革的决定力量,人民群众在社会变革中起主体作用。社会物质、精神财富由人民群众来创造,社会变革的关键也在于人民群众的推动,这决定了人民群众成为新时代全面深化改革事业的评价者。党的十八大以来,全面深化改革取得重大突破,大批惠民举措落地实施,人民生活不断改善。但也必须清醒看到,改革工作特别是在涉及人民群众切身利益方面还存在不少问题,如:就业、教育、医疗、居住、养老等方面,这些都必须着力加以解决。"人民高于一切,责任重于泰山,我们必须树立强烈的历史使命感和责任感,不断攻坚克难,造福于民,努力向人民交出一份合格答卷。"⑤新时代全面深化改革已将"考卷"发放到中国共产党人手中,中国共产党人就要有良好的"考试"心态,埋头"审题",争分夺秒的"答题",争取以优异的成绩接受人民群众的

---

① 胡锦涛:《在邓小平同志诞辰 100 周年纪念大会上的讲话》,人民出版社 2004 年版,第 9 页。
② 《中共中央关于全面深化改革若干重大问题的决定》,《人民日报》2013 年 11 月 16 日,第 13 版。
③ 《十八大以来重要文献选编》(上),中央文献出版社 2014 年版,第 698 页。
④ 《马克思恩格斯全集》(第 2 卷),人民出版社 1957 年版,第 104 页。
⑤ 吴杰明:《全面深化改革要坚持人民至上》,《解放军报》2013 年 11 月 25 日,第 6 版。

"批阅"。

三、新时代全面深化改革坚持人民主体性的战略路径

全面深化改革,是我们党在新的时代条件下带领各族人民进行的新的伟大革命。新时代全面深化改革必须始终坚持人民主体地位不动摇,以五大发展理念引领改革,以四个全面保障改革,坚决捍卫人民的核心利益。

(一)坚持以"五大发展理念"引领改革

发展理念是发展行动的先导。党的十八届五中全会明确提出了创新、协调、绿色、开放、共享的五大发展理念。在马克思看来,发展是关于超越人实践性生存方式的哲学范畴,它凸显了人在实践过程中的超越性以及对人的本质的实现,彰显了人的主体性。我党提出的五大发展理念蕴含着鲜明的人民主体性的价值取向。

第一,创新发展以人民为中心。创新是破解改革开放难题,推动经济发展的关键一招,必须摆在国家发展全局的核心位置。纵观人类历史,创新离不开广大人民群众,人民群众是创新发展的源泉和动力。一方面,创新的主体是人民群众。人民不仅是改革开放和社会主义现代化建设事业的主体,也是实施创新驱动发展战略的主力军。另一方面,创新是为了实现人民群众对美好生活的向往这一奋斗目标。创新发展是否成功,最终评判标准在于创新发展成果是否惠及广大人民群众,使人民生活更加美好。第二,协调发展的目的在于维护全民利益。改革开放四十年来,我国经济飞速发展,从温饱到小康、从短缺到充裕,人民的生活发生了翻天覆地的变化,幸福感和获得感不断增强。但也要看到我国发展不平衡不充分的状况依然突出,协调发展的难度加大,任务也更加艰巨。增强发展的整体性和协调性,加强薄弱环节建设,协同解决发展过程中的短板问题,才能更好地保障人民群众的整体利益和长远利益,使发展成果惠及广大人民。第三,绿色发展是为了构筑人民的美丽家园梦。绿色既是人类永续发展的必要条件,也是满足人民美好生活追求的重要体现。习总书记说:"环境就是民生,青山就是美丽,蓝天也是幸福。"①当前,我国环境问题依然十分严峻,生态治理的任务依然艰巨。加强绿色发展,树立正确的发展理念,弘扬生态文化,才能更好

① 中共中央宣传部:《习近平总书记系列重要讲话读本》,人民出版社2016年版,第233页。

地为人民构筑美好家园。第四,开放发展是为了人民有更好的发展空间。2018年是我国改革开放 40 周年。40 年的艰苦奋斗,中国特色社会主义建设取得了卓越成就,社会生产力有了质的飞跃,人们物质精神财富得到了极大丰富,人们的发展空间得到了极大的拓展。第五,共享发展旨在让全民共享改革发展成果。习近平总书记说:"生活在我们伟大祖国和伟大时代的中国人民,共同享有人生出彩的机会,共同享有梦想成真的机会,共同享有同祖国和时代一起成长与进步的机会。"[①]共享发展坚持以人民为中心,以社会公平、人民共享为价值导向,聚焦突出问题,回应人民诉求,使改革发展成果惠及更多人民。

(二)坚持以"四个全面"保障改革

"四个全面"是新时代坚持和发展中国特色社会主义的战略布局,在"四个全面"中,无论战略目标,还是战略举措,都以人民主体为主线。以"四个全面"保障改革,不仅有利于在深化改革中更好地坚持人民的主体地位,而且对于在新时代协调推进"四个全面"战略布局具有重要意义。

其一,全面建成小康社会体现着以人民为中心的目标指向。全面建成小康社会是党向人民做出的庄严承诺,它承载着人民对美好生活的期待和向往。全面建成小康核心在于"全面"二字,从量的方面来看,"全面"是惠及中国十三亿人口的共同的小康,不是少数人、一部分人的小康,也不是少数地区、一部分地区的小康;从质的方面来看,"全面"不是低水平的小康,是城乡区域发展差距和居民生活水平差距显著缩小的小康,是人民更加富足,幸福感极大提升,国家各方面建设统筹推进的小康。全面建成小康社会核心是"全面",短板却是"贫困人口"。习近平指出:"全面建成小康社会,最艰巨最繁重的任务在农村、特别是在贫困地区。"[②]因此,补齐民生短板是全面建成小康社会的关键,要实施精准扶贫、精准脱贫,以更大决心、更精准思路、更有力措施打赢脱贫攻坚战。其二,以人民为主体倒逼全面深化改革。当前,人民对社会公平、民主法治的呼声越来越高,对美好生活的期待越来越强。全面深化改革要以使人民群众有更多获得感为出发点和落脚点,以能不能给老百姓带来实实在在的利益、能不能促进社会公平正义为衡量改革成功与否的一项标准,哪里不利于民生福祉,哪里就需要改革;哪个领域哪个环节不符合人民群众的根本利益,哪个领域哪个环节就是我们改革的重

① 习近平:《习近平谈治国理政》,外文出版社 2014 年版,第 40 页。
② 习近平:《健全城乡发展一体化体制机制 让广大农民共享改革发展成果》,《中国党政干部论坛》2015 年第 6 期,第 1 页。

点。此外,要破除不合时宜的思想观念和体制机制弊端,突破利益固化藩篱,要以钉钉子的精神抓改革、抓关键、啃硬骨头,挑重担子,打好这场攻坚战。其三,全面依法治国是人民主体地位的重要保障。在我国,法律不仅是治国之重器,也是保障人民主体地位的重要一环。在中国特色法治建设的征程中,党中央把法治建设与人民主体地位紧密结合起来,基于人民,依靠人民,为了人民。十八大以来,党中央更加突出法治建设中的人民主体地位。党的十八届四中全会强调我国法律一定要恪守以民为本的理念不动摇。进入新时代,以法律保障人民权益要坚持广泛听取民意,为人民立法;严格执法,树立法律权威;公正司法,对待任何人一视同仁,不偏不倚。其四,全面从严治党是夯实人民主体地位的政治根基。中国共产党作为我国的执政党是历史和人民的选择。虽然如今我党取得了良好的成就,但仍要戒骄戒躁,不断自省,始终与人民群众保持血肉联系。所谓"乐民之乐者,民亦乐其乐;忧民之忧者,民亦忧其忧",党的先进性和纯洁性不是一劳永逸的,而人民恰恰是管党不力、治党不严的直接受害者。只有从严管党治党才能增强党的战斗力、凝聚力、创造力,提高党为人民服务的本领,赢得人民的支持和拥护,带领人民实现伟大复兴的历史使命。

(三)坚决捍卫人民的核心利益

马克思主义十分重视利益的重要作用,他把利益看作人类实践活动的逻辑起点。他认为,"人们奋斗所争取的一切都同他们的利益有关"[①]。可以说,人类社会的历史就是以利益追求为动力的价值实现与创造的历史。中国共产党作为坚定的马克思主义政党,它"没有任何同整个无产阶级的利益不同的利益"[②],它始终以满足人民群众的根本利益为一切工作的核心。历史证明,只有当党代表了最广大人民的根本利益,党自身才能不断壮大,受到人民拥护和爱戴,国家各项事业才能取得成功。中国共产党成立之初,国破家亡,百姓流离失所,中国共产党立足于全民族的利益,认识到一定要摆脱民族压迫和封建束缚,并提出了革命的最低纲领和最高纲领。在这些纲领的指导下,党带领人民进行了多年艰苦的革命斗争,最终解放了人民、取得了革命的胜利。中华人民共和国成立之后,国家百废待兴,中国共产党想人民之所想,急人民之所急,提出要将国家工作的重点转移到经济建设上来,社会生产力水平有了提高,人民生活也得到了改善。党的八大更是立足于人民群众的根本利益,指出了我国落后的农业国的惨淡现

---

①　《马克思恩格斯全集》(第1卷),人民出版社1956年版,第82页。
②　《马克思恩格斯选集》(第1卷),人民出版社2012年版,第413页。

实及当前经济、文化不能满足人民需要的窘困状况。后来由于十年"浩劫",国家经济与文化都遭受到破坏,人民生活又一度陷入了贫困。党的十一届三中全会,做出了实行改革开放的伟大决策,重新把国家的工作重心转移到经济建设上来,开启了国家的历史性转折和人民生活的崭新面貌。40年众志成城、砥砺奋进,人民的生活发生了巨大的变化,获得感和幸福感不断提升。尤其是十八大以来,以习近平为核心的党中央领导集体带领全体人民不断谋发展、促革新、办实事,始终把"人民利益高于一切"作为行动的指南,以实现人民利益为一切工作的出发点。对于新时代全面深化改革工作而言,要使改革始终沿着正确方向深入推进并且成效显著,就要始终如一地代表最广大人民的根本利益,坚持人民利益高于一切,抓住人民最关心最直接最现实的问题,实现好、维护好、发展好最广大人民根本利益,使改革理念、改革措施以及各项改革政策都围绕"人民利益至上"这一思想来设计、制定,在全面深化改革中真正实现人民主体地位。

四、结　语

人民是新时代全面深化改革的主体,是对历史唯物主义"人民观"的坚持和发展。新时代全面深化改革不仅要明确坚持人民主体性的三重逻辑,明确人民是改革的价值主体、认识和实践主体、评价主体;还要以五大发展理念引领改革,以四个全面保障改革,坚决捍卫人民的核心利益。中国共产党作为坚定的马克思主义执政党,根本立场是以人民为中心。新时代推动党和国家的各项建设事业发展,必须始终坚持人民的主体地位,紧紧抓住人民群众这个中心线,以实现最广大人民群众的根本利益为出发点和落脚点,发挥人民群众的主观能动性,推动改革事业的进展,让人民享受改革发展成果。

从民众写史的精神生活化看当代群众史观变革①

刘　举②

【摘　要】　日益多元化、市场化的历史书写不断重塑着普通民众的历史认识和精神生活。民众写史既增强了群众参与历史创作的主体话语权,又满足了民众精神文化需求,成为当前社会流行的一种大众文化现象。作为后现代史观的组成部分,公众史学的通俗化、审美化、个性化及群众参与的特点推进了史学成果的有效传播,扩大了社会影响力,也在一定程度上解构着宏大叙事风格的传统史观。对此,在对公众史学的唯心主义、不可知论、解构论、碎片化等弊病进行批判的同时,我们应对马克思群众史观进行理论澄清并推进其时代化发展。除在历史知识生产和传播中提升群众的参与权外,我们应从社会历史实践出发审视群众史观变革中个性与共性、创造性与制约性、学术性与应用性之间的辩证关系。

【关键词】　民众写史;大众文化;群众史观变革;历史思维

进入新世纪以来,随着网络、电视等公共媒体的快速发展,网络历史小说、历史题材的电视剧、学术明星的百家讲坛等日益成为群众精神生活的重要组成部分。这股历史文化传播的世俗化、商业化浪潮既反映了大众文化市场的需求指向,也激发了民间写史的热情,并形成一种炙手可热的社会文化现象。当前,日趋多元化的历史书写在精神生活领域影响和塑造了民众的多元历史认知,也不断激励他们勇敢地记录下自己的社会文化记忆。正如哈拉尔德·韦尔泽在《历史的记忆与政府的宣传——记忆中的政治因素》一文中写道:"官方的文化记忆

---

①　基金项目:浙江省社科规划一般项目(19NDJC112YB),宁波市哲学社会科学学科带头人培养项目,吉林省社会科学院 2017 年委托项目。

②　刘举,宁波大学马克思主义学院副教授,研究方向为马克思主义中国化。

与私人的文化记忆内容是截然不同的。"①还原历史就不能遗忘私人的文化记忆和历史书写,因为它代表了真实历史的另一面向,能对官方的文化记忆和历史书写起到丰富和补充作用。特别是随着市场经济的发展,我们进入了一个"大历史"兼顾"小历史"的时代②,如何处理好二者之间的辩证关系不仅仅是一个学术问题,也关涉到一个民族国家的意识形态宣传和价值观引导。当然,对民间写史及历史知识传播通俗化、市场化现象的非议或批判有之,同情和赞赏亦有之。国内学界的争论焦点还主要集中在历史虚无主义批判、历史客观性与历史解释的多元化之间的关系等方面,而有关群众历史书写权、历史知识满足群众精神文化生活需求、历史知识生产的资本逻辑以及如何深化马克思主义群众史观的认识等方面还有待探讨。况且,当前民众写史及历史传播世俗化趋势也深受西方后现代史观、大众文化理论的影响,历史书写及历史解读的文学化、艺术化、大众化取向在一定程度上扰乱了社会思想秩序。为此,我们必须澄清群众历史书写权、解释权的现实基础并对其构建的文艺化感性现实背后隐藏着的不可知论乃至文化资本逻辑进行批判,这构成了马克思群众史观推进时代化发展的一项重要议题。

一、历史知识生产的精神生活化及其背后的资本逻辑

一个民族的历史记忆承载着这个民族的生命价值和精神生活信仰,维系着这个民族最基本的生产和生活秩序。随着资本全球化时代的到来,中国人的历史观也日趋世俗化、现代化,从而呈现出不同的历史认同感和自我存在感。近代以来,中国人的历史观主要经历了"天道史观""进化史观""唯物史观"三个发展阶段。③ 特别是"唯物史观"真正奠定了人民群众在革命建设、人类解放中的主体地位,开始从"现实的人"及其日常生产和生活中审视历史发展及其规律性。一方面,它既扫除了传统历史意识对历史神圣感、使命感的敬畏迷雾,也没有囿于传统学院派还原客观、真实历史的窠臼,而是发现了"两个必然"的历史规律并论证了以革命实现解放的前景。另一方面,"唯物史观"在革命实践和建设中又

① 亚历山大·L.尼基福罗夫:《历史记忆:意识的建构》,冯红编译,《国外理论动态》2017年第12期,第94—100页。

② 周世瑜:《小历史与大历史——区域社会史的理念、方法与实践》,生活·读书·新知三联书店,2006年版,第10—11页。

③ 将海怒:《唯物史观与近代中国历史意识变迁》,《东南学术》2009年第6期,第81—86页。

充满了浪漫色彩,起到了精神动力、观念转变和社会变革作用。而随着市场经济的发展特别是后工业时代的来临,群众的历史意识受后现代史观的影响,更侧重从历史叙事中获取主体精神体验,历史作品成为适应市场需求和刺激消费的大众文化并带有一定的娱乐审美色彩。可见,面向大众精神需求的历史知识生产和历史诠释是同历史意义及其诠释范式密切相连的,蕴含着历史意义的生成性。在伽达默尔看来,"历史距离还具有一种特有的诠释学的创造性"①,也正是具有一定时间距离的历史诠释使历史事件的意义及其精神内涵得以彰显。因此,民众通过写史在实现对历史事件进行诠释的同时,不断建构着与个体及其生活相关的历史意义,逐步形成了当代人精神文化生活的重要支撑。

首先,公众写史主要是写个体的日常生活史,具有通俗化、微观化等特点,从而使作者或读者的历史记忆获得精神寄托或共鸣,反映了底层社会的精神文化需求和历史知识话语权的增强。从视角上看,公众写史立足于个体和微观视域,"自下而上看历史"或重构多元化历史,倡导每个人都有书写自己历史的权利。"让个体发声""人人都是他自己的历史学家"②使历史真正走出象牙塔和学院,凸显了历史解释的当下性、个体性和应用性。个体写史使平凡人物的历史记忆受到尊重,使那些被压抑的故事、情感得以复活,也使个体思想得以绵延、精神需求得以有效满足。个人日常生活史是鲜活的经验史,是展示内心世界并确证自我存在认同的一种自由表达方式。"以谱系为依据的家庭的、团体的、王朝的或国家的身份认同被完全以个人生活历程为框架的个人身份认同所取代。……把回忆、自我审视和文字当作最重要的工具,成为市民社会主体生成的基本手段。"③然而,私人写史也可以通过个体的历史回忆勾起一代人的集体记忆产生社会影响力,引发当代人对我们民族历史的文化病症和心理顽疾进行反思,在重塑某一集体历史文化意识的同时形成这个集体的文化认同。正是在对历史文化的守望和记忆中,民众在努力寻找一种身份认同和精神归属,知道我们是谁、从哪里来、到哪里去以及存在于世的价值。④ 这也是现代生产方式对传统文化、社

①　伽达默尔:《真理与方法》(下卷),洪汉鼎译,上海译文出版社1999年版,第688页。

②　美国历史学家卡尔·贝克尔曾出版专著《人人都是他自己的历史学家:论历史与政治》,新一届美国历史学会主席爱德华·艾尔斯也曾有此言,倡导打破专业史学同民众之间的壁垒并服务民众,倡导历史解释、书写形式的多种可能性。

③　阿莱达·阿斯曼:《回忆空间:文化记忆的形式和变迁》,潘璐译,北京大学出版社2016年版,第100页。

④　刘起林、晏杰雄:《历史记忆与民间想象——王青伟〈村庄秘史〉评论集》,湖南人民出版社2012年版,第94—95页。

会组织结构及思维模式冲击后而形成的集体身份焦虑,进而迫使民众通过参与历史记忆及书写找回民族自我。

其次,公众写史充分运用想象力和多种表达方式,努力打造有趣阅读甚至娱乐化的快餐文化。很多网络写手、讲坛明星运用想象力、艺术表达手法对史料进行再加工,试图给读者带来视觉冲击和审美快感,满足不同人群的个性化需求。为此,他们关心的首先不是史料的确证性和论证的严密性,而是历史的人文性和当前大众的精神文化需求取向。因此,"不必受史学界规范制度的约束,也没有做出成果、接受同行审阅的压力,所以就会自然而然地选择自己写着轻松、大家也看着轻松的方式"①。特别是在后现代主义背景下,群众不仅能参与历史的解释及建构,而且还享有随时随地消费历史知识文化产品的权利。因此,历史知识生产成为大众文化的重要组成部分,历史书写逐渐蕴含了艺术性、文学性乃至诗性的特质,更加重视叙述的情节性、故事性和语言修辞。历史书写形式和题材的多元化问题也日益凸显。有的是文字,有的是图像,有的是视频或声音,有的是博物馆实物,等等。于是,为适应文化市场需求,一大批网络写手开始着手历史小说、影视剧本、纪录片等方面的制作并通过网络等多种现代媒体进行推广传播,发挥着以历史知识通俗化传播服务社会并实现牟利的双重职能。特别是影像艺术使历史叙事更加立体化,更具扎根于生活土壤的现实可靠性,也颠覆了以往文字表达的局限性。② 可见,新媒体的兴起不仅使普通民众的历史记忆重见天日,获得了向他人诉说和表达的权利,同时也有力地推进了历史知识的市场化发展及大范围的迅速传播。因此,传播媒介的发展为公众历史的市场化、表达方式的多元化创造了技术条件,使历史知识的制作、传播更便捷、更廉价,也提升了读者的阅读体验和审美效果。

第三,文化资本的介入加速了历史文化生产的市场化进程,也在一定程度上摆脱了国家对历史写作权力的控制,推动了历史文化由精英文化向大众文化方向发展。随着市场经济的发展,国家在民众精神生活领域中的意识形态引导力和管控效能有所弱化,进而也引发了民间写史的兴起和群众精神文化需求的日益增强,这些都为文化资本渗透提供了条件。受资本逻辑的影响,民间的历史文化生产在满足和引导群众感性生活需求的同时,也对传统的精英史、正史及抽象的宏大历史叙事模式起到消解作用。特别是在后现代史观影响下,群众的历史

---

① 钱茂伟:《公众通俗写史研究》,《历史教学问题》2015年第1期,第80—86页。
② 周兰:《论建构影像传播历史的大众意识》,《当代文坛》2007年第5期,第169—171页。

意识日趋多元化、差异化,不断冲击着传统理性史观对民众历史意识的整合作用。因此,原有的很多历史文化精神被改写、消解,意义、深度、主体被平面化、狂欢、戏谑所取代,资本在其中发挥了隐性的社会意识形态控制作用。鼓励群众参与历史文化创作成为当前文化市场推广和文化产品营销的一项重要策略。比如:为业余爱好者提供竞赛和个人作品展示平台,为群众参与创作提供专业培训和技术设备支持,等等。在此过程中,文化企业也主动与媒体、学术机构进行合作,进行活动策划、吸引投资、文化产品的市场推广等。当然,也有一些民间人士或学者不以商业为目的,而是强调民间写史的公益性。他们通过网络平台募集资金并组织写史活动,进行低成本制作,用微观话语对抗意识形态笼罩下的、模式化的历史文化表达方式。

此外,作为消费文化的历史知识生产具有后现代史学特点。一方面后现代史学过于强调当下性,片面要求历史生产为当代社会服务特别是满足个体精神文化需求。于是,历史知识写作与当代个体日常生活密切相关,并且在写作思路和语言风格上迎合当代文化消费者的思维习惯和审美需求。另一方面,过度关注当代需求和艺术创作也可能导致历史失真,难以调和历史客观还原与历史加工创作之间的悖论。此外,后现代史观在历史学领域推崇解构论的论点,结果导致"历史学研究的终极产品——历史学文本及其其中所包含的历史解释——并不是对过去的忠实再现,而是与文学家工作的产物一样,同为文学制品"①。因此,公众史观通过虚构、创造、想象等因素颠覆宏大叙事和揭示历史书写背后权力关系的同时,也把历史研究碎片化、文学化,有导向历史不可知论和历史虚无主义的危险。

从总体上看,当代民众的历史意识与历史文化生产密切相连,越来越体现多元化、个体化、微观化、市场化、娱乐化等特点,从而成为满足民众精神消费需求的大众文化。可见,文化资本的介入在提升当代民众历史文化生产话语权的同时,也在一定程度上改变了他们在历史书写中的边缘地位。

二、公众史学的兴起与当前马克思群众史观研究的薄弱点

美国的公众史学兴起于 20 世纪 70 年代,在 80 年代就被罗荣渠、王渊明等学者介绍到中国,到 21 世纪才受到中国学界的重视。这当然与中国经济发展、

---

① 彭刚:《叙事的转向:当代西方史学理论的考察》,北京大学出版社 2009 年版,第 130 页。

科技进步,特别是大众文化的兴起等时代背景有着密切联系,在一定程度上适应了公众参与、服务公众的历史知识大众化发展趋势。在学界,中国的公众史学研究还主要集中于学科理论体系建构、方法论或研究领域新拓展方面,但还没能形成本土化特色。王记录认为,中国本土史学大众化的传统还没得到应有关注和发展,民族志、地方志、历史小说、家谱、个人传记特别是中华人民共和国成立以来的马克思群众史观都曾在历史知识大众化传播中发挥过作用。① 但在马克思群众史与公众史观的比较、马克思群众史观如何引导中国公众史观发展等方面的研究还处于空白地带。

众所周知,马克思在历史观上的一个重要贡献在于把人民群众看成是社会历史的主体和真正创造者,把群众的实践活动看成社会历史发展的主题,从而为历史唯物主义奠定了现实基础并彰显了人类自由解放旨趣。正如巴勒克拉夫所言:"马克思促进了对人民群众历史作用的研究,尤其是他们在社会和政治动荡时期的作用。"② 这在历史研究的方法论意义上肯定了马克思群众史观的进步作用,也从此真正提升了人民群众在历史研究中的主体及主题地位。然而,从 21世纪的公众史学在史学的应用传播和群众参与角度来看,马克思主义理论学界对马克思群众史观在资本参与历史知识生产、个体的日常生活史观及历史知识对大众精神文化生活的塑造等方面的解读和探讨还有待推进。

首先,学界对马克思群众史观的研究侧重于对群众的历史活动主体性、物质条件限制性等方面的探讨,在研究主题和书写风格方面难以体现为群众写史的群众史观内涵。群众史观关于群众历史主体地位的观点主要包括:一是从社会生产和社会变革角度看,人民群众是历史的创造者、推动者,是历史活动和变革的主体性力量、动力;二是群众史观倡导历史研究或书写人民群众立场,历史研究者应把群众的社会实践活动看成历史研究和书写的主题,要站在群众立场上为群众写史。而当前的马克思群众史观研究过于重视前者,只看成历史的剧中人,而忽视了群众作为历史剧作者的丰富内涵发掘,最终导致在如何坚持群众立场特别是如何为群众写史方面的研究尚待深化。虽然,在历史教科书中强调了人民群众在阶级斗争和文明进步中的重要作用,但内容依旧是政治、经济、文化、军事、外交等传统领域。这一历史书写强化了人民群众在推动历史发展中的物质基础和历史条件性,忽视了群众的日常社会文化生活及其精神利益追求。而

---

① 王记录、张嘉欣:《公众史学在中国:发展路径与理论建构》,《河南师范大学学报》(哲学社会科学版)2017年第 4 期,第 122—128 页。

② 杰弗里·巴勒克拉夫:《当代史学主要趋势》,杨豫译,上海译文出版社 1987 年版,第 27 页。

公众史学在研究主题、研究方法、书写方式上更加丰富多元,与当代公众需要紧密结合。公众史学不写重大事件和重要历史人物的轶事,而是写普通民众的小事、生活、社会文化等微观领域。他们揭示小人物的活动和心态,"对日常生活、大众文化的关注不在于有形的物质文明,而是其背后无形的情感、观念、规则和态度等"①。特别是随着市场经济的发展,群众对政治史、革命史、阶级斗争史等由崇拜到陌生化,认为在表达上缺乏个体和个性,还没有真正深入到普通民众的日常生活之中,没能真正反映人的现实性和现实生活。

其次,当前学界的马克思群众史观侧重于学术研究,马克思群众史观的大众传播功能没能得到有效发挥。当前国内的群众史观研究主要集中在哲学理论领域,虽在其他学科研究中起到指导和应用作用,但依然具有学院化特点。一些史学研究成果要么追求客观性而过于抽象,要么成为政治的附庸,因而群众史观研究依旧是脱离现实的,难以体现群众观点。随着市场经济的发展和民主意识的增强,民众对历史叙事、历史书写有了更高的期待。在他们看来,历史书写不仅仅要发挥政治教化和意识形态功能,而且应该满足群众的精神文化生活需求。为此,公众史学背景下的历史知识逐步演变为大众文化,利用多种手段方法构建通俗化的、有市场吸引力的历史知识。作为大众文化消费者的民众认为,以往的历史书写充斥着"高、大、上"特点,是没有亲切感的、冷冰冰的、没有生活气息的历史。因而,对民众来讲,传统的历史书写在内容上和写作风格上只是单向度的历史。而公众史学侧重于历史知识与文化传播,以面向社会需求为宗旨,因而体现出很强的实用性。对此,有学者曾强烈呼吁:"历史学应该走出史学界,以很大的热情回报广大群众的积极要求,面向社会、面向群众。"②这也充分说明群众史观要坚持走群众路线,要有现实的时代感,无论在研究还是传播领域都应当如此。为此,如何发挥马克思唯物史观的社会功能并对群众产生影响是群众史观必须深入探讨的重要议题。

第三,当前学界的群众史观研究忽视了民众的历史书写权问题探讨,只强调历史书写的群众立场、观点,凸显了代替群众进行历史书写的专业性和权威性。以往的群众史观主要不是指群众直接参与历史书写,而是指通过坚持历史书写的群众立场实现为群众而写史、代言的目的。通常来讲,由于阶级的局限性,历史书写权常常会被统治阶级垄断,而代表普通民众利益的阶级或学者难以获得

---

① 陈启能:《西方历史学名著提要》,江西人民出版社 2001 年版,第 673 页。
② 李文海:《历史学,请走出史学界》,《光明日报》1998 年 5 月 15 日,第 7 版。

书写权,因而以往的非群众史观也就难以真正体现历史书写的群众性。在社会主义国家,人民民主政权一般会坚持马克思群众史观的基本观点。但受历史条件的限制,国家在历史研究和书写方面主要坚持客观原则,推崇历史书写的专业性,反对历史虚无主义,因而历史书写权主要集中在历史学家及其所属的统治阶级手里。而公众史学承认民间写手的历史知识传播作用,试图让群众获得书写自身历史的权利。"这是社会开放度提高和民众历史意识觉醒的表现。"①因此,公众史学既体现了历史书写的群众参与权,又体现了群众对历史文化的需求主导权。这就从群众参与历史解释、历史传播和享受历史知识成果等领域消解传统群众史观的当代解释力,也容易对社会主义国家历史研究的群众立场内涵阐释起到误判或误导影响。

三、马克思群众史观变革的历史思维方式与现实批判意识

面对民间写史浪潮及公众史学的兴起,马克思群众史观研究在立场和方法上必须彰显时代性、人文性意蕴,深入发掘群众史观的大众参与内涵与历史知识的现实应用推广策略。对此,我们既要把唯物史观看成是立足于社会实践的世界观和方法论,又要在现实批判与自我批判中实现自身的变革。李红岩曾指出,学界过多强调其宏观方法意义,对唯物史观在中观和微观方法论领域的指导及应用探讨较少。②而深化中观和微观领域的探讨更有助于打通马克思主义史学与西方史学的联系并实现方法论上的对话,进而奠定唯物史观对国内非马克思主义史学的指导地位。为此,在市场经济条件下,马克思群众史观在方法论上必须探索方法的多样性,努力构建"一体多样"格局,进而在新时代有效发挥其国民历史教化及历史研究指导的作用。从本质上看,这是由马克思群众史观本有的历史思维态度和现实批判品格所决定的,进而才能得以彰显其作为历史科学的客观永恒性。

首先,应深化对历史唯物主义在科学和人文、学术研究和现实应用等双向视域沟通及内涵互补的认识,在马克思史学观指导下坚持"分界与互动"的原则。马克思史学观在坚持科学性、客观性基础前提下,不否定历史叙事表达的人文性和现实应用性,因而也不否定大众历史书写的现实推广与传播作用。因而,我们

---

① 王艳勤:《民间写史与学院史学:对立中的共谋》,《人文杂志》2013 年第 2 期,第 77—82 页。
② 李红岩:《马克思主义史学思想史》(第 4 卷),中国社会科学出版社 2015 年版,第 409 页。

不能用职业化、学术化标准来评价民间历史书写,这种通俗化、大众化的历史应该主要由人民群众去评价。一般来讲,公众史学所建构的客观真实性是一种感性化、微观的真实,而传统史学观所追求的客观真实性是宏观的,是建构在理性基础之上的。作为一门特殊的科学,历史学不能离开史学的人文化和艺术化来谈其科学化。因为,"历史不过是追求着自己目的的人的活动而已"[1]。人的现实性决定了历史研究和书写必须以满足人的需要为出发点和落脚点,而不能为了片面追求历史客观事实而不顾表达的抽象性或远离群众的现实生活世界。人类历史活动的复杂性也决定了历史研究和书写必须采用跨学科研究方法,这不仅是历史研究走向专业化的重要路径,也是历史知识实现大众普及并产生社会影响力的现实需要。比如:"历史人类学在革新和扩大传统史学研究领域,重视和恢复普通人民群众在历史发展中的应有地位与作用方面,对当代史学发展具有积极意义。而且,无论在内容还是在表达方式上,都通俗易懂趣味无穷,很适应普通读者的水平和要求,因而十分有利于历史研究成果和历史知识的普及。"[2]因此,建构马克思历史唯物主义的科学性和指导地位不仅要坚持史料(历史事实)的客观性原则和物质条件性前提,还要运用多元的方法以体现出思想解释的创造性和服务群众功能。

其次,关注群众史观研究的中观和微观视域,发挥宏观研究的统领作用。马克思的群众史观不仅关注集体主体性,也关注个体主体性,没有否定个性化的历史和历史创作的个性化。当前的马克思群众史观囿于总体史观和长时段史观的影响,没能真正从个体角度和微观角度来考察历史中群众的主体性。因而,也就难以在历史研究的主题、方法、书写方式中凸显个性,并形成有个性化的历史创作。在马克思看来,随着社会历史发展,未来的人会逐步摆脱对人和物的依赖关系,从一个"抽象的人"变成一个"现实的人"即"作为个人的人"。[3] 而这一个人是个性化的、有自由自觉意识的人,也就是群众中的个体。群众史观反对个人主义,但并不反对个体和个性,反而恰恰是为了解放和张扬那些被压抑的个体和个性。因此,随着市场经济的发展和个体主体意识的觉醒,群众史观在研究集体行为及其观念的历史的同时,也要研究那些处于底层的平凡个体及其个性。因此,作为理性史观,马克思群众史观在研究人民群众主体性的同时应兼顾普通民众的个体主体性,进而实现历史研究的普遍性与特殊性的统一。况且,离开了个性

---

① 《马克思恩格斯全集》(第2卷),人民出版社1957年版,第101页。
② 荣颂安:《历史人类学简介》,《世界史研究动态》1986年第4期。
③ 《马克思恩格斯选集》(第1卷),人民出版社1995年版,第127页。

和个体的群众就会变成不现实的抽象存在,集体也不等于个体的简单相加或个性的均衡。虽然那些被过度阶级化、资本化了的个人在当前社会里依然存在,但民间写史和公众史学的兴起却充分表征了民众通过参与历史创作发现自己存在并有效表达自身利益诉求的重要方式。

第三,在与后现代史观、现代社会的对话、批判及自我批判中推进自身的变革。具体而言就是坚持可知论的、总体性的、唯物主义的群众史观,批判不可知论的、碎片化的、唯心主义的群众史观。从本质上看,马克思的群众史观是坚持唯物主义的,坚持历史事实和历史条件的优先性和客观性原则。作为总体史观,马克思在历史研究上坚持重构论与建构论的结合,认为权力关系、认知能力、史料条件等都具有历史暂时性特点,并不能从根本上否定历史规律的存在和历史事实的澄清。由于马克思的群众观在本质上是面向社会实践的,因而能有效解决作为个体的群众及其个性产生的社会基础,也能从历史的诸多个体活动及多元观念中获得普遍性的客观性认识。而从属于后现代思潮的公众史学在本质上具有唯心主义特质,过于强调历史现象的解释、个性、个体的表达并扩大了偶然性和当下性的主观能动性,因而容易陷入不可知论史观的范畴。比如:海登·怀特、安克斯密特等叙事主义历史学家片面夸大了语言修辞在历史解释及撰写中的作用,直指历史的非科学性及与自然科学之间的差异性,最终导致历史相对主义和主观主义。[①] 因为,公众史学较多关注历史现象的精彩描述和个性化解读,却止步于历史本质、规律、事实的大门,忽视了社会实践和历史条件对个体和个性形成的决定性和制约性作用。此外,公众史学的解构性和碎片化特点对国民历史教育和历史意识的统一化会产生颠覆作用,不利于社会思想的稳定和历史的民族自信心的增强。对此,马克思主义群众史观应该坚持自己的唯物主义原则,除在方法论上借鉴公众史学的优越性之外,还应对其不足和危害进行批判。

第四,马克思群众史观研究需要坚持历史生成性原则和大众化立场,这是一种对现实负责的历史性变革态度。从历史诠释学角度看,过去的历史事件和我们的历史意识都是历史性存在,同样我们的历史观也应存在着一个历史性变革的过程。一方面,历史的生成性决定了群众史观不是静止的,而是发展的,是由历史实践活动发展所决定的人的历史意识的生成过程。因此,不能离开历史审视和发展群众史观,既要看到群众史观与当代民众之间的密切联系,又要从总体

---

① 《史学理论丛书》编辑部:《当代西方史学思想的困惑》,中国社会科学出版社 1991 年版,第 46—48 页。

上和社会实践的角度看待群众史观的变革。另一方面,既要看到群众史观中群众的主观能动性和实践创造性,也不能忽视群众或个体在社会实践中的受动性、规律性。马克思曾讲:"人们自己创造自己的历史,但是他们并不是随心所欲地创造,并不是在他们自己选定的条件下创造,而是在直接碰到的、既定的、从过去承继下来的条件下创造。"①对此,历史研究者不仅要站在群众立场上为民众写史,真正让群众成为历史的主角和创造者,还要保障和提升底层民众在历史书写中的参与权、监督权、表达权,这也应该成为当前马克思群众史观研究的重要议题之一。从根本上讲,马克思的群众史观及其历史性变革都是立足于社会历史实践基础之上的。"虽然任何理解都是自我的理解,同时又都是事情的理解……但对事件本身的强调,意味着理解虽然离不开前结构或前见,但这决不等于可以任意进行,没有任何约束,可以不问是非好坏,否则将导向相对主义乃至虚无主义。"②因此,正是历史事件本身的实践基础使我们得以探索到群众历史活动的客观真理性、群众的主体性和群众的历史局限性。

可见,唯物史观之所以能超越后现代史学观及其他一切经院历史哲学,关键在于其面向实践的历史思维、人民群众立场和现实批判品格。因此,面向大众的马克思群众史观变革在借鉴历史认识和书写的人本性、文学性、通俗化、美学化的同时,也应从社会历史实践出发审视群众的历史主体地位、历史书写权、历史消费的大众文化取向,正确引导公众史学服务社会、满足大众精神生活需求。

---

① 《马克思恩格斯选集》(第1卷),人民出版社1972年版,第603页。
② 何卫平:《历史意识与解释学循环》,《中国高校社会科学》2014年第2期,第31—39页。

以"红船精神"推动全面深化改革

李　硕[①]　田东兴[②]

【摘　要】　十九大结束后,习近平总书记带领新一届政治局常委集体到嘉兴南湖瞻仰红船并发表重要讲话,"红船精神"被重提并且深受党中央空前重视。2018 年又恰遇改革开放 40 周年,而浙江既作为中国革命红船的起航地,又作为全国改革开放的先行地,同时还是习近平新时代中国特色社会主义思想的萌发地,"红船精神"与"深化改革"在这片神奇的土地上不断交织耦合,二者从诞生伊始就已存在关联。本文从探索"红船精神"与"全面深化改革"的内在逻辑联系入手,进而系统地阐释"红船精神"具体可以怎样来推动"全面深化改革"。

【关键词】　红船精神;改革开放;精神动力;习近平;十九大

经过整整 40 年的改革开放,中国取得了举世瞩目的发展。人民生活水平大大提高,综合国力显著增强,国际地位日益凸显。与此同时却也产生了诸多问题,比方一些行业制度规范落后于社会发展水平,不能适应现实中出现的复杂状况,像具体领域的法律法规因没有及时做出修改完善,导致生产生活特别是经济活动中出现各种漏洞。这些问题直接关系到人民群众的切身利益,严重关乎国家的长治久安。马克思曾说过"各个人借以进行生产的社会关系,即社会生产关系,是随着物质生产资料、生产力的变化和发展而变化和改变的"[③],但如果社会关系没有与生产力保持同步的变化或各种管理制度的顶层设计没有人为地及时做出调整完善,那么陈旧落后的社会关系势必会阻碍生产力的发展。从目前中国社会现状来看,改革刻不容缓,各行各业急需全面深化改革。

改革开放 40 周年的历史经验证明,"改革开放是改变中国命运的关键一招,

---

①　李硕,中共浙江省委党校硕士研究生,研究方向为马克思主义哲学。
②　田东兴,中共松阳县委党校教师,研究方向为马克思主义中国化等。
③　《马克思恩格斯选集》(第 1 卷),人民出版社 1995 年版,第 345 页。

我们要坚持改革开放,并且要上新水平,上层次"①。在当前时代背景下,以习近平为核心的党中央及时做出了"四个全面"的战略布局,即全面建成小康社会、全面深化改革、全面依法治国和全面从严治党。"全面建成小康社会"可理解为"全面深化改革"最终要实现的社会发展的阶段性目标,"全面依法治国"和"全面从严治党"可理解为"全面深化改革"的具体措施,可见"四个全面"中"全面深化改革"是关键。

　　时任浙江省委书记的习近平在《光明日报》上刊发五千多字的署名文章《弘扬"红船精神" 走在时代前列》,系统阐述"红船精神",认为"红船精神"是中国革命精神之源,并将"红船精神"的内涵高度提炼为"开天辟地、敢为人先的首创精神,坚定理想、百折不挠的奋斗精神,立党为公、忠诚为民的奉献精神"②。"红船精神"这三点内容依次体现出三个独立而统一的含义:第一点内容体现出"红船精神承载着中国共产党人的初心和使命"③;第二点可见它是共产党带领全国人民进行伟大实践的精神支撑;第三点则体现了中国共产党的价值取向。

　　"红船精神"与"全面深化改革"就二者的性质来看,"全面深化改革"属于社会实践范畴,"红船精神"属于社会意识范畴,"意识"可以对"实践"进行思想性指导或价值层面的引导。从现实需求来看,正在进行的"全面深化改革"确实需要"红船精神"的指引和推动。

一、以"首创精神"铺开全面深化改革的画卷

　　90 多年前,内忧外患的中国遭遇了大的不幸。但是,正如鲁迅先生所说,"中华民族自古以来就有埋头苦干的人,就有拼命硬干的人,就有舍身求法的人,就有为民请命的人,他们是中国的脊梁"④。正是在这种民族精神的感召下,十三位热血青年在上海召开了一个具有划时代意义的会议,尽管当局阻碍,但他们并不妥协,而是转移到嘉兴南湖的一条船上完成既定目标,践行对革命信念的坚

---

　　① 中国共产党第十八届中央委员会:《中共中央关于全面深化改革若干重大问题的决定》,人民出版社 2013 年版。

　　② 习近平:《弘扬"红船精神" 走在时代前列》,《光明日报》2005 年 6 月 21 日。

　　③ 户华为:《"红船精神"承载着中国共产党人的初心和使命》,《光明日报》2017 年 12 月 5 日,第 3 版。

　　④ 选自鲁迅《且介亭杂文》中的《中国人失掉自信力了吗》一文。原文是:我们从古以来,就有埋头苦干的人,又拼命硬干的人,有为民请命的人,有舍身求法的人,……虽是等于为帝王将相作家谱的所谓"正史",也往往掩不住他们的光耀,这就是中国的脊梁。

守。尽管有生命危险,但是他们坚持转移地方也要把建党伟业办成,全然不顾时时刻刻存在的生命威胁。并且,他们所做的是要建立一个中国历史上全然没有过的崭新的无产阶级政党。正因为如此,习近平同志把"红船精神"的第一条凝练为:"开天辟地、敢为人先的首创精神。"

正是在这种"开天辟地、敢为人先的首创精神"的引领下,我们的改革创造出多个领域中的"第一次"。经济领域第一次提出"经济发展新常态"的战略判断;司法改革中第一次提出"审判长负责制"的体制改革;生态环境改革中第一次提出"绿水青山就是金山银山"的发展理念;军队改革中第一次提出"联合指挥作战体系";等等。如果不敢打破思想藩篱,不敢突破"体制"约束,改革就无从谈起。正是由于有"首创精神",才敢于为解决当前的问题寻找新方案。

全面深化改革,新在"全面",要调整一系列的关系问题。以往的改革重点在经济领域,而本次的改革涉及多个领域,覆盖国家社会生活的方方面面,不是小修小补,而是结构性、制度性的变革。可以说,既没有现成的例子来参照,也没有既成的样板来借鉴。这需要改革者以"开天辟地、敢为人先的首创精神",以对历史负责、对党和国家负责的态度向各个领域铺开改革的画卷。改革的"全面性"也意味着将要触及诸多不曾面对过的新情况、新问题。不确定因素增多,风险加大。这就要求改革者立足自身,依靠群众,在党协调各方、总揽全局的统一领导下大胆创新,用新思路、新方法解决所面临的问题。

二、全面深化改革需以"奋斗精神"推进

从嘉兴南湖的扬帆起航,到奋楫金沙江、四渡赤水、横渡长江的历尽千帆,再到大江大洋里搏海弄潮的风正帆悬。"红船"的意象就是中国共产党在弱小中成长、在苦难中探索、在挫折中成熟、在实践中壮大的生动形象。新时代,我们进行的社会主义现代化建设,是新的"革命"。"革命的对象"由原来的"三座大山"变为"发展中不平衡不充分的问题";在历史进程中,我们党对实现"国家富强、民族振兴、人民幸福"的不懈追求没有变过,我们应继承和发扬奋斗精神,把这份宝贵的精神财富变成推动我们各项事业前进的巨大力量。中华人民共和国70年的发展轨迹,见证着我们党的奋斗历程。从中华人民共和国初期的百废待兴到如火如荼的社会主义建设,再到改革开放时期举世瞩目的伟大成就,中国的经济实力、综合国力大幅提升,不断增加的物质财富夯实着人民幸福的基础,也让广大群众对幸福生活有了更高的期待。以习近平同志为核心的党中央掷地有声地承

诺:"人民对美好生活的向往,就是我们的奋斗目标。"

全面深化改革,难在"深化"。首先,对现实的本质认识不清、不全,难以走向深化。围绕着限制生产力解放发展的重点问题协同攻关,既需要单位内部不同部门之间的资源整合,也需要不同单位间的密切配合。其次,对原有既得利益的维护和不敢触碰难以达到深化。改革中必定会触及一些单位、部门的既有利益,处理不当很可能引起他们的反对。改革者面临这种情况要勇于"动"既得利益者的"奶酪",进行自我"革命"。同时要求被改革者打开视野,突破自我利益、部门利益的小格局,以全面整体思维看问题。最后,对改革的艰巨性和复杂性认识不到位,难以将改革推向深入。

全面深化改革的任务艰巨。既要面对诸多的新情况,还要破局越来越大的改革阻力,所以不仅需要超凡的勇气和能力,还需要坚定理想、百折不挠的奋斗精神。习近平同志多次引用美国诗人穆尔的诗句"胜利不会向我走来,我必须自己走向胜利"来表达党中央和其本人对改革进行到底的奋斗决心。应该明确的是,"历史的耐心"①是"奋斗精神"的题中之义。社会是复杂的,解决社会和经济问题的进程是需要时间的,不可能一蹴而就。改革中,方案一经确定,要以坚决的意志贯彻执行抓细抓常,下一番绣花的功夫。遇到任何困难都应以"坚定理想、百折不挠的奋斗精神"来将改革的进程推向深入。

三、以"立党为公、忠诚为民的奉献精神"把握全面深化改革的方向

价值判断是决定改革走向的核心问题。为什么改革,为谁改革,是首先需要明确的问题。党的十八届三中全会指出:"经济体制改革是全面深化改革的重点,核心问题是处理好政府和市场的关系,使市场在资源配置中起决定作用和更好发挥政府作用……让一切创造社会财富的源泉充分涌流,让发展成果更多更公平惠及全体人民。"②习近平同志指出:"要不断把蛋糕做大,把做大的蛋糕分好。"③一方面要不断解放发展生产力,另一方面要重视生产关系的改革,重视公平正义。在当前,改革生产关系就是解放发展生产力。重点领域是体制改革,尤其是计划经济

---

① 2014 年中央经济工作会议指出:"推进城镇化健康发展是优化经济发展空间格局的重要内容,要有历史耐心,不要急于求成。"

② 中国共产党第十八届中央委员会:《中共中央关于全面深化改革若干重大问题的决定》,人民出版社2013 年版。

③ 习近平:《切实把思想统一到党的十八届三中全会精神上来》,《中国青年报》2014 年 1 月 1 日,第 1 版。

体制与市场经济体制的博弈,这是改革的攻坚区、深水区。一方面,现阶段的生产关系限制了生产力的发展;另一方面,现阶段的生产关系不利于公平正义。解决这两个方面的矛盾必须大力发扬"立党为公、忠诚为民的奉献精神"。

首先,"奉献精神"蕴含了共产党的初心。那就是实现中华民族的伟大复兴,进而实现共产主义的崇高理想。共产党是没有私利的党,是全心全意为人民服务的党,是为无产阶级求解放进而解放全人类的党。这些本质内涵使共产党具有极强的凝聚力和感召力,一批批仁人志士加入共产党,为了党的光辉事业抛头颅洒热血,赢得了民族的解放、国家的独立。中华人民共和国成立后,毛泽东同志对干部队伍的作风建设问题常抓不懈,强调保持党的先进性、纯洁性。但由于片面强调生产关系的改革,难免走了一些弯路。改革开放以来,国家的经济建设取得了巨大的成就,生产力得到空前解放和发展。人民生活水平显著提高,综合国力、国际地位极大提升。但是由于政治改革滞后,计划经济、市场经济"双轨制"的中间地带等体制弊病也使得官员异化、权力寻租现象加剧,产生阶层固化加深、贫富差距拉大等一系列新的问题。邓小平曾指出:"发展起来后并不比不发展时问题少。政治体制改革的滞后可能会使改革开放的事业葬送。"①这些充满忧患意识的论断都反映出政治体制改革的重要性。政治体制改革是"刀口向内"的改革。自我革新需要"奉献精神"的引领。如果广大党政部门没有"奉献精神",不知道共产党的初心为何物,就不能有推进政治体制改革的共识,就不可能在对触及自身利益的问题上有大局意识。他们反而会因一己私利而成为改革的最大阻碍。

其次,推进"反腐败斗争"需要大力弘扬"立党为公、忠诚为民的奉献精神"。改革开放以来,在市场化中形成的没有节制的资本,在旧的政治体制下的不受制约的权力,两者结合起来了,形成了权贵资本主义。这是当前改革的最大障碍。"权贵资本主义体制与过去的传统体制相比,有着强大的提取社会财富的能力,但是缺乏维护社会公平的道德能力,缺乏制度上的自我平衡。"②苏联解体就是最好的例证。不是苏联的激进改革葬送了社会主义,而是既得利益阶层的形成破坏了社会主义的政治基础,政权的更迭是其必然结果。触动权贵阶层的利益,需要大力弘扬"立党为公、忠诚为民的奉献精神"。忘记共产党的初心,必将走向人民的对立面,必将为人民所抛弃。个人如此,一个政党亦如是。水能载舟亦能

---

① 《邓小平年谱(1975—1997)》,中央文献出版社 2004 年版,第 1364 页。
② 王海光:《中国社会主义路径的艰难转向——评萧冬连〈国步艰难〉》,《炎黄春秋》2013 年第 10 期,第 62—66 页。

覆舟,"红船精神"的象形意义生动地揭示了这一古训。

最后,"立党为公、忠诚为民的奉献精神"是共产党领导的合法性基础。"全面深化改革"会涉及诸多领域的利益冲突,更需要一个有权威的上层建筑来进行领导。"改革越是进入深水区,到攻坚克难的阶段了,没有自上而下的推动,越来越难。"①而承担这一使命的只能是共产党,因为共产党是为人民服务的。党的十九大中,习近平同志理直气壮地指出"党政军民学,东西南北中,党是领导一切的"。坚持人民立场,正是其合理性的基础。改革为了人民,改革依靠人民。一如习近平同志指出的:"坚持不忘初心、继续前进,就要坚信党的根基在人民、党的力量在人民,坚持一切为了人民、一切依靠人民,充分发挥广大人民群众积极性、主动性、创造性,不断把为人民造福事业推向前进。人民立场是中国共产党的根本政治立场,是马克思主义政党区别于其他政党的显著标志。党与人民风雨同舟、生死与共,始终保持血肉联系,是党战胜一切困难和风险的根本保证,正所谓'得众则得国,失众则失国'。全党同志要把人民放在心中最高位置,坚持全心全意为人民服务的根本宗旨,实现好、维护好、发展好最广大人民根本利益,把人民拥护不拥护、赞成不赞成、高兴不高兴、答应不答应作为衡量一切工作得失的根本标准,使我们党始终拥有不竭的力量源泉。"②我们有理由相信,在共产党的正确领导下,在广大人民的支持下,全面深化改革必将取得成功!

以"红船精神"将"全面深化改革"推向深入,中华民族伟大复兴的中国梦必将在中国共产党的领导下,在亿万人民的共同奋斗中成为现实!

【参考文献】

[1] 萧冬连.国步艰难——中国社会主义路径的五次选择[M].北京:社会科学文献出版社,2013.

[2] 刘智峰.渐进的改革[M].北京:中央文献出版社,2014.

[3] 杨胜群,闫建琪.邓小平年谱[M].北京:中央文献出版社,2004.

[4] 胡坚."红船精神"与全面从严治党[J].观察与思考,2015.

[5] 陈叶军.当前学术界最大问题是理论与实践脱节[N].中国社会科学报,2014-5-30.

[6] 中国共产党章程汇编:一大——十八大[G].中共中央党校出版社,2007.

---

① 大型政论专题片《将改革进行到底》第七集《强军之路》(上)。

② 习近平:《在庆祝中国共产党成立95周年大会上的讲话》,《光明日报》2016年7月2日,第2版。

以社会主义核心价值观引领高职学生的
文化自觉和文化自信

周素珍①

【摘　要】　党的十八大报告指出,要用社会主义核心价值体系引领社会思潮,凝聚社会共识,形成合力。报告又指出,"要树立高度的文化自觉和文化自信,向着建设社会主义文化强国宏伟目标阔步前进"。面对多元文化的思潮,高职学生表现出对文化选择的茫然若失,一定程度上体现了文化自觉和文化自信的缺失。高职教育应以社会主义核心价值观为主线积极引领和培育高职学生的文化自觉和文化自信。

【关键词】　社会主义核心价值观;高职学生;文化自觉;文化自信

培育和践行社会主义核心价值观是推进中国特色社会主义伟大事业、实现中华民族伟大复兴的中国梦的战略任务。而高职教育肩负着文化传承和创新的重要责任,必须以社会主义核心价值观为主线积极引领和培育高职学生的文化自觉和文化自信,这对于培养出一大批"执着专注,作风严谨,精益求精,敬业守信,推陈出新"的工匠队伍,对于高职学生的成长、成才将起着不可言喻的作用。

一、社会主义核心价值观以及文化自觉和文化自信的内涵

(一)社会主义核心价值观的内涵

马克思早就说过,"价值"这个普遍的概念是从人们对待满足他们需要的外界物的关系中产生的。从哲学意义上讲,价值体现的是现实中人的需要与事物属性之间的一种关系。价值观是人们关于什么是价值、怎样评判价值、如何创造

---

① 周素珍,浙江纺织服装职业技术学院副教授,研究方向为思想政治论教育。

价值等问题的根本观点。社会主义核心价值观是指那些在社会主义价值观体系中居统治地位、起决定性指导作用的价值理念,是反映社会主义基本的、稳定的社会关系及价值追求的价值观,是社会主义价值观体系中最基础、最核心的部分,是我们民族长期秉承的反映社会主义本质和建设规律的根本原则和价值观念的结晶,是中国共产党人和全体中国人民在社会主义革命、建设和改革过程中逐步形成和发展起来的核心价值目标和价值观念。这种核心价值理念支撑着我们在建设社会主义伟大实践中的行为指向和行为准则,从更深层次影响着中国人民在建设中国特色社会主义伟大实践中的思想方法与行为方式。

党的十八大报告第一次明确提出积极培育社会主义核心价值观的 24 个字,"富强、民主、文明、和谐,自由、平等、公正、法治,爱国、敬业、诚信、友善",这是我们党在实现民族伟大复兴、全面建成小康社会的探索中凝练出的中国当代的核心价值观,具有丰富的时代内涵。这 24 个字所体现的价值理念,体现了国家目标、社会取向、个人准则,是全面推进中国特色社会主义事业前进的强大的思想武器。

(二)文化自觉内涵

一般来说,文化自觉指政党及民族对于文化基于历史进步作用是否能够正确认识,是否能正确把握文化的内在发展规律,是否能够肩负文化发展的重任。换言之,就是文化的自我觉醒、自我反省、自我创建。可以说,政党以及民族对于文化自觉的内在认识,真正影响到文化的后续繁荣,更加影响到政党民族未来的发展命运。[①] 而文化自觉之所以具备以上影响力,源于众多文化建设所具备的强大精神力量,更源于这些文化建设对于文明社会以及进步社会的热切追求。

(三)文化自信内涵

文化自信是更基础、更广泛、更深厚的自信,是更基本、更深沉、更持久的力量。这是习近平总书记对文化自信的简洁概括,非常富有张力。通常来讲,文化自信指的是政党及民族基于文化层面上对本民族文化予以的价值肯定,展现的是对本民族文化内在生命力的坚信。[②] 可以说,自古以来我们就有着文化自信以及包容开放的气度,也正因为文化方面的自豪感,才能形成现今辉煌灿烂的优

---

① 印亚军、徐惠忠:《文化自信:高校培育和践行社会主义核心价值观的基石》,《常州大学学报》(社会科学版)2014 年第 6 期,第 23—26 页。

② 李祖平、安小文:《红色文化自觉与社会主义核心价值观全覆盖——基于文化软实力视域》,《成都理工大学学报》(社会科学版)2015 年第 1 期,第 1—6 页。

秀文化。当今世界文化交融日益密切,如何以成熟的心态反思本民族文化,充分提炼以及有效挖掘我国民族优秀文化并牢固树立相应的文化自信,则是新时期国家发展以及社会进步的关键所在。

二、社会主义核心价值观与文化自觉和文化自信密不可分

社会主义核心价值观既植根于传统文化深厚土壤,彰显民族特色,又立足于当今时代发展特征,体现时代精神。社会主义核心价值观与文化自觉和文化自信有着非常紧密的联系。

(一)社会主义核心价值观凸显了中国共产党高度的文化自觉和文化自信

党的十八大报告明确指出"社会主义核心价值体系是兴国之魂,决定着中国特色社会主义发展方向",并提出了"倡导富强、民主、文明、和谐,倡导自由、平等、公正、法治,倡导爱国、敬业、诚信、友善,积极培育和践行社会主义核心价值观"。"三个倡导"是对社会主义核心价值体系的凝练,它深深植根于中华传统文化的深厚土壤之中,将其正本清源,予以传承创新、发扬光大,并在此基础上与马克思主义理论、当代中国国情和时代特征紧密结合,赋予新的文化理念和价值取向。归根结底,其思想灵魂和理论品质与中国传统文化既一脉相承,又推陈出新。充分显示了中国共产党对民族优秀传统价值观的理论自信和文化自觉。

(二)文化自觉和文化自信是培育和践行社会主义核心价值观的基础

习近平总书记在中共中央政治局第十三次集体学习时强调,要把培育和弘扬社会主义核心价值观作为凝魂聚气的、强基固本的基础工程,同时特别提出,要认真吸取中华优秀传统文化的思想精华和道德精髓,使中华优秀传统文化成为涵养社会主义核心价值观的重要源泉。[①]

价值观是文化的核心,文化是价值观的载体。社会主义核心价值观的培育和践行离不开人们在精神上尤其是文化上的认同。"三个倡导"的社会主义核心价值观既遵循了马克思主义的唯物辩证法思想,也传承了中国优秀文化传统理念的精髓,并批判地继承和吸收了西方资产阶级革命时期的有价值的成分。只有具备了文化的自我认知和反思的能力,加深对民族文化的情感和认同,以自

---

① 《中共中央政治局进行第十三次集体学习 习近平主持》,中国人民政府网,2014 年 2 月 25 日,http://www.gov.cn/ldhd/2014-02/25/content_2621669.htm。

信、成熟的心态来看待本民族的文化,对待外来文化,才能为核心价值观的认同提供基础。文化自觉实质上就是一种价值认同。在社会转型期,人们在经济利益、思想文化上的多元多变,社会对"共识"的需要显得尤为迫切。只有广大人民群众自觉将中国特色社会主义建设的伟大实践、创新理论内化为人们内心的价值认同,培育和践行社会主义核心价值观才有了基石,才能引领社会思潮,凝聚社会共识。

(三)培育和践行社会主义核心价值观有利于增强民众的文化自觉和文化自信

核心价值观是文化软实力的灵魂、文化软实力建设的重点。这是决定文化性质和方向的最深层次要素。一个国家的文化软实力,从根本上说,取决于其核心价值观的生命力、凝聚力、感召力。培育和弘扬社会主义核心价值观,有效整合社会意识,是社会系统得以正常运转、社会秩序得以有效维护的重要途径,也是国家治理体系和治理能力的重要方面。历史和现实都表明,构建具有强大感召力的核心价值观,关系社会和谐稳定,关系国家长治久安,从而有力地推动中华文化更好地走向世界,增强民众的文化自觉和文化自信。

三、当今高职学生文化自觉和文化自信现状

当今的中国正处于改革的关键期,经济体制深刻改革、社会结构深刻变动、利益格局深刻调整、思想观念深刻变化。各种思想文化相互碰撞,各种社会思潮相互激荡。在这多元的文化样式中,高职学生缺乏一定的鉴别是非良莠、认知精华糟粕的能力,表现出对文化选择的茫然或迷失,在一定程度上缺失文化自觉和文化自信。

(一)文化自觉和文化自信意识不强

以就业为导向的高职院校,为了生存和发展的现实需要,一直以来关注技术多于关注文化,普遍存在着"重技能培养,轻人文教育"的现象。同时,学生和家长在就业认识上也存在着一定的误区,认为只要具备一定的专业知识和技能就能找到一份好工作。因此,一些高职学生在学业追求上存在一定的功利化倾向,重实用知识轻基础知识,使得学生缺乏足够有效的人文教育,文化底蕴不足。文化自觉和文化自信意识还没有充分植根于高职学生的头脑中,不少高职学生文化自觉和文化自信意识缺乏。

（二）多种价值文化并存，对主流价值文化缺乏必需的坚持

核心的主流价值是一个民族和国家赖以维系的精神纽带。共同的价值追求包括两个层面：一是理想信念。理想信念是人们思想和行动的先导。建设中国特色社会主义是我们的共同理想，只有牢牢守住这一主心骨，才能坚定对马克思主义的信仰、对社会主义的信念、对改革开放和现代化建设的信心、对党和政府的信任。二是价值取向。社会主义核心价值体系是当代中国社会的共同价值追求。

高职学生作为主流文化的传承者、建设者，他们中绝大部分认同社会主义核心价值体系是兴国之魂，是社会主义先进文化的精髓。但是必须看到，全球化趋势下文化的多样性给高职学生带来了价值观的混乱与价值选择的困惑，他们认同诚信是做人的基本准则，但考试作弊、简历注水、抄袭作业等现象却层出不穷。他们对主流价值文化缺乏必需的认同和坚持，带有明显的实用性和功利性的特点。

（三）对优秀的传统文化的认知缺乏应有的热情

虽然有高职学生肯定优秀的传统文化对自己以后的职业生涯和人生发展都有积极的意义，但也不乏学生认为传统文化跟现实生活距离太远，没法产生价值认同。他们对传统文化的认知大多停留在表层，缺乏应有的认知热情，使得高职学生的传统文化素养不容乐观。

因此，加强对高职学生社会主义核心价值观教育，并以此培育高职学生的文化自觉和文化自信成为当前高职学生思想政治教育的一项非常重要的课题。

四、以社会主义核心价值观引领和培养高职学生的文化自觉和文化自信

由于社会主义核心价值观与文化自觉和文化自信的天然联系，高职院校可以通过加强学生的社会主义核心价值观教育，以期达到培养学生的文化自觉和文化自信的目的。

（一）以社会主义核心价值观为主线贯穿高职院校思想政治理论课教学，培养高职学生文化自觉和文化自信

高职院校思想政治理论课是对高职学生进行主流意识形态教育的主渠道和

主阵地,要培养高职学生的文化自觉和文化自信,必须充分发挥思想政治理论课的作用。

(1)高职思政理论课首要的教学目标就是要求学生运用马克思主义基本观点和方法观察问题、分析问题、解决问题,提高自身的思辨能力,从而进行正确的文化选择,提高文化鉴别力,正确地区分精华与糟粕,学会"扬弃",既能坚守本民族优秀文化的传统,又能兼收外来民族优秀的文化成果。

(2)在高职院校思政理论课教学内容设计上,以社会主义核心价值体系为主线贯穿始终,自觉整合多元文化,强化对主流文化的认同。比如"思想道德修养与法律基础"课是高职学生接触到的第一门思想政治理论课,教材内容是以社会主义核心价值体系为逻辑主线来编排的,绪论部分就全面介绍了社会主义核心价值体系的内涵,为高职学生提出了学习和践行社会主义核心价值体系的具体要求,重点突出社会主义荣辱观教育,突出个人层面应当遵循的"爱国、敬业、诚信、友善"的价值追求和根本道德准则,突出"自由、平等、公正、法治"这一社会层面的价值追求。"毛泽东思想和中国特色社会主义理论体系概论"课从理论和实践的角度揭示了中国特色社会主义共同理想这一社会主义核心价值体系的主题,重点突出了"富强、民主、文明、和谐"这一中国特色社会主义建设总的奋斗目标。思想政治理论课教师应从自身课程教学内容的实际出发,以社会主义核心价值体系为主线设计教学内容,加强对学生社会主义核心价值观的教育,充分发挥社会主义核心价值体系在高职学生中的凝聚力,自觉整合多元文化,引导高职学生将多元的文化价值取向融入以社会主义核心价值体系和社会主义核心价值观为核心的主流文化方向上,强化对主流文化的认同。

(3)建立健全高职思想政治理论课实践教学机制,将课堂教学与学生深入社会紧密地结合起来,把社会主义核心价值体系融入实践教学中。在制订计划、活动执行、效果考察、反馈和修正这些环节中制定相应的规范和标准,形成制度,并形成一个良性循环,引导高职学生自觉践行主流文化。通过参观、访问、调查、服务学习等行之有效的途径加强高职学生对历史和现实的更深层次的了解,激起学生深深的爱国情怀,从而增强学生对中国特色社会主义文化的认同,对社会主义核心价值体系的认同,培养高职学生对主流文化的自觉性与自信力,从而自觉担当起推动文化发展的历史责任,积极践行社会主义核心价值观。

(4)开设以中国传统文化和地域文化为内容的思政选修课,加强高职学生对传统文化精华的认同、传承和创新。中国传统文化博大精深、源远流长,其中闪耀的思想精华和道德精髓是社会主义核心价值观的重要思想源泉。

习近平总书记强调,抛弃传统、丢掉根本,就等于割断了自己的精神命脉。文化自觉首先是对自身民族文化的"自知之明"。在高职院校的思政课程中,开设以中国传统文化和地域文化为内容的思政选修课,让高职学生了解中华优秀传统文化的历史渊源、发展脉络、价值理念、鲜明特色,了解本地域的历史文化。有认知,才会有认同;有认同,才会自觉传承,从而养成对传统文化和地域文化的自觉。传统文化是特定时代的产物,了解传统文化更是为了创新。在课堂上,教师要引导学生以历史为活水源头,使传统文化和地域文化的优秀因子与当代文化相适应、与现代社会相协调,赋予其新的时代内涵,合理吸取,与时俱进,使其创新发展,从而增强对传统文化和地域文化的自信。

(二)以社会主义核心价值观引领高职院校校园文化建设,培养高职学生文化自觉和文化自信

高职院校是文化传承、文化创新与文化育人的阵地,必须坚持以社会主义核心价值观引领校园文化建设,使其具有深厚的人文意蕴,成为培养高职学生文化自觉和文化自信的载体。

(1)以社会主义核心价值观确立大学精神的价值导向,把握主流价值文化。高职院校要把社会主义核心价值观确立为大学精神的价值导向,结合学校的传统、特色等各种综合因素予以提炼、升华,形成学校师生全体认同和向往的共识。采取"在宏观上引领、微观上渗透、文化上熏陶、实践上积淀"的总原则开展校园精神文化建设,把社会主义核心价值体系中的爱国主义、集体主义、社会主义思想和民族精神、时代精神、社会主义荣辱观等内容进一步体现在学校的办学理念、治校方针、校风学风、校歌校训、师德师风等当中去,从而培养学生自觉抵制不良社会文化的精神侵蚀的能力,加强高职学生对中国特色社会主义文化的认同,培养他们发展社会主义先进文化的信念和追求。

(2)以社会主义核心价值观引领校园文化活动,培养学生的文化自知、自觉和自信。校园文化活动是强化高职学生对社会主义核心价值观深度认同的有效平台。要充分利用好这块阵地,在学生已经建立认同的基础上,丰富校园文化活动的内容,创新校园文化活动的形式,进一步巩固深度认同的意识。校园文化活动的设计者应当不断开拓创新,结合社会主义核心价值观的内涵,设计出符合学生心理特点的精品活动形式。同时将体验式教育引入社会主义核心价值观深度认同的强化教育体系中,实现由活动本身到教育目标的自主性转化。从而提升高职学生践行社会主义核心价值观的技能和本领,培养高职学生的文化自觉和文化自信。

五、结　语

　　"文化是民族的血脉,是人民的精神家园。"全社会的文化自觉和文化自信是建设社会主义文化强国的强大精神动力,用社会主义核心价值观引领和培养当代高职学生的文化自觉和文化自信,培养他们成为推动社会主义先进文化的发展与繁荣的排头兵,是建设中国特色社会主义文化强国的应有之义。

共享发展是促进每个人全面而自由发展的
必然要求和实践保障

金正帅①

【摘　要】 每个人全面而自由的发展是共产主义社会的目的和基本原则。共享发展是中国特色社会主义的本质要求。共享发展把增进人民福祉作为发展的出发点和落脚点,指明了发展的价值取向。共享发展的理念具有深厚的唯物史观基础。共享发展是促进每个人全面而自由发展的必然要求和实践保障。

【关键词】 共享发展;全面发展;自由发展;必然要求;实践保障

党的十八届五中全会通过了《中共中央关于制定国民经济和社会发展第十三个五年规划的建议》,首次提出创新、协调、绿色、开放、共享五大发展理念,把合规律性与合目的性有机统一起来,把增进人民福祉、促进每个人全面而自由发展作为发展的出发点和落脚点,指明了发展的价值取向,对实现更高质量更高水平的发展提出了目标要求和行动准则,必将为全面建成小康社会、实现中华民族伟大复兴的中国梦凝聚最深厚的伟力。

习近平新时代中国特色社会主义思想,明确新时代我国社会主要矛盾是人民日益增长的美好生活需要和不平衡不充分的发展之间的矛盾,必须坚持以人民为中心的发展思想,不断促进人的全面发展、全体人民共同富裕。

共享发展理念深刻阐释了"为了谁发展、依靠谁发展和发展成果由谁分配享有"等问题,对"实现什么样的发展、怎样发展"这一重大战略问题做出了新的回答,是中国特色社会主义的本质要求,充分体现了中国共产党的性质和宗旨,具有深厚的唯物史观基础。共享发展是促进每个人全面而自由发展的必然要求和实践保障。

---

① 金正帅,中共衢州市委党校副教授,研究方向为历史唯物主义。

一、每个人的全面而自由发展是共产主义社会的目的和基本原则

　　1847 年 6 月,在《共产主义信条草案》中,恩格斯在回答什么是共产主义的目的时,谈道:"把社会组织成这样:使社会的每一个成员都能完全自由地发展和发挥他的全部才能和力量,并且不会因此而危及这个社会的基本条件。"[①]这里恩格斯非常明确地把每个人的全面而自由发展当作共产主义的目的和本质特征。1848 年 2 月,马克思和恩格斯在《共产党宣言》中,对共产主义的界定提出的是这样一个命题:"代替那存在着阶级和阶级对立的资产阶级旧社会的,将是这样一个联合体,在那里,每个人的自由发展是一切人的自由发展的条件。"[②]

　　马克思在《资本论》中明确地指出,共产主义社会是比资本主义"更高级的、以每个人的全面而自由的发展为基本原则的社会形式"[③],以"每个人的全面而自由的发展"来界定共产主义,深刻地表明了共产主义的本质特征,说明了共产主义的终极价值和最高目标,是对共产主义的社会现实、价值原则与理想境界的最精当的概括与表述。正由于此,1894 年,当意大利社会主义者朱·卡内帕请求恩格斯为即将出版的周刊《新纪元》题词,用简短的字句来表述未来社会主义纪元的基本原则,以别于但丁曾经说过的"一些人统治,另一些人受苦难"的旧纪元时,恩格斯毫不犹豫地回复说:"除了从《共产党宣言》中摘出下列一段话外,我再也找不出合适的了:'代替那存在着阶级和阶级对立的资产阶级旧社会的,将是这样一个联合体,在那里,每个人的自由发展是一切人的自由发展的条件。'"[④]

　　马克思和恩格斯强调每个人的自由发展是一切人的自由发展的条件,共产主义社会以每个人全面而自由的发展作为目的和基本原则,只有到那个时候,人才在一定的意义上最终脱离动物界而成为真正的人,才真正完全地自己创造自己的历史,实现"必然王国"到"自由王国"的飞跃。

---

① 《马克思恩格斯全集》(第 42 卷),人民出版社 1995 年版,第 419 页。
② 《马克思恩格斯选集》(第 1 卷),人民出版社 2002 年版,第 294 页。
③ 《资本论》(第 1 卷),人民出版社 1975 年版,第 649 页。
④ 《马克思恩格斯全集》(第 39 卷),人民出版社 1974 年版,第 189 页。

二、每个人全面而自由发展的历史必然性

在《1857—1858 年经济学手稿》中，马克思从历史的角度考察了人的主体发展过程，根据社会关系发展和人的发展的内在联系，把人的发展过程概括为由低级向高级演变的三个历史阶段。马克思写道："人的依赖关系（起初完全是自然发生的），是最初的社会形式，在这种形式下，人的生产能力只是在狭小的范围内和孤立的地点上发展着。以物的依赖性为基础的人的独立性，是第二大形式，在这种形式下，才形成普遍的社会物质变换、多方面的需要以及全面的能力的体系。建立在个人全面发展和他们共同的、社会的生产能力成为从属于他们的社会财富这一基础上的自由个性，是第三个阶段。第二个阶段为第三个阶段创造条件。因此，家长制的，古代的（以及封建的）状态随着商业、奢侈、货币、交换价值的发展而没落下去，现代社会则随着这些东西同步发展起来。"①

历史发展，归根结底是由生产力的发展决定的。马克思、恩格斯对不同生产力发展阶段上个人的发展状态做了具体分析：作为人类社会第一种形式的部落所有制，人们靠狩猎、捕鱼、牧畜，或者最多靠耕作为生，同这种生产不发达状况相适应，人与人之间的关系只限于家庭的扩大，个人与共同体的关系是由血缘关系来维系的，个人生存表现为对共同体的依赖，具有一定的人身依附性，人的独立性还没得到发展。在第二（古代的公社所有制和国家所有制）、第三（封建的或等级的所有制）种所有制形式下，生产力有较大发展，但仍具有自然性、手工性、地域性的特征，还不足以打破那种自然形成的联合和交往方式，不能消除个人对于共同体的依赖，人的依赖性仍然是个人生存方式的基本特征。

资本主义生产方式的出现，商品经济的发展、生产力的发展和社会分工的发展，使生产社会化水平有很大提高，人们的交往方式和个人的存在方式也发生了革命性变化。手工工具和手工劳动为大工业机器体系所代替，地域性的、固定性的、直接性的交往变为世界性的、变动不居的、普遍的间接交往。商品交换的普遍性，造成个人交往关系的普遍性。个人作为商品生产者和交换者，摆脱了各种自然发生的传统的社会关系，摆脱了直接对共同体的依附而获得了独立。但是，由于社会关系以异己的物的关系的形式同个人相对立，在这种人对物的依赖关系中，个人完全受物的支配。

---

① 《马克思恩格斯全集》（第 30 卷），人民出版社 1995 年版，第 228 页。

"自由的个人"即"有个性的个人"、"真正的个人"、全面发展的个人。马克思指出,全面发展的个人,不是自然的产物,而是历史的产物。"要使这种个性成为可能,能力的发展就要达到一定的程度和全面性,这正是以建立在交换价值基础上的生产为前提的,这种生产在产生出个人同自己和同别人的普遍异化的同时,也产生出个人关系和个人能力的普遍性和全面性。"①资本主义条件下,只有掌握和控制生存条件的少数人才能实现这种追求,才能尽情发展自己的个性;相反,失去生存条件支配权的多数人同以往的非所有者一样无权,不得不受少数人的控制和支配,不得不接受一种非人的存在——贫困、落后、奴隶般的生活,从而丧失了个人的自由发展与独立个性。不同的是,他摆脱了一出生就被固定的身份,获得了人身自由。

但是,随着生产力的发展,人类终归会走出这种困境,走向每个人全面而自由的发展,原因是这一历史过程本身已经包含着自我否定的因素。马克思在批判资本主义中发现,随着资本主义基本矛盾和无产阶级革命的发展,共产主义必然代替资本主义。无限丰富的物质财富能够满足全社会每个人的需要,过去一直支配人们把追求财富作为唯一目的,已成为多余;人们之间为争夺控制和支配生活资源而展开的竞争,也因为没有必要而终止,这时,人们就会把目标转向人本身的全面而自由发展。

三、实现每个人全面而自由发展的前提、条件和道路

马克思在《1857—1858 年经济学手稿》等著作中,根据对历史,特别是对资本主义的批判,具体阐明了实现每个人全面而自由发展这一人类理想的前提、条件和道路。

(一)生产力的高度发达是实现每个人全面而自由发展的前提

物质生产是社会生活的基础,是社会历史发展的决定性因素。生产力是人类社会发展的根本动力。生产力是推动社会进步的最活跃、最革命的要素。马克思和恩格斯在《德意志意识形态》中指出:"个人的全面性不是想象的或设想的全面性,而是他的现实关系和观念关系的全面性。要达到这一点,首先必须使生产力的充分发展成为生产条件,使一定的生产条件不表现为生产力发展的界

---

① 《马克思恩格斯全集》(第 46 卷上册),人民出版社 1979 年版,第 108—109 页。

限。"1878年,恩格斯在《反杜林论》中说:"唯有借助于这些生产力,才有可能实现这样一种社会状态,在这里不再有任何阶级差别,不再有任何对个人生活资料的忧虑,并且第一次能够谈到真正的人的自由,谈到那种同已被认识的自然规律和谐一致的生活。"1880年,他在《社会主义从空想到科学的发展》中进一步认为,"通过社会化生产,不仅可能保证一切社会成员有富足的和一天比一天充裕的物质生活,而且还可能保证他们的体力和智力获得充分的自由的发展和运用"。马克思和恩格斯认为,生产力的这种发展之所以是绝对必需的实际前提,是因为如果没有这种发展,那就只会有贫穷、极端贫困的普遍化;而在极端贫困的情况下,必须重新开始争取必需品的斗争,全部陈腐污浊的东西又要死灰复燃。

(二)消灭私有制和旧式分工,建立完善公有制与民主制度是实现每个人全面而自由发展的必要条件

社会关系和生产力密切相关。随着新生产力的获得,人们改变自己的生产方式;随着生产方式即谋生的方式的改变,人们也就会改变自己的一切社会关系。马克思和恩格斯在《德意志意识形态》中指出:"生产力和社会关系——这二者是社会的个人发展的不同方面。社会关系实际决定一个人能发展到什么程度。"

在《1844年经济学哲学手稿》中,马克思写道:"共产主义是私有财产即人的自我异化的积极的扬弃,因而是通过人并且为了人而对人的本质的真正占有。"他认为,私有制是异化的根源。稍后,马克思和恩格斯在《德意志意识形态》(1845—1846年)中,在他们所发现的唯物史观的基础上,进一步揭示产生异化的原因:强制性的、固定性的分工。工场手工业把工人变成畸形物,它压抑工人的多种多样的生产志趣和生产才能,内在地培植工人片面的技巧。所以,消灭私有制和旧式分工,建立完善公有制与民主制度是实现每个人全面而自由发展的必要条件。1847年,恩格斯在《共产主义原理》中指出:"使社会全体成员的才能得到全面发展——这就是废除私有制的主要结果。"1890年,恩格斯在致奥托·伯尼克的信中说:"它同现存制度的具有决定意义的差别当然在于,在实行全部生产资料公有制(先是单个国家实行)的基础上组织生产。"

(三)实现每个人全面而自由发展的道路

马克思在《1857—1858年经济学手稿》等著作中,提出了实现每个人全面而自由发展的道路。"社会生产力的发展将如此迅速……生产将以所有的人富裕

为目的。"①马克思在 1872 年 9 月《关于海牙代表大会的演说》中说:"我们也不否认,有些国家,像美国、英国,……工人可能用和平手段达到自己的目的。但是,……在大陆上的大多数国家中,暴力应当是我们革命的杠杆。"马克思在 1852 年 3 月 5 日给魏德迈的信中认为,无产阶级专政是达到消灭一切阶级和进入无阶级社会的过渡。所以,通过发展社会生产力、无产阶级革命、无产阶级专政,废除私有制,消灭强制性的、固定性的旧式分工,建立完善公有制与民主制度,就是克服异化、走向"每个人的自由发展"的必由之路。

此外,实现每个人全面而自由的发展还需要发达的教育、科技和文化,马克思在《资本论》中指出:"未来教育对所有已满一定年龄的儿童来说,就是生产劳动同智育和体育相结合,它不仅是提高社会生产的一种方法,而且是造就全面发展的人的唯一方法。"1878 年,恩格斯在《反杜林论》中说:"文化上的每一个进步,都是迈向自由的一步……教育可使年轻人很快就能够熟悉整个生产系统,它可使他们根据社会的需要或他们自己的爱好,轮流从一个生产部门转到另一个生产部门。因此,教育就会使他们摆脱这种分工造成的片面性。"

四、共享发展是促进每个人全面而自由发展的必然要求和实践保障

按照马克思、恩格斯的构想,生产力的发展、生产关系的进步,最终是以人本身的全面而自由发展为归宿的。共产主义社会将彻底消除阶级之间、城乡之间、脑力劳动和体力劳动之间的对立和差别,各尽所能、按需分配,真正实现社会共享,实现每个人全面而自由发展。

恩格斯指出:"从人就他们是人而言的这种平等中引申出这样的要求:一切人,或至少是一个国家的一切公民,或一个社会的一切成员,都应当有平等的政治地位和社会地位。"马克思和恩格斯从人的社会性本质角度,揭示了社会活动应该由全体社会成员平等参与,社会活动的结果应该由全体社会成员平等共享。人们在共同的发展中互为发展,共同享有社会发展的成果,是社会平等的必然要求。强调关注每个社会成员的价值和尊严,强调发展是为了每个人的全面而自由发展,厘清了人的发展与社会发展的关系,指出了全体社会成员应当具有平等的权利和地位,为共享发展的理念提供了重要的理论支撑和指导。

社会主义是共产主义的第一阶段,我国正处于并将长期处于社会主义初级

---

① 《马克思恩格斯全集》(第 46 卷下册),人民出版社 1980 年版,第 222 页。

阶段。邓小平同志一再强调："一个公有制占主体，一个共同富裕，这是我们所必须坚持的社会主义的根本原则。"2001年，江泽民在"七一讲话"中说："共产主义社会，将是物质财富极大丰富，人民精神境界极大提高，每个人自由而全面发展的社会。"2003年，胡锦涛在"七一讲话"中说："实现物质财富极大丰富、人民精神境界极大提高、每个人自由而全面发展的共产主义社会，是马克思主义最崇高的社会理想。"2016年5月17日，习近平《在哲学社会科学工作座谈会上的讲话》中指出："马克思主义坚持实现人民解放、维护人民利益的立场，以实现人的自由而全面发展和全人类解放为己任，反映了人类对理想社会的美好憧憬。"

党的十八届五中全会通过的《中共中央关于制定国民经济和社会发展第十三个五年规划的建议》指出："共享是中国特色社会主义的本质要求。必须坚持发展为了人民、发展依靠人民、发展成果由人民共享，做出更有效的制度安排，使全体人民在共建共享发展中有更多获得感，增强发展动力，增进人民团结，朝着共同富裕方向稳步前进。……坚持人民主体地位。人民是推动发展的根本力量，实现好、维护好、发展好最广大人民根本利益是发展的根本目的。必须坚持以人民为中心的发展思想，把增进人民福祉、促进每个人全面而自由发展作为发展的出发点和落脚点，发展人民民主，维护社会公平正义，保障人民平等参与、平等发展权利，充分调动人民积极性、主动性、创造性。"这一表述简明扼要地指出了共享发展的内涵和目标。共享发展理念坚持尊重社会发展规律与尊重人民历史主体地位的一致性，坚持为崇高理想奋斗与为最广大人民谋利益的一致性，坚持完成各项工作与实现人民根本利益的一致性。深刻阐释了"为了谁发展、依靠谁发展和发展成果如何分配"等问题，是促进每个人全面而自由发展的必然要求和实践保障。

"共享发展"的科学内涵包括：共享是全民共享，共享发展是人人享有、各得其所，不是少数人共享、一部分人共享；共享是全面共享，共享发展就要共享国家经济、政治、文化、社会、生态各方面建设成果，全面保障人民在各方面的合法权益；共享是共建共享，共建才能共享，共建的过程也是共享的过程，充分发扬民主，广泛汇聚民智，最大激发民力，形成人人参与、人人尽力、人人都有成就感的生动局面；共享是渐进共享，共享发展必将有一个从低级到高级、从不均衡到均衡的过程，即使达到很高的水平也会有差别。

共享发展的目标就是通过全体人民的共同努力，使发展成果惠及每个个体，每个人平等地享有发展进步的机会，减少因外部环境带来的个人发展机会的不平等，使人人真正站在同一起跑线上，使后富的人、未富的人真正富起来，最后实现共同富裕,促进每个人全面而自由发展。

在社会主义初级阶段,虽然不能完全解决分配不公问题,但必须从制度上防止两极分化。党的十八大以来,习近平总书记始终把坚持走共同富裕道路作为夺取中国特色社会主义新胜利的基本要求,坚持"共同富裕是中国特色社会主义的根本原则"。2015年6月18日,习近平在贵州召开部分省区市党委主要负责同志座谈会时强调:"消除贫困、改善民生、实现共同富裕,是社会主义的本质要求,是我们党的重要使命。"

历经几十年艰苦奋斗,今日之中国已是全球第二大经济体,综合国力大幅提升,人民生活水平、居民收入水平、社会保障水平持续提高。同时也要看到,处于全面建成小康社会决胜阶段的中国,发展不平衡不充分的一些突出问题尚未解决,发展质量和效益还不高;民生领域还有不少短板,脱贫攻坚任务艰巨,城乡区域发展和收入分配差距依然较大,群众在就业、教育、医疗、居住、养老等方面面临不少难题,基本公共服务均等化水平较低,部分群众生活比较困难。

共享发展理念宣示着中国现在和未来将更加着眼于解决这些问题、矛盾,致力于解决我国发展中共享性不够、受益不平衡问题,更加注重实现人人共享中国改革和发展成果,更加强调人民的获得感。

党的十九大提出坚持在发展中保障和改善民生。增进民生福祉是发展的根本目的。必须多谋民生之利、多解民生之忧,在发展中补齐民生短板、促进社会公平正义,在幼有所育、学有所教、劳有所得、病有所医、老有所养、住有所居、弱有所扶上不断取得新进展,深入开展脱贫攻坚,保证全体人民在共建共享发展中有更多获得感,不断促进人的全面发展、全体人民共同富裕。

为此,必须坚持以经济建设为中心,发展是硬道理,是党执政兴国的第一要务,为坚持共享发展,促进每个人全面而自由发展提供高度发达的生产力前提;必须坚持公有制主体地位不动摇,国有经济主导作用不动摇,为人民共享发展成果提供制度保证;同时,要强化政策保障,着力增进人民福祉。坚持人人尽责、人人享有,坚守底线、突出重点、完善制度、引导预期,注重机会公平,保障基本民生,完善公共服务体系,增加公共服务供给,保障群众基本生活,缩小收入差距,建立更加公平更加可持续的社会保障制度,实现全体人民共同迈入全面小康社会,促进每个人全面而自由发展。

【参考文献】

[1] 李景源. 人民群众是历史的创造者新论[J]. 理论学刊,2015(4):74-84.

[2] 韩庆祥,亢安毅. 马克思开辟的道路——人的全面发展研究[M]. 北京:人民出版社,2005.

[3] 叶汝贤. 每个人的自由发展是一切人的自由发展的条件——《共产党宣言》关于未来社会的核心命题[J]. 中国社会科学,2006(3):4-14.

[4] 胡文建. 每个人的自由发展是一切人的自由发展的条件——纪念《共产党宣言》发表 150 周年[J]. 当代世界社会主义问题,1998(2):2-9.

[5] 李海青. 每个人的自由发展是一切人的自由发展的条件——共产主义和谐理念的哲学审视[J]. 湖北行政学院学报,2006(6):5-9.

[6] 丁长青. 每个人的自由发展是一切人的自由发展的条件辨析[J]. 求实,2008(9).

[7] 毛泽东. 毛泽东选集:第 1 卷[M]. 北京:人民出版社,1991.

[8] 邓小平. 邓小平文选:第 2 卷[M]. 北京:人民出版社,1993.

[9] 邓小平. 邓小平文选:第 2 卷[M]. 北京:人民出版社,1993.

论"人类命运共同体"思想的出场逻辑与时代价值

李包庚① 王 祯②

【摘　要】 "人类命运共同体"是马克思主义中国化的时代产物,是中国共产党人在马克思"共同体"思想的基础上,吸取中国优秀传统中"和"文化的精髓,结合我国处理全球问题实践基础上形成的最新成果。"人类命运共同体"的出场蕴含了全人类共同价值追求和文明憧憬,把中国的时代发展需要同当今全球性难题的解决紧密联系起来,为消弭全球各种乱象提供了"中国方案",为国际社会贡献了"中国智慧"。"人类命运共同体"有助于构建全球普遍交往的新范式,超越了西方国家在国际交往中的博弈思维范式,是对中国特色社会主义和马克思主义关于国际关系理论的创新和发展。

【关键词】 全球化;人类命运共同体;中国方案;普遍交往

马克思曾讲:"一切划时代思想体系的真正内容,都是由于产生这些思想的那个时期的需要而形成起来的。"③"人类命运共同体"的出场同样是绝非偶然或一时之意,而是在全球化浪潮下,中国共产党人坚持走"中国道路"、行"中国模式"、用"中国智慧"探索解决当今世界各种难题和各种乱象的必然结果。虽然和平与发展早已成为时代主题,但是"人类也正处在一个挑战层出不穷风险日益增多的时代"④,贫困、战乱、恐怖主义、难民危机、环境污染、金融危机、贸易保护、强权政治、冷战思维等诸多全球性问题依然存在。因此,在国家现代化和全球化的进程中如何处理好国际关系、实现全人类的合作共赢是我们必须回答的重大时代课题。对此,中国共产党人提出的"中国方案"就是"构建人类命运共同体"

---

① 李包庚,宁波大学马克思主义学院教授,研究方向为马克思主义理论与语言哲学。
② 王祯,宁波大学马克思主义学院硕士研究生,研究方向为马克思主义中国化。
③ 《马克思恩格斯全集》第3卷,人民出版社1960年版,第544页。
④ 习近平:《共同构建人类命运共同体——在联合国日内瓦总部的演讲》,新华网,2017年1月29日,http://www.xinhuanet.com//world/2017-01/19/c_1120340081.htm。

以期"实现共赢共享"。① "这一方案"充分彰显了中国的大国担当意识和世界眼光,秉持了为全人类造福的信念,对构建和谐新型国际关系发挥了重要作用。探究人类命运共同体思想的出场不仅要从特定的时代背景(经济全球化、资本主义现代性扩张)入手,还要与其理论渊源(马克思主义共同体思想、中国优秀传统"和"文化)紧密结合。中国共产党人立足于时代潮流,坚持马克思主义、"和"文化的理论逻辑和价值追求,以中国特色社会主义成功实践经验为指导,秉承马克思"真正共同体思想",不断描绘新时代实现"自由人联合体"的美好蓝图。

一、"人类命运共同体"的历史逻辑及缘起

任何科学理论的产生都不是空穴来风,而是时代的产物、实践的产物。"人类命运共同体"思想是以习近平为核心的党中央领导集体立足于世界发展大势、国家发展需要,总结我国发展实践经验,为推动解决我们面临的突出问题和矛盾,探求中国特色社会主义新发展,深入思考人类未来前途命运的智慧结晶,它的出场有着深刻的国际、国内背景。

(一)新旧经济全球化交替,加深了世界联系

近代以来,世界日益连成一个整体,"资产阶级,由于开拓了世界市场,使一切国家的生产和消费都成为世界性的了"②。随着资本主义生产方式的出现,资本主义现代性应运而生。在资本主义生产关系里,一方面物质资料所有者通过购买他人劳动来增值自己占有的价值,另一方面自由劳动者通过出卖自己的劳动力来获得生活所需。随着资本的不断增值,资本所有者不断扩大资本生产规模,继而不再只局限于国家、民族内部,开始对外扩张。资本现代性也随着在世界范围内扩张,其本质不过是资本生产方式的全球扩张,其主要表现形式就是经济全球化、资本全球化。时代在进步,资本主义在发展,经济全球化在不同阶段也显现出不同的阶段特征。当今时代的主题仍然是"和平与发展",但我们已迈过马克思时代的经济全球化阶段,正处于新经济全球化的阶段。当今世界是被称为"地球村"的全球时代,"你中有我,我中有你"是当代国际关系的显著特征,国家发展、时代发展和人类发展迫切需要各国之间紧密交流、联合合作、共赢发

---

① 习近平:《共同构建人类命运共同体——在联合国日内瓦总部的演讲》,新华网,2017 年 1 月 29 日,http://www.xinhuanet.com//world/2017-01/19/c_1120340081.htm.

② 《马克思恩格斯文集》(第 1 卷),人民出版社 1995 年版,第 119 页。

展。新时代催生新理论,在当代人类也需要新理论的指导。

(二)资本现代性扩张带来的全球问题

在旧经济全球化阶段,世界各国普遍交往遵循"主—客"的范式,经济全球化的"主体"是西方等资本主义国家,"客体"是广大落后国家、殖民地半殖民地国家。在西方等资本主义国家,"它迫使一切民族——如果它们不想灭亡的话——采用资产阶级的生产方式;它迫使它们在自己那里推行所谓的文明,即变成资产者。一句话,它按照自己的面貌为自己创造出一个世界"①。本质上,诸多落后国家是"被全球化"的。中国由"闭关锁国"到被半殖民再到民族民主革命,以及广大亚非拉国家民族独立革命等都是"被全球化"的生动体现。而后随着世界范围内民族解放和国家独立,新经济全球化形态逐渐登场。在新经济全球化阶段,世界国家交往范式转变为"主体际"的模式,即"在经济贸易、文化交流等国际事务中,在美国'一超独大'的前提下,各国在名义上是作为平等主体平等协商、自主交往"②。客观而言,资本现代性扩张为落后地区和国家带来了先进的生产力,但由于资本主义现代性的掠夺性,它也将资本主义现代性的矛盾转移到了其他国家。一是全球和平失控。"二战"后世界发展的主体大势是"和平与发展",但威胁和平发展的因素一直存在,难以消除。首先,局部冲突不断,比如朝韩冲突、巴以冲突、南海冲突、"叙利亚危机"、"萨德危机"等;其次,恐怖主义世界范围内活动,比如"9·11"事件、中东"伊斯兰国"、索马里海盗猖獗、乌干达"圣灵解放军"等。二是全球发展失衡。随着全球化推动世界发展步伐的加速,全球发展失衡的问题也不断突出。一方面是大国关系发展失衡,即新兴大国与现存大国之间权利结构失衡的问题,双方由此产生的有关权利分配的战略博弈日趋紧张。另一方面是南北发展失衡,即发达国家与发展中国家之间发展失衡的问题。发达国家随着全球化浪潮越来越富,发展中国家的穷人越来越多。对此,习近平同志对全球化时代收入分配不平等、发展空间不平衡问题表示了担忧。三是全球治理失灵。现有的全球治理体系是以美国、西方等发达国家为主导的,而广大发展中国家的话语权有限。在协同解决全球性的大问题上,一旦涉及重要利益,美国、西方等发达国家总是把自身利益放在第一位而置各国共同利益于后面。由此,在当前全球治理体系下,许多全球难题总是停留在讨论层面而难以得到有效解决。

---

① 《马克思恩格斯文集》(第2卷),人民出版社2009年版,第53页。
② 张天勇:《文化自信:场域转换与主体自觉》,《马克思主义研究》2017年第5期,第113—120页。

面对全球和平失控、发展失衡、治理失灵这三大问题,一些发达国家不仅未能承担起"领头羊"的大国责任,反而还是诸多问题的幕后推手,同时广大发展中国家、贫穷落后地区深受全球乱象的困扰,当今世界亟须一个科学的理论方案来指引全人类解决好这些问题和矛盾。

(三)中国主体性坐标的位移和现实发展的需要

首先,中国主体性坐标朝着世界舞台中心位移。国家主体性是指民族国家在发展过程中发挥主体能动性的独立自主状态,一方面是民族国家"在世界结构中的位置、状态,另一方面是在国家内部结构中的位置、状态"①。中华人民共和国成立以来,就在全球化的浪潮中不断谋求国家的现代化发展。在国际交往的格局中,全球化和现代化构成了中国主体性发展的横纵坐标。全球化的新旧转化、现代化的不同发展阶段,促使中国主体性坐标发生位移。

横向坐标发生位移:在旧全球化的"主—客"交往范式中,中国处于被动地位,是"客体"。那时的中国是"被全球化"的,中国在西方强国的阴影下求生存谋发展。而"主体"则是西方等资本主义国家,它们以或暴力或温和的手段对其他国家进行疯狂掠夺、悄然渗透,并不断对外推行它们所推崇的"西方中心论"。如今新全球化阶段,随着中国的飞速发展,我国综合国力不断提升、国际影响力日益增强,我国积极负责、平等友爱的"大国形象"逐渐深入世界民众人心。在"主体际"的交往范式中,中国主体性大大提升。纵坐标发生位移:中国的现代化由"被动输入"走向"主动输出"。与照搬西方资本主义国家的现代化发展之路不同,中国独立自主地走符合中国国情的、凝聚"中国智慧"的、具有中国特色的现代化发展之路。从"引进来"和"走出去"的落实再到"人类命运共同体"的提出,正是中国充分发挥主体性的能动体现。中国以特色社会主义的成功实践影响着世界,并不断走向世界舞台中心焕发着中国魅力,实现了当代中国由客体角色到主体角色的转变。

其次,在当今这样一个共生性的国际社会中,中国的发展离不开世界,世界的发展也离不开中国。改革开放后,中国取得卓越发展,我们正处于实现中华民族伟大复兴梦想的最佳时期,同时我们面临的形势和考验也十分复杂、严峻。世界范围内矛盾频发:全球经济动荡,地区、民族矛盾冲突不断并引发难民危机,发达和不发达国家间两极分化严重,环境资源危机加深,等等。国家范围内:分裂

---

① 张天勇:《文化自信:场域转换与主体自觉》,《马克思主义研究》2017年第5期,第113—120页。

势力仍然存在、活动,全面深化改革进入关键期,社会资源再分配还需更加公平,等等。但当今中国不仅是世界第一大贸易国,还是世界第二大经济体、世界最大的外汇储备国。可以说,中国是经济全球的最大受益者之一,中国前途命运已经与世界的发展进步紧密联系。随着"一带一路"倡议的推进,中国利益与世界各国利益越来越具有共同性、一致性。2013 年 1 月 8 日,十八届中共中央政治局就坚定不移走和平发展道路进行第三次集体学习,习近平在主持学习中强调:"要树立世界眼光,更好地把国内发展与对外开放统一起来,把中国人民利益同各国人民共同利益结合起来。"中国积极融入世界发展潮流,将自身的发展与国际社会的发展统一起来,提出"构建人类命运共同体"不仅是自身发展的需要,也是时代发展的必然。习近平总书记科学地认识到未来中国发展和世界共同发展的历史潮流,高瞻远瞩地把握了中国利益与世界各国人民共同利益本质上的一致性,并根据中国具体实际,结合多年来中国特色的实践经验,提出了具有时代特色的"中国方案"。

二、"人类命运共同体"出场的理论逻辑

"人类命运共同体"思想出场的理论逻辑不仅包含着马克思"真正共同体"思想的精髓要义,还蕴含着中国优秀传统"和"文化的核心价值理念。

(一)"人类命运共同体"思想承继了马克思的"共同体"思想

"人类命运共同体"思想的出场可以说是承自马克思共同体思想,但不是简单的承继,而是当代"中国智慧"与马克思主义科学理论进行结合的时代性创造。马克思认为从"自然共同体""虚幻的共同体"再到"真正的共同体"是人类社会形态更替演进的理论逻辑路径,与之分别对应的是"人的依赖性"状态、"以物的依赖性为基础的人的独立性"状态和"建立在个人全面发展和他们共同的、社会的生产能力成为从属于他们的社会财富这一基础上的自由个性"状态。[①]"自然共同体"是马克思对人类社会发展最初形态的概括,具体表现为"家庭和扩大成为部落的家庭,或通过家庭之间互相通婚而组成的部落,或部落的联合"[②]。显然这种原始的共同体是以血缘或部落关系为前提构建起来的,在这种"血缘共同体"中,个人不再是独立的个人而是部落或是大家庭中的一分子,共同体中的所

---

① 《马克思恩格斯文集》(第 8 卷),人民出版社 2009 年版,第 52 页。
② 同①,第 123 页。

有成员共同占有土地又共同分担劳动事务,且消费共同所得。但"自然共同体"更多代表着社会成员的共同利益而忽视了每一个个体的特殊利益和需求(因为个体只有依靠共同体才能生存、抵御外敌)。诚如马克思所指出的,此意义上的"共同体是实体,而个人只不过是实体的偶然因素,或者是实体的纯粹自然形成的组成部分"①。所以"自然共同体"并非人类社会发展的理想形态。随着生产力和商品经济的发展,"自然共同体"也随之解体。而后诞生的是以利益关系为纽带的"政治共同体",也可称为"货币共同体"。在政治共同体中,个体占有私有产品,个体独立性、主体性日渐觉醒,进而也导致个体利益与共同利益严重背离。"政治共同体"的本质不过是占统治地位的阶级联合起来对其他阶级进行剥削、镇压的联合体,它无法代表全体成员的共同利益,其所谓的"共同利益"也只不过是部分人的利益诉求。显然,个体在"政治共同体"中的自由并不是真正的自由。"由于这种共同体是一个阶级反对另一个阶级的联合,因此对于被统治阶级来说,它不仅是完全虚幻的共同体,而且是新的桎梏。"②马克思深刻认识到了资本主义社会的生产资料占有不平等和人真正自由的缺失的丑陋现实,揭露出资本主义社会本质上是"虚幻的共同体"。不可否认的是,马克思看到了资本主义生产、创造的巨大潜力,而后提出了建立"真正的共同体"的构想。"真正的共同体"是马克思关于未来共产主义社会形态的科学设想,伴随着物质财富和生产力极大提高,这样的一个联合体即自由人的联合体,不仅能够满足全体成员共同发展的需求,还能满足每个个体自由发展的需要,同时人们的普遍交往也更加平等、自由。在此,个人特殊利益与社会共同利益本质上是一致的、和谐的。正如马克思所指出:"只有在共同体中,个人才能获得全面发展其才能的手段,也就是说,只有在共同体中才可能有个人自由。"③真正的共同体中,"每个人的自由发展是一切人的自由发展的条件"④。多年来,对于建立真正的共同体一直是中国共产党人的不懈追求,中国特色社会主义的实践也表明马克思的真正共同体理想在东方社会继而在全球社会实现是有很大可能的。本质上看,"人类命运共同体"与"真正的共同体"都是关于人类社会未来发展前路的理论,都关注人的自由全面发展,前者承继于后者,且前者在吸收后者理论精华的基础上,赋予自身新的时代内涵。因此,"人类命运共同体"立足于当前人类社会发展的严峻形势,追求

① 《马克思恩格斯文集》(第8卷),人民出版社2009年版,第126页。
② 《马克思恩格斯文集》(第1卷),人民出版社1995年版,第276页。
③ 《马克思恩格斯文集》(第1卷),人民出版社2009年版,第570页。
④ 《马克思恩格斯文集》(第2卷),人民出版社2009年版,第35—36页。

构建公平、公正、合理、和谐的国际新秩序,旨在为全人类的幸福发展创造良好的国际环境,这与马克思对人类未来社会的理想状态的追求也是一致的。

(二)"人类命运共同体"思想吸取了"和"文化精髓

中华"和"文化意蕴着合作共赢、共享发展的交往理念。中华优秀传统文化源远流长、博大精深,其中"和"文化更是贯穿中华文化长河的一条主线。追本溯源,上古时期就有关于"和"文化的记载,《史记·五帝本纪》中写到"万国和,而鬼神山川封禅与为多焉",这是黄帝所追求的统治局面。此后"和"文化一直延续发展并随着时代进步不断丰富。中国"和"文化思想深邃,古人对其内涵的概括可以分为以下几个方面:第一,"天人合一"思想,即人与自然的和谐;第二,"以和为贵"思想,即人与人的和谐;第三,"天下大同"思想,即国家治理和谐;第四,"协和万邦"思想,即国家之间的和谐;第五,"平正擅匈"思想,即人的内心和谐。概而述之,"和"文化以和谐为其思想核心,不仅涉及人的行为准则、生活习惯、社会风尚等内容,还包括思想观念、价值取向等诸多方面。"和"文化凸显了中国古人早就形成的合作共赢智慧,而当前社会所倡导的共享发展理念正是这一智慧的时代性凝结与升华。

中华民族自古以来就是一个崇尚和平的民族。古人郑和下西洋、玄奘东渡、海陆"丝绸之路"等都是中华民族积极对外交往、和平交往的体现。通过这些方式,不仅给中华民族带来了异域风情和民族利益,将中华文明传播到其他国家,还实现了与睦邻国家间的友好往来、和平相处。中华人民共和国成立以来,我们坚定不移地奉行独立自主的和平外交政策,尤以周恩来的"求同存异""和平共处"五项原则影响深远,受到众多国家的认可和赞扬。近年来,中国发展迅速,缔造了一个又一个神话,在各方各业取得了重大成就,为世界经济、社会发展做出了巨大贡献。但美国等西方资本主义国家对中国的发展壮大怀有敌意,大肆叫嚣"中国威胁论"。面对某些国家的敌视,习近平总书记强调要"加强国际传播能力建设,精心构建对外话语体系,讲好中国故事,传播好中国声音,阐释好中国特色"[①]。提出"构建人类命运共同体"是中国"和"文化与时代结合的理论创造,也是我国在"大国崛起"过程中积极营造良好"大国形象"的重要举措。古语有云"独木不成林",当代世界各国间的普遍交往日益加深,人们共享人类发展成果。同时各国有着不同的特性和多样性,各国间生活习性、社会制度、经济实力、国力

---

① 《对外阐释好中国梦,加强国际传播能力建设》,中国网,2014 年 7 月 25 日,http://opinion.china.com.cn/opinion_62_105162.html.

强弱等各有不同,所以各国间的交往难免存在分歧甚至是一定的冲突。但是遇到问题只有在平等协商的基础上加强沟通、对话、合作,才能更好地大事化小、小事化无,解决问题。"我们应该求同存异、聚同化异,共同构建合作共赢的新型国际关系。国家不论大小、强弱、贫富,都应该平等相待,既把自己发展好,也帮助其他国家发展好。大家都好,世界才能更美好。"①求同存异、聚同化异是"人类命运共同体"的价值诉求和基本特征,体现了"和"文化的理念追求,是对国家社会和谐发展的共同追求。"一带一路"是对"丝绸之路"的升级、拓展,"人类命运共同体"更是对中国"和"文化的当代创新和实践,它追求人与人、人与自然、人与社会、国家与国家的和谐,它以切实可行的方案践行着中华民族自古以来对"和"的追求。

三、新时代"人类命运共同体"的创新意义

"人类命运共同体"的提出有着十分重要的时代价值,它为解决国家争端提供了新思路,为全人类交往建构了新范式;它不仅使中国负责任、有担当的"大国形象"被越来越多的人所认可,还弘扬了中华优秀传统文化,增强了"中国声音";它既丰富了中国特色社会主义理论,又继承和发展了马克思主义共同体思想。

(一)发展了马克思主义共同体思想

"人类命运共同体"不只是单纯对人类未来发展提出了理想蓝图,还从现实可行的角度入手提出了人类和谐发展的具体路径、方案,发展了马克思主义共同体思想。首先,与马克思对资本主义的强烈抨击和批判不同,"人类命运共同体"更强调各国之间的交流、沟通和合作,更突出国家间、制度间、文明间的共生共赢。因为时代在进步,形势在变化,马克思所处时代各国之间的联系远没有当今时代那样的密不可分,习近平总书记深刻认识到世界各国早已是一个整体,各国间求合作才是发展的长远之计。而且当前资本主义社会还焕发出生机,在推动人类社会进步方面有着巨大作用,盲目地抵触只会使自己落后于时代潮流。"人类命运共同体"比"真正的共同体"更加具有时代性、现实性、科学性。其次,马克思主义共同体思想从单一向度即共同体形态变迁向度来思考人类社会前途命运,强调在全球范围内推翻资本主义制度,继而实现"真正的共同体"。"人类命

① 习近平:《中国发展新起点 全球增长新蓝图》,《人民日报》2016年9月4日,第3版。

运共同体"则从伙伴关系、国家政治、国家安全、国家发展、民族文明、生态环境等多向度出发,以平等自由为基础,强调不同国家、民族要加强对话协商、共建共享、合作共赢、交流互鉴、绿色低碳,推动构建利益共同体、责任共同体,再到人类命运共同体。最后,"人类命运共同体"赋予了"真正的共同体"新的时代价值。人的自由而全面发展是"真正的共同体"的核心价值追求。但检视当下,单纯强调个人自由已不符合时代发展,资本主义私有制下的拜金主义、物欲主义、利己主义等给人类社会带来了不利影响,这些都是对个人自由的过分强调和曲解。此外,西方等资本主义国家还在个人自由的掩盖下推行其所谓的"普世价值",实现其对外的文化殖民和侵蚀,造成了更大范围、更大程度上的不自由。"人类命运共同体"认识到了"普世价值"本质上的不自由,以全新的视域思考符合人自由全面发展和人类根本利益、共同追求的价值目标,提出了"共同价值",即"和平、发展、公平、正义、民主、自由"。因此,"共同价值"不仅占据了人类道义的制高点,还"代表了不同国家、不同民族、不同文明之间价值追求的最大公约数"[①],是具有时代特色、符合世界潮流、贴近人类生活的理念价值。总之,"人类命运共同体"不仅激发了马克思共同体思想的当代活力,而且推动了马克思主义理论的当代创造和发展。

(二)彰显了中国气派与中华文化魅力

自中华人民共和国建立以来,中国一直致力于实现中华民族的伟大复兴,中国实现了由"东亚病夫"到"东方大国"再到"世界强国"的飞跃。随着中国实力蒸蒸日上,一些对中国不利的声音出现在国际舞台上,更有甚者叫嚣所谓的"中国威胁论"。"人类命运共同体"打破了"国强必霸"的"大国崛起"模式,把世界各国看成是紧密相连的命运共同体。这既是中国对国际社会其他国家或民族的质疑、敌视的有力回答,也是我国新时代新型外交观的表达,还显示出了中国特有的大国气派、风采。中国在实现自身利益的同时也兼顾着其他国家的利益,实现了双边、多边共赢,这与西方诸国的处事方式是完全不同的。通过"一带一路"的建设,中国将友爱和平、积极负责的大国形象传播到世界多地。作为一个世界大国,我们要"把中国人民利益与世界发展联系起来,把中国人民利益同各国人民共同利益结合起来"。同时,"人类命运共同体"还将中华优秀传统文化带入世界他国,体现出中华文明的风骨和风貌,秉承了中华"和"文化的理念内核,将"天下

①　胡子祥、郑永廷:《人类命运共同体视阈下的世界梦概念辨析——兼论中国梦与世界梦的关系》,《毛泽东思想研究》2016 年第 3 期,第 60—64 页。

大同"的天下观、"和而不同"的和合观、"协和万邦"的整体观带出了国门,走向了世界。

(三)增强了中国特色社会主义自信

习近平指出:"我们要建设的是中国特色社会主义,而不是其他什么主义。历史没有终结,也不可能被终结。"①中国特色社会主义永远在路上。"人类命运共同体"秉持了与世界接轨的"大国崛起"逻辑,将"中国道路""中国模式"引向世界,使中国的发展越来越被世界所认可,使中国特色社会主义理论具有世界意义,它的提出增强了中国全体人民对中国特色社会主义的自信,也增强了其他社会主义国家对走社会主义道路的信心。"人类命运共同体"是中国特色外交观的创新,是坚持走和平发展道路的体现,是对"引进来、走出去"的坚持和发展,是中国特色现代化发展道路的新探索。它深化、升华了邓小平的"开放世界"理念、江泽民的"文明多样性"思想和胡锦涛的"和谐世界观",还将"五位一体"的中国特色社会主义建设总布局理论上升到"构建人类命运共同体"的人类社会发展层面。"人类命运共同体"是中国共产党人立足新时代、新阶段,对中国特色社会主义道路、理论的新发展。

(四)建构了人类普遍交往的新范式

随着"新航路"的开辟,世界日渐趋于一个整体。时至当下,全球化浪潮下的世界各国联系已变得密不可分。正如习近平所指出的,"今天,人类生活在同一个地球村,各国相互联系、相互依存、相互合作、相互促进的程度空前加深"②。全球化的推进一方面促成了人类共同利益、价值的生成,另一方面也带来了全球性的问题和挑战。因此,构建公正、平等、自由、合理的国际新秩序是非常必要和迫不及待的。"人类命运共同体"思想正是中国国际秩序观的当代创新,也是"中国智慧"对人类交往范式的新思考。

首先,不同于西方主导的旧国际体系,"人类命运共同体"追求构建全人类"共享共赢"的国际交往新范式。旧的国际秩序中,西方国家以自身利益为出发点,以"自由、民主、人权"的"普世价值"为幌子,变相地对其他国家进行文化殖民和侵略,夸大其自身的主导型、普适性和优异性,"人类命运共同体"以各国共同

---

① 习近平:《在庆祝中国共产党成立周年大会上的讲话》,《人民日报》2016 年 7 月 2 日,第 1 版。
② 习近平:《顺应时代前进潮流 促进世界和平发展》,《人民日报》2013 年 3 月 24 日,第 2 版。

利益为出发点,强调"和平、发展、公平、正义、民主、自由,是全人类的共同价值"①,推动建立对话协商、共建共享、合作共赢、交流互鉴、绿色低碳的国际新格局,它有着极其重要的时代性和现实性。其次,"人类命运共同体"思想超越了西方的博弈思维范式。大多西方国家在处理国际关系问题上:从过程来看,惯用的是博弈思维方式,即在世界这个博弈大舞台中各方参与国各自追求的利益具有冲突性,此种"博弈"行为的"一个本质特征就是策略的相互依存性"②;从结果来看,主张的是"零和博弈"的思维范式,即在世界总资源不变的前提下,强者有得弱者有失,故各国应当有所争端、冲突。而"人类命运共同体"思想主张和平、合理处理国际事务:在过程中,各方参与者互相沟通、交流、合作,不再是简单的竞争、冲突;在结果上,实现各方参与者"共赢",促进社会资源总量的增加,即"正和博弈"思维。"人类命运共同体"实现了由"零和博弈"到"正和博弈"的超越。习近平指出:"当今世界,和平合作的潮流滚滚向前。和平与发展是世界各国人民的共同心声,冷战思维、零和博弈愈发陈旧落伍,妄自尊大或独善其身只能四处碰壁。只有坚持和平发展、携手合作,才能真正实现共赢、多赢。"③

---

① 习近平:《共担时代责任 共促全球发展》,《南方日报》2016年1月18日,第 A2 版。
② 姚国庆:《博弈论》,高等教育出版社 2007 年版,第 4 页。
③ 习近平:《习近平在博鳌亚洲论坛 2018 年年会开幕式上的主旨演讲》,新华社,2018 年 4 月 10 日。

习近平新时代中国特色社会主义思想的 "道德论"

王道庆[①]

【摘　要】　习近平指出，"国无德不兴，人无德不立"，现代中国的道德建设对于社会主义市场经济的健康发展乃至中国特色社会主义强国目标的实现都有重大意义。在西方社会里，除了宗教界之外，学者、民众对于道德问题的探究和关注一直都存在。中国共产党在革命和执政时期对于道德问题具有一贯的态度、措施与期望。本文系统阐述了习近平新时代中国特色社会主义思想的"道德论"展现与实施和"道德论"特别体现了继承和发展相统一的理论新飞跃两个问题。

【关键词】　"道德论"；道德；中华优秀传统文化；中华优秀传统美德

2018 年 7 月，疫苗事件在网络上刷屏，引发巨大社会关注，针对长生生物疫苗案件，当时正在国外访问的习近平做出重要指示："……要始终把人民群众的身体健康放在首位，以猛药去疴、刮骨疗毒的决心，完善我国疫苗管理体制，坚决守住安全底线……"这里的安全底线也关系到一种道德底线，一些企业、个人，以及玩忽职守分子的道德底线失守必然会导致企业生产、产品安全底线的失守。在稳固的道德底线的堤坝面前，利益、市场可以成为流淌东去的一江春水，平静而美好，反之如果这个堤坝很容易被冲刷以至于决堤，就会导致洪水泛滥成灾。习近平指出"国无德不兴，人无德不立"[②]，现代中国的道德建设对社会主义市场经济的健康发展乃至中国特色社会主义强国目标的实现有重大意义。

在西方社会里，除了宗教界之外，学者民众对于道德问题的探究和关注一直

---

①　王道庆，中共三门县委党校助理讲师，研究方向为习近平新时代中国特色社会主义思想与中华优秀传统文化的转化与发展。

②　新华网：《习近平：青年要自觉践行社会主义核心价值观》，2014 年 5 月 5 日，http://www.xinhuanet.com/politics/2014-05/05/c_1110528066_2.htm。

都存在着。就从特朗普选举总统过程中以及就任以来对其私德方面的一些问题的广泛关注和非议来看,西方国家对个人道德操守的重视程度也是比较高的,据说当时选举过程中特朗普曾经因此萌生弃选的想法。最近在美国最高法院大法官提名人卡瓦诺发生的争议话题、指责与抗辩中,在犯罪的话题上也延伸到礼貌、情操、人格等方面,这也反映了美国社会上下对私德操守方面的关注和重视。

西方文化史上,古代、近代以来的思想家都有对道德问题的深入探究:柏拉图在《理想国》中也呈现了苏格拉底和格劳孔关于正义与非正义的问答;康德在《实践理性批判》中提出道德法则;亚当·斯密在《道德情操论》中提出,德行最完美的人是对自己原始自私的感觉拥有最完美的克制力而对他人原始的同情的感觉拥有最细腻敏锐的感受力。苏格拉底、康德、亚当·斯密都明确指明了人类是有自己的欲望的,而这些欲望并非是高贵的,而是比较低级的需要控制的(中国儒学也说"君子喻于义,小人喻于利")。这些欲望就是道德净化的对象,苏格拉底提出"必要的欲望,不必要的欲望"(《理想国》),道德净化并非要求马上去除所有的欲望,而是欲望要适度。欲望适度的道德净化要求能够实现的话,对个人、对社会的物质精神效益都是难以估量的。康德提出的道德法则独立于人的欲求、情感,"剥离了自爱的影响以及自负的错觉"作为纯粹实践理性的动力;亚当·斯密提出对自私的克制,在《道德情操论》中还详尽提到对痛苦和不良情绪情感的克制;等等。

中国共产党在革命战争时期就确立了"全心全意为人民服务"的宗旨——军队"三大纪律""八大注意"包括不拿群众一针一线等要求,毛泽东在《为人民服务》《纪念白求恩》等文章里倡导为人民服务的宗旨观念与"做一个高尚的人、纯粹的人、脱离了低级趣味的人"的个人道德观。中国共产党在执政后,普通战士中出现了雷锋这样的楷模人物,"向雷锋同志学习"成为一代人的记忆,而且在不断发挥持续、深远的影响。邓小平时期提出"两手抓""两手都要硬";江泽民时期提出包括精神文明在内的三个文明建设;胡锦涛时期发布了《公民道德建设纲要》并且提出社会主义荣辱观(《八荣八耻》)、社会主义核心价值体系。习近平同志也去了抚顺的雷锋纪念馆。这表明中国共产党在革命和执政时期对于道德问题的一贯态度、措施与期望。

一、习近平新时代中国特色社会主义思想的"道德论"展现与实施

习近平新时代中国特色社会主义思想将道德问题提到了中国共产党执政以

来的新高度,而且特别注重党员干部、公民踏踏实实落实到自己个人品德上。

(一)道德作用的认识与道德建设的重要资源

对于道德作用的认识,习近平指出"国无德不兴,人无德不立",并指出"党员干部要努力以道德的力量去赢得人心、赢得成就"①。

习近平讲话与有关中央文件中多次指明"弘扬传统美德",曾经指出"中华传统美德是中华文化的精髓,蕴含着丰富的思想道德资源"②。对中华优秀传统文化的论述更是数不胜数,在培育和弘扬社会主义核心价值观上,提出"必须立足中华优秀传统文化""使中华优秀传统文化成为涵养社会主义核心价值观的重要源泉"。这也就表明了中华优秀传统文化与作为精髓的中华传统美德是新时代道德建设的重要资源。

(二)国内各层面和国际交往方面的道德实施要求

面向全国、全社会、全体人民的社会主义核心价值观在个人层面的"爱国、敬业、诚信、友善"都属于道德范畴;党的十九大报告在推进社会公德、职业道德、家庭美德的同时提出推进个人品德建设;提出要进行"爱国主义、集体主义、社会主义教育",还要"激励人们向上向善、孝老爱亲,忠于祖国、忠于人民"。面向全世界和国际社会,党的十九大报告提出构建人类命运共同体的同时"秉持真实亲诚理念和正确义利观"③。在教育工作中,提出"落实立德树人根本任务",勉励青年学生树立社会主义核心价值观以"系好人生的第一粒扣子"④,要求教师具备高尚的操守,对于学生的教育"要在加强品德修养上下功夫",使之"成为有大爱大德大情怀的人"。

党的十九大报告还提到"坚持依法治国和以德治国相结合,依法治国和依规治党有机统一,深化司法体制改革,提高全民族法治素养和道德素质",坚持依法治国和以德治国相结合成为一大治理原则。在党内治理来看也是如此,习近平在第十八届中央纪律检查委员会第六次全体会议上指出:"坚持依规治党和以德

---

① 人民网:《习近平视察河南:党员干部要用道德赢人心》,2014 年 5 月 11 日,http://henan.people.com.cn/n/2014/0511/c351638-21180543.html。

② 《习近平在中共中央政治局第十三次集体学习时的讲话》,2014 年 10 月 15 日,http://www.71.cn/2014/1015/784123.shtml。

③ 《中非合作论坛—北京行动计划(2019—2021 年)》,2018 年 9 月 5 日,http://www.mofcom.gov.cn/article/i/dxfw/gzzd/201809/20180902783477.shtml。

④ 新华网:《习近平:青年要自觉践行社会主义核心价值观》,2014 年 5 月 5 日,http://www.xinhuanet.com/politics/2014-05/05/c_1110528066_2.htm。

治党相统一,坚持高标准和守底线相结合,把从严治党实践成果转化为道德规范和纪律要求。"①2015 年 10 月,中共中央印发了《中国共产党廉洁自律准则》,提到"必须自觉培养高尚道德情操,努力弘扬中华民族传统美德",而且在第七和第八条要求里提到"廉洁修身,自觉提升思想道德境界""廉洁齐家,自觉带头树立良好家风",原原本本用了儒家"八条目"的"修身""齐家"两个词语——这也从一个角度表明努力弘扬中华民族传统美德不会来虚的。

二、"道德论"特别体现了继承和发展相统一的理论新飞跃

习近平提到马克思主义在人类思想史上具有前所未有的思想高度,要坚持马克思主义的指导地位,理论新飞跃是与时俱进中马克思主义基本原理与当代中国具体实际相结合的结果,而且"道德论"也体现了对中国各个时期领导集体对道德问题一贯关注与重视的继承。

本文从以下几点来看"道德论"特别体现了理论新飞跃。其一,"道德论"集中体现了对中华优秀传统文化及作为其精髓的传统美德的吸收借鉴、转化发展。其二,"道德论"与新时代中国特色社会主义思想"道德论"所吸取的重要源泉——中华优秀传统文化——在中国经受的特殊历程相关。其三,"道德论"鲜明地体现了习近平尊重文化多样性的四项原则:一要维护世界文明多样性,二要尊重各国各民族文明,三要正确进行文明学习借鉴,四要科学对待文化传统。②

"道德论"的理论新飞跃体现在:

(一)系统阐明传统文化的独特地位和作用

1."中国特色社会主义植根于中华文化沃土"

因为中国具有"独特的文化传统,独特的历史命运,独特的基本国情",所以中国必须走自己合适的发展道路,对于中国,中华文化传播、影响和积淀是不可忽略的重要实际,也在一定程度上决定了中国必须走中国特色社会主义道路。

2.中华民族的"精神命脉",社会主义核心价值观固有的"根本"

习近平多次以中华民族的"精神命脉""血脉""基因"来评述中华优秀传统文

---

① 新华网:《习近平:坚持依规治党和以德治党相统一》,2016 年 5 月 7 日,http://www.xinhuanet.com/politics/2016-05/07/c_128966508.htm。

② 《习近平在纪念孔子诞辰 2565 周年国际学术研讨会暨国际儒学联合会第五届会员大会开幕会上的讲话》,2014 年 9 月 25 日,http://cpc.people.com.cn/n/2014/0925/c64094-25729647.html。

化在中华民族繁衍历史上的根本地位、源头地位。也正因为传统文化这样的根本地位、源头地位,在"中华沃土"上发展起来的中国特色社会主义道路以及社会主义核心价值观都离不开这样的根本和源头。

首先,社会主义核心价值观与中华优秀传统文化及其历史传承的渊源极其深远,诚信、和谐、公正、爱国、友善和中华优秀传统文化有非常深的渊源,其他如富强、民主、文明、自由、平等、法治、敬业,其中自由、平等、民主、法治和敬业虽然更多来源于西方的现代精神和中国的当代精神,但与传统文化也有一些不等的渊源。例如诚信价值观。诚、信都是儒家学说、思想体系里重要的基本观点。《易传·文言传·乾文言》(《易传》是解说和发挥《易经》的论文集,其学说本于孔子,具体成于孔子后人,汉代后称为十翼):"子曰:'龙德中正,庸言之信,庸言之谨,闲邪存其诚,善世而不伐,德博而化。'"《大学》里有格物致知、诚意正心、修身齐家、治国平天下的论述,并给诚意定义为"所谓诚其意者,勿自欺也"。儒家经典《中庸》在不长的篇幅里以很大部分对诚做了比较详尽的论述。另外,中国的佛家文化和道家文化都非常注重个人道德修养的问题,认为一个人不注意个人道德的改过迁善和不断提高完善是不可能在其真实水平方面达到更高程度的,诚信也是衡量道德的一个基本标准。如不妄语就是佛教的根本戒律之一。道家崇尚致虚守静、少私寡欲不妄为妄动,同样摒弃自欺欺人、没有信用这种无德的行为。

3. "世界文化激荡中站稳脚跟的根基"

从民族的才是世界的意义上来说,"中华优秀传统文化是中华民族的突出优势,是我们最深厚的文化软实力"①。如果全部抛弃我们的优秀传统文化,那么我们的文化根本就没有了,源头就断了;就算我们没有抛弃,如果一直对优秀传统文化保持疑虑,不敢大胆借鉴运用,刻意保持距离,一些小小的"附庸风雅"式的使用也没有什么意义。革命文化与社会主义先进文化对中国特色社会主义建设也重要,但是根本和源头是优秀传统文化,革命文化与社会主义先进文化也与之血脉相连。因此优秀传统文化也是我们文化自信的根本和源头。

胡锦涛、习近平都曾经提到传统文化博大精深,中国的传统文化也吸引着无数国际友人,北京大学人文学院院长杜维明教授在著作《儒学第三期发展前景》中也提到在美国讲儒学很受欢迎的场景,以及中国传统文化在国外吸引了很多

---

① 中国文明网:《全国宣传思想工作会议在京召开》,2013年8月20日,http://www.wenming.cn/xj_pd/ssrd/201308/t20130820_1422721.shtml。

人,甚至有一些特别优秀的人专门对其进行研究的情况。

(二)转化与发展传统文化达到新高度

习近平新时代中国特色社会主义思想对中华优秀传统文化的创造性转化与创新性发展达到了新高度:阐明了中华优秀传统文化根本、源头地位与对现代中国的发展和走向世界的独特作用;创设了社会主义核心价值观(个人层面的四个道德价值取向),构建了人类命运共同体理念(大同理念的转化与发展);国家治理方式上坚持依法治国与以德治国相结合(古代德主刑辅、礼法合治治理方式的转化与发展);强调公民个人品德的完善,党的十九大报告要求公民在个人品德方面做到"孝老爱亲,忠于祖国、忠于人民",同时强调党员干部、党员领导干部个人品德和从政道德完善。中华优秀传统文化特别注重个人品行的培养完善,儒学提出"自天子以至于庶人,壹是皆以修身为本",儒家"内圣外王"之道也是以修身为根本。另外还有一些儒学专门用语,如中共中央 2016 年施行的《中国共产党廉洁自律准则》中提出党员领导干部要"廉洁修身""廉洁齐家",这里就直接采用了儒家"修身""齐家"的用语。

(三)奠定新时代道德理论与实践根基

"中华传统美德是中华文化的精髓,蕴含着丰富的思想道德资源",这样让中华优秀传统文化及作为其精髓的中华传统美德成为涵养新时代中国道德建设的重要源泉也是顺理成章的。

中华优秀传统文化不算近现代的许多学者著作,仅仅古代的典籍就已经浩如烟海。儒藏以四川大学古籍整理研究所舒大刚等主编的为例,这是中国儒学成果的总汇,预计收书 5000 种,分装 500 册,文字 5 亿;佛教藏经以宋太宗提议开刻的《开宝藏》为例,《开元录》上共计有 5000 余册,后来随着新经陆续译出,还不断补刻加入;道藏以宋徽宗编的《万寿道藏》为例,共计 5481 卷,分装 540 函。这些典籍积淀着中国人的思想、政治、社会等方面的历史,是宝贵的资料。

最重要的价值在于道德的体认、行持及其阐述、总结。这始终是儒、释、道三家文化的重点和精髓所在。以孔子来说,他真正关心的是自己和人们道德的提高、建立。《论语·述而》中孔子说:"德之不修,学之不讲,闻义不能徙,不善不能改是吾忧也。"还描述自己"述而不作,信而好古,窃比我于老彭(道家的老子、彭祖)",可见孔子自己对政治并不是那么热衷,他一生也就当过鲁国的司寇这样的官而且时间很短,而"有教无类"收了很多弟子。儒家学说有心性儒学与政治儒学的说法,把儒学与政治学说完全捆绑在一起是对儒学的误解,不能因为儒学在一段历史时期上成为中国官学就因此把黑锅全塞给儒学和儒家背。几千年道德的体认、行持及其阐述、总结的典籍不能说不是最宝贵的资料,与哈佛等世界著名大学的人文学科科研机构有时候花费几十年跟踪研究众多人才取得一些资料相比,那么中国这样的现成"调研资料"何等庞大、珍贵。

这样丰厚的道德文化(或者也可以说是人学资料)资料库将对新时代中国道德建设,对习近平新时代中国特色社会主义思想"道德论"的丰富和发展,包括对习近平新时代中国特色社会主义思想本身的丰富和发展起到重要作用,乃至为发展马克思主义做出中国的原创性贡献助力,为世界贡献中国方案和中国智慧。

解放与反思:马克思主义自由观视域下的二元结构批判

——基于《逃避自由》文本分析

陈华杰① 杨 洋②

【摘 要】 解放思想、实事求是一直是时代的要求,改革开放以来我国也颇受国外许多思想的冲击影响,不仅在于政治经济等社会存在方面,更在于对人们思想状态和精神面貌的社会意识层面,以自由主义为典型。但随着我国社会经济的发展,人们在面对相关问题时产生了新的困惑,而这在弗洛姆《逃避自由》一书中早已有所描述。自由会产生矛盾的两种倾向,既有自由状态也有责任危险,历史上人性可能会因无法承担自由之责任与危险而转向极权主义,现代同样会对人们的精神面貌与社会意识产生极大影响。但弗洛姆并未意识到他所解释的自由是一种二元结构,其带来的危险与责任并非天然地蕴含在其原初含义之中,正是人们在追求自由的过程中发生了异化,在面临矛盾时仅存意识上的渴望而缺少实践上的统一协调才会产生对自由的逃避。本文立足于改革开放四十年来人们对自由观念的思索与探寻,以马克思异化理论对自由二元结构进行批判,并运用马克思主义的自由观进行超越,是改革开放四十周年时对我党根本指导思想的精神重温,初心回顾。

【关键词】 马克思主义自由观;二元结构;异化;批判

改革开放已四十年,随着国门的开放,进入国人视野中的除了和煦温暖的春风,也有随之而来的苍蝇。其中关于自由的思想,是国外标榜的所谓"普世价值"的首要元素,更是资产阶级近几百年来长期为之浴血奋战纷争不休的口号与旗帜。从传统至现代,自由主义内在追求个体自由,强调私人权利的核心特点也随着时代的发展而变化。也正是在这个过程中,资产阶级经历了从初尝自由的甜

---

① 陈华杰,杭州市委党校余杭区分校科研科科长、高级讲师,研究方向为哲学。
② 杨洋,杭州市委党校余杭区分校科研助理,硕士研究生,研究方向为哲学。

蜜到深受自由枷锁的苦难。我国在改革开放后,国外的自由主义思想深深地影响了人们的思想。时至今日,当下人们对自由所产生的困惑与矛盾与弗洛姆在其《逃避自由》一书中所描述的自由的两种状况极其相似,人们也逐渐开始对传统的自由概念产生疑问与反思。

匈牙利爱国诗人裴多菲有首小诗流传甚广:"生命诚可贵,爱情价更高。若为自由故,两者皆可抛。"这首诗表明了人们宁可抛弃生命与爱情也要获得自由的情感。而自古至今,自由也一直是哲学上一个永恒的话题,从古希腊时期便有人类本性所渴求的生活状态、自由与善,到罗马时代西塞罗说过"谁因为害怕贫穷而放弃比财富更加富贵的自由,谁就只好永远做奴隶",再到中世纪经院哲学的诸多神学家对自由、自由意志的讨论,一直延续到近现代社会历程中对自由的发展,不一而足。可以说,人类曾有多长的历史,对自由的讨论和认识就有多长;而不管人类未来会怎样,"自由"永远是人们无法抛却的议题。本文无意就这样一个深刻而广泛的话题展开讨论,仅仅在改革开放四十周年之际,立足于当下人们的精神状况与思想面貌,在马克思异化理论视域下用唯物史观的方法论、价值原则与科学原则的统一、逻辑分析与历史考察的一致、批判原则与建构原则并用、贯彻主客体统一的历史辩证法对弗洛姆《逃避自由》一书中的二元结构倾向进行探析。

一、起始与流变:马克思历史唯物主义下的自由滥觞

《逃避自由》一书是艾里希·弗洛姆先生基于弗洛伊德的精神分析法深入解释形成现代社会的力量,透彻分析极权主义机制的原因,他在这本书里探索了在历史进程中人性和自由的不定关系,指出民主的兴起让人们自由,同时却也产生了一个让人感到无能为力的、孤独的社会环境,而在这个过程中,如果人性只关注和满足于这种自由所带来的甜美果实,无法适应自由本身固有的危险与责任时,人们便会产生一切孤独、自私、理性工具化、迷信权威和神学等感受并转向极权主义。

(一)"始发性纽带"与自我定位重置——个体化历史进程

自由的威胁并不仅仅来自外部的权威、戒律或者集权国家的强行干涉,更在于我们自身的态度和我们所处的环境与法律习惯。但自由难道仅仅是一个关乎我们自身的问题,或者是一个纯粹的心理学问题吗?这里弗洛姆借鉴了弗洛伊

德的成果，但又对其有所发展："人性既非一个生物上固定不变的天生欲望的集合体，亦非文化模式的毫无生机的影子。"它是人类本身进化的产物，但也有某些固有的机制和规则。人们的某些因素是不变的：物质冲动需要得到满足，也要避免孤立与精神孤独；个人不得不接受特定的社会生产分配制度所形成的生活模式，但是在适应过程中，可以激发个人行动的强烈感情和欲望冲动会发展起来，在发展并急需满足的过程中，它们化成的强大动力又会对社会进程有着非凡的塑造效用。在这样对要讨论的自由问题有一个基础后，自由无疑便成了一种"人存在的特征"，而且，"其含义会随人把自身作为一个独立和分离的存在物加以认识和理解的程度不同而有所变化"。而个人在社会历史进程中与自然世界会逐渐分离，无论从人类的发展史上，或是从婴儿成长为一个有自我意识的人，抑或宗教意义上人与神的脱离，人都要经过一个脱离"始发性纽带"，重新自我定位面临世界的个体化进程。

在这样的个体化进程中，自由的模棱两可含义就出现了：一方面，人们摆脱了外在的权威，去追求并成功地打破那种束缚与枷锁，日益自由独立；另一方面，人们失去了为他提供安全的纽带，等同于失去了生命的方向和意义所在，个人日益觉得孤独、微不足道和无能为力。在这种情况下，人们挣脱了旧有束缚自由的纽带，但在无能为力感和孤独感的包围下又没有积极实现自由和个性的可能，便造成了一种精神层面的失衡，这种失衡的结果就是人们疯狂地逃避自由，或臣服，或与他人或世界建立新的纽带以摆脱不安全感，即使以个人的自由为代价。而自由的这两种模棱两可的含义自中世纪末至今，即使经过了极权主义最疯狂的两次世界大战，现在仍然影响巨大，就是因为现代社会的文化基础就是自那时奠定的。

（二）从资本经济到宗教改革——社会存在与社会意识的改变

从中世纪末至弗洛姆完书之时，可以说整个世界的命运巨变就在这一阶段，世界航路的开辟，资本主义的兴起，文艺复兴，资产阶级革命，宗教改革，等等。但总结来说，基本上属于社会存在发生了改变，从而导致了社会意识的变化，社会意识反过来又对社会存在发生了反作用。其中在《逃避自由》一书中，弗洛姆用了两个关键的历史进程来分别代表社会存在和社会意识，即文艺复兴时期资本主义经济的发展和宗教改革中的路德教和加尔文教。就现代意义而言，中世纪的人是不自由的，但也不孤独，因为那时"个人"尚未觉醒，人们的始发纽带仍未断开。而随着资本主义经济的发展，新兴的富裕阶级的财富和经济活动给了他们自由感和个性感,于是在人们对财富的疯狂追求中整个社会开始了潘多拉式的变化,在最初这个变化开始的行会里,人们开始急剧分化,在激烈的资本竞争中,富者阡陌连田而贫者无立锥之地,每个人都成为潜在的竞争对手,每个人与同胞的关系疏远了,传统的社会结构受到了毁灭性冲击,现代意义上的个人出现,人们在摆脱了传统的经济与政治纽带的束缚后获得了自由,但同时也使自己的世界变得无边无际而又富有威胁性,每个人的固定位置被取消,生活中只剩下经济竞争,每个人的生活意义也被消解,人们被扑面而来的微不足道感和无助感淹没。而这样的社会存在巨变导致了社会意识的巨变,在被焦虑状态、孤独感和无能为力感包围下,人们开始疯狂地试图缓和这些感觉,新的宗教改革借助这样的趋势,在诸多因素下登上舞台。弗洛姆通过对路德的"权威主义性格"分析,指出其教义中人彻底臣服于上帝是被爱的先决条件和对加尔文教义中实际上是人们必须积极活动以得到被选定的征兆来克服怀疑感和无能为力感,他们共同借助基督教教义加强了人的无能为力感和孤独感,提出了通过个人完全臣服和无情的自我贬抑来化解这种不安全感的对策,但实际上都是对自由的逃避。按作者弗洛姆的话,是这样的社会进程通过决定个人的生活模式及与他人的劳动关系,塑造了其性格结构;新意识形态源于这个变化了的性格结构却又反过来诉诸、满足、强化了它,而新形成的性格结构又进一步影响了社会进程。在这样的过程中,现代社会结构逐渐形成,它越来越使人独立自主、富有批判精神,同时又使他越来越孤立、恐惧。

(三)自私与自爱——客观社会功能的主观伪装流变

但弗洛姆清楚地看到了一个问题,资本主义的生产方式把人变成了非人的经济目的的工具,加深了禁欲主义精神和个人的微不足道感,但是现代人自我标榜的却不是受牺牲和禁欲观念的驱使,而是在主观上坚信自己是受自利动机的驱使。在《逃避自由》这本书中,弗洛姆是通过对自私和自爱问题的分析去回答的。他认为宗教改革时期路德和加尔文的思想都表明了自私和自爱是同一回事,在这一思想基础的不假思索的正确性下,资本主义鼓吹人的自私原则,因为在自利的动机下进行一切活动自然是正确的。但是自爱与自私在弗洛姆看来恰恰是一对完全相反的概念,"爱并非一种'情感',而是一种积极的驱动力和内在的相连状态,其目的是对象的幸福、发展和自由"。而如果爱的对象是我,但我却不能自我肯定生命、幸福、发展和自由,那这便不算是自爱。而如资本主义所认为的追求经济财富为一切,这只是一种无底洞的贪婪,人们耗尽了精力却永远得不到满足，它根本不是一种自爱，而是一种自私。在弗洛伊德的基础上，弗洛姆认为自私的根源是不喜欢自我，是对自我焦虑一场，贪求财富只是一种强迫式的积极努力去寻求缺乏安全感和满足感，但却不关心自己真正的所得。现代，人们在资本浪潮中沉浮不定，获得了许多旧式社会所没有的，也正是人们通过现代化进程想获得资本、自由感、财富感和权力感，于是他们自以为获得了信仰自由、言论自由，摆脱了外在权威，却根本没有意识到，信仰的内在能力、不受他人干扰独立思考并表达自己思想的能力和不与他人趋同的能力并非这些就能获得。在资本的伪满足和自我清醒认识的匮乏下，"现代人的'自我'是社会自我，它基本上由个人在社会中所扮演的角色组成，实际上只是人的客观社会功能的主观伪装。现代自私是贪婪，其根源在于真实自我的挫折"，所以现代人看似完全主张自我，实际上他的自我是被虚弱，成为"全部自我——智慧与意志力——的一个碎片，整个人格中的所有其他部分全部被排除掉了"。

　　综上，通过对自由从个体化的历史进程、社会存在与社会意识的改变过程和主体对客观社会功能的主观伪装等方面分析，可以看到，弗洛姆对自由的种种研究实质上是建立在一种二元化结构上的。这种二元结构界定了自由有两重内涵，即一重是打破枷锁，另一重是失位惶恐。这种两重内涵表现在近现代的心理面貌与人际关系之中最明显的就是所谓的"异化"状态。

二、分歧与矛盾：马克思异化理论下对自由二元结构的分析

　　现代人际之间的关系呈现出一种操作精神和工具性的异化特点，而这样的异化特征，具体在物与物之间的关系特征，但是"最重要最危险的方面或许在个人与自我关系上"。我们知道，马克思通过对国民经济学最根本的矛盾的分析提出了异化劳动学说。即，国民经济学认为劳动是一切财富的价值源泉，是过程价值的唯一要素，所以依此逻辑得出的结论应该是劳动者理应获得或拥有全部价值；但是与此矛盾的是，国民经济学却只是为资本提供了一切，而劳动者只能够得到维系其生存和劳动所必须的部分，甚至更少。所以异化劳动指出，劳动的这种现实化表现为工人的非现实化，对象化表现为对象的丧失和被对象的奴役，占有表现为异化、外化。并对异化劳动分析为四个规定：（1）劳动者同他劳动产品之间的异化关系；（2）劳动活动本身的异化；（3）人同自己类本质的异化关系；（4）人与人之间相互关系的异化。在这里，弗洛姆说的是，人们通过物与物之间的关系体现出劳动异化的特征，即人们越是在资本主义生产出更多的产品，却更少能

得到自己所生产的产品;同时这种关系最重要最危险的方面体现在人同自己类本质的异化,即书中所言出卖自己、出卖"人格"。这是毋庸置疑的,然而问题不仅仅于此。

(一)自由抑或孤独——自由的模棱两可是伪命题

第二次世界大战至今仍历历在目,法西斯极权威胁着全人类共同命运的记忆仍十分深刻,我们不得不赞叹弗洛姆在两次世界大战后对社会政治现状从心理学角度的诠释和批判,我们也不得不为弗洛姆在书中运用到的各种研究方法而叫绝。但我们仍然要说,自由就是自由,孤独就是孤独,自由含义的模棱两可是一个伪命题。自由,在古拉丁语中为"Liberta",其含义是从束缚中解放出来,一直到古罗马时期,与"解放"是同一个词同一个义,而自由作为英语的"Freedom"在12世纪前就已经形成,同样包含着不受任何羁束地自然生活和获得解放等含义。我们可以看到,自由从一开始,就不包含孤独的意义,更没有无能为力和微不足道的意思。无论"个体化进程"还是"社会结构"塑造了"性格结构",源于"性格结构"的意识形态有反作用,我们可以清晰地看到,人们所追求的,就是自由,就是摆脱束缚,获得自由。而自由地发展,理应是蕴含在自由此概念之中,也是追求自由的应有之义。人们对于自由地追求,从一开始就是目的明确、概念清晰的——人们在追求自由的时候,也在追求自由地发展,追求自由地治理自己,追求自由地实现个性。而人们在追求自由的时候,并没有追求孤独感、无能为力感和微不足道感。人们追求自由,期望获得自由,和人们在得到自由结果的同时得到了孤独感、无能为力感和微不足道感是两回事情。追求自由,并不意味着一定会同时得到孤独感、无能为力感和微不足道感,而这也不是追求自由所必须承受的后果。

(二)底层、中产与资本家——不同阶层的预期差异

其实弗洛姆自身也意识到了这个问题,在他书中第三章即"宗教改革时期的自由"中,他分析的结果是中世纪社会结构的瓦解对社会各阶级都有一个主要的影响:"个人陷于孤独和孤立,人自由了。这个自由有双重结果。""他感到孤独与焦虑,但他仍可自由行动,独立思想,成为自己的主人,可以按照自己的意志生活,而不必听命于他人。"然而,这两类自由的含义对不同社会阶级成员是不同的。对于新资本家们,得益于崛起的资本主义的最成功的阶级,他们获得了财富和权力,享受了自由的果实,获得了新的主人感和个人进取感。虽然弗洛姆说他们的位置并不安全,并非高枕无忧,并且"常常充满了绝望与怀疑情绪",但是我

们需要看到的是，在这样的社会进程中，"高枕无忧"的传统生活方式，固定位置与稳定联系，本身就是新兴起的资本家所要打破的束缚，他们不需要高枕无忧，他们已经得到了他们所需要的——个人意志与力量，尊严与意志自由，并且人在自我命运中的决定作用举足轻重。他们乐于在冒险中跌宕起伏，尽情贪看着每一个浪尖上的风景，享受着在大风大浪之后的满载而归和巨大成就感，即使这样的生活风险极大，一不小心就会跌落谷底一无所有，但风险、风险的后果也是他们享受的过程之一。他们的绝望与怀疑情绪并非是对自身命运或生活现状的绝望和怀疑，只不过是在个人力量受挫时，在逆境时的正常情绪反应。对于处于社会底层的城市贫民，他说"他们没什么可失去的，但会得到更多"。在经济数量和资本成果上，底层阶级或许相比于过去来说，是得到了更多，但这种更多在横向比较下毫无意义，他们仍然是底层阶级，他们仍然贫穷并且渴望脱离贫穷。但他们在这样的社会进程中，却不是由于自己的意愿和努力——他们并不关心社会进程以怎样的方式进行，只是想着脱离自己的贫困和底层状态——失去了原本的毋庸置疑的归属感、与世界的紧密关系。甚至我们可以想象，他们原本并没有想去获得所谓"自由"。

除此之外，在此书的末章"自由与民主"中，作者又一次试图去解释为什么我们的社会和社会进程会产生自由的两方面从而带来两种逃避方式。一方面，他想通过儿童教育的例子和现代精神病学扮演的暧昧角色来说明个体错觉导致现代人自以为想知道什么其实是别人想让他知道的；另一方面，作者又区分了自由与自发的区别，他想通过说明自发活动是一种"不仅要靠思想活动，而且要靠人全部人格的实现和积极表达其情感和理性潜能来完成"来回答自己"挣脱所有始发纽带的束缚是否必然使人逃避到新的束缚中去"的疑问。而事实上，他只回答了，他确信确实存在一种积极的自由状态，个人可以作为独立的自我存在但并不孤独，而是与人和世界、自然连为一体。他并没有正面回答自由的两个含义，甚至他对自发的说明，实际上是默认了自由必然会带来孤立与恐惧，而要消除这种孤立和恐惧，需要通过"爱和劳动"来进行全面完整的人格的自发活动以达到积极自由。

(三)"异化自由"——自由二元结构的矛盾所在与异化分析

即使弗洛姆像一个世纪以前的费尔巴哈一样，尽管呼唤着"爱与劳动"的口号，期待人们达到积极自由的状态，但这仍然无法掩盖这里的矛盾：资本主义经济的兴起正是打破传统束缚与枷锁、突破传统羁绊和界限的方式，而作为最直接的成果,就是人们可以按照自己的意志,不用听从于外界权威和受限于传统关系与地位的束缚从而自由地生活;但作为结果,人们确实脱离了传统的纽带与束缚,但却失去了其给人们的生命意义和安全感,从而陷入了一种无能为力和孤立的不安全感。在这种被微不足道和不安全感包围的处境下,人们被赶进了新纽带的关系中,即使代价是付出本该是成果的自己千辛万苦获得的自由。而从 19 世纪至今,我们可以看到如下的事实:人们越是追求自由,他就越不自由;人们为了追求自由付出的努力越多,他在事实上不自由的程度就越大;随着意识形态对自由的宣称赞颂越多,人们的精神自由状况就每况愈下;人们越是追求摆脱束缚和羁绊,破除外界限制,他的孤立状态和无能为力感就越强,从而越发强烈和疯狂地要将自己置于新的束缚和羁绊之下。

我们完全可以用"异化自由"来表示这种事实:人在追求自由的种种现实化表现恰恰是人的非自由化;人对追求自己人生中的自由的表现为自我人生的丧失和被社会趋同化;人们对自由的占有表现为异化、外化。这种"异化自由"也可以有四个规定或者表现:(1)人和人追求自由的活动之间的异化。在整个社会进程中,人通过无休止的资本竞争来追求自由,或者成为所有人永恒的竞争者和少数人短暂的合作者,或者成为社会大机器中的一个或大或小的只能重复动作的齿轮。人们越是努力、勤奋地参与到追求自由的活动中,他在这个过程中获得的自由越少,而且是两方面失去自由:第一,枯燥的外部世界越来越不是他追求自由活动中的对象;第二,冰冷的外部世界越来越无法提供给他无论积极自由状态还是自发的追求自由的方式。(2)人追求自由的活动本身的异化。这种异化表现为人在追求自由的行为中,表现在追求过程中。人本应该在追求自由的活动中获得自由,但这样的活动越发不成为能够获得自由的活动,甚至是成为使人感到羁绊的活动,人在这个过程中越来越绝望,越来越感到折磨,越来越感到南辕北辙。(3)人同自己类特性的异化关系。人是类存在物,所有人都天生渴望和追求自由,正如人们天生渴望和追求幸福一样。但是,在这样的社会进程中,人们对自由的概念,从幼儿开始就有着个体错觉,为了厘清人的精神状况而被发扬的精神病理学,反而为人们的人格和认知方式准备好了套用模式。人们在这样的被引导和被套用中,思想麻痹,无"原创性思维",生活在别人,或者说大家共同营造出来的"他人期望"中,人们追求自由的类特性反而被人们自己搞得云里雾里、茫然无措。(4)人与人之间相互关系的异化。这是在这种社会进程中最关键也是最隐晦的一点,即:所有人都以为每个人都可以追求自己的自由,但是在资本主义经济的竞争环境下,人们以通过对传统纽带的简单抛弃、传统关系的粗暴破坏为前提，以在相同环境下排他性恶性竞争、不同环境下隐患的不良输出为基础的方式来追求自由，这必定导致作为有限胜利果实——优胜者——的自由，是排他性的、不共享的自由。在这种环境下，每个人都是别人的竞争者，我获得的自由多一点，其他人获得的自由便会少一些。而人与人之间的这种竞争导致同胞关系的疏离和警惕，作为自由恶果的孤独感、无能为力感和微不足道感，是必然的结局。

三、对立与统一：马克思主义自由观对传统二元结构的超越

我们可以看到，一方面，异化自由成为人们的普遍状态，为了逃避异化自由的恶果，人们会倒向极权主义；另一方面，我们也应该看到，异化自由是一种状态，而这种状态，正是我们自己导致了自由的被异化。弗洛姆通篇讲自由虽然给人带来了独立与理性，但也使他孤立并感到焦虑和无能为力。人在面对这种焦虑和无能为力的时候，有很大的可能即使放弃了自由和自我，也要重新建立依赖和臣服关系。弗洛姆清楚地知道这种"自由"的后果，但他仍然放不下自由所带来的甜蜜果实，即使知道这个果实是有毒的。他对于这种毒素的解决办法就是高呼"爱和劳动"，期待着人们能够通过全面人格的自发活动达到积极自由。但有没有不带来孤独与无能为力感的自由呢？有没有不带有负面作用的果实？答案是毋庸置疑的，有。

（一）绝对与相对的统一：必然基础上的意志自觉自愿

在西方的历史进程中，追求自由的社会进程是资本主义的力量，不可否认的是，财富和权力，突破束缚和不受限制确实是人们一开始追求的自由，也是资本主义社会进程中所能够达到的结果。但人们正是在这个追求的过程中恰恰远离了自由本身，似乎这是一个必然的悖论，对自由的追求必然导致不自由的状态。实际上自由与必然并非绝对对立，也绝非是天然的二律背反。在马克思的博士论文中，他就通过对伊壁鸠鲁的原子偏斜理论进行批判，反对必然与自由截然对立的形而上学矛盾。他对原子运动中的关系性规定进行分析，将之升华至人的类，进而将自由问题与客观世界的问题相关联。在后续的一系列论述中，马克思认为自由不是一种主观的理想。从必然性来说，是要从人们拥有生命、自然、社会这样的前提条件出发方能成立，一切现象和事物的存在与发展都得益于客观规律的必然性支撑。"自由不在于幻想中摆脱自然规律而独立，而在于认识这些

规律,从而能有计划地使自然规律为一定的目的服务。这无论对外部自然的规律,或对支配人本身的肉体存在和精神存在的规律来说,都是一样的。"在个体化历史进程中所包含的生物体的进化、社会固有机制与规则、与自然界的合作与冲突,包括个体自身的成长与自我意识发现,这些都是不受个人意愿影响而客观存在的,也正是这些无法左右的必然性,在自由的产生与形成过程中具有无与伦比的重要意义,它完全可以影响甚至决定个体意志与思维形式。从自由方面来说,人们对于必然性的认识和客观规律的把握,而这种对外界的应激,实际上是一种自由选择的能力,这不仅仅在于意志上的认识与把握,更在这个基础上有主体能动的设计与支配的自主自觉活动。人们的行为动机,强烈的感情、欲望冲动等所化成的强大动力,无时无刻不反作用于之前所有的必然性。而真正的个体自由是不绝望于必然王国中的条条框框,也不狂喜于能够选择的自我掌控,而是在必然基础上的自觉自愿。而这在个体化历史进程之中,无论是否愿意,无论作何思考,都已经是历史所给出的回答。这样的必然与自由关系,实际上是在绝对和相对中间动态统一。

(二)积极与消极的统一:实践过程中的克服与实现

弗洛姆对自由的两重内涵的不断强调,从历史的角度来看,实质上是对学术史上"消极自由"和"积极自由"的结合(也叫"肯定性自由"与"否定性自由")。事实上弗洛姆并没有对这一对概念进行明确的分析,只是在对"自由"一词本身界定上有着消极和积极两方面。而提出这两者概念的是哲学家柏林,他认为一个是"freedom to",一个是"freedom from"。前者的积极自由指的是一种自我意识觉醒为个体主人,是完全自主自愿的意志描述;后者的消极自由则指在个体行动范围之内不受干涉与强制,即不受条件上的或者是能力上的限制。他认为积极自由很可能会将整体性概念看成真正的自我,将集体的意志强加到顽抗的个别成员上,从而导致专制和集权的后果。仅仅从含义上来比较的话,柏林得出的结论恰恰与弗洛姆相反——弗洛姆认为因为自由中失位惶恐而产生的渺小与孤独感使得人们无法承受自由之重而转向集体与权威,这毫无疑问是从自由的消极意义得出的;而柏林则认为因将集体误认为自我从而产生对个别个体的压迫与专制,这种"集体—自我"认知差异却来源于积极自由的主体性过强。首先这种分析解释的对立相反是因为其分析层面与角度的不同,柏林的界定方法实际上是将自由的两个性质分解为能力与选择两方面,这在根本上并不在同一个讨论层次,而弗洛姆则直白地从自由的两方面性质来讨论;但其次这也恰恰说明了单纯对自由的某方面性质的强调是无法明了真正的自由的。任何一种自由都可以从含义上的积极与消极去理解,以弗洛姆的自由两方面含义为例,打破枷锁突破桎梏的积极含义寻求本身就是秩序破坏与位置偏移的消极含义确立,这在根本上来说是一个问题的两个方面,如同吊索的两端,一端上就意味着另一端下。但就人的失位惶恐而言,自由的消极含义就转变为对自身新定位与直面浩瀚宇宙的能力缺失。所以对马克思来说,积极或消极的提法对于自由而言意义不大,对自由的追寻是一个克服阻碍,打破原有障碍,然后提出可能性并作用于现实自我实现的过程,无论消极还是积极,都统一结合或者说是一体两面的存在于实践活动的过程之中。

(三)个人与社会的统一:每个人的自由发展即一切人的自由发展

社会存在与社会意识的动态改变之中,不仅仅个人会与社会有冲突,社会中的不同群体之间也存在着冲突与矛盾。如弗洛姆所说,不同阶层对自由的预期存在差异,在社会存在变迁的潮流中,新资本家获得了权力和财富,也享受着在冒险和风浪中跌宕起伏驰骋恣意的欢乐;中产阶级一面小心翼翼地保护着自己已经得到的一切,一面又对风险与未来充满着焦虑和不安;而社会的最底层在享受文明底线福利的同时渴望着脱离贫困。每一个阶层对其他阶层而言都看似矛盾与对立,个体与社会、社会部分之间的冲突经久不息,我们仍需注意,不同的阶层又能各处其位地在整个资本社会演进中去追寻各自的自由。虽然弗洛姆说社会最底层的人们横向比较起来并没有什么不同,仍然贫困着并渴望贫困着,但情况确实不同了。在人群上来说,每个社会都有自己最底层的部分,但这部分的具体人员绝不会和上一个阶段相同。正如同封建时期的最上层和资本主义时期的最上层不同,在自由的演进中,有无数人鲤鱼跃龙门,也有无数人跌落尘埃里,对实在的个体来说,至少有着身份重新洗牌的机会。在程度上来说,中世纪最高贵的国王也不会有享有资本时期的种种便利与新颖。自由或许会遇到新的问题,但确实在解决原有问题的基础上,社会存在与社会意识的具体内涵和实际内容发生了确凿的改变。恩格斯说,个人利益是占有一切而社会利益则是使每个人都占有相等,所以社会利益和私人利益是直接对立的。但社会由个人组成,与其说是社会利益与私人利益相对立,不如说个人利益与个人利益相对立,而这在自由方面则意味着某个体追求自由的过程中是否会妨碍他者的同样追求?如果自由是排他性的目的,那么每一个人都无法自由。而马克思则以"有生命的个人"作为其逻辑起点和价值归依,以所有人都能追求自由、自我实现为目标导向,提出在一种"真正的共同体"条件下,"各个在自己的联合中并通过这种联合获得自己的自由"。在这个条件下,个人与社会统一协调,每个人的自由发展是一切人自由发展的条件,一切人自由发展是每个人自由发展的保障。

四、余 论

解放思想是改革开放以来我党一直坚持的原则与方法,其题中之义即包含着思想自由,引申至哲学思考便是贯穿整个人类思想史的自由意志宏大命题。纵观历史,从古希腊的柏拉图的对话到中世纪的神学家的呓语,从近代康德对人类理性的批判和现代各种自由思潮一浪接过一浪,自由的观念与人们的思想状况随着社会的变化而波动不停,每个时代均有其主流发声。但可以确定的是,思想的解放与意志的自由,从来不是理所当然或轻易得到的,唯有通过努力奋斗与时刻反思才能保持较为准确的认识。改革开放至今四十年,唯有坚持马克思主义的世界观与方法论才能初心常在,砥砺前行。

【参考文献】

[1] 弗洛姆.逃避自由[M].北京:商务印书馆,2002.

[2] 马克思恩格斯文集:第9卷[M].北京:人民出版社,2009.

[3] 阿克顿.自由与权力[M].南京:译林出版社,2001.

[4] 德里达.马克思的幽灵[M].北京:中国人民大学出版社,1999.

[5] 俞吾金.重新王里解马克思[J].学术界,1996(05).

[6] 张一兵."回到马克思"的原初理论语境[M].//赵剑英,叶汝贤.马克思与我们同行,中国社会科学出版社,2003.

[7] 陈刚.马克思人的自由全面发展观及其当代意义[J].江苏社会科学,2005(06).

[8] 应克复.自由——马克思主义的核心价值观[J].炎黄春秋,2008(12).

[9] 许全兴.马克思对德国古典哲学自由精神的继承和发展[J].中共中央党校学报,2005(03).

[10] 黄克剑.应当怎样理解"自由自觉的活动"[J].国内哲学动态,1983(01).

[11] A·瓦里斯基.论马克思的自由概念[J].哲学译丛,1983(01).

[12] 韩庆祥,亢安毅.马克思开辟的道路——人的全面发展研究[M].北京:人民出版社,2005.

致良知

——价值观认同机制的"心"学逻辑

胡丹丹①

【摘　要】　个体在没有私意的时刻传达出的"人我合一"的共享价值理念，是良知心天然启用的表现。价值主体以"良知"标准判断是非，择取符合善性的价值观体系而认同之，可以有效提升个体价值观念结构的稳定性，在认同时间和认知深度上增强价值观认同的实践效力。

【关键词】　致良知；心；价值观认同

价值观认同机制是价值观认同开展的内在机理和实践逻辑，其中包含了价值观认同的基本要素及其相互联系、作用的运行方式。价值观认同的基本要素包括价值主体、价值观客体（社会价值体系）和社会环境。阳明的"致良知"学说，为我们探索价值观认同机制打开了"心"学的分析视域，揭示了价值主体（"心"）对于整个机制运行的主导作用。"致良知"学说对于培育和践行社会主义核心价值观具有重要的理论和现实意义。

一、价值观认同主体——"心"

价值主体是价值观认同过程的行为主体，广义上说是一个具备价值认知能力的现实的人，狭义上说是能动的价值感知主体——心。"价值观认同的发生和实现，首先依赖于价值主体即认同者的主观条件，其中起关键作用的就是认同者内在的具有稳定性的价值观念结构和价值观念系统。"阳明哲学中，"心"是个人价值观念结构的能动筑造者，是价值认同过程得以开展的实践主体。从"心"的运动机理切入，可以为价值观认同机制理出一条重要线索。

---

①　胡丹丹，中共党校博士研究生，研究方向为中国哲学。

(一)"心"的运动机理

心是价值观认同的认"知"主体,可以能动地选择、甄别各类价值观体系而为己所用。"心"在阳明的语境中具备"主宰"义,既是天理的载体(天理自体的存在),也可以启用天理,形成"知"(天理呈现的存在)。"知是理之灵处",天理从"用"的功能作用来说,表现为灵敏的"知"。当"知"不被私欲遮蔽的时候,心能够意识到真正的自我,与天地合德,日月合明,称为"真己"。可是极少人能够始终涵养"真己","自圣人以下,不能无蔽,故须格物以致其知"。"真己"的遮蔽归因于"躯壳的己"——人心满足躯壳需求产生"人欲","譬如日光被云来遮蔽",成为后天影响因素而可随时生变。先儒一生"学习"的总纲,"然不过去此心之人欲,存吾心之天理耳",王阳明将其作为本心回归正确知见的重要方法。

认同者内在的价值观念系统是心的主观内在尺度,尺度首先必须保证自身刻度的精准、公正,才能丈量他物,譬如"制礼作乐,必具中和之德,声为律而身为度者,然后可以语此"。心之内部涵存天理,大公无私,鉴如明镜,能够真实地捕捉万物的本质及其天理涵存——"圣人之心如明镜,只是一个明,则随感而应,无物不照"。心即"天理",天理的价值内涵表现为至善,"至善只是此心纯乎天理之极便是"。天理具有的稳定性、纯一性,"寂然不动""感而遂通",成为价值判断的公正、合理尺度,引导人心选择和控制外界信息的流入,以及对周围的价值现象进行感知、评价和选择。外在事理的评价标准在人的本心之中,"天下又有心外之事,心外之理乎"。本心存乎天理,发于至善,在善恶交织的价值观中择取善价值而践行,成为"天理"主导下的价值观认同原则。

蒙蔽之"心"表现为蔽其"天理",认"躯壳之己"为"真己"。"躯壳之己"是人的物质实体部分,如耳、目、口、鼻、四肢。而"真己"是人的精神实体部分,主宰上述器官取得效用——视、听、言、动的开展。真己主宰躯壳,可是人心在社会实践中执守躯壳为真己,"认贼作子""贵目贱心",以"躯壳的己"主宰"真己",为了满足躯壳的基本物质需要,以"名""利""色"等外在因素作为价值判断的主导依据,过度追求物质享受,生出"恶念"。"恶人之心,失其本体",人欲的遮蔽使人心的刻度尺偏离精一的"天理",走向多元的"人欲"。此时的价值认同以"私欲"为标准展开,价值观认同的衡量视域局限于个体之我的"小我",而不是公众之我的"大我"。

(二)"心"的价值观认同机制

价值客体进入个体价值主体的认知视域,是价值观认同实现的基本前提。

从社会心理学上说,价值观的认同一般可分为认知与同化两个阶段。其中"认知阶段是指社会成员将自己归属并沉浸于某一价值观念的过程。在此阶段,一般而言,价值观的宣传频度、强度及其本身的鲜明度成为影响认知的主要外在因素"。"心"和"心外之物"的关系揭示了认知阶段的心理动态——"身之主宰便是心,心之所发便是意,意之本体便是知,意之所在便是物"。这里的"物",意在对于独立个体而言内心所涉足之"事","如意在于事亲,事亲便是一物。意在于仁民爱物,则仁民爱物便是一物",任何事件的生成都离不开价值主体的介入和认知对象的呈现,价值客体进入主体的认知判断视域之内是认同得以开展的基本前提。

"心外之物"是个体的认知意识没有触及的存在物,即使它们客观存在,因其对主体的价值空白而排除在个体自我塑造的价值观结构之外。认知对象出现之后,心对进入个体视域的存在客体进行素材处理,选择个体"需要""认同"的价值观素材进入个体价值观结构,即进入"同化"阶段。"同化阶段是个体基于对特定价值观内在本质内容的理解与掌握的自觉自愿地主动接受的过程,而非迫于外在因素影响。"个体在同化阶段对观念的接受程度最终决定了价值观认同的达成效果。

在"同化"阶段,心的认知状态越接近"真己",对于"善"价值的认同力量越强。当个体的价值观系统以"至善"为基本价值构成,就会选择与"至善"相关、相近的社会价值观念,使之同化为个体价值观念的新内容。此时,价值主体与公共价值体系的"共享"理念趋向同一,这是社会规范具有生命力和效力的基本前提。"真己"发出的善念是人心的本体,属于人心结构中的价值判断不动因;而"色""名""利"处于人心的外部结构,随着时间、环境、人物的变化而变易,是个体价值观结构中的不稳定因素。

人心对"真己"的积极涵养,是提升个体价值观念系统稳定性的根本方法。价值观认同的发生和实现由价值观念结构的稳定性决定。价值观认同的实现依赖于价值主体的主观条件,认同者内在稳定性的价值观念结构起到了关键作用。当个体的价值观念结构发生变化,就会对之前认同的价值观产生重新判断、选择、扬弃。任何一种价值观认同的效力,取决于人心对这个观念认同时间的长短、认同程度的深浅。认同度与时间二者呈正比关系,认同度越深则认同时间越长,价值观认同的实践效力越高。个体的价值观念结构稳定性直接决定了观念的认同度强弱。个体在进行价值观认同的某一时间点接受了某个价值观,即达成这一刻的认同。然而,人心的结构具有不稳定性,个体价值观结构一旦重组,价值观认同的自身评价标准便随之形成差异——不同时间所认同的价值观由于主体价值构成变化而产生矛盾冲突,以致互相排斥。上一时空所认同的某个价值观因为人心价值结构、判断标准的变化,在下一时空就被舍弃,排除在认同者之列。在这个意义上,个体价值观认同的程度可以通过对该价值观认同的时间长度来衡量。价值观结构稳定性的确立是一个长期的、复杂的过程。以优化个体观念结构为目的的修养实践,目的在于涵养"真己",有效提升个体价值观念稳定性。

二、价值观认同的评价标准——良知

要成立价值观认同的标准,首先需要解决一个基本问题——价值观认同的标准可不可能存在,即生成该标准何以可能。在价值主体、价值观体系、实践场所三个价值观认同的基本要素中,价值主体的价值认同结构不够稳定,善恶交织;社会价值观体系随着社会环境的变化而变更,是社会群体意识的时代体现;社会环境不断变化,新兴事物纷繁涌现,价值观主体面临着更为多样化的价值选择环境。因此,价值观认同的三因素都是不稳定、随时可变异的。从变化的角度看,一个稳定、统一的价值观标准难以成立。因此,能否寻找到三者之间的重要联系以及三因素中的恒定因素,是价值认同标准得以建立的关键环节。阳明哲学寻找到恒定的心之本体——"良知"。

"良知"是人的"生命"本源、"知性"本源,符合人性的基本要求。"良知的存在是一切道德意义上之善恶的分判、抉择、应承、实践之所以可能的本原性根据",是价值观认同机制得以形成、开展的基本前提。良知是人性中本有之旨——"性一而已,主于身也谓之心。心之发也,遇父便是孝,遇君便是忠",这种天然的本能就是良知。良知是心之本体,表现为心存天理的状态和启用。天理是静态的理念形态,可以独立于个体的人而存在于事事物物;而良知是人心对天理的接纳,将天理动态涵存于内心之中。良知发出的时候,没有私意障碍,廓然大公,属于心的先天能力——"知是心之本体,心自然会知"。个体在没有私意的时刻传达出的"人我合一"的共享价值理念,即良知心先天启用的表现。价值观主体以"良知"判断是非,择取符合善性的价值观体系而认同之,可以有效提升个体的价值观念结构的稳定性,从而在深度和时间上增强价值观认同的实践效力。

良知是每个人都具有的先天能力,具有永恒性、纯一性,这是良知成为价值观认同标准并具有可行性的基本前提。王阳明认为"天命之性,粹然至善。其灵昭不昧者,此其至善之发见,是乃明德之本体,而即所谓良知者也"。"良知"就是那个与"明德"本体直接契合的最根本的规定。每一个人的"良知"都可以在心本体的"明德"过程中自我显现和完成,这是一个向内自省的视角。对于各种"求理于外"的思想路线,王阳明给予了批评:"后之人惟其不知至善之在吾心,而用其私智以揣摸测度于其外,以为事事物物各有定理也,是以昧其是非之则,支离决裂,人欲肆而天理亡,明德亲民之学遂大乱于天下。"私智源于"私欲",社会个体以私欲之心丈量外物,形成参差不齐的价值衡量标准,外物之事理兴而本心之天理亡。良知本有,只要除去"私欲"的遮蔽,人人都可以显明"天理"之本心。

良知是人从天道处获得的"德性",是人的"情感"本源、"价值"本源,符合价值主体(认同者)的根本利益。选择树立价值观认同标准,其实质是在参差不齐的社会价值观中提炼一个能够引导不同价值观念的公认对象。而能满足这一条件的,唯有从价值生成的本源处入手,寻找一切价值的起源。良知本身并非某一具体价值,具有或善或恶的基本性质;良知是分辨善恶价值的能力,正如阳明四句教所言:"知善知恶是良知。"孟子将其称之为"是非之心,智之端也"。智慧可以辨别善恶,在纷繁复杂的价值观体系中择取优质的社会价值观体系加以认同,从而更好地指导社会实践。"转型期的中国,社会价值观念'多元并存',冲突错综复杂,社会主义核心价值观主导地位的形成遭受多重消解。"这样的社会环境下,个体尤其需要以"良知"引导价值观认同,明辨善恶,树以正确的社会价值观。

三、价值观认同标准的实践检验——致良知

良知成为价值认同的标准需要经过实践的检验——致良知。面对多样的社会价值系统,阳明先生将变化的实践环境称为"时节之变",而良知对于"时节之变","犹规矩尺度之于方圆长短也",规矩、尺度具有衡量万物性状、长度的功能,譬如良知具有衡量一切社会价值观的能力:

> 故规矩诚立,则不可欺以方圆,而天下之方圆不可胜用矣;尺度诚陈,则不可欺以长短,而天下之长短不可胜用矣;良知诚致,则不可欺以节目时变,而天下之节目时变不可胜应矣。

良知本身作为一种尺度存于人心,却因"人欲"的遮蔽而发挥不出应有的"丈量"功能。致良知的实践,目的在于发掘良知的本能,践行"中庸"之道。良知是

人的本性，即"喜怒哀乐之未发"的天然质朴状态。"未发"的时候，个体价值主体处于"人我合一"状态，没有人我的独立概念和区分，也没有私欲的发芽、壮大，此时心中纯存"天理"，价值选择大公无私，纯善无恶。"致良知"是"良知"标准的实践和检验，阳明先生认为"中只是天理"，天理"无所偏倚"，偏倚就是有所"染著"，"如著在好色、好利、好名等项上，方见得偏倚"，而色、利、名的根源在于满足"躯壳之己"的私欲心理。致良知的实践需要将"一应私心扫除荡涤，无复纤毫滞留"，此时被遮蔽的"躯壳之己"褪去，"真己"所涵藏的良知心显现出来。个体价值主体将中道之理存之于心，发之于事，以天理指导日常的生活实践，以达到"发而皆中节"的和谐效果。

"良知"与"致良知"的关系是辩证统一的，体现"知行合一"之旨。"良知"虽是知，亦是"知之明觉精察处"的"行"；"致良知"既是行，也是"行之真切笃行处"的"知"，两者相辅相成，互为存在。一方面，良知标准的确立，是以"致良知"为实践导向的动态过程，没有"致良知"的实践就没有"良知"标准的主体性确立。另一方面，致良知的实践就是对"良知"的自我体察，"良知"的存在是"致良知"实践开展的基本前提和终极目标，没有良知的认知导向就没有"致良知"实践开展的总路线、总方向。致良知的自我实现和完成将本体与功夫、知与行统一到了价值观认同的社会实践之中。"良知"作为价值观认同标准的最终确立，表现为"致良知"的实践目标的最终达成——"私欲"之遮弊除尽、"天理"之本心开启。

关于儒家共享思想现代转向的思考

崔亚超①

【摘　要】　党的十八届五中全会提出了共享发展理念,它是促进社会公正的新型发展观。一个国家的政策制定与发展方式总是以本国的历史与文化为基础,对固有的民族精神进行创新和发展。儒家文化是中华优秀文化的重要组成部分,其中所包含的共生、和合思想有着丰富的共享意蕴,在当前时代背景下具有重要的研究价值。文章从儒家共享思想的价值体现和在新时代下的现代转向两个方面论述了儒家的共享思想。对儒家共享思想的探索和研究,能够吸取其中的优秀价值,将儒家的共享精神与当代的共享发展理念相结合,共同推动共享发展的实践,推动社会公平正义的有序进行,实现国家的和谐稳定。

【关键词】　儒家;共享思想;价值体现;现代转向

党的十八届五中全会上首次提出了"创新、协调、绿色、开放、共享"五大发展理念,为全面建设小康社会提出了新的发展目标。共享发展理念首次出现在人们的视野之中,共享发展作为一种新型的社会发展方式引发了学术界的广泛讨论。儒家思想作为中国哲学史的滥觞,在中国历史上虽历经沉浮,但其对于当今社会发展仍有重要的价值。儒家的思想中虽然没有明确提出"共享"一词,但却包含着丰富的共享思想。不同的时代关于"共享"的标准不同,其内涵也不同。所以我们应该积极地探索和发现儒家的共享意蕴,为共享发展理念寻找理论来源和思想基础,使共享发展理念在新时代下如火如荼地贯彻践行。

一、儒家共享思想的价值体现

共享思想的核心观点是社会的公正问题,关于正义问题,西方学者的杰出成

---

① 崔亚超,中共永康市委党校助教,研究方向为中国哲学。

果数不胜数。但是,共享发展是基于我国当前的国情提出来的,它的发展和实践仍然要植根于深厚的中国传统文化。尤其是中国正处于社会转型的关键时期,价值选择对社会的发展至关重要。另一方面,中国的实际情况与西方也存在着差异,因此,我们可以借鉴但不能照搬西方的发展模式。当前实现共享发展必要的一步就是要立足于民族实际情况,追溯中国的优秀文化传统,探究中国传统的共享思想,寻找其历史合理性并充分发挥其价值,实现共享发展,实现社会的公平正义。

(一)儒家共享思想的历史合理性

儒家的共享思想是思想家对历史经验和政治实践的反思和总结,是维护整个社会政治稳定和推动社会发展的思想结晶。所以对于社会的整体发展而言,儒家的共享具有其历史合理性。主要体现在:

1. 重民爱民的民本观

人民群众是共享的实践主体和利益主体。在基于历史教训的基础上,无论思想家还是政治家都意识到民众在社会中的重要地位,认为民众力量的多寡决定着国家的强弱,人民的生存状况决定着国家的兴衰存亡。因此提出了"重民""利民""教民""养民"等政治主张,要求统治者控制自己的欲望,实行仁政、惠施于民,以维护自己的统治。在具体的政策上还提出了重视发展生产、减轻赋税,以提高民众的积极性,为共享创建了物质基础;同时也限制了统治者的穷奢极欲,有利于自上而下地实现共享。从孔子的"国之本在民"到孟子的仁政、"民贵"思想,再到荀子的民生观,儒家的民本思想为后世实现共享提供了宝贵的思想遗产。在当今社会,共享同样需要站在人民的立场,以人民的利益为核心,维护人民的利益,实现社会的公平正义。

2. 尚仁尚义的道德观

儒家的共享思想离不开仁义的支撑。仁义是儒家哲学的核心范畴之一,代表了儒家道德的价值理想,是儒家共享思想的道德支撑。先秦儒家认为仁义是完全内化于心,并外显为道德主体自然而然的行为方式[1],是无须外在礼法强制约束的道德自觉行为。另外,仁义是圣人君子所必备的道德品质,所以仁义也用来考核为政者的政治素养,根据其外在行为来判断他是否符合圣人的标准。孔孟提倡仁义的目的是引导人向善,并且成为先秦时期社会普遍认同的价值标准

---

① 胡永辉、洪修平:《仁义的道德价值与工具价值》,《哲学研究》2015 年第 8 期。

用以衡量、规范人的行为，在一定程度上约束了人的行为，有利于社会秩序的稳定。孔孟提出仁义来匡扶社会人心，是因为他们不愿意看到道德无序、人心堕落的局面，寄托于仁义以实现天下为公、人人享有的社会理想。历史告诉我们，在当代的社会建设中，仁义价值的发扬仍然对人心向善具有引导性。共享的实现需要将道德观念充分地内化于心，启发人性善的优点。

3. 大同社会的理想追求

大同社会的本质是社会利益的公平分配，是历代思想家关于共享思想的集中体现。《礼记·礼运篇》中"天下为公"的大同社会吸取了三皇五帝时期天下为公的社会制度的精华，虽然《礼记》中的大同理想社会只是一幅理想社会简图，但是它反映了在封建专制制度下人们的理想追求，为后世的思想家进一步实现发展大同思想提供了必要性和可能性。大同理想的追求也是人们对共享的追求。

大同理想社会在各个朝代的发展中都有体现。在《桃花源记》中，"土地平旷，屋舍俨然。有良田美池桑竹之属，阡陌交通，鸡犬相闻"所反映的就是一个没有剥削和压迫，人人劳动，丰衣足食的理想社会。此外，一些社会改革家提出了自己的社会改革方案，如张载的"井田制"，西汉扬雄提出的"老人老，孤人孤，病者养，死者葬，男子亩，妇人桑"（《汉书·扬雄传》），各得其所的政治向往。农民起义也是追求理想的大同社会，如太平天国起义等。我们不能否认中国历史上的大同社会理想具有空想性和平均主义思想存在，但是也有积极的一面。大同社会的提出是对等级专制社会的反抗，是对两极分化的严重不满，证实了共享社会是中国历代以来所追求的社会理想。

(二)儒家共享思想的现代价值

虽然说儒家的思想中并没有明确提出"共享"这一词，也没有对共享形成系统的论述，但是儒家思想中所包含的共生与和合思想蕴含着丰富的共享意蕴，具有超越时代的影响，它影响着中国两千多年来思想家、政治家和普通民众的社会追求。在当今社会，儒家的共享意蕴对共享发展而言同样具有积极意义。

1. 培育公平正义的道德意识

公平正义是共享思想的本质体现。虽然说儒家思想萌芽于封建社会之中，主张维护君主的权力，但其对公正的追求却是毫不逊色的。在等级森严的制度中追求公平正义，突出了儒家思想家对共享的渴望。先秦儒家认为，正义是一个人立足于社会的品质之一，孔子说"人之生也直，罔之生也幸而免"（《论语·雍也》），足以体现正直对于人生的意义。在面对具体的事务时，他也能秉持公正的态度具体问题具体分析。正义对于统治者尤为重要，它能影响社会风气，"其身正，不令而行；其身不正，虽令不从"（《论语·雍也》）。孟子也认为，具有"富贵不能淫，贫贱不能移，威武不能屈"（《孟子·滕文公下》）的品质才是一个真正的君子。为政者的公平意识可以推动社会的公平发展，可以为共享的实现营造良好的社会氛围。

正义作为古今中外所推崇的价值观，推动了社会的进步和发展。在我国改革的关键时期，培养公民的公正意识有利于共享的实现。培育公平正义意识的第一步就是要明确法律上的权利和义务，享受公民应有的权利和履行应尽的义务是人民主体地位的首要表现。其次，从伦理意义上讲，端正自己的本心，做"正乎己"的事。公平正义意识是评价一个人政治素养的重要标准，同时也是共享对个人的基本要求。在社会矛盾诸多的今天，个人的公正意识可以促进整个社会公正，社会的公正又可以保护个人的生存条件和人格尊严，是共享的核心所在。

2. 培育仁者爱人的道德观

共享的实现需要仁爱道德精神的培育。仁是儒家道德精神的最高境界和人生最高的价值目标。仁爱精神也是实现共享的重要个人品德之一。仁首先规范的是自身的道德修养，"仁者，人也"，要求人具有爱人之心，不可以自我为中心，忽视他人的利益，这是立人之本。爱人就是对他人要尊敬和有同情心。孟子说"爱人者人恒爱之，敬人者人恒敬之"（《孟子·离娄下》），这里的仁具有了社会性，把仁看作立世之本，爱人才会赢得别人的爱，敬人才会赢得别人的尊敬，仁是一个互动的过程。而"仁"最基本的要求是"己所不欲，勿施于人"，即仁爱之方忠恕之道，倡导推己及人，将心比心；凡事严于律己，宽以待人。仁的立人、立世精神正是共享对个人道德的要求。

我国正处于社会转型的攻坚期，市场经济的趋利性容易造成人情冷漠，一些人只关心自身的利益而忽略公共利益，甚至为了自身利益不惜损害他人利益，而儒家的尚仁尚义思想可以把现当代社会中所存在的自私自利思想转化为人人相爱而共享的思想。儒家道德修养观中的"仁者爱人"和"忠恕之道"中所体现的推己及人思想是实现共享的道德基础，它所倡导的待人以诚、待人如己的处事原则，它所宣扬的人人互助、宽容合作的博爱精神，它所体现的理解尊重、信任沟通，都是共享对个人的道德要求。社会成员不是一个孤立的个体，他们都在社会中担负着一定的责任和义务，需要对自己的行为负责。因此从爱自己到爱家人再到爱天下人的思路出发，相互理解，相互尊重，定能减少人际交往中的冲突和矛盾。遵循仁爱精神可以有效培育个人的共享意识，提高个人的人际交往能力，协调社会中的各种复杂关系,促进共享社会的发展。

3. 培育兼济天下的世界观

共享需要培育个人兼济天下的世界观。儒家思想注重个人人格的培育,他们心目中的理想人格是内圣外王的圣人人格,"修身齐家治国平天下"体现了对个人人生观、价值观和世界观的要求,要胸怀天下之事。儒家的理想人格的追求是国家利益,不计较个人利益的得失。所谓"君子忧道不忧贫",他们不计较个人的物质生活享受,甚至以苦为乐,安贫乐道,但他们心中所忧虑的是个人的道德修养、天下苍生的温饱和国家社会的治乱。共享要求人具有"穷则独善其身,达则兼济天下"(《孟子·尽心上》)的个人追求,兼济天下的世界观对于我们今天实现共享仍然有重要的意义。

在那个四分五裂、诸侯割据的时代里,拯救天下苍生,实现天下为公、社会平等成为儒家的政治理想。在政治理想和实践中,儒家更为重视发挥人的社会价值,这一点和共享理念所推崇的相同。"先秦儒家的思想焦点集中指向个人怎样在社会中发挥个性,实现其主体价值,旨在以'极高明而道中庸'的方式阐述人伦世界和人的整个社会生活之间的关系。"[①]儒家的共享思想是要在现实世界中实现共享主体的个人价值,同时促进社会利益的增多。孟子认为个人价值的实现是通过价值选择表现出来的,如"杀身成仁"和"舍生取义"这样不仅能成就自身的价值,还能维护社会国家的利益。

在儒家的人生价值体系中,虽然说人的群体价值得到了空前的标举,但还是着重强调个体价值与群体机制的有机统一。这一点也是儒家共享思想的表现之一,共享是个人价值和社会价值实现的统一体。一方面,它肯定了个体价值的独立性和独特性,认为构成社会主体的每一个人不仅具有完成圣人人格的客观可能性,而且个体价值的充分展现正是社会充分发展的表现,表明人民群众是推动社会进步的前进动力,肯定了人的价值。另一方面,儒家强调社会中人与人都是相互依存的,彼此之间相互关联、相互影响,在一定程度上相互促进。社会的充分发展为个人的进步提供了坚实的保障,个体的价值只有与群体价值相一致才能得到真正体现。儒家的"穷则独善其身,达则兼济天下"的世界观正是共享思想的社会表现。

---

① 吉莉:《儒家的人生观及对现代社会的启示》,长春理工大学硕士学位论文,2009 年。

二、儒家共享思想的现代转向

儒家的共享思想是思想家道德观念与政治思想的混合产物,在对现实社会生活分析的基础上,更多反映的是儒家思想家的哲学思辨。从对现实生活的总结上升到哲学的反思,目的是提高人的道德修养,实现社会的公平正义。

(一)儒家共享思想的历史局限性

儒家思想是建立在封建等级制度基础上的,其道德理想是对当时社会环境的反思和超越,然而,道德实践却没有跟上道德理想的步伐,两者之间出现了巨大的隔阂,导致了儒家的建制不能完全用于当今的建设之中。其共享思想的制约性表现在:

1. 历史背景的制约

从历史背景看,儒家的共享思想产生于君权神授和皇权至上的政治环境中,所以从根本上讲共享是维护君权基础上的共享,未能真正实现人民的平等,维护人民的利益,带有浓厚的封建等级色彩。孔子的"名不正则言不顺,言不顺则事不成"的正名思想强调的是维护纲常伦理,所以,思想家站在"正名"的基础上根本不可能从人民的利益出发,实现社会资源的公平分配。另外,孔子、孟子、荀子在先秦时期只是作为思想家而存在的,并没有过多地参与政治事务。共享思想充其量只能算是他们的政治理想,至于能否实现,主要看统治者的意愿。君主专制的不断强化使得民众无立足之地,何谈利益的共享呢? 不容置疑,儒家的共享思想中确实存在着固有的封建思想因素,这些封建因素阻碍了共享思想的社会实践,阻碍了数千年来人民追求共享的步伐。

2. 社会环境的制约

大同社会产生于战国至秦汉初,正处于奴隶社会向封建社会的转型期。王室衰微,社会动荡,人心浮动。统治者的残酷统治,赋税的沉重,徭役的繁重,法律的严酷给人民的生活带来了严重的灾难。君权和王权的专制统治使得百姓难以获得真正的生存权和发展权。政治方面的动乱也严重影响了经济的生产与发展。生产力主要是靠人力,以家庭为生产单位的小手工生产,只能顾及自家的生存;农耕经济时代,土地对于人的生存是至关重要的。但是随着耕地买卖的盛行,土地私有化越来越严重,农民对土地的使用权也越来越少,没有为百姓提供真正的生存条件。因此,共享的实现缺失了物质基础和社会环境。

3. 制度建设的不足

共享思想的提出是符合当时社会实际情况的,但是在道德政治观的框架下是人治的社会,没有法律和制度的制约,其有效性就会大打折扣。虽然说思想家们主张圣贤治国,强调礼法的重要性,用礼维护社会的等级秩序,但是礼在封建社会中的存在意义也值得我们深思。传统的社会理想建立在"御民"政治理念指导下的社会静态平衡,以家族为社会基本构成要素,建立在封建的伦理关系和强权政治基础上的等级秩序,注重国家、社会、家庭的差序等级制,维护统治者的自身利益,以德治国、德主刑辅是基本特征。在这样的社会制度下,共享的实现遥不可及。从实现途径看,儒家的共享主张通过道德实践来实现。从仁爱的观点出发,辅之以礼义,企图建立一个人人相爱、社会和谐的理想社会。希望通过人克制自身的欲望,抵制外界的各种诱惑提高自身的道德素养,结束礼崩乐坏的乱世。从依靠力量来看,儒家共享的实现主要依靠的是贤明的君主。正如孔子所讲:"天下有道,则礼乐征伐自天子出;天下无道,则礼乐征伐自诸侯出;自诸侯出,盖十世希不失矣;自大夫出,五世希不失矣;陪臣执国命,三世希不失矣。天下有道,则政不在大夫;天下有道,则庶人不议。"(《论语·季氏》)完全把国家的建设寄托于有贤德的君主身上,而忽视了广大劳动人民群众的力量。从社会理想看,儒家的共享社会是一个没有物质基础、没有制度保障、没有理论依据的一种理想。它仅仅是从道德视角考虑,从价值判断出发,认为大同社会是和谐有序、平等共享的,仅仅是人们对美好生活的向往。共享在封建社会中没有实践的可能性,因此具有一定的空想性。

基于儒家共享思想的历史局限性,我们要深刻反思当今社会中存在的问题。吸取古人的经验,加强对共享的认识,在反思中走好共享发展之路。

(二) 儒家共享思想对实践共享理念的意义

共享在社会层面的精神要义就是公平正义,儒家在社会管理方面同样注重分配公平,教育公平;关注民生的保障问题;关注老龄人口的生活保障和社会的贫富差距问题,这些问题的解决要靠社会的公平分配来实现,切实保障每一个人的基本权利,实现社会中每一个人的相对自由发展。"孔孟之礼在'公',孔孟之德在'平',儒家根本的社会关怀在'公共性'的伦理,他们所倡导的君子人格都是为公共事务服务的。"[1]所以儒家思想中的社会公平正义理念对于共享发展有着

---

[1] 郭齐勇:《中国儒学之精神》,复旦大学出版社 2009 年版,第 131 页。

重要的指导作用。

"公正原则是任何一个社会成立的基础,它牵涉到权利、义务、利益,以及对、错、道德、不道德等概念。"①什么是社会正义?郭齐勇先生说,"环绕着下层百姓的根本利益的关怀,即是社会正义"②。综观儒家各位思想家的思考逻辑与思想,都反映出一种反对专制统治和以民为本的利益诉求。所以说,儒家的思想是具有公正性诉求的。

关于社会分配的问题,孔子提出了著名的"不患寡而患不均,不患贫而患不安。盖均无贫,和无寡,安无倾"(《论语·季氏》)。孔子提出这句话重在说明财富的平均分配是消除贫困和社会稳定的前提。此外,孔子也主张中正平和的执政理念,"政者,正也。子帅以正,孰敢不正?"(《论语·颜渊》)孔子一方面说明了治理国家要中正公平,另一方面说明统治者在管理的过程中,也要以身作则,不徇私情。孔子的中庸思想对于社会公平正义也有一定的启发意义,"中庸"强调"无过犹无不及"。在社会的分配中,这也是一条重要的原则,社会的公正就是社会发展的"支点",无论统治者还是被统治者都应该掌握好平衡支点,维持社会的良好秩序。孔子的社会分配观是数千年来人民所渴望的,共享发展的有效实施将是实现这一愿望的重要一步。

1. 共享发展要注重基本政治权利

实现共享发展,首先,关注百姓最基本的生存权,这是共享之基。孔子说,"所重:民、食、丧、祭。宽则得众,信则民任焉,敏则有功,公则说"(《论语·尧曰》),强调了老百姓的吃饭和安葬是统治者应该注重的事情,活着要保证老百姓最基本的生存需求,死后也要满足其最基本的安葬和祭祀。其次,关注民众的基本生活条件。"今制民之产,仰不足以事父母,俯不足以蓄妻子,乐岁终身苦,凶年不免死亡。此惟救死而恐不赡,奚暇治礼义哉?"(《孟子·梁惠王上》)孟子认为对于民众来说,必须拥有生活所必备的物质基础。"民之为道也,有恒产者有恒心,无恒产者无恒心。"(《孟子·滕文公上》)这句话指出一个稳定和谐、促进公平的社会就是要让百姓拥有固定的财产,保证自己劳有所获,否则民众无法安心。孟子认为具备一定的物质财富是实现共享的物质基础。最后,一个好的社会还应该保证人民的政治权利和政治地位。先秦儒家的思想中把人民置于很高的地位,即"民为贵,社稷次之,君为轻"(《孟子·尽心章句下》)。为什么要保证

---

① 石元康:《罗尔斯》,广西师范大学出版社 2004 年版,第 11 页。
② 郭齐勇:《中国儒学之精神》,复旦大学出版社 2009 年版,第 165 页。

"民为贵"呢？因为自古以来我们就认为民心向背关系着一个国家的成败，把人民看成是国家稳定的重要根基，即"天时不如地利，地利不如人和"。"不富无以养民情，不教无以理民性。故家五亩宅，百亩田，务其业而勿夺其时，所以富之也。"（《荀子·大略》）此外，人民群众是社会历史的创造者和建设者，人民用自己的劳动创造了使社会得以顺利发展的物质财富和精神财富。在共享发展中，要把人们当作共享的主体，切实维护和保障人民的基本权利。如果离开人民生产与创造，一个社会的发展是无水之源，何谈社会的公平正义呢？共享又何去何从呢？

2. 共享发展要注重民生保障

共享发展要通过健全的社会保障制度更多地关注社会弱者的利益。中国自古以来就以孝作为衡量一个人德行的标准之一，孝也体现了对于老年人基本生活的保障和关怀。在儒家的思想中，赡养老人也是仁政的基本内容，比如孟子对齐宣王说："五亩之宅，树之以桑，五十者可以衣帛矣。鸡豚狗彘之畜，无失其时，七十者可以食肉矣。百亩之田，勿夺其时，数口之家可以无饥矣。谨庠序之教，申之以孝悌之义，颁白者不负戴于道路矣。七十者衣帛食肉，黎民不饥不寒，然而不王者，未之有也。"（《孟子·梁惠王》）这里，孟子把保障老龄人的基本生活作为实行仁政的一个重要方面。荀子希望改变"人性恶"的人类本性，通过仁义的道德教化和礼法，培养人们关爱社会、关爱老幼、关爱孤残的善性和仁爱情感。因此他提倡"选贤良，举笃敬，与孝弟，收孤寡，补贫穷"（《荀子·王制》），即提升个人的道德修养和基本素质去关爱老者、幼者和社会中需要关爱的人。此外，他还希望统治者也可以承担起自己的社会责任感，"潢然兼覆之，养长之，如保赤子。生民则致宽，使民则綦理，辩政令制度，所以接天下之人百姓，有非理者如豪末，则虽孤独鳏寡必不加焉"（《荀子·王霸》）。"五疾，上收而养之，材而事之，官施而衣食之，兼覆无遗。才行反时者死无赦。夫是之谓天德，王者之政也。"（《荀子·王制》）对社会中有着不幸遭遇的人，政府要普遍关注和救助。由此看来，儒家思想中的民生保障是较为完善的，从个人的同理心和社会的保障两个方面给予弱者以帮助，是真正的仁爱和性善之学。对社会弱势群体的关爱显示了一个社会的文明程度，也是实现共享的必要一步。

3. 共享发展要注重合理差异

尽管说我们一直在讲儒家的仁爱、恻隐之心、化性起伪是止恶扬善的伦理学说，政治理想是实现民有恒产、关爱民生、民为贵的"大同"社会。但是儒家的社会理想并不是平均主义的，而是要求反对封建统治者的绝对权威，进而实现君与民共享的理想社会。众所周知,孔子思想的一个重要核心就是"礼",通过"礼"规范和约束社会中对物欲和权力欲的过分追求,用"仁"教化百姓、安稳百姓,用"克己复礼"规范人们在社会中的行为规范。孔子这样做的目的就是维持一个"有道"的社会,即实现一种贫与富、贵与贱在资源分配上的共享,维持社会的平衡和和谐,所谓的"均无贫,和无寡"就是说明社会的和谐与共享是重要的。荀子也主张"贵贱有等,长幼有差,贫富轻重皆有称"(《荀子·富国》),但是贵贱、贫富要相称,符合中道,不能失去平衡。荀子认为:"夫贵为天子,富有天下,是人情之所同欲也。然则从人之欲则势不能容,物不能赡也。故先王案为之制礼义以分之,使有贵贱之等,长幼之差,知愚、能不能之分,皆使人载其事而各得其宜。然后使悫禄多少厚薄之称,是夫群居和一之道也。故仁人在上,则农以力尽田,贾以察尽财,百工以巧尽械器,士大夫以上至于公侯,莫不以仁厚知能尽官职。夫是之谓至平。"(《荀子·荣辱》)即人和人总是在知识、学问和品德方面存在着差别,所以所承担的社会分工责任和获得的社会分配也是有别的。在荀子看来,有差等的社会结构才符合社会正义。所以现在的共享发展并不是要求平均主义,而是根据地域、资源和实际情况的不同让人们共同参与社会发展,而相应地有所获得。

(三)儒家共享思想对共享发展实践的启示

共享发展理念坚持以人为本,突出人民至上,致力于解决我国发展过程中的受益不平衡性;共享发展理念把握了科学发展观的本质规律,指明了中国发展的价值取向。在实现共享发展的过程中,我们势必要充分利用各种资源推动共享的实现。共享发展的实践,要分析儒家共享思想之所以没有付诸实践的原因,吸取其经验。在总结与反思的基础上,探索共享发展的实践路径。

1. 提高公民的社会政治主体地位

儒家民本思想是在王权和皇权至上的政治环境中产生的。综观历史发展长河,人民是否受到重视取决于统治者的政治觉悟和意识,所以在封建社会中所产生的民本思想必然受到王权主义的制约,带有浓厚的等级色彩。民本思想的主体是君主,而人民只是君主的治理对象,处于社会的最底层。民众将自己的政治地位寄托于清廉的官员,缺乏权利意识,对政治参与度也不高,因此很难实现真正的共享。另一方面,虽然说人民的存在起着提醒统治者的作用,但是,这也把人民束缚在君主的统治之下。所以,富民、教民从一定程度上是为了维护统治者的权威和实现社会稳定,并不是真正意识到人民的主体性地位。在当今社会,共享的目的就是要增进人民的福祉。实现这一目的的首要任务就是确立公民在社会中的主体地位。

第一，实现共享要承认人民的实践主体地位。人民群众是历史的主体，是推动历史进步的实践主体。在历史发展中，人民群众不断推进我国的革命、改革和建设。马克思也指出人为了生存必须从事最基本的社会实践活动——物质资料的生产，即人只有通过劳动才能体现其社会价值。共享的前提是主张人人参与社会劳动，共同创造社会价值。鼓励人民群众在参与社会劳动中实现其共享主体的价值。

第二，实现共享要承认人民是价值主体。马克思主义的群众史观认为，人民群众不仅是物质财富和精神财富的创造者，而且其自身也是价值主体。实现人的自由而全面的发展是人的最高价值追求。共享体现了个人的道德选择，彰显了个人的道德精神。共享的实现更要关注人的价值诉求，增加政府的服务能力和水平，建立更加公平合理的社会制度，使人民群众在创造价值中得到更多的尊重与保障，使人民群众在共享发展中可以逐步实现自我价值。

第三，实现共享要强调人民是利益主体。在我国全心全意为人民服务是政府服务的根本宗旨，相关法律法规、方针政策都以维护人民的利益为重，中国特色社会主义事业也是为人民群众谋利益的事业。共享的实现是在维护人民群众基本权利的基础上，实现对人民利益的充分保障和维护。"人人共享"体现了共享的全民性，而脱贫攻坚更是表明政府维护人民利益的决心。公共服务全覆盖也尽可能更加广泛地让人民群众享受发展的利益与成果。承认人民是利益主体，就是让全体人民共享发展成果。

第四，实现共享要以共享发展为途径。在改革开放的历史条件下，我们要认识到发展的目的是共享发展。商品经济和市场经济的竞争导致社会发展以经济增长为目标，产生了严重的两极分化，造成了富者越富、穷者越穷的民众基础，这种发展观忽视了人的价值和尊严。共享发展是以人民的利益为基础的，坚持发展为了人民，发展依靠人民，发展成果由人民共享。共享发展理念切实以提升人民的生活质量为目标，这样不仅调动了广大人民的发展积极性，更是促进社会发展和维护国家稳定的良方。

2. 德治与法治相结合，加强法治的作用

儒家的共享思想本质上是一种伦理道德构建，它企图通过提高统治者的道德修养，实现对整个社会的道德制约。德治思想给当今社会的国家治理提供了丰厚的文化积淀。但是，德治在一定程度上表现为人治，"为政在人"的思想会造成社会的不公。而共享的实质就是维护社会的公平正义，实现利益的公平分配。

基于历史总结出的教训,国家的发展要逐渐减少人治,减少特权,加强法治,才能实现社会的公平。在党的十八届四中全会上,建设社会主义法治体系的总目标的提出,要求我们更加注重法治在共享发展实践中的作用,从法律层面上维护社会公正。为了从根本上治理社会和人心,一方面需要完善法治建设,加强外在约束,强化人民的法律意识;另一方面也需要重视道德观念的"内化于心",启发人内心的善性,提升个人的道德修养。

实现共享需要德治和法治相结合。道德和法律是"同质异形,内外共律",是人类社会的两大规范手段,在人们的社会生活中长期发挥效力,指引人们的行为。法律重在治行,道德重在治心,两者一外一内、相辅相成,共同促进社会的进步和共享的实现。在共享的实现过程中,首先要端正人们的共享认识。共享是个人无私奉献的道德精神,需要人克制自己的利己主义思想。共享也是社会公正的表现和社会发展的趋势,需要不断完善相关的法律制度。因此,共享的实现不仅需要个人内在的极高道德修养,也需要法律为维持社会公平提供坚实的保障。道德与法律的相结合能增强公民的社会共享意识,构建实现共享的社会氛围。

实现共享需要更加重视法治的作用。道德在社会治理的层面上具有约束性,法律则是以理为核心,以成文的法律规范为表现形式,以实现权利和义务相统一的强制性规范。十八届四中全会指出:"实现经济发展、政治清明、文化昌盛、社会公正、生态良好,实现我国和平发展的战略目标,必须更好发挥法治的引领和规范作用。"由此可见,国家的发展与社会的公正必须发挥法治的引领和规范作用。法治的推行有利于实现社会价值的整合,通过社会纠纷的解决,促使社会主体形成共同的价值认识。共享作为社会发展的趋势,在实现共享的过程中所出现的各种社会矛盾和利益纠纷,仅仅靠道德力量来约束是收效甚微的,必须发挥法治的社会整合功能以推进共享的发展。以法治规范为主,可以更好地实现人民权利和义务的相统一,维护人民的社会主体地位,尊重人的价值和尊严。以法治治理社会和国家,可以实现利益分配的合理性与合法性,规范社会利益主体之间的关系,以法律的公正规范社会的公正。

3. 推进制度建设,增强民生福利

在历史发展的历程中,共享是人们向往的理想社会形式。但在奋斗的过程中,人们总是重视为政者的个人能力与德性,却忽视了国家的制度建设。然而,国家制度关系着国家民主政治的走向。共享的实现关乎整个国家、整个民族的利益,仅仅依靠统治者的仁政建设和思想家的共享意识培育是不可能实现共享的。当今社会,我们应吸取先秦儒家共享思想的合理性建议,同时也要加强国家的共享制度建设,提高民众的地位,让民众表达意愿和利益诉求进而实现社会资源的公平分配。实现共享需要相关的制度建设为前提。如果没有相关的制度做保障,共享的实现只能流于一种口号和幻想。

经济制度为共享的实现提供了物质保障。社会不公问题表面上看是一个分配问题,但其与所有制的关系也是密不可分的。在我国当前的发展条件下还必须坚持以公有制为主体,公有制为主体可以防止少数人对生产资料的无偿占有,避免贫富差距的扩大,有利于维护人民群众的生产情绪,调动生产积极性,增强国家的经济实力。在公有制为主体的条件下,首先国有经济要不断提高自身的竞争实力和市场适应能力,保持在市场经济中的战斗力;同时要合理规范国有经济内收益的分配公平,使共享具有稳定性和可持续性;另外,也要加强国有经济与非公有制经济的联系和合作,以共享理念为引导,协作发展实现生产力的极大提高,使得社会主义市场经济在遵循市场规则的基础上提高经济效益,促进社会的发展为共享的实现奠定物质基础。

分配制度是共享实现的重要基础。在社会主义市场经济条件下,既要注重效率又要兼顾公平。在分配过程中,初次分配要注重公平。初次分配应该遵循等量贡献获得等量报酬的原则,对于付出更多的劳动者应该给予相应的成果。通过完善市场分配制度,使其个人收入与其贡献相一致。同时还应该配置以相应的税收手段,调节过高收入。这一手段的应用既可以保证分配公正,又可以促进市场的生产效率,这是实现共享的关键一步。最后,再辅之以相应的法律规范监督分配的公正性,严厉打击偷税漏税行为,严厉打击权钱交易的腐败行为,严厉打击不正当竞争,严厉打击非法经营;维护劳动者的合法收入,把收入差距控制在合理的范围之内。真正实现先富带动后富,最终达到共同富裕的目标。市场化的分配方式辅之以相应的监督政策是共享实现的重要基础。

社会保障制度是共享实现的重要条件。社会保障制度的本质是为人民服务,为人民的发展提供完备的社会保障,促进个人的全面发展。制度建设应该从以下几个方面入手:第一,建立医疗保障体系。改善医疗卫生条件,推进医疗系统的改革,构建合理的医疗服务体系和就诊格局,使群众作为医疗改革的受益者。医疗保障体系的建立可以在一定程度上减轻人们的就医困难,保障人的基本的生存权是共享的最低条件。第二,提供完备的教育机制。教育公平是共享实现的重要基础,是社会公平的主要表现之一。促进教育公平要加大乡村教育、民族教育和边疆地区的资金投入力度,让人人都有接受教育的机会;要发展职业教育,让人人都可以通过教育获得一技之长,从而更好地加入社会化大生产中实现自身的价值。第三,拓宽就业渠道和发展就业机会。在鼓励就业的过程中要拆除劳动力市场的户籍制度、教育体制和社会保障等方面的制度壁垒,让劳动力要素能够充分流动;鼓励人们敢于依靠政策的激励,自主创业。就业不仅为整个社会创造更多的价值,为共享发展成果提供基本条件,而且也是自己生存和发展的重要保障。社会保障制度的完善可以维护劳动者的利益,保障个人基本的发展权;于社会而言,既是缓解社会矛盾、缩小贫富差距的重要途径,也是维持社会稳定的重要方式之一,更是实现共享的重要条件。社会保障制度的建立是一个循序渐进的过程,需要靠国家、企业和个人的力量共同完成。

制度建设具有根本性。共享的实现,关键是做出更有效的制度安排。权利、机会、规则公平的社会保障体系,公平环境的营造,发展成果的公平分配,归根结底需要制度的保障来落实。制度建设不仅是对先秦儒家共享思想的深刻反思,也是社会发展趋势的要求。只有建设公平正义的制度,共享才有实现的可能。

综上所述,儒家伦理道德思想是共享思想的重要支撑,丰富了共享思想的内涵,凸显了共享在中国历史中的价值。在共享发展理念的实践中,我们应该重新审视和利用儒家的共享思想,吸纳其中的优秀文化使其更好地与共享发展理念相融合,使之顺应历史发展与社会发展的趋势,促进我国当今的共享发展。

【参考文献】

[1] 朱熹. 四书章句集注[M]. 北京:中华书局,2010.

[2] 韩德民. 荀子与儒家的社会理想[M]. 济南:齐鲁书社,2001.

[3] 胡永辉,洪修平. 仁义的道德价值与工具价值[J]. 哲学研究,2015(8).

[4] 吉莉. 儒家的人生观及对现代社会的启示[D]. 长春理工大学,2009.

[5] 沈志佳. 余英时文集:第2卷[M]. 桂林:广西师范大学出版社,2006.

[6] 郭齐勇. 中国儒学之精神[M]. 上海:复旦大学出版社,2009.

[7] 石元康. 罗尔斯[M]. 桂林:广西师范大学出版社,2004.

论张载的"存顺没宁"生死观

金依欣①　　王甄玺②

【摘　要】 "生死"一向是哲学界研究的重要范畴,而张载的生死观更是代表了中国儒家对生死的态度。文章从张载生死观"存顺没宁"的理论基础、来源出发,结合张载生死观的修养途径,来阐述其生死观的理论深旨。张载"存顺没宁"生死观的提出,直切生命本身的智慧,在理解人生的重要问题,即生与死的问题上,启发了当代人关于生命的思考。

【关键词】 张载;生死观;存顺没宁

生死问题是伴随一个生命始终的现实问题,也是一个重要的哲学话题,吸引了古往今来众多中外哲人的关注。但是对于"生"的价值和"死"的意义,以及生与死的关系,不同的哲学家基于其思想理论的不同,有着不同的看法与评价,从而形成了不同的生死观。

中国历代哲学家思想家,尤其是儒家学者对生死问题给予了特别关注,他们对于"生""死"的看法广泛地涉及本体论、宇宙论、人性论等诸多方面。宋明理学家作为儒家哲学的代表人物更是非常注重生死问题,其中,张载以"存顺没宁"来看待"生"与"死"的问题,尤其具有总结性和创建性。一定意义上说,张载"存顺没宁"的生死观是基于以往儒家的生死思想做的重新建构,是中国儒士对待生死态度的典型观点,饱含儒家士人的生存智慧,也是张载一生的安身立命之道。虽然时代发生了变化,但生死问题仍是人类不得不面对的问题。特别是在现代社会,经济快速发展,物质生活愈加丰富,人对物质的欲望和对死亡的恐惧都越来越强盛,如何看待"生"与"死"成为人们一个现实的问题。笔者以为,张载"存顺没宁"的生死观有助于现代人找到自己的安身立命之道。

---

①　金依欣,中共浙江省委党校硕士研究生,研究方向为马克思主义哲学。

②　王甄玺,中共浙江省委党校硕士研究生,研究方向为马克思主义哲学。

一、张载生死观的形上基础

张载整个理论体系的根本基础就是其"太虚即气"的宇宙本体论,其生死观也是从气本原论出发,阐述生命的结构与变化,从而升华到生死问题上的。因此,要了解张载的"存顺没宁"的生死观就必须从其宇宙本体论入手。

(一)"太虚即气"

魏晋南北朝时期,时局混乱,政治动荡造成佛道大盛。延为习俗,到唐宪宗时期,上至国君下至百姓国都长安人人为迎接佛骨而疯狂。在此环境下,韩愈提出了儒家道统论以排佛老,由此形成一股儒学复兴的思潮,各地儒士的学统虽然不同,但重建儒学的目的是一致的。在这一儒学复兴运动中,张载的关学学派崛起于北宋的关中,与其他理学学派形成既争鸣又遥相呼应的格局。强烈的文化使命感和儒家道统忧患意识使张载非常自觉地承担起两大历史使命:一是批判汉唐以来愈加强盛的佛老哲学,二是重新建构新儒学的哲学体系。从批判佛老虚无本体论入手,张载提出了"太虚即气"的气本原宇宙本体论。

张载提出,宇宙万物的本原是"太虚","太虚"也就是"气",万事万物都是由"气"构成的。他说:"凡可状,皆有也;凡有,皆象也;凡象,皆气也。"①那么何谓气呢?"所谓气也者,非待其蒸郁凝聚,接于目而后知之。"②张载认为"气化"有两种主要的形式,一种是渐变,另一种是突变,"变言其著,化言其渐","变则化,由粗入精也。化而裁之谓之变,以著显微也。存四时之变,则周岁之化可裁"。③而气化的动力又来自哪里呢? 他说:"太和所谓道,中涵浮沉、升降、动静、相感之性,是生细缊、相荡、胜负、屈伸之始。"④意思就是说,太和之道所包含的浮沉、动静、升降、相感之性是气化的内在动因,也就是太虚之气聚散的动力。

(二)"气之聚散"

张载认为"太虚之气"的存在有两种形式:一种是聚集的状态,一种是消散的状态。他说:"气聚则离明得施而有形,气不聚则离明不得施而无形。方其聚也,安得不谓之客? 方其散也,安得遽谓之无? 故圣人仰观俯察,但云'知幽明之

---

① 张载:《正蒙·乾称》,《张载集》,章锡琛校注,中华书局1978年版,第63页。
②③ 同①,第16页。
④ 同①,第7页。

故',不云'知有无之故'。"①意指有形有象的万物包括人都是气凝聚的产物,而气消散之后又会变成虚空,即气。所以世界没有"有无"之别,只有"幽明"之分。因此张载认为宇宙万物的变化,事实上是"太虚之气"聚散变化的结果。原初状态的"太虚之气"凝结聚集,便产生了有形有相的宇宙万物;而万物存在即生存了某一时间段之后,又将逐渐衰亡而最终散入太虚。不过,虽然万物的个体生命是有生死兴衰的,但是"太虚之气"这一本体是没有生死衰亡的,所以说"太虚之气"永不消亡,从这一角度上也就可以说万物包括人都是死而不亡的。"聚亦吾体,散亦吾体,知死之不亡者,可与言性矣。"②由此,张载认为人生气聚,人死气散,气的聚散既是天道的规定又为人自身生命所循。人的生命之气无论聚还是散,都不失吾体吾常,故人生而非罔死亦不亡。因此张载哲学思想高度总结的《西铭》,就以"存,吾顺事,没,吾宁也"这一顺生安死的生死观作为其整个宏论的结语。

二、张载生死观的思想渊源

张载作为复兴儒学的重要代表,其生死观带有明晰的儒家特色。从儒家的传统观念来看,生死问题一般都只限于伦理与自然哲学的范围。绝大多数的儒家学者都是把生死变化看成是自然规律发生作用的过程,这也是儒家生死观的一个显著特征。

(一)对儒家生死观的继承与开拓

从孔子开始,儒家士人都普遍把生死看成是遵循自然规律客观流变,是自然而然的过程。张载"存顺没宁"的生死观正是从这一儒家传统思想中提炼出来的。

《论语》载:"季路问事鬼神。子曰:'未能事人,焉能事鬼?'曰:'敢问死。'曰:'未知生,焉知死?'"③当谈到死亡、神鬼等问题时,孔子教育学生要从现实生活出发,注重现存的现实世界与实际的生活。这种现实主义的态度奠定了儒家生

---

① 张载:《正蒙·太和》,《张载集》,章锡琛校注,中华书局1978年版,第8页。
② 同①,第7页。
③ 《述而篇第七》,《论语新解》,钱穆注,上海三联书店2012年版,第167页。

死观的基调,后继者虽有发挥,却鲜能超出他所设定的框架。①"子在川上曰:'逝者如斯夫,不舍昼夜。'"②这说明了时光如流水,一去不复返。人类个体的生命也是这样,从生到死是一个自然流变的过程,不可逆转。儒家以为存亡都是客观现象,是自然规律的表现,应该客观看待,顺其自然。

孟子也说:"存其心,养其性,所以事天,夭寿不贰,修身以俟之,所以立命。"③虽然这里可能也有命定论的倾向,但还是强调了现实的重要性,认为只要人能保存本心、修养善性、实现天道,寿命的长短都是可以接受的。

荀子说:"礼者,谨于治生死者也。生,人之始也;死,人之终也。终始俱善,人道毕矣。故君子敬始而慎终。终始如一,是君子之道,礼义之文也。"④荀子认为生与死都是人生大事,要同等重要地看待,善始善终,才符合天地之道。

王充也提到:"有血脉之类,无有不生,生无不死。以其生,故知其死也……死者,生之效;生者,死之验也。夫有始者必有终,有终者必有始。"⑤也认为所有具有生命血脉的万物,包括人,没有只有生没有死,或者只有死没有生的。正是因为"生"才懂得"死"的意义,生死是效验,是一个自然过程的始终。

与张载同时代的二程说:"生生之理,自然不息……有生便有死,有始便有终。"⑥程颢和程颐同样认为生死是自然不息的流转过程,任何事物包括人在内,有"生"即有开始,那么就一定会有"死"有终结。所以人们应该用顺其自然的态度去看待"生"与"死",因为这两者只是生命的不同形态的表现形式。

由此可知,在对待生死问题上,儒家重生慎死,提倡尊重生命、珍惜生命,同时对死又持一种平和以对、泰然处之的态度。正是在此基础上,张载才能提出"生,吾顺事;没,吾宁也"⑦的生死观。

(二)对佛道生死观的批判

与儒家生死观相异,道教从乐生出发,认为死是生的否定,二者异途。"夫人死乃尽灭,尽成灰土,将不复见。今人居天地之间,从天地开辟以来,人人各一

---

①　刘立夫、张玉姬:《儒佛生死观的差异——以二程对佛教生死观的批判为中心》,《孔子研究》2010年第3期,第107页。

②　《子罕篇第九》,《论语新解》,钱穆注,上海三联书店2012年版,第203页。

③　孟子:《尽心上》,《孟子》,杨伯峻译注,中华书局2008年版,第236页。

④　荀子:《礼论》,《荀子》,李波译注,中华书局2015年版,第289页。

⑤　王充:《论衡·道虚》,《论衡》,岳麓书社2006年版。

⑥　程颢、程颐:《二程集·河南程氏遗书》,中华书局1981年版,第531页。

⑦　张载:《正蒙·乾称》,《张载集》,章锡琛校注,中华书局1978年版,第63页。

生,不得再生也……今一死,乃终古穷天毕地,不得复见,自名为人也,不复起行也。"①这就是说,死是生命之终结,不存在再生之可能,所以道家追求现世通过自行的炼养、修道而成仙,达到"长生不死"。佛教则把十二因缘说、轮回说、业力说有机统一,提出了业报轮回说。认为现世是前世的结果,后世是现世的延续,一世转一世,没有穷尽。生灭皆缘,因此追求涅槃解脱。

　　上文也提到,宋后复兴儒学的思潮盛行,张载身为关学的开山,自然和其他儒士一样肩负着"排佛抗老"的使命。张载认为即便个体有生死存亡的变化,但作为世界本原的"太虚之气"却是恒久存在的。即便作为个体的气散了,但这气不会消失,而是又聚集成为其他生物。由此,张载批判佛教。认为佛教以"无"为宗,佛教对生死问题的解决是以对现实人生的否定为代价的,张载认为佛教"其语到实际,则以人生为幻妄,以有为为疣赘,以世界为荫浊,遂厌而不有,遣而弗存"。②

　　道教则以"有"为宗,以长生不老、羽化成仙为人生命的唯一企盼。因此张载说其"彼语寂灭者,往而不反;徇生执有者,物而不化"③,意思是说,佛道二教在生死观上执着于"有""无"之一端。而且,"滞于有者不知死,滞于无者不知生","二者虽有间矣,以言乎失道则均焉"④。张载由此认为佛与道都错失了对生命"实际"的真切洞观。

　　佛道两家执着于"有""无"之一端,促使张载在理论上必须做出新的解释。作为中国哲学活水源头的大易思想,恰恰为张载提供了一条通向生命"实际"的灼然可见的路。张载说,"大易不言有无,言有无,诸子之陋也"⑤,大易中"圣人仰观俯察,但云知幽明之故,不云知有无之故"⑥为其提供了理论基础。

　　执着于有或执着于无使我们在生命理解上不可避免地导向单极化;诸子所乐此不疲的"有无之辨",正是一种张载所谓的"见闻之知"。因此,张载向易经的回归,实际上代表了中国古代新时期哲学家对其传统哲思中固有的本体论思想的再次醒觉。

---

① 《太平经》卷九〇《冤流灾求奇方诀》,中国社会科学出版社 1989 版,第 131 页。
② 张载:《张子正蒙》,王夫之注,上海古籍出版社 2000 年版,第 239 页。
③ 同②,第 88 页。
④ 同②,第 88 页。
⑤ 同②,第 197 页。
⑥ 同②,第 92 页。

三、张载生死观的实践途径

从"太虚即气"的形而上前提出发，张载提出自己独特的"成性论"。作为张载思想理论体系的重要构成部分，成性论是他的心性理论在本性修养及实践层面的落实和体现。[①] 笔者认为，张载的成性论不仅是人性成长的动态道德实践论和境界，也是张载"存顺没宁"生死观的实践途径。

张载把人性分为"湛一之性"和"气质之性"，前者是由"太虚之气"的本体所赋予的先天之性也就是天地之性，后者是气凝聚为具体事物时，由于身体条件、社会环境、自然环境的不同，个体自身所衍生的。对于个体人而言，"湛一之性"为仁义礼智的先天道德性，"气质之性"为个体人的脾气、欲念。气质之性有善恶，气质之恶会对人性造成危害，尤其是气质之恶对天地之性的损害，使性之价值本原掩而不彰。要想达到"存顺没宁"生死观，就需要"成性"，一般意义即指通过一定的道德修为方法对人性加以调整和转变使之得以完成。成性论的修养要求为"大其心"，其实践途径是"穷理尽性"。

(一)"大其心"

虽然张载将人性分为"湛一之性"和"气质之性"两种，但他认为湛一之性才是人的本性，而后者只是不同个体的脾性，而非本性。"形而后有气质之性，善反之则天地之性存焉。故气质之性，君子有弗性焉。"[②]即是说，天地之性是由"太虚之气"所赋予的，是先天的道德性，而气质之性是后天所形成的，所以君子不能以气质之性为本性，而应该通过本心把握天地之性。据此，张载提出要遵循天地之性即先天道德性的要求，遏制气质之性中的不善的部分，来成就全善的人性，这也就是张载讲"成性"的历程。其具体方法就是"大其心以体道"。

张载讲："大其心则能体天下之物，物有未体，则心为有外。世人之心，止于闻见之狭。"[③]即张载认为，人的气质之性之所以有恶与不善，是因为"止于闻见之狭"，所以"大其心"的具体内涵就是通过学习知识来变化气质。

张载讲的"大心"就是"尽心"，即扩充本心。张载讲："无我而后大，大成性而

① 郭锋航：《张载的"大心无我""穷理尽性"的心性功夫论析解》，《宝鸡文理学院学报》2015 年第 3期，第 21 页。
② 张载：《正蒙·诚明》，《张载集》，章锡琛校注，中华书局 1978 年版，第 23 页。
③ 张载：《正蒙·大心》，《张载集》，章锡琛校注，中华书局 1978 年版，第 24 页。

后圣。"①这说明,张载认为要想"大其心"就必须"无我",忘掉私我,摒弃私心、欲念。这样才能消除"气质之性"中不善的部分,而使其符合"湛一之性"。而且,一旦做到"无我",人便能无偏执心,做到不偏不倚,能够以"大心"体认万物。这就是"大心无我"的境界。但如何"大其心"呢?张载为此提供了具体的实践方法即"穷理尽性"。

(二)"穷理尽性"

"穷理尽性"这一概念是张载从《易传》中得来的,《易传》讲"穷理尽性以至于命",张载便借此阐明了自己成性论的实践方法。

张载讲,"万物皆有理",认为"穷理尽性而不变,乃吾则也"。② 以此强调"理"的客观性。张载认为,理是自然存在于事物之中的,是不因人的想法而发生改变的。"穷理"的意思就是认识客观存在于事物之中的规律,"穷理"要有一个认识事物之理的过程。张载主张把"穷理"作为手段,而"尽性"是目的,并且他以为"穷理"越多,才越可能"尽性"。"尽性"是指以直觉思维彻悟宇宙万物的生成根源和造化原理后,贯通性命之源的工夫。

张载的"穷理尽性"于外是学习规范和仪节等形态,于内是内化为个体的道德自觉和道德意识。在规范对内在德性可以发挥积极的作用,内外践行中得到统一。从而实现天地之性在个体生命中的呈现。

这是一条内外兼具的修养功夫路线。通过实践成性论中的"大其心"和"穷理尽性"修养路线,人不仅能涵养德性,实现天道,最后达到成圣,同时自然而然也会达到"存顺没宁"这样顺生安死的境界。

四、张载生死观的理论要旨

通过上文,我们了解了张载生死观的理论基础、来源,以及成性论的修养途径。这里就可以分析张载教人如何看待生与死,其生死观简言之即"存顺没宁"。《西铭》是张载表述其生死观理论的代表作。

(一)"民胞物与"的生命观念

张载在《西铭》中说:"乾称父,坤称母;予兹藐也,乃浑然中处。故天地之塞,

---

① 张载:《正蒙·神化》,《张载集》,章锡琛校注,中华书局 1978 年版,第 17 页。
② 张载:《横渠易说》,《张载集》,章锡琛校注,中华书局 1978 年版,第 235 页。

吾其体;天地之帅,吾其性。民吾同胞;物吾与也。"①也就是说,人与万物一样都是由"太虚之气"构成的,其成分并无不同,所以从创生的角度来说,人与万物都是同胞兄弟,而乾坤天地就是人与万物的父母。

由此他得出,整个宇宙是一个大家庭。所以,从家庭伦理出发,张载认为每个人活在世上的使命就是尽孝道,为天地养才算不辱天地父母;时刻记得存养本心天性,才算是没有怠慢侍奉天地父母的义务。是对父母尽孝道,为他人他物是尽兄弟之情。并且,这种使命是不可推脱的,因为人作为宇宙中的一员,就一定是万物的同胞,也就是宇宙大家庭中的一分子。所以人们更应该树立"民胞物与"的伦理概念,尽心尽力履行自己的伦理义务。那么如何才算尽到了义务呢,张载认为应该"尊高年,所以长其长;慈孤弱,所以幼其幼;圣,其合德;贤,其秀也……于时保之,子之翼也;乐且不忧,纯乎孝者也。……不愧屋漏为无忝,存心养性为匪懈"②。这段话前面几句都是在说尽伦理义务的具体做法,"长其长""幼其幼"等,但如何才算是真正做好了这些事情呢,这段话最后一句是标准:"不愧屋漏为无忝,存心养性为匪懈。""不愧屋漏"出自《诗经》,原意指即使处于寺庙之中面对着神灵,也没有惭愧畏惧之心。张载在这里引用同义,也就是说,即使在偏僻阴暗的角落一人独处时的所作所为也依然不愧对神明,这样才算不辱天地父母;时刻记得存养本心天性,才算是没有怠慢侍奉天地父母的义务。

(二)"知死而不忧"的人生境界

那么,张载认为该如何看待"生"与"死"呢?由上文得知,他认为生死只是气之聚散,是一个自然流变的经过历程而已。所以张载提出:"富贵福泽,将厚吾之生也;贫贱忧戚,庸玉汝于成也。存,吾顺事;没,吾宁也。"③这里不仅谈到生死,更提到际遇的问题。虽然张载"气"本原论带有古代朴素唯物主义的色彩,但仍然摆脱不了"命定论",即不论"富贵福泽"还是"贫贱忧戚"都是命里设定好的,所以人们没有必要过于执念,追求富贵荣华,厌恶贫贱哀苦,而是应该保持一颗平常的心态:富贵福泽的恩惠,只是天地父母的赏赐,使我的物质生活更丰厚;而贫贱忧戚,是天地父母所设定的历练,是为了让我磨炼意志以更好地成就一番事业。所以不管富贵还是贫贱都不应该抱怨,任何环境下都应该泰然处之。

以上是对待"生"的态度,即顺应形势,做好自己分内的事情,履行自己对这个宇宙大家庭的伦理义务。那么对待死亡呢,张载说:"没,吾宁也。"这里的"宁"

---

①② 　张载:《正蒙·乾称》,《张载集》,章锡琛校注,中华书局 1978 年版,第 62 页。
③ 　同①,第 63 页。

有两层含义,第一层含义是指面对死亡这一生命状态的心态,也就是说平静地看待死亡,把它视为生命的另一形态的表现和复归;第二层含义是指内心的不愧怍。换句话说,就是指一个人到了自己生命的尽头,即将死去的时候,回顾自己的一生,能够不愧怍。在面对个体生命终结时,能够说尽了自己的所有义务,无愧于乾坤父母和万物同胞。所以说,转向来看,张载也还是更注重对待"生"的态度与作为,而"死"从某种程度上说更是对"生"的总结。

张载"存顺没宁"生死观在中国哲学史上具有独创卓绝的贡献,其学说直切生命终极性关怀又力辟佛老生死观。张载"存顺没宁"生死观,把气的概念移植到儒家"道统"之中,是向儒家思想源头《易经》的回归,实际上代表了新儒家对其传统哲思固有的观念发挥。对于张载来说,既不存在佛家的永生不死的精神的"涅槃",又不存在道家羽化成仙的长生不老,存在的仅仅是与天地阴阳之气相接的一气之聚散,万物包括人都是如此;同时发挥了儒家的修身学说,认为通过开发人的"湛一之性"提升自身的德性,就可能达到不以物喜不以己悲地看待人生的贫福、穷达之遇的"存顺没宁"境界,从而为我们指向了一种直切己身的生死观,但却是有别于"出死生"的一种"死不足忧而生不可罔"的顺生安死的生死观。

张载把生死问题提到了一个天人合一的高度,其生死观不单是对待生命的态度,更是其整个哲学理论体系的升华,表达了张载对个体生命价值的追求。其生死观具有非常重大的价值意义,尤其是对于后世的儒家学者,甚至是对于任何有志于天下、积极入世的士人,都具有非常重要的影响。从"民胞物与"到"存顺没宁",张载为"人"这一个体生命找到了自己在宇宙间的位置和使命,并且为儒家的生死观提供了终极关怀和最高价值追求。张载"存顺没宁"生死观对理解人生的重要问题,即生与死的问题,做了系统详细的回答。即使在现代社会,这一生死观仍然对人们有重要价值。通过理解张载"存顺没宁"生死观,人们会正确看待人生的不同境遇,懂得不管是"富贵福泽"还是"贫贱忧戚"都应该保持一种乐观豁达的人生态度,同时张载这种重人生的积极生命观,也给现代人关于生命的思考带来了新的影响和价值。

天台山和合伦理:德性伦理与规范伦理的超越

黄　佳①

【摘　要】　天台山和合伦理是融摄儒释道伦理、中华传统伦理的典型形态。通过梳理和比较西方伦理学界关于德性伦理与规范伦理的论争,凸显天台山和合伦理超越两者且集德性与规范于一体的特质。天台山和合伦理不仅在理论上克服德性伦理与规范伦理各自存在的不足和缺陷,且在实践层面具有具体的观照和路径。本研究尝试为天台山和合伦理在当下的创造性转化和创新性发展奠定坚实的学理基础。

【关键词】　天台山和合伦理;德性伦理;规范伦理

不管是世界发达国家还是发展中国家在社会转型期都面临着道德危机问题和道德失序的考验。当代伦理学界的德性伦理与规范伦理的争论反映了西方资本主义社会两种传统在应对和解决社会现实道德问题中的力所不逮。天台山和合文化是台州地域内因"和合"思想而产生的理论与实践的整体,是天台山文化的精髓与本质特征,是中华和合文化的典型形态和活的样本。②　不仅在历史上,而且在当代,天台山和合文化在社会转型中都发挥着重要的作用。天台山和合伦理对道德的独特理解方式可以对德性伦理与规范伦理的争论有所启发,进而在实践上有利于构建和谐社会。

近代以来,随着资本主义商品经济或市场经济的产生和发展,理性的现代化消解了作为人心灵归宿的终极实在,使人的心灵失去依靠而处于无根性的漂泊状态。世俗化的消费主义消解了人们内心的价值信念,使人的生命在对物质欲望和感官刺激的追求中失去了鲜活的价值意义。而占有性的个人主义消解了作为关系性存在的人的真正本质,使人所处于其中的各种关系出现张力失度,人与

---

①　黄佳,中共浙江省委党校社会学文化学教研部副教授,研究方向为宗教社会学等。
②　何善蒙:《天台山和合文化论纲》,《浙江社会科学》2017 年第 10 期,第 85—92 页。

自然相互对立，人与社会相互疏离，人与他人相互疏远，人的主体精神发生异化。与之相伴随的，基于元伦理学强调分析概念、判断和语义，较少关注现实生活，客观上对于西方社会当时的道德危机无所助益。20世纪70年代，规范伦理学重新回到西方伦理学的中心，规范伦理逐渐支配、指导人们的道德生活，成为社会伦理体系的中心与核心。现代社会的规范伦理在应对和解决现实问题中逐渐暴露出其缺陷和弊端。西方现代伦理学过分强调规范伦理，轻视德性伦理，使得现当代伦理学重权力意识、轻责任意识的倾向非常明显。加上规范伦理在现实中又无法及时观照现代社会生活的新形势，落后于社会发展的进程，无法满足社会道德生活的需求，使得西方社会的道德冲突愈演愈烈，道德危机积重难返。在这样的背景下，德性伦理在当代开始复兴，20世纪80年代之后，德性伦理重新回到人们的视野，重新占据主导和核心地位，规范伦理则回归到西方古代传统伦理学中的从属和辅助地位。

所谓规范伦理，是依凭规范的伦理，是以原则、准则、制度等规范形式为行为向导并视其为道德价值之根源的伦理。在规范伦理看来，规范具有原初的价值意义，而德性则因其不确定而处于相对不重要甚至可疑的价值地位。概括地说，现代规范伦理学关注的主题主要体现在三个方面：一是对道德规范制度化的伦理论证而形成的伦理制度学，这种规范伦理学的思维贯穿于伦理思想发展轨迹的全部；二是对社会制度道德性的伦理论证而形成的制度伦理学，这一点可以说是现代性伦理的主要话题；三是对社会现实问题的伦理论证而形成的应用伦理学。现代规范伦理学认为，伦理学没有必要去关注和研究人的内在品质，它应当从社会生活的现实出发，研究和提出针对人的行为的普遍道德原则和道德规范。人的行为只要符合道德原则和道德规范，这个行为在道德上就是好的，或者说就是善的。现代规范伦理的理论诉求就是根据理性原则来制定行为的道德原则和道德规范，只要人们的行为是在既定的原则和规范内，这一行为就具有道德价值，从这个意义上来说，现代规范伦理不再把人的内在品质作为伦理学的终极目的来把握。从道德实践来说，规范伦理的要求表现为最基本的社会正义和最起码的个人义务，表现为某种齐一化的普遍性社会道德要求和外在约束，而且这样的道德要求往往依靠社会对道德原则的制度化安排。现代规范伦理的理论目标也许是符合现代社会道德要求的，它对于现代道德生活的解释也可能具有合理性，但是这种理论上的合法性与实践上的合理性并不意味着它足以对丰富多彩的道德生活做出全面的解释和说明。

所谓德性伦理，是出自个体德性的伦理，即以个体的德性为自因的伦理。德性伦理的实现过程是道德、伦理的主体化、个性化过程,是将外在的伦理要求内化为个体自身的道德品性、道德素质的过程。德性伦理的理论视角注重行为者自身的德性或道德品质,把德性的形成、美德的培育看作是道德生活中最重要的事情。规范伦理注重规范,但履行规范的人并不一定具备相应的道德品质。而依据德性伦理的理论视角判断一个作为行为者的人的道德价值,就不能只看他是否履行了规范,而更要看他是否具备了一定的德性或道德品质。道德如果不能内化为行为主体的德性或成为其自身的品质,那么,遵从规范其实也不过等于屈服于外在的压力,即使会产生一定的道德效果也并不能反映行为主体的道德价值。与规范伦理相比较,德性伦理具有内在性、自律性和超越性的特征。与之相伴随,德性伦理受到的诘难主要集中在四个方面。其一,德性伦理以自我为中心。其二,德性伦理无法提供正确的行动指导。其三,德性伦理难以应用到实践中。其四,德性伦理面临文化和德性的相对主义问题。由于当代德性问题和规范问题都是相当突出的理论问题和现实问题,而且鉴于双方各自理论的限度和人类生活的本质及其复杂性,德性伦理与规范伦理两大阵营的论争还在继续。①

　　因着对西方伦理学的借鉴,我国社会近现代时期也以规范伦理为中心。改革开放 40 年来,我国经济发展每年平均以 8%—9% 的速度增长,综合国力有了较大的增长。在"两手抓"的精神指导下,我国在中国伦理道德建设方面也取得了一定成绩。与此同时,我们也应看到中国伦理道德方面仍然存在不少问题,如腐败现象、金钱至上和道德失序等。20 世纪 90 年代以来,中国伦理学界的学理讨论一直围绕当代中国的"道德危机"和"道德重建"等内容展开。客观分析西方伦理学界的这一学术论争,深刻了解当代德性伦理和规范伦理的特征、贡献和局限,不难发现,在"德性"的引领下践行"规则"并实现"规则"与"德性"的双向融合,对于中国社会的道德理论与道德建设将发挥切实有效的作用。尽管对中国语境下伦理精神的建构的方法论有赖于当代西方伦理学的深入探讨,但是中国伦理精神的现代构造因为时空条件和文化背景的不同,在视角和方法上不能完全照搬西方的模式。中国传统文化中对于伦理精神的塑造又有着悠久的传统和多样的途径和方法。通过比较,不难发现天台山和合伦理是超越于德性伦理与规范伦理之上的,且实现了德性和规范的融合。

　　在德性伦理与规范伦理论争的背景下,很多西方学者认为,虽然历史上没有

---

　　①　方熹、江畅:《德性伦理学与规范伦理学之争及其影响》,《哲学动态》2017 年第 3 期,第 90—96 页。

哪位中国学者能够或者试图根据西方伦理学的概念来定义中国伦理的理论，但在中国传统文化的漫长过程中，中国伦理一直强调人格的塑造和个体美德的培养。它对品格培养和人格重要性的强调充分表明中国伦理学说根本上是一种独特的美德伦理类型，因此把中国伦理视为美德伦理似乎是恰当的。作为中华和合伦理典型代表的天台山和合伦理与美德伦理具有某些相似之处，但天台山和合伦理不是一种严格意义上的德性伦理学说，把它看作是一种集德性与规范于一体的独特伦理学说更为恰当。天台山和合伦理既不是规范伦理，也不是德性伦理，而是二者的统一。

一、主体性和客观性的和合

天台山和合伦理在强调美德培养和人格塑造的同时，也强调了评价一个人时，应同时考虑其内在动机和外在结果。这不仅对于严格遵守古代的礼法至关重要，同时对于获得诚心和奉献精神非常有益。

天台山和合伦理的道是宇宙实存之道，道乃天道，但是道不远人，道是德的基础。既然道是德的基础，道乃天道，那么它是一种客观存在，它预先决定了人们所遵守的行为方式。这是否意味着天台山和合伦理忽视了人的主体性的尊严，并且主张所有人应当遵循同样的天道因而忽视了人的个体差异性？怎样理解天台山和合伦理中道的客观性和人的自主性二者间的关系？

在同样的道之下，有德的人以不同的方式展现他们对道的理解。正如程颐所讲："如千蹊万径，皆可适国，但得一道入得便可。"[①]天台山和合伦理之道的客观性并未否定遵循道德的个人自主性和个体差异。

在天台山和合伦理看来，尽管天之道决定了人之道，如果人不能把它理解为人之道并把它有意识地应用于每天的日常生活之中，天道也就无法实现。既然天道远，而人道迩，为了认识天之道，首先必须认识人之道——从人自身发现道。张伯端说："德性修逾八百，阴功积满三千。均齐物我与亲冤，始合神仙本愿。"[②]他认为修性的过程就是德性的养成过程，而德性的养成是得道的重要条件。天台山和合文化的宇宙论认为，人是天道的产物和表现形式，人的生命形态是天的创造性能量和生命力的自觉表现，人的有机体是整个宏观宇宙的缩影。因此，孔

---

①　《二程集·河南程氏遗书》卷一五，中华书局 1981 年版，第 157 页。

②　张伯端：《悟真篇集释》，中央编译出版社 2015 年版，第 292 页。

子说:"道不远人。人之为道而远人,不可以为道。"通过诚(是故诚者,天之道也。思诚者,人之道也。诚有两层含义,一个表述了人类本性的真实状态,另一个表述了人展现本性的方式)其性,圣人能够通达对天道的理解。而圣人之德则是道的体现。朱熹说:"义者,天理之所宜。"陈耆卿则说:"气配义与道则是,气与义合为一矣。"①"义"是天理的恰当体现。具体到社会生活领域,"义"则是指人的思想和言行要符合伦理道德规范。

由此,道与德呈现一种动态的关系。道是一个客观存在,但是如果没有人的理解和实践,道就不能成为现实的道。因为人性是天所赋予的,是天道的体现,因此要实现天道,首先就必须通过"诚其心"而在人自身发现道。一个从自身发现了道的人就是一个有德之人,或一个圣人。一个有德的人就是一个得道之人,因此道与德就统一于圣人心中。因此,在某种意义上说,圣人、得道之人和有德之人的根本含义是一致的。

天台山和合伦理的道德是道和德的统一,是客观性与主体性的统一。一方面,道是一种普遍的道,是某种具有客观性和必然性的东西。另一方面,德是那些通过主观努力而得道之人的品格特征。天台山和合伦理认为我们每个人都与生俱来无限心。这种自在的无限心既是一个可以打开通向道德之路的道德根据,也是一个可以打开通向存在之路的形而上学根据。因为人类的心灵是无限心,具有认识天地之道的能力,那么道与德在圣人之心中就达到了统一。在这种境界下,心之所欲的就是道所要求的。遵循道既是人心所欲,也是德的要求。因此,主观的德和客观的道融为一体。在这个完美的状态中,"从心所欲不逾矩"。

天台山和合伦理学和德性伦理最重要的区别之一,即天台山和合伦理理解道德的独特方式。在这种方式中,主观的德和客观的宇宙之道从来就没有分离过。德性和规范在天台山和合伦理学中获得统一的形而上的基础。

二、自律性和他律性的和合(仁和礼的统一)

自律性和他律性的和合即仁和礼的统一。

礼是天台山和合伦理学的重要组成部分。天台山和合伦理虽然强调礼,却并未使天台山和合伦理走向规范伦理学,因为天台山和合伦理学对礼的强调是建立在天台山和合伦理价值系统中的理想美德——仁的基础之上的。正是仁这

---

① 《筼窗集》卷七。陈耆卿(1180—1236),字寿老,号筼窗,台州临海人。

个概念的引入赋予了礼以生命并使礼与西方伦理学中的普遍性规则有所区别。

天台山和合伦理认为这一系列礼的教育，其精神和内涵即使历经百代都不会改变。尽管礼的条文可以更改，但是问题并非出自礼本身，而是出自那些不再遵守礼的人身上，也就是说，"人能弘道，非道弘人"。这是因为缺乏对作为习俗规则基础的个体品格的培养。为了恢复礼的有效性，人们必须具有将礼应用于日常生活实践的能力。所以，引入仁这个新概念赋予礼以新的生命力。仁不仅是一种具体的美德，其更重要的用法是指一般的美德。它是基础的、普遍的，是所有其他具体美德的发端，并且最大限度地包含着道德生活的普遍意义。随着一般美德的建立，中国伦理学进入了更高的发展阶段，美德可以理解为一个整体，而具体的美德也因此获得了自己的基础。

既然仁是一般的美德，礼作为道德规则发挥作用，那么天台山和合伦理学中美德和规则的关系可以通过仁和礼的关系得到具体的理解。

正如现代西方美德伦理学所指出的，天台山和合伦理认识到一个设计完善的道德规则体系不可能被没有任何美德的人得以践行和强化。常规的伦理生活必须建立在新的内在道德基础之上。所以通过仁这个新概念的引入，天台山和合伦理给礼以新的生命。仁成为礼的本质、礼的内在精神。关于仁的定义最基础的即两种："爱人"和"克己复礼"。对应仁的两个方面，一个指内在情感，即爱人的情感；另一个是它的外在表达，即坚持礼的规则。对"爱人"的强调呈现天台山和合伦理学作为一种美德伦理学的面向，对"克己复礼"的强调呈现天台山和合伦理学作为一种规则伦理学的面向。杜范就把自己的终生追求定位在"穷理求仁"上，他说："道在是也，穷理求仁，吾知所止。"①

缺少仁的礼将成为空洞的形式，并且从天台山和合伦理来看，践行礼不只是应用已经建立的规则或奉行礼仪。在践行礼的过程中，必须强调一个人要怀着正确的态度来践行礼。礼如果缺少情感成分就变成了空洞的表演。正所谓："人而不仁，如礼何？人而不仁，如乐何？"这意味着践行礼必须以仁为基础。奉行礼需要一种内在的维度做基础。否则，礼将只是管制人们行为的手段。礼区别于法最重要的在于它强调仁作为礼的本质和内在精神。重要的是怀着仁的情感去践行礼。

因为礼是仁爱之心的体现和表达，那么践行礼是培养仁德的最重要手段之

---

① 黄宗羲：《南湖学案》，见《宋元学案》卷六六。杜范（1181—1244）：字成之，黄岩人。嘉定九年（1216）举进士，端平元年（1234），改授军器监丞。

一。尽管天台山和合伦理反对缺少仁的礼，但是推崇真实意义的礼，因为礼是仁德的具体表达，践行礼有助于人体现仁，在自身发现仁并培养仁。尽管仁作为一种内在道德并非借助礼的手段而由外界引起，但是它需要通过礼表达自己。不论仁表现得多么抽象，它都非常需要具体地体现出来。故礼是仁具体的表达和体现。

既然在天台山和合伦理学中奉行礼不是机械地遵循礼仪规则的过程，而是表达一个人感受、意志、情感的过程，有意识地奉行礼会使人发现并丰富自身仁的情感，因此礼在培养个人品格方面有着具体作用。甚至在不了解这些礼的规则内在含义的情况下，通过持续地遵循礼而行动，圣人已经在我们身上培养了爱和恭敬的情感，我们会加强自身遵循礼的意志。

天台山和合伦理强调奉行礼需要个人有意识地努力。对个人而言，遵循礼不是严格地坚持礼的规则，而是要培养和表达爱和恭敬的情感，寻找仁心。这是有意识的自我培养过程。鉴于仁与礼的关系，杜维明认为仁与礼之间存在着创造性的张力。[①] 如果没有了仁，礼就成为空泛的形式主义。不仅如此，缺少了仁的礼极易堕落成为社会强制力，无法有意识地改善人类情感，而且有可能破坏人类情感。此外，遵循礼不只是一种培养仁的情感的手段，礼本身也是一般美德仁的有机组成部分。

从礼与仁的关系中，爱人之仁与克己复礼之仁是一体的。一方面强调奉行礼的过程中情感因素的重要性，并将仁视作礼的本质；另一方面通过强调礼作为仁的具体表现形式，将礼视作通达仁的境界的最重要的手段之一。

三、灵活性和普遍性的和合

礼融摄了道教"变通"思维、天台宗"三谛圆融"思维和"中道"观的天台山和合伦理，在思维方式上具有十分明显的能动性和灵活性。因此，礼既具有普遍性，同时也具有能根据实践条件的要求而具体应用于特殊境遇的特征。礼不是从仁当中派生出来的。与仁一样，礼是从更高的概念——道中派生出来的。道是仁和礼共同的来源。尽管礼由道派生而出，但是由于诸多原因，礼又不同于道。

---

① Tu W M . The Creative Tension between Jen and Li[J]. Philosophy East and West，1968，18(1/2):29.

礼最重要的功能之一就是建立和谐。礼之所以具有这个功能，就是因为礼不是主观任性制定的，而是古代圣王根据天道制定的。在天台山和合伦理学中，天道是和。《中庸》教导说："中也者，天下之大本也；和也者，天下之达道也。致中和，天地位焉，万物育焉。"天道体现着宇宙的格局——一个有机的整体，其中每个事物都与其他事物相互关联。任何事物都不能存在于关系之外。人道和天道彼此相互关联。人道必须遵循天道。所以先王制定礼来引导行为、调解社会关系。通过礼，人能圆满地组织社会，并且由此而恰当地符合宇宙秩序。所以礼源于天道。既然礼由天道派生而来，那么礼是遵循天命的重要渠道。因此，礼和道之间的关系是明显的：道是礼的开端、源泉和基础。礼由道派生而出，礼代表天道。既然天道是客观的、普遍的，礼也应该具有普遍、客观的特征。

尽管礼派生于道，而且理论上具有普遍性的特征，但是礼在很多方面与道是不同的。道以礼的形式呈现给我们，我们能够从礼中体察道，但是礼并不等同于道。道是普遍的，而礼既是普遍的，也是具体的。中国人很早就意识到礼的表达形式和内容会随着环境的改变而改变。任何一个体系无论它有多完美，都不能不考虑具体的环境差异就应用于实践。天台山和合伦理十分强调灵活性，鼓励并赞成人们所遵循的礼的形式和内容应该适合于社会环境。在天台山和合伦理中，礼的普遍性是它的内在精神——礼当中体现的道，而不是它的形式和细节的内容。

道和礼的关系可以通过"理一分殊"这个说法得到最好的解释。仁道是礼的内在精神，而礼是仁的具体体现。道是普遍的，因此是最基本的、最基础的原则，它无法被改变或者被否认，而礼是具体的，因此允许在各种关系和不同情境中出现不同的表现道的模式，它和特定的社会文化环境紧密联系，或者受其制约。道需要诸多不同的体现形式——各种形式的礼——的原因是为了表达它自己便于人们理解。这是因为道德情境和道德文化的多元性和复杂性。朱熹曾以敬为立身之本，义为处世之则。他说："敬以直内，义以方外，一生用之不穷。"[①]敬者，守于此而不易之谓；义者，施于彼而合宜之谓。[②] 方孝孺承继朱熹，认为应涵养以敬，以澄其内；制之于义，以应乎外。[③] 这正表达了内在的道的普遍性和外在的礼的具体性。

---

① 《朱子语类》卷六九。
② 《朱子语类》卷一二。
③ 《郑氏四子加冠祝辞序》，见《逊志斋集》卷八。方孝孺：(1357—1402 年 7 月 25 日)，台州宁海人，字希直，一字希古，号逊志。

　　简言之,尽管礼源于天,但是却不同于道本身。道是绝对普遍的,而礼仅是道德体现,受到特定环境的限制。另外,既然内在精神——礼中所体现的道——是普遍的,并且几乎所有形式的礼都用来表达这种内在精神,因而恰当地说,礼具有双重品格:既是普遍的也是特殊的。正是通过这样的方式,天台山和合伦理将一个高度情境化的伦理学和赞成普遍性道德原则的伦理学整合在一起。

　　总之,在理论层面,天台山和合伦理对伦理道德的独特理解可以调和德性伦理与规范伦理的论争,实现一种调和。在实践层面,天台山和合伦理追求身心和谐、人际和谐、天人和谐和和谐万邦,有利于构建和谐社会。加之天台山儒道佛皆认可教化的可能性和必要性,为培育具有时代特色的和合伦理精神提供了一条践行路径。

孔子修养论初探

易楚越①

【摘　要】 从某种程度上来说,人的修养可以看作中国哲学主要的思考内容,其中儒家哲学开创者孔子的修养论占据着重要地位,它既是儒家哲学思想基础的开端,又是整个中国哲学价值观的根骨。可以说,孔子的修养论在一定程度上塑造了整个中华文化的发展脉络。本文将从孔子思想的本体论、认识论、功夫论和价值论四个方面尝试诠释孔子修养论的内容。

【关键词】 孔子;修养论;"天";"仁";"礼"

总的来说,孔子的修养论讨论的是一个由内而外、由己及彼的修养过程,其中包含了对这个世界的基本理解和认识,即"天"的概念,以及修养自身的内在精神力量和外在方法路径,最后将整个修行思想推己及人,兼顾自我修养和社会责任则是孔子修养论的独到之所在。

一、孔子修养论的本体论

若讨论本体论,西方哲学要讨论世界的本源问题,然而在中国哲学体系里,对本体论的侧重则更多地体现在抽象道德方面。对于物质世界的发源,中国哲学采取的是模糊化态度。中国神话中对于世界的由来有着浪漫的表达,三国时期徐整所述的《三五历纪》中对"盘古开天"有着神话故事性的描述:"天地浑沌如鸡子,盘古生其中。万八千岁,天地开辟,阳清为天,阴浊为地。"

虽然三国距离孔子生活的时代已经十分久远,但是我们仍然可以从"盘古开天"的故事之中看出,在中国哲学的世界观中,天地原本是混沌一片的,后来因为盘古的努力,天地两分,从而万物诞生。也就是说,在中国人的世界观中,世界是

---

① 易楚越,中共浙江省委党校哲学硕士,研究方向为中国哲学。

一个不断运动演替而诞生的实体,这就是其"本体",进而中国哲学将视角转向到了两个方面,一方面是"天文",即是对客观规律的认识,一方面是"人文",即是对人的认识和修养。在人的认识和修养中,中国哲学不可不讨论的关键就是"天"。

孔子在《论语》中多次讨论"天","天"在相当程度上就是孔子语境之下对于世界本源的一种部分指代。有意思的是,孔子虽然多次讲到"天",但是却几乎没有描述过"天"的定义。孔子在描述"天"的时候是通过让人与"天"产生联系的方式,使人从自己出发,去体会"天"的含义。人与天是密不可分的,认识"天"是可以从认识"人"开始的。

因此,在孔子的语境下,"天"既不具备物质实体,又不是一个具有人格化的精神实体,而是具有道德性和规律性的模糊存在。这个存在不是由眼睛所能直接观察,也不是由逻辑所间接推演,而是从人的行为、修养和万物兴衰的客观规律中总结的。

这就使得孔子的"天"具有很强的概括性和抽象性,它既是一种规律的表达,例如:"天何言哉? 四时行焉,百物生焉,天何言哉?"(《论语·阳货》)又是一种具有道德性的实体,例如:"获罪于天,无所祷也。"(《论语·八佾》)又是一种拥有主宰人类命运能力的人格化的存在,例如:"天丧予! 天丧予!"在这些孔子对于"天"的表述中,我们可以发现,孔子语境里的"天"是一部分自然规律的总和,这种规律不带有"天"的主观意愿,但同时"天"又具备道德的正义性(获罪于天)和可以主宰人的命运的好恶性和无常性(天丧予、天厌之)。

特别值得讨论的是,孔子语境之中"天"的正义性和无常性,这种正义的标准来自"天"具有的道德,无常的结果来自"天"的不可抗拒,这两者跟西方哲学中的"人格神"有相似之处但又很大不同,西方哲学中人格化的本体在很大程度上接受的是神话世界的影响,而中国哲学在讨论这个方面的时候无疑是剥离神话的。孔子在讨论"天"的时候,出发点是"人",也就是生活中万事万物的实体;而西方哲学语境中讨论本体的时候,通常的出发点是神;孔子是由下往上的,"天"是人和万物一切美德的终极概括,是从人的善行之中总结出来的"天"的整体;这就是上天有好生之德的来处。

而与"天"相对的还有另一个概念,即"命"。

孔子时常称"命",有时候更将"天命"一起来讲,例如:"道之将行也与,命也;道之将废也与,命也。公伯寮其如命何?"(《论语·宪问》)"不知命,无以为君子也。"(《论语·尧曰》)这里"命"的用法容易让人形成一种宿命论的感觉,然而孔子说的"命"事实上是对世间无法把握的变量和没有认识清楚的事实的一种概括。对于事物的发展规律,有相当一部分人已经将其掌握,但是也有很大一部分人完全没有掌握,这就如马克思主义所说的"真理是有条件的""真理和谬误是统一的"。这种人类认识的有限性与真理的无限性之间的矛盾,以及这种矛盾所造成的"无常",孔子把它称为"命",这事实上是对客观规律的一种具有人文关怀的解释。这恰恰说明了,孔子不是一个宿命论者。换句话说,孔子所不讨论的"命"和"鬼神",只是因为历史的局限而无法讨论,而不是一种逃避或者迷信。

二、孔子修养论的认识论

孔子主张的认识论与他的本体论是分不开的,正如上文所述,孔子并不认为世界上有一个人格化的主宰存在,相应的也就不存在不可认识的世界。在孔子生活的那个时期,科学很不发达,人们解释世界的时候就难免使用鬼神之说,也就是孔子所说的"怪""力""乱""神"。对于怪力乱神,孔子是不迷信的,这是由于孔子有一套严谨的、基于现实的认识方式。例如孔子说:"多闻阙疑,慎言其余,则寡尤;多见阙殆,慎行其余则寡悔。"(《论语·为政》)这句话就可以反映出孔子在看待人的吉凶("尤"与"悔")的问题时认为关键在于人是否做到了慎言慎行,这种实事求是的态度本身就是与鬼神卜筮之流的自然分野。

与此同时,孔子还鼓励思辨,例如:"学而不思则罔,思而不学则殆。"(《论语·为政》)这说明了孔子认识世界的方式,即从观察到思考再到行为,并伴随"仁"的自我要求与"礼"的外在规范。不仅如此,在求知态度上孔子也有立论鲜明的著述,例如:"知之为知之,不知为不知,是知也!"(《论语·为政》)这是说对待知识应该采取一种"诚"的态度,其内涵是"不自欺",知道的东西便是知道,不知道的东西不要假装知道,这不仅仅是孔子认识世界的基本态度,也成为后世儒家学者"尽己之诚"的发源之一。

针对现实生活中确实有着许多人类认识不到的事物,跟"命"一样,孔子持有的态度和主张就是庄子所说的"六合之外,圣人存而不论"(《齐物论·论物篇》)。其中"不论"就是"子不语,怪力乱神"的一种注解,这也符合孔子"知之为知之"的认识态度。对于六合之外难以理解和认识或者当下还不能认识的事物,采取放置不论的态度,既不说它好也不轻易说它坏。另一方面,值得我们注意的是,这句话中的"存"字,就说明孔子并不排斥未知事物,包括怪力乱神这些看似孔子反对的东西,这些东西孔子都把它"存"下,等待后世来者去解决。这体现了孔子开放博大的胸怀。

三、孔子修养论的"功夫论"

讨论孔子修养论的"功夫论"无疑是从两个方面入手,一方面是孔子修养个人的"功夫论",这部分功夫论中包含了孔子绝大部分的修养思想和道德主张;另一方面是孔子的政治主张和人生观,这部分包括了孔子的天下观及孔子看待人生的方式和态度。

(一)孔子的忠、恕和仁

在讨论忠恕以前,先要谈论礼,复兴周礼是孔子的一个重要社会理想,但是孔子口中的"礼"与春秋时期《左传》中所述的礼也有很大不同。周代的"礼"的内核是"以德配天"的外部延伸,周礼的源头在于天子的"德",春秋时礼崩乐坏的原因就是"德"没有了。孔子从这个角度继承和发展了"周礼"中德的核心与礼的规范,提出了"仁"这一内在要求,孔子认为,"仁"是"德"发源,"德"没有了,正是因为统治者没有"仁心",故而上下都没有"仁政",自然整个社会就"礼崩乐坏"了。孔子是重视"礼"的,但是更加重视"仁",正如孔子说:"人而不仁,如礼何?"因此我们知道,孔子的思想核心就是"仁",理解孔子的思想核心就是解释"仁"。

《论语》中多次出现"仁"的解释,例如:"克己复礼为仁"(《论语·颜渊》),或"恭宽信敏惠,能行五者于天下为仁"(《论语·阳货》),又或者"仁者,爱人"(《论语·颜渊》)。细细究来,这些关于"仁"的解释都像是"仁"的某一个片段的具体描述和延伸,从这些延伸出发似乎难以见得"仁"的本来,所幸《论语》中有一段整体性的描述:"'参乎!吾道一以贯之。'曾子曰:'唯。'子出,门人问曰:'何谓也?'曾子曰:'夫子之道,忠恕而已矣。'"这段话是《论语》中对"仁"的一种概括论述,借曾子之口表述了"仁"的含义。"仁"即是"忠恕"。杨伯峻先生认为:"(仁)分别讲是'忠恕',概括讲是'仁'。"[①]

关于"忠恕",《论语》中也有定义,"其恕乎,己所不欲。勿施于人"。杨伯峻先生认为这是"仁"的消极面。[②]对应的积极面则是:"己欲立而立人,己欲达而达人。"这种正反两面的"仁"再进一步就是"圣",是一种"薄施于民而能济众"[③],"修己以安百姓"的强大能力和博爱情怀。

这种表达情怀在某种情况下是大于《论语》中具体说明过的诸如"五者于天

---

①②③　杨伯峻:《论语译注》,中华书局1980年版,第16页。

下""克己复礼"这些"仁"的方面的。例如孔子说管仲："恒公九合诸侯,不以兵车,管仲之力也! 如其仁! 如其仁!"(《论语·宪问》)与这个评价相对应的是:"管仲之器小哉! ……管氏有三归……焉得俭? ……管氏而知礼,孰不知礼?"(《论语·八佾》)由此可见,孔子毫不认为管仲是知礼而器大的君子,相反,对于这些方面孔子还多有批评,但是孔子却在前文说管仲"如其仁、如其仁",可见孔子评价管仲是否"仁"的标准是管仲的历史功绩,管仲帮助齐桓公九合诸侯,兵不血刃就获得了长久的和平与稳定,有益于人民的福祉,所以孔子说管仲"仁"。

此外,孔子的"仁"是非常重视生命的,"贵生"也是"仁"的重要内涵,例如孟子引用孔子的话:"始作俑者,其无后乎。"(《孟子·梁惠王上》)在这句话里可以感同身受地体会到孔子对"始作俑者"的愤恨,甚至不惜用"断子绝孙"这样的话来形容,这种感性的表达是孔子看重生命的一种体现,面对用来陪葬的陶俑都如此愤怒,何况是用鲜活的生命呢? 这种精神就是"爱人",就是"仁"者爱人的一种具体体现。而这一种"爱人"再经过"由己及人"的升华,就是孔子说的"修己以安百姓"(《论语·宪问》),这就成了"仁"至于"忠恕"之道的现实实践,也就是说,对人民和生命的爱人是"仁"的源泉,在这种源泉的灌溉之下"忠恕"之道得以生长,在外变成具体的行为(济世安民),又组成了"仁"的外在表达(忠恕)。而这也是孔子政治观和人生观的基础。

(二)孔子的政治主张和人生观

孔子的政治主张就是由"仁"出发,推己及人直至天下的做法。孔子是有博爱精神的,他心中挂念着万民的困苦,他关心着国家的兴衰,他希望天下万民、悠悠中国能够长治久安、国富民强。这是孔子的追求,也是孔子的精神。借用金庸先生的话说,无非是"侠之大者,为国为民"。

在春秋时代,像孔子这样出身普通却心系国是的人不是没有,但是像孔子这般一生为此奋斗不息的恐怕确实难有几个。就如同孔子自己所说:"天下有道,丘不与易也。"孔子难以坐视天下无道,又不愿意像长沮、桀溺那样逃避社会,他就只能用自己的布衣之身去扛起天下的兴亡,这一份家国天下的情怀,就是孔子"爱人"的最好注解。而"爱人"既是孔子政治主张的核心,也是其落脚点。

可是在孔子生活的时代确实是残酷的,周王室早已式微,曾经的权力和威信早已随着历史的烟云远去,就连征伐不断的各国,也处于"陪臣执国命"(《论语·季氏》)的混乱中,为人诸侯姑且难以掌握自己的命运,更何况一介布衣的孔子呢? 因此,孔子思考政治制度的角度是有限的,但是也不至于仅仅停留在复兴周礼的阶段上,事实上孔子提出了许多具有进步性的政治思想,例如,"谨权量,审法度,修废官,四方之政行焉"(《论语·尧曰》)提出了国家要想政令通达必须有标准化的语言、度量和法度,还要有行之有效的行政机构;"所重:民、食、丧、祭"提出要保证人民生活的最基本要求;等等。

孔子一生在政治上的努力和诉求其实就是其人生观的写照,孔子求官不是为了自己荣华富贵的欲望,而是为了天下苍生。孔子的人生观是积极进取的,甚至是废寝忘食的,他对于不义的富贵嗤之以鼻,例如:"不义而富且贵,于我如浮云。"(《论语·述而》)因此他能够在贫困的生活里仍然坚持理想,这一切都是值得后世敬仰和传承的。

【参考文献】

[1] 杨伯峻. 论语译注[M]. 2 版. 北京:中华书局,1980.

[2] 杨伯峻. 孟子译注[M]. 3 版. 北京:中华书局,2010.

[3] 张居正. 尚书直解[M]. 王岚,英巍整理. 北京:九州出版社,2010.

[4] 张学斐. 孔子道德修养论及其现代启示[D]. 南昌大学,2014.

[5] 刘波涛. 《论语》修养论研究[D]. 安徽大学,2014.

朱熹理学视域下对"孝"的内涵诠释

邹欣芮①

【摘　要】　"理"或"天理"是朱熹理学思想的核心范畴。朱熹的思想基于"理"而建立,可以说,"理"的内涵与精神贯穿在朱熹的整个思想之中。朱熹对于"孝"的诠释,同样是在其"理"的思想体系之下进行的。因此,探讨朱熹对理与孝之间关联的诠释,考察朱熹在理学视域下对"孝"的内涵叙述,既可对朱熹"孝"的内涵特点进行较为全面而深刻的把握,又可从一个侧面呈现朱熹的理学思想。

【关键词】　孝;《孝经》;朱熹

一、朱熹对"理"与"孝"的关系诠释

朱熹对孝的诠释,是在其理学视域之下进行的。如下我们将进一步对"孝"与"理"的关联,进行较为全面的诠释。

(一)物物各具天理,孝为天理之流行

朱熹是理学大师,他构建了以理为中心的最高范畴的儒家哲学体系。在这个体系中,"理"被认为是一切万物的本原,是宇宙万物之先,因而有了理学中"未有这事,先有这理"的结论。什么才是父子之理呢?朱熹认为:"万物皆有此理,理皆同出一原。但所居之位不同,则其理之用不一。如未有君臣,已先有君臣之理;未有父子,已先有父子之理,直待有君臣父子,如为君须仁,为臣须敬,为子须孝,为父须慈。'天分'即天理也。父安其父之分,子安其子之分,君安其君之分,臣安其臣之分,则安得私!"②所谓父子之理,即父亲应尽父亲的慈祥、子女应孝

---

① 邹欣芮,中共浙江省委党校研究生,研究方向为伦理学。
② 黎靖德:《朱子语类》,中华书局1999年版,第119页。

顺的基本伦理,尽孝成为儿女的自然天职。在理学的体系中,理和气是构成宇宙中的万事万物的本原,气是一切事物的材料,理则是构成事物的本质和规则,在孝道的体系里,君和臣之间的理,是在君和臣之前,因此朱熹说道:

> 天地之间,有理有气。理也者,形而上之道也,生物之本也;气也者,形而下之器也,生物之具也。有理便有气流行,发育万物。未有这事,先有这理。如未有君臣,已先有君臣之理;未有父子,已先有父子之理。不成元无此理,直待有君臣父子,却旋将道理入在里面!(《朱子语类》)

在"理"和"气"的关系上,理是在一切万物之先而且在气前,以此来论述孝道,那么就是先有了君臣父子的"理",然后才有了父子关系,其他的伦理关系也以此类推而出,而不是先有了君臣、父子之间关系,才有了反映这些关系的道德观念,朱熹在《四书或问·大学或问》中指出:"君臣,父子,夫妇,长幼,之常是当然之则及于身之所接也,是皆必有当然之则,而自不容己也,所谓理也,外而至于人,则人之理不异于己也;远而至于物,则物之理不异于人也。"[1]朱熹用"理一分殊"理论诠释了孝在"理"中的表现,认为:"万物皆有此理,理皆同出一原。但所居之位不同,则其理之用不一。如为君须仁,为臣须敬,为子须孝,为父须慈。物物各具此理,而物物各异其用,然莫非一理之流行也。"[2]他认为世间万物都有自己特殊的一个理,而整个宇宙则有一个总的理,物物各具天理,孝为天理之流行,这个理是事物的源头和本原,而且还先于世间万物而存在,事物不过是分有了这个理,父子之理就是对"天理"的"分殊",换言之,这个关系的理强调的"父慈子孝"是天理的分殊,也是天理之发用。

(二)仁为心之理,孝为性理之用

心、性和理是宋明理学体系的中心理论,而"心即理"的理论问题程朱陆王都有论及,只是二程和朱熹在心与理之间找了个"性"来作为媒介,认为性是心通向理的桥梁。所以,论"理"就必然要论到性。朱熹在《朱子语类》中说:"性即理也。在心唤做性,在事唤做理。"在不同的地方有不同呈现,并用"仁"来诠释"性",在仁和孝关系上朱熹以天理为本,指出仁包含五常,同时还统一着义、礼、智、信。

---

① ②　朱熹:《朱子全书》,上海古籍出版社 2002 年版,第 166 页。

因此,说仁是天理在人身上的具体表现最为恰当不过,因为它规约着礼义智信敬孝的道德范畴,还调节着君臣、父子、夫妇、兄弟、朋友等之间的基本伦理关系。朱熹认为"孝"是性之发现,从而是仁心的作用。因此他说:"仁是理之在心者,孝弟是此心之发现者。仁是性,发出来是情,便是孝弟。孝弟仁之用,以至仁民爱物,孝弟便是仁,仁是理之在心,孝弟是心之见于事。"①这个仁是抽象的,但是具体到人身上就是自我对他人的爱,然后这个爱的最高层就是爱亲,这个过程是先天性的。

每个人都会有仁爱的心理,对别人施以仁爱不分差别,而孝是子女对父母的一种自然而然的本能和义务。仁是一种可能对任何人都有爱的心理活动,而孝则是一种亲情之间的爱,同时,孝与仁的关系,还是目的与起点的关系。要达到"泛爱众,而亲仁"的目的,得从"弟子入则孝"开始做起。仁是最高的道德理想和做人的最高准则,因此,仁是目的,然而实践仁道,必须从孝悌做起,由亲子之爱,逐步外推,施及同胞兄弟,施及家人,人格越伟大,其影响的范围也越广泛。

朱熹还从性情关系论述仁与孝之间的关系,朱熹在这里依据《中庸》里面的"未发"和"已发"进一步阐述了"仁者,爱之理,心之德也……程子曰:'仁是未发之性,孝是已发之情仁是理,孝弟是事。有是仁,后有是孝弟。'盖仁是性,孝弟是用也,性中只有仁、义、礼、智四者而已……"②的意旨,还指出无论孝悌的道理还是仁民爱物的高尚品行,都是仁心在发动。朱熹还直接从理和事的关系的角度说明仁与孝之间的关系。他说,这就是说,仁是理,而孝悌是仁理的作用,是事。理在事之前,因此先有仁的"理",才有孝之事。仁与孝的关系是很清楚的,可以看出仁是人之本性,是一切善的源头。

二、朱熹《孝经刊误》的内容及其基本精神

朱熹关于《孝经》学的研究是传统《孝经》学发展的一个里程碑,《孝经刊误》是朱熹关于《孝经》研究的直接著作。我们要探讨朱熹对"孝"内涵的诠释,不得不对其《孝经刊误》进行研究。

(一)朱熹将《孝经》内容分"经"与"传"

《孝经》从汉代以来,就深受许多儒家学者的传诵,但是他们都没注意到里面

① 黎靖德:《朱子语类》,中华书局1999年版,第211页。
② 董鼎:《孝经大义》,中共中央党校出版社1996年版,第182页。

的问题,所以朱熹进行了一番修正与改动。首先,在《孝经刊误》中朱熹将《孝经》分成"经"和"传"两个部分。然后,他将古文《孝经》里面的前七章以及今文的前六章做了合并,最后还去掉一些《诗》《书》引文。将《孝经》剩下的十五章划分为十四传,他认为这十五章是引用无法考据的事迹去解释经文,可以组成"传",对此朱熹分析道:

> 《孝经》者,其本文止如此……盖经之首统孝之终始,中乃敷陈天子、诸侯、卿、大夫、士、庶人之孝,而其末结之曰:"故自天子之下至于庶人,孝无终始而患不及者也,未之有也。"其首尾相应,次第相承,文势连属,脉络通贯,同一时之言,无可疑者。而后人妄分,以为六、七章,(今文作六章,古文作七章。)(《孝经刊误》)

朱熹还根据意思——指明具体的"传"对应着经文某句进行解释,无法归类的为"别发一义"。此外,朱子按照"开宗明义章",对"传"的部分重新进行整理与组合,这样《孝经》就成为一个严格按照他这个思路而来的注释的著作,然而对于无法用义理解释的"谏争章"和"丧亲章"部分,朱熹就以"此不解经而别发一义"做了交代,这样就基本修正完《孝经》。

在字数上朱熹经过考究,认为整部《孝经》还应该删除经文两百多字,并用圈标记,但是并未真正将这些字删掉。《孝经刊误》一书的修改思路大体就是这样,朱熹对《孝经》的研究开创了另一种《孝经》的研究风格,世传《孝经》"古文本"前面的七章和"今文本"的前六章记录的是孔子和曾子之间问答的内容,然后是由曾氏的弟子进行记录的。朱熹对《孝经》进行刊误的方法,使得它更完善,更适合当时的时代要求,他的这种改经思想对《孝经》是一个里程碑式的发展,开创改经的新思潮影响深远。

(二)朱熹在《孝经刊误》中指出《孝经》部分内容有"害理"之嫌

朱熹除了对《孝经》进行刊误之外,在对里面的思想进行解释时,认为《孝经》的一些思想内容有害,他在《孝经刊误》中说道:

> 但"严父、配天"本因论武王、周公之事而赞美其孝之词,非谓凡为孝者皆欲如此也。又况孝之所以为大者……则是使为人臣子者,皆有今将之心,而反陷于大不孝矣。……读者详之,不以文害意焉可也!(《孝经

刊误》)

朱熹指出《孝经》里的内容和主张对今人行孝有"害理"。周公是圣人,他的事迹值得士借鉴,但是对于平凡人追求孝,也要做到"严父配天"的最高程度吗?对于帝王,除了与平常人一样对亲人行孝之外,更重要的是对天下的孝治,要以德治国,以德服天下。《孝经》里说,孝的最高程度是"严父配天"。他在《孝经刊误》中评论,敬先祖,能做到"严父配天"的"孝",纵观古今也就只有周公,所以周公只是一个"严父配天"的特例,对于平凡人则未必是这样。按照朱子之意,《孝经》中广泛地说"孝莫大于严父,严父莫大于配天",将周公作为例子,这是不够全面的。古时只有天子才可能"严父配天",如果所有的人都追求做到最大的"孝",都争做天子,那就会有"今将之心",反而会陷于弑君的大不孝之中。在《朱子语类》中,朱子也多次与他的弟子讨论这个道德要旨,并说这样的义理有"害理"和"启人僭乱之心"的危害。

朱熹主张应该回到个体的身心,要根据个体的经验去品味五经中的义理。这样看来,圣人的立法都是针对个体的道德而言的,所以任何一个人都可以通过读经而得到王之道,那么,每一个读书人都可从这个层面感悟和践行千载之前的圣王之道,而最终的目的就是"学做圣人"。因此周公也是"可学而至",而可学而至的目标,是要达到"配天"的程度。如果都学做圣人,以"学做圣人"为目标来读《孝经》,那么就会把贤人的"严父配天"作为求孝的目的,这样一来,《孝经》不但不启发爱亲忠君的思想价值,反倒是启发读者的"僭乱之心"了。

在宋代之前,儒者对于"孝"的诠释和理解中,天子之孝与百姓之孝是有差别的,天子、诸侯、卿大夫、士、庶人不但是爵位的序列,而且是道德的序列。陈壁生先生在《孝经学史》中说道:"天子之孝必定要高于其他阶层之孝,天子可以祭天,以父配享,而庶人只需谨身节用,以养父母。但是,朱熹更加强调'孝'在个人道德上的无阶层特征,天子之孝与庶民之孝并无绝然的不同。如果依据朱熹从个人道德的角度来理解《孝经》中的'孝',那便会对《孝经》的经文产生质疑。"[①]在朱熹看来,"孝"有等级之分,天子有天子特有的孝,平民百姓有平民百姓之孝,两者有相同地方也有不同地方,都是有机的统一体。

(三)朱熹在《孝经刊误》中确立孝道"由内而外"的顺序原则

朱熹通过《大学》确立了内外之别。朱子注释《大学》时无论"三纲领"还是

---

① 陈壁生:《孝经学史》,华东师范大学出版社 2015 年版,第 273 页。

"八条目",都特别注重内外顺序。朱熹在《四书章句集注》中对"明明德"做注释时说:"学者当因其所发而遂明之,以复其初也;注'新民'道:既自明其明德,又当推以及人,使之亦有以去其旧染之污也。"①通过这样的逻辑解释,"明明德"就成为"新民"基础条件,"八条目"中,又可划分为穷理、体理、推理,并且"修身"之前是内,"修身"之后是外,要从内推到外才是合理的顺序。

《大学》所提供的这一内外之别,成为朱子论孝的基本框架。《孝经刊误》的形成基本是在这一思路框架里完成的。从"亲亲"到"仁民",没有亲亲,就不可能有仁民。朱子通过对《孝经》的重新注解,确立了这一"由内而外"的顺序原则。这是在一个以家为基本单位的时代,君子面对外在世界所发生情感的一般次序。他将这种"亲亲"变成了"仁民"的条件,"仁民"变成了"爱物"的条件情感次序转化为绝对原则。

在《孝经刊误》中,朱熹认为原本《孝经》中《圣治章》《广至德章》《广要道章》的内容是不讲究"先后缓急之序"的。根据朱子对《孝经》的理解,我们做仔细品读研究就会得出如何去理解经学的思路。经学是塑造一种以政治为核心的秩序,以使生活在这种秩序中的人们慢慢行善而不知,启蒙个人品德,使有道德的人去塑造新的政治,这与他以理学角度看待《孝经》的方式有一定的关系,事父母的孝与事兄之悌,于人身最自然、贴实,父子、兄弟之道,都是天性自然的,而且由父子、兄弟可以外推到事君、事长,所以行仁要以孝悌为本。如何展开政治,怎样去孝治天下是《孝经》的主旨。《孝经》旨在通过从政治上的引导,确立孝的价值与制度,使天下人"善孝"的品行融入血液里,使之成为日常不知不觉的良好习惯。

"亲亲"到"仁民"的顺序被确立为绝对原则,并用来注解《孝经》,《孝治章》的内容并没有讲天子、诸侯、卿大夫如何孝,而是从"孝"来要求天子、诸侯、卿大夫如何教化天下,这就变成"以和而孝",而不是"以孝而和"了。而且,《广至德章》《广要到章》也没有从"至德""要道"推到"顺天下",而是教导如何敬别人的父、兄、君,以使子、弟、臣能感觉得到"悦"从而达到顺治天下的目的的逻辑顺序。

朱熹在《孝经刊误》中讲,孝首先是一种个人情感,在情感的基础上产生个人道德,再往外推出政治生活。从个体的内在的道德修养,要推己及人,要内修"仁民"必须由"亲亲"来推出,圣人君子要先会爱父母,然后人民,最后才是万物,也就是"至德""要道"推出"顺天下",通俗地说就是一个人学会了敬自己的亲人,才

---

① 朱熹:《四书章句集注》,中华书局 2015 年版,第 225 页。

会敬别人之亲,到政治上才效忠国家。《孟子·尽心上》云:"亲亲而仁民,仁民而爱物,推己及人,如老吾老,以及人之老,幼吾幼……其分不同,故其所施不能无差等,此所谓理一而分殊者。"①理遍及身边的一切事物,是万物之源,包括德性的世界,而各个事物显示出与其他事物的差别,不同的人行孝也有一定区别,这是理一分殊的呈现,朱熹这样的孝道主张使"由内而外"顺序和理一分殊恰到好处地结合起来。

三、朱熹理学之"孝"与《论语》之孝的关联

朱熹不大赞同汉儒对孝的理解,他甚至认为《孝经》是经过汉儒修改过的。但是对于《论语》中对"孝"的诠释和叙述,朱熹则是充分肯定的。

(一)朱熹对《论语》"孝为行仁之本"观念的充分肯定

"孝弟为仁之本"的论述是许多儒家学者所推崇的理念,朱熹解释"行仁"时,认为它是推行仁道的起点。"孝悌"首先是对亲人的行孝,然后才推己及人,爱其他人与爱自己亲人一样,才会"爱物"。在《论语》里,朱熹对这个"孝为行仁之本"都表现出肯定态度,并说:"行仁自孝弟始,孝弟是仁之一事。谓之行仁之本则可,谓是仁之本则不可;盖仁是性也,孝弟是用也,为仁以孝弟为本,论性则以仁为孝弟之本"②也就是说,行仁要从"孝悌"开始,朱熹认为这句最亲切,仔细品读回味它,是他解读《孝经》里思想的启迪之处。理解了"孝为行仁之本"的真正义理,就不会有将它顺序颠倒,体用混淆的后果。

朱熹后来在给他的学生解说此段时说:"仁,是爱底之意,行爱自孝弟始。论仁,则仁是孝弟之本;行仁,则当自孝弟。亲亲、仁民、爱物,三者是为仁之事。亲亲是第一件事,故'孝弟也者,其为仁之本与',孝弟是行仁之本,义礼智之本皆在此;行义之本也;事亲从兄有节文者,行礼之本也;智之本也。"③他认为"仁""义""礼""智"等德性都是从孝悌开始的,孝悌之道是最基本的道德规范,能做到这点,才能继续"行孝",这一紧密的逻辑论述更是对"孝为行仁之本"的肯定。朱熹在教授弟子时,提倡忠孝之道一直是其传授的重要内容。因此,从体用的角度而言,应该是仁是体,孝是用,仁是孝之本;《孝经刊误》中提到的"孝弟也者,其为仁

---

① 宋学海:《孟子》,云南人民出版社 2011 年版,第 27 页。
② 朱熹:《论语集注》,中华书局 2012 年版,第 23 页。
③ 同②,第 65 页。

之本欤"①是从道德实践的角度而言,亲亲、仁民、爱物都要以行孝为根本,就像现实中事物在构成时都有一个始基,与理学中"天理"是万物本原的思路相互相应。

在一个国家里,家庭就像是国家的细胞,父母、兄弟是每一个人最亲近的人,爱其他人总是从爱父母兄弟开始,如果对父母不能孝敬,对兄弟不能友爱,又怎么可能对其他人有爱心?朱熹对《论语》中的"孝为行仁之本"的肯定和主张有深远的价值意义。

(二)朱熹赞扬《论语》对"孝"的诠释较于《孝经》更为"切己"

在对《论语》和《孝经》里"孝"的解释上,朱熹更赞同《论语》中关于"孝"的主张。因为《论语》里面更多的是教导个体怎么去践孝,是孔子从个人的角度去说"孝",去教导弟子,因此更贴近大众。在《孝经刊误》中,朱子举出了武王例子说《孝经》中"不亲切",原《圣治章》经文说:"天地之性人为贵,人之行莫大于孝,孝莫大于严父,严父莫大于配天,则周公其人也。昔者周公郊祀后稷以配天,宗祀文王于明堂以配上帝,是以四海之内各以其职来助祭。夫圣人之德又何以加于孝乎?故亲生之膝下,以养父母日严。"②朱子说道:

> 但"严父、配天"本因论武王、周公之事而赞美其孝之词,非谓凡为孝者皆欲如此也。又况孝之所以为大者,本自有亲切处……则是使为人臣者,皆有今将之心,而反陷于大不孝矣……其曰"故亲生之膝下"以下,意却亲切,但与上文不属,而与下章相近。(《孝经刊误》)

也就是说,像"严父配天"这样的主张,是"不亲切"的,而《孝经》中讲孝大多都不亲切,不像《论语》讲孝"亲切有味"。朱熹认为《论语》中的"孟子说乍见孺子入井时,皆有怵惕恻隐之心,最为之亲切,人心自是会如此,不是内交、要誉,方是如此。见孺子匍匐将入井,皆有怵惕恻隐之心,这处见得亲切"③。朱子所说的亲切,是贤人所说的言语中能够感同身受,还能让人在日常生活中不由自主而做到践行孝。《论语》中说,孝能使人未经思虑就有"怵惕恻隐之心",这就是最"亲切"的。一问一答的论述使《论语》更像日常之言,随心所欲的回答更有亲切之

---

① 朱熹:《孝经刊误》,台北"商务印书馆"1986年版,第132页。
② 徐艳华:《孝经》,云南人民出版社2013年版,第65页。
③ 朱熹:《论语集注》,中华书局2012年版,第69页。

感,刘炫认为《孝经》者,孔子身手所作,笔削所定,不因曾子请问而随宜答对也"①。《孝经》都是从政治的角度来讲,而不是从道德的角度来讲。这导致了一个结果,就是《孝经》中大量的内容看起来与儿子怎样事父母无关。朱熹认为,孝应该首先出自个人的自然情感,抛却个人本真的生命,就谈不上说孝。

《论语》内容大都是孔子及其弟子的话语记录,其中孔子所说的内容都有明确的对象,这一对象不是时人,就是学生。也就是说,《论语》是孔子对时人或者是学生进行"因材施教"的记录,孔子所说的话,是对个人的教育,而不是对后世的立法。《论语》里讲孝是基于人类本身的生命情感而言的,因而有亲切之感,是贴近实际的,因此朱熹对《论语》中的孝更加认可。

四、结 语

要认识朱熹关于《孝经》的思想,必须将之置于理学的思想中进行考察,因为更广泛地说,这是理学对经学的改造;而目前学界在理学视域下,对朱熹孝的思想及理的内涵之间的关联进行研究的成果仍然欠缺。朱熹用"理"来论证孝道的可行性,从个人道德的角度理解"孝",并在此基础上去理解《孝经》。理学的读书方式讲究"切己",切己之学意味着以《孝经》反求诸身,以一己之心去涵咏圣人之言。在《孝经》学史上,朱熹从道德而非政治角度看,从个人道德"孝"而非完整的经典来看《孝经》,使《孝经》从孔子所创立的"大经大法"转变成教"孝"和"忠"的著作。朱熹对于孝及《孝经》的内涵诠释,对后世影响深远。中国古代的孝道思想对不同时期的社会有着深远的意义。弘扬中国文化中孝道思想精髓,去其糟粕,这是今天的人们对传统"孝"的精神应该持有的正确态度。朱熹"孝"的深层次的道德向度和道德含义,无疑也需要进一步加以明确及弘扬。

---

① 林秀一:《孝经述议复原研究》,嵩文书局 2016 年版,第 37 页。

"好家风"建设对基层治理的实践启示

——基于浙江省浦江县"好家风"建设创新做法研究

李佐铃[①] 　骆　安[②]

【摘　要】 "家风指数"是浦江干部在基层治理中摸索出来的创新做法,通过对农户的日常行为进行量化考核,以引导农户加强家风建设为突破口,实现"德治、法治、自治"相结合的基层治理最优化。依据"家风指数"这一套严密科学的考核体系,对不同的考核结果分别实行"好家风信用贷"的贷款等奖励和"黄榜"曝光批评等举措。通过深化党的领导、形成社会治理"一张网"、实现基层治理的"软实力"化等有效助力基层治理。

【关键词】 "家风指数";党建引领;"一张网";"软实力"化

得益于"江南第一家",浙江省浦江县有着比较浓厚的家风文化传统。"家风指数"正是浦江干部在这种背景下摸索出来的一种基层治理创新做法。所谓"家风指数",就是根据农户的日常行为,按照事先制定好的一套标准对其进行打分,根据"家风指数"的高低分别给予不同的奖励和惩罚。"家风指数"助力基层社会治理给我们的启示有,坚持党的全面领导、助力建设基层"一张网"、实现基层治理的"软实力"化。

一、背景分析:基层治理创新的文化基础和现状

改革开放以来,尤其是 2013 年浦江县开展"五水共治""三改一拆"以来,在县域基层治理的探索中取得了一些可喜的成绩。治水治出了浦江的新面貌,也治出了社会的公平正义。打造了一支敢于担当、善于创新的干部队伍。在浦江

---

① 李佐铃,中共浦江县委党校助理讲师,研究方向为马克思主义哲学。
② 骆安,中共浦江县委组织部。

县委组织部的牵头下,郑宅镇在 2017 年下半年推出"家风指数"的基层治理创新做法,为浦江基层治理的创新添上了浓墨重彩的一笔。该做法目前还处于实验探索阶段,在实践中取得效果,并被证明是切实可行的话就会在县域内推广运用。

所谓的"家风指数",就是针对农户的日常行为进行量化打分。按照"遵纪守法、邻里和睦、环境整洁、家庭和谐、诚信致富"这 5 项标准,每项 20 分。如果获得各级政府荣誉称号,还能再加分。

(一)"江南第一家"家风文化的深远影响

郑氏家族合族同居十五世,历经宋、元、明三朝,长达 360 多年,3000 余人同居共食,出仕 173 位官吏,无一贪赃枉法,明太祖朱元璋赐封"江南第一家"。郑氏家族之所以能够以如此辉煌的家族同居成就出现在人们面前,主要依赖于其治家过程中所逐步形成的治家规范——《郑氏规范》。

《郑氏规范》168 条对族人言行举止、持家为官、稼穑经营、婚丧嫁娶、生老病死等均进行了严格的规范。郑义门"以量容人""俭素是准是绳""奉公勤政,毋踏贪黩"的家规教育,形成了"善治家""尚节俭""重教育""睦乡邻""崇清廉"的良好家风。在郑义门面前所表现出来的是法律提供了刚性的行为依据,而家规则提供了柔性的人伦遵循。借助于充满亲情、温情的家规里矩,传统治国理政者因之减轻了朝廷与百姓间利益冲突的紧张压力,提升了治国理政的实际效率,也缓和了庙堂之上与江湖之中的可能矛盾。[1]《郑氏规范》最大的特点是比较注重家规的操作性,把儒学的追求转化为可操作的细节。[2]

郑义门的辉煌早已留在历史的烟尘里,给今天的我们留下无数的唏嘘感叹。但当时铸就其辉煌的郑氏家风文化却以其特有的魅力传承下来。《郑氏规范》这本小册子连同"江南第一家"景点让我们感受到浓浓的家风气息,也感染了浦江的这一方水土。如今的郑氏后人有的在以"江南第一家"为中心的浦江县郑宅镇生息繁衍,有的则远涉韩国。但他们都有一个特点,那就是重视对先祖的祭祀和对家风文化的传承,并自觉运用家风文化所倡导的"礼、义、廉、耻"等理念规范自身和家庭成员行为。浦江县郑宅镇东明村是郑氏家族子孙聚居的村落之一,这里的农户每家每户都制定了家规家训,并展示在家门口供人们监督。此外郑宅镇还有一支义务消防队,村民志愿组织起来为周边居民提供义务灭火。同样在

---

[1] 陈海红:《"江南第一家"的家国文化传承》,《学习时报》2016 年 4 月 6 日,第 A12 版。
[2] 陈振凯、刘轶轩:《古代名人如何"廉洁齐家"》,《人民日报(海外版)》2015 年 10 月 29 日,第 5 版。

郑宅镇,每年的重阳节还举行为老人洗脚的活动。这些都充分证明郑氏家族家风文化对当地的深远影响,人们在情感上也比较认同郑氏家风文化,这就为"家风指数"在郑宅镇的试点打下基础。

(二)基层治理创新的现状

"家风指数"的创立有赖于 2013 年以来的"五水共治""三改一拆",浦江群众和干部在同污染环境的行为做斗争中锤炼出了优良品质,提高了自身素养,改变了社会风气。

浦江县经过"治水""拆违"的洗礼,县域治理发生了根本性变化。以扭转党员干部作风、增强能力,整转软弱涣散村党组织、夯实党建基层组织等实现基层党建的新突破;以坚持公平正义、加强普法宣讲、完善司法保障、严格行政执法、健全法律服务等的法制化治理方式,"政府主导、部门协作、公众参与"的多元化治理主体,发挥传统媒体和新媒体的信息化治理手段,网格化社会治理"一张网"建设的高效化治理过程等举措实现基层政府治理理念的转变;以完善"家训、家规"的德治机制,构建"矛盾不出村"的调解机制,创新"提质减量"的流动人口管理机制,深化"法治信访、阳光信访、精准信访"的"浦江模式"信访机制等构建基层维稳新格局。① 这些既是浦江县所取得的成绩,也是其继续前行的基石和动力。那么如何深化党的领导,如何构建整合各种资源的基层治理"一张网",如何加强治理的"软实力"的问题摆在浦江县党员干部面前。

正是看到虽时过境迁,但家风文化的传承和运用始终在与时俱进,浦江县采取郑义门流传下来的优良家风文化对群众进行教育感化,用文化的力量激励广大群众积极地向上向善。采用正面引导,激发个体自觉,有效调动广大群众的积极性、主动性、创造性。浦江县黄宅镇在县委组织部的牵头下,以"家风指数"评价考核体系对该镇所有农户的日常行为进行打分,使基层治理实现科学化、精准化,从社会"细胞"层面开始治理。

自创立以来,"家风指数"评价体系始终围绕党委政府中心工作,以"为助推县委县政府中心工作"为己任,紧紧抓住"依靠群众实现基层社会治理"这一主线 ,以打造基层治理"一张网"为目标,不断拓展和丰富着自身的历史和时代内涵。作为浦江县基层社会治理的有益探索,黄宅镇创造了一系列实现德治、法治、自治"三治"相结合的有效机制和方法。

---

① 人民网:《浦江县深化基层治理现代化》,2018 年 2 月 1 日,http://leaders. people. com. cn/n/2015/0724/c395832-27357141. html。

二、主要做法与成效:以"家风指数"建设为基层治理创新突破口

家风,简单地讲,就是一个家庭或家族的行为习惯和处世原则。良好的家风是立身处世的行为准则,是社会和谐的基础,是社会主义核心价值观的重要组成部分。

(一)"5+1"考评法

所谓"5+1"考评法指的是"家风指数"考评实行"5+1"标准,其中"5"指的是"遵规守纪、邻里和睦、环境整洁、家庭和谐、诚信致富"等五个方面的"基础分",每项 20 分,总计 100 分,家庭成员如违反某方面规定,则该项不得分。"1"指的是受到各级政府奖励时所获得的对应分值的"附加分"。"附加分"具体按获镇级、县级表扬的,每次相应加奖 10 分、20 分;获县级、市级、省级、中央级媒体宣传报道的,每次相应加奖 10 分、20 分、30 分、50 分。

"基础分"几乎囊括了普通农户日常的方方面面。具体被分为十个标准。即遵规守纪:积极配合联系党员,支持镇村中心工作;遵守法律,尊崇治村公约,礼让斑马线、文明停车、文明养狗,不出现打架斗殴、赌博、违反计划生育、违章建筑等负面行为。邻里和睦:邻里之间互帮互助,关系和睦,无是非纠纷;文明礼貌,助人为乐。环境整洁:保持住房内外整洁有序,庭院美丽大方;不乱倒垃圾,做好垃圾分类,不放养鸡鸭等畜禽,保持水体清洁。家庭和谐:尊老爱幼,老有所养,少有所教,婆媳关系融洽;男女平等,夫妻互敬互爱。诚信致富:艰苦创业,勤劳致富,收入合法,红白喜事不大操大办;诚实不欺,重信守约,不坑蒙拐骗,不敲诈勒索,按时偿还银行贷款和他人财物。

在对农户"基础分"的打分上有一套行之有效的评分机制。首先,明确农户"家风指数"由联系党员(联系村干部、村民代表)根据日常掌握情况,以及视农户配合推动镇村中心工作的具体情况,依照标准严格打分。而联系党员(联系村干部、村民代表)的"家风指数"由对应网格的村支部委员负责打分,有效避免出现不公平、不公正问题。其次,各村成立由"两富两美"指导员、村主职干部、"两代表一委员"、老干部、新乡贤等为成员的评议团负责对联系党员(联系村干部、村民代表)评定的农户"家风指数"进行审核。再次,由村党组织书记负责主持召开村务联席会议,审定村评议团审核过的农户"家风指数"分值,并在村公开栏公示 3 天后,上报镇党委政府。最后,镇党委政府召开班子会议,对各村上报的农户

"家风指数"进行集体研究,综合农户得分情况,确定县文明家庭户推荐名单,并对农户"家风指数"予以下文批复。各村两委依据批复,公示农户具体分值,待"县文明家庭"评定后,负责在各农户门口悬挂"县文明家庭"标志。至此,一个考评体系才算完成,而这样的"家风指数"每半年考评一次,分别为每年 6 月和 12 月的月底。"家风指数"建设的关键在公平公正公开,立得起标杆、树得起典型、聚得起力量,因此除了规范的考核也需要配套的奖励和惩罚举措。

(二)奖励举措

浦江县村公开栏设有"红黄榜","红榜"表扬先进事迹和好人好事,"黄榜"公开曝光村民负面行为。"家风指数"对农户的好事迹,如义务参加志愿活动、积极配合推动镇村中心工作等好人好事,获村红榜表扬的,每次加奖 5 分。"家风指数"获得分值高者,能够获得五方面的激励:

一是在同等条件下,审批农户建房指标、困难补助、评优评先等工作时,"家风指数"高的农户,优先获得推荐或享受相关待遇。在保证公平公正的同时,又一定程度上向"家风指数"高的农户倾斜,形成创先争优的社会氛围。二是每个网格内"家风指数"分值第一名的农户在村公开栏进行红榜表扬,并给予价值 100 元的花卉苗木奖励。三是"家风指数"位列全村前 5 名者,由村两委将该户先进事迹,制作成牌匾,悬挂至村文化礼堂或村醒目位置,以弘扬先进事迹,提升榜样力量,形成比学赶超氛围。四是镇党委政府每年召开两次全镇家规家训家风建设表彰大会,对新评选出来的"家风指数"位列全镇前 100 名的农户及其联系党员(联系村干部、村民代表)实行表扬与嘉奖,并把先进事迹汇编成册下发全镇农户学习。五是为获评"县文明家庭"的农户提供最高额度为 30 万元的浦江农商银行"好家风·信用贷"专项免担保、低息贷款。

(三)惩罚举措

同奖励举措相对应的是惩罚举措,也称批评举措。农户的行为一旦被村黄榜曝光,每次扣 10 分。其行为受到党委政府批评的,按镇级、县级、市级分别扣 20 分、40 分、60 分。对"家风指数"分值靠后的农户,主要有三项处理措施:

一是每个网格内"家风指数"分值最低的,在村公开栏黄榜曝光批评一次。连续两次分值在网格内倒数的,除黄榜曝光批评外,在同等条件下,让家风指数高的农户优先获得推荐及享受相关待遇。二是"家风指数"分值全镇倒数的 10 名农户的负面案例由镇政府在镇、村两级微信公众号平台推送以示批评。三是"家风指数"分值与党员先锋指数,村干部、村民代表履职考核结果相挂钩,若全村"家风指数"分值倒数的 10 名农户属于其联系党员（联系村干部、村民代表）履职不力的，由镇纪委、组织办予以约谈，并视情况做出相应处理。

此外，为进一步深化"家风指数"的引领作用，郑宅镇还开展"四进、四送、四节"活动。"四进"是家风家训进厅堂、进校园、进讲堂、进礼堂，"四送"是家风家训送学子、送军礼、送游子，镇党委书记给村干部送村"廉"，"四节"是在祭祖大典、母亲节、重阳节、元旦举行活动，传承家风家训。

针对"家风指数"的考核，有些村出台更具操作性的治村公约，如浦江县郑宅镇东明村的治村公约中规定："村民应保持门前屋后的环境卫生整洁，对不执行的，第一次由联系党员口头警告，第二次在村公开栏曝光，第三次捐献公益金200 元。"此外，对水环境保护、厕所卫生、违章建房、村集体经济发展等方面都有具体规定。

三、思考与启示："家风指数"有效助力基层治理

（一）深化党的领导

郑宅镇"家风指数"的试点工作，将郑义门传承 900 年的家风家规家训，以党建引领为纽带，渗透进"三治"融合中，激发民间的自觉与自愿，提升乡风文明，实现党建资源与乡村人文资源的无缝对接，最终推动镇村中心工作的快速落地。

"家风指数"让党员与联系农户成为共同体，注重党员干部在基层治理中的先锋骨干作用，在乡风文明中的示范引领作用，对村民日常行为量化考核，形成"村事共议、共商、共治"的微治理模式。如今有利于村庄发展的事项，村民都愿意积极配合，从"要我做"，变成"我要做"，自治模式初显。

农户"家风指数"与联系党员的党员先锋指数，村干部、村民代表的履职考核结果相挂钩，促使联系党员、村干部和村民代表，发自内心地与农户多沟通，扶危助困，及时掌握农户的情况。以上做法都不断深化党在基层治理中的领导地位。

（二）社会治理形成"一张网"

"家风指数"建设与党建、传家训树家风、五水共治、美丽乡村和农村精神文明建设等工作有机结合起来，形成互相促进、互为提升的基层治理"一张网"。党员联系农户网格升级为村事共议、共商、共治真正实现党风引领民风、民风促进村风的善治网格。以"家风指数"建设为平台形成基层治理"一张网"，在这张"网"里"家风指数"分值的高低直接或间接地反映出基层治理的问题所在，依托

这张"网",有效承接各级各部门政府工作的要求。以"家风指数"建设为代表,探索以"一张网"衔接"上面千根线",整合基层有限的资源,凝聚成一股力量。基层"一张网"建设有效避免基层本就有限的资源过于分散,成为克服部门单打独斗、重复工作的有效方法。

(三)治理的"软实力"化

"家风指数"从小处抓起,促进基层组织的法治落到实处。村民个人的失德行为置于群众的监督之下,并且借用乡间舆论的约束力,促使村民积极改正。郑宅镇对评选出的"家风指数"先进农户,将他们的先进事迹做成展板,在公示栏上、文化礼堂内、厅堂内进行展示,并进一步规划打造党员干部家风路、村民群众家风墙,在村镇主干道、人员集聚场所对先进事迹进行宣传,让先进农户成为道德引领的高地,成为乡村德治的先锋。充分展现基层治理的"软实力"化,即发挥文化、道德等"软实力"对基层治理的作用,从而达到低成本高效率的基层治理最佳状态。

下一步,浦江县将持续聚焦"党建十家规家训"建设,全面推广"家风指数",以更严党规、更简便管用公约、更人性化家规,推动党建引领基层治理"三治"融合,走出一条党风引领民风、党员面貌决定村容村貌、党的建设推动乡村振兴的治理路径。

【参考文献】

[1] 陈海红."江南第一家"的家国文化传承[N].学习时报,2016-04-06.

[2] 陈振凯,刘轶轩.古代名人如何"廉洁齐家"[N].2015-10-29(05).

[3] 人民网.浦江县深化基层治理现代化[EB/OL].[2015-07-24/2018-02-01]. http://leaders.people.com.cn/n/2015/0724/c395832-27357141.html.

[4] 方柏华,王景玉.基层治理的浦江样本[M].杭州:浙江人民出版社,2016.

[5] 吴潜涛,刘函池.中华优秀传统家风的主要表征及其当代转换与发展[J].中国高校社会科学,2018(1).

[6] 梁静明.家族资源及其现代价值——以浙江省浦江县郑氏家族为例[J].浙江工商大学学报,2007,(6).

[7] 陈寿灿,于希勇.浙江家风家训的历史传承与时代价值[J].道德与文明,2015(4).

[8] 洪小岚,郑轩昂.移孝即忠养廉惟俭 义方是训经正则兴——郑义门里的家风

故事[J].中国纪检监察,2017(15).

[9] 王思林.基层党建的功能定位——浙江省浦江县基层党建综合"绩效"的经验启示[J].党政视野,2016(12).

[10] 郝亚飞,李紫烨.中国古代家风建设及当代启示[J].河北大学学报,2015(1).

[11] 张旭刚.中华传统优良家风家教的价值意蕴、现代流变与创新转化[J].内蒙古农业大学学报,2016(5).

[12] 汪锦军.嵌入与自治:社会治理中的政社关系再平衡[J].中国行政管理,2016(2).

[13] 张琳,陈延斌.传承优秀家风:涵育社会主义核心价值观的有效路径[J].探索,2016(1).

[14] 何显明."三治合一"探索的意蕴及深化路径[J].党政视野,2016(7).

[15] 张琳,陈延斌.当前我国家风家教现状的实证调查与思考[J].中州学刊,2016(8).

[16] 吴锦良."枫桥经验"演进与基层治理创新[J].浙江社会科学,2010(7).

[17] 顾金喜.基层治理研究范式的完善——从抗争性政治到创造性政治的逻辑演进[J].浙江学刊,2014(1).

[18] 董敬畏,杨超利.国家治理体系背景中的村规民约研究综述[J].长春市委党校学报,2017(3).

[19] 康雁冰.论家风的实质及发展价值[J].教育与教学研究,2015(12).

[20] 陈晓熊,邵茜.为浦江干部立家训点赞[J].党政视野,2015(10).

传统文化与基层社会治理研究①

——基于"枫桥经验"的再探索

冯国利②

【摘　要】　研究基层社会治理策略,除了探索有效应对业已存在之问题的良策外,还应探索如何减少或避免问题发生的良策。寻找合适的途径传播中华优秀传统文化,整体提升基层群众的思想道德素质,当是减少或避免矛盾和纠纷的良策。"枫桥经验"自诞生以来,围绕不同历史时期的主要矛盾,创设了一系列成功的基层社会治理模式,成为浙江省乃至全国的基层治理样板。然而,随着农村改革开放步伐的进一步加快,新农村建设的进一步推进,各类社会矛盾相对多发、交叉叠加,日渐加大了政府的维稳压力和工作难度,因此,探索"选择合适的媒介和有效的路径在基层普及中华优秀传统文化来提升个体素质,从源头上避免或减少矛盾与纠纷的发生",是本文研究的重点,本文尝试从普及中华优秀传统文化的角度上为打造"枫桥经验"升级版提供有价值的参考路径。

【关键词】　"枫桥经验";中华优秀传统文化;基层社会治理;路径

一、问题的提出

基层和谐是社会和谐的基础,实现基层社会的良治和善治一直是党和政府十分关注的重点。党的十九大重申了加强基层社会治理的有效途径:"加强农村基层基础工作,健全自治、法治、德治相结合的乡村治理体系。"③作为基层社会

---

① 本文系浙江省党校(行政学院)系统中国特色社会主义理论体系研究中心第二十批规划课题立项课题(编号 ZX20132)。

② 冯国利,中共诸暨市委党校高级讲师,研究方向为中国哲学中的儒道智慧。

③ 《决胜全面建成小康社会 夺取新时代中国特色社会主义伟大胜利——在中国共产党第十九次全国代表大会上的报告》,人民网,http://cpc.people.com.cn/n1/2017/1028/c64094-29613660.html。

治理样板的"枫桥经验"已经探索出了一系列行之有效的基层社会治理模式,如"三上三下"民主决策机制、"四前工作法"、"四先四早"工作机制、"五联"社会管理模式、网格化管理、组团式服务、四个平台建设等等,成为诸暨、浙江乃至全国的基层治理样板。然而,随着农村改革开放步伐的进一步加快,新农村建设的进一步推进,各类新的社会矛盾相对多发且交叉叠加,日渐加大了政府、社会组织、相关责任主体的维稳压力和工作难度;另外,我们在实地考察中也时不时会发现这样的现象:一方面,基层党组织、政府职能部门及各类社会组织在想方设法为群众办实事;而另一方面,有些群众却对之不理解、不认同,遇到矛盾和纠纷时不配合调解、越级上访、无理上访等,这样的现象时有发生,影响了社会的整体和谐。

可否找到一种行之有效的方法从源头上消除或减少矛盾和纠纷的发生?是什么不和谐的音符导致相关职能部门与群众在应对或处理同一件事情上不能同频共振?这很大程度上与基层群众的整体素质有关,可否找到合适的途径在基层传播和普及我们中华民族的优秀传统文化来切实提升基层群众的思想道德素质,既可以从源头上避免或减少矛盾与纠纷的发生,又能增强职能部门和基层群众之间关系的和谐度?这是本文研究的主要视角,设法从普及中华优秀传统文化的角度,为打造"枫桥经验"升级版提供良策,以更好地实现基层社会的良治和善治。

二、追溯中华优秀传统文化对"枫桥经验"诞生和发展的影响力

(一)"中华优秀传统文化"的概念及核心内容

1. 概念

中华优秀传统文化,是我们中华民族固有的学问,是几千年来中国人的思维方式、价值观念、道德规范和审美情趣等方面的历史积淀。2017年1月,中共中央办公厅、国务院办公厅印发的《关于实施中华优秀传统文化传承发展工程的意见》对中华优秀传统文化做出了明确的定位:"中华优秀传统文化积淀着中华民族最深沉的精神追求,代表着中华民族独特的精神标识,是中华民族生生不息、发展壮大的丰厚滋养,是中国特色社会主义植根的文化沃土。"[1]

---

[1] 中共中央办公厅、国务院办公厅:《关于实施中华优秀传统文化传承发展工程的意见》,2017年1月25日。

"中华优秀传统文化"这个称谓,现在已经成了中共中央最新文件里的固定叫法,而在习惯上,我们一般将其简称为"中国传统文化"或"传统文化"(注:以下文中提及"传统文化"的地方均指"中华优秀传统文化")。

党的十八大以来,党中央高度重视中华优秀传统文化的传承与发展,始终从中华民族最深层次精神追求这样的深度来看待中华优秀传统文化;从国家战略资源的高度来强调要继承中华优秀传统文化;从助推中华民族现代化进程的角度来强调要创新和发展中华优秀传统文化,使之成为实现"两个一百年"奋斗目标和中华民族伟大复兴中国梦的强大精神力量。习近平总书记在历次重要的国际国内会议上对中华优秀传统文化做出的一系列重要论述,都在提醒我们一定要注意传承和创新发展好中华优秀传统文化。

2. 核心内容

中华优秀传统文化博大精深,涵盖的内容非常广泛,涉及文、史、哲、艺术、生活等领域,本文主要论及的特指中华优秀传统文化中(特别是中国哲学中)的价值理念,包含"守诚信、崇正义、尚和合、求大同"等核心思想理念,"自强不息、扶危济困、见义勇为、孝老爱亲"等中华传统美德,以及"有利于促进社会和谐、鼓励人们向上向善"的思想文化内容等,归纳起来讲,主要涉及的是关于修身养性、立德树人等方面的主要内容。

(二)回顾"枫桥经验"诞生与发展的历史

"枫桥经验"是毛泽东同志亲自树立的全国公安政法战线的一面旗帜,从诞生至今,已经历了近60个风雨春秋,跨越由计划经济到社会主义市场经济两个历史时期,始终坚持与时俱进,保持着旺盛的生命力。"枫桥经验"的精髓主要是坚持以人为本,依靠和发动群众。其诞生与发展的历程主要可划分为以下五个阶段。

第一阶段:20世纪60年代初,诸暨枫桥的干部群众在社会主义教育运动中,创造了"少捕,矛盾不上交,依靠广大群众把绝大多数四类分子改造成为新人"的经验,依靠群众的力量,运用和风细雨式的柔性手段而不是暴风骤雨式的刚性手段顺利地改造了绝大多数四类分子,创造了改造人的最佳方式。为此,毛泽东同志亲笔批示:"要各地仿效,经过试点,推广去做。"从此,一个学习推广"枫桥经验"的热潮在全国蓬勃兴起。

第二阶段:"在60年代中期和70年代,枫桥的干部群众运用'枫桥经验'的基本精神,创造了改造流窜犯和帮教违法青少年的经验,挽救了一大批失足青少年"[①],既减轻了政府的压力,又以最合适的途径把人改造好。

第三阶段:"文革"后,枫桥的干部群众解放思想,勇敢地冲破"左"的禁锢,在全国率先给四类分子摘帽,有效地化消极因素为积极因素,为全国开展摘帽工作提供了最佳范例。

第四阶段:党的十一届三中全会以来,"枫桥经验"的基本精神又广泛运用于社会治安,成为社会治安综合治理的光辉典范,新形势下的"枫桥经验",在致力于发展经济的同时,高度重视、认真抓好维护社会稳定工作,发展和创造了"党政动手,各负其责,依靠群众,化解矛盾,维护稳定,促进发展,做到小事不出村,大事不出镇,矛盾不上交"的具有时代特色的新时期"枫桥经验",实现了"矛盾少、治安好、发展快、社会文明进步"的良好局面。

第五阶段:随着中国特色社会主义现代化建设进入新时代,创新和发展"枫桥经验"的着力点,主要放在部署实施六大工程上,即"全科网格建设规范提升工程;自治、法治、德治'三治融合'基层社会治理体系建设推广工程;社会组织参与社会治理规范提升工程;'互联网+'社会治理深化提升工程;社会心理服务体系建设推广工程;流动人口服务管理提升工程"[②],"枫桥经验"正在浙江乃至全国遍地开花结果。

(三)探究中华优秀传统文化对"枫桥经验"诞生与发展产生的影响

通过对"枫桥经验"诞生与发展历史的回顾,我们可以清楚地发现,"枫桥经验"的践行者始终把"尊重人、理解人、关爱人、教育人、提高人"放在特别重要的位置,始终在想方设法地力求把事情做到最好,总是在努力追求一种更高、更完满的境界。1964年,治安情况比中华人民共和国成立以来的几年都要好。可见,"枫桥经验"在全国起到了示范作用。坚持以人为本,努力追求至善至高的境界,这正是中华优秀传统文化的精髓之所在。通过追溯历史,我们发现了一个不争的事实,枫桥的确拥有深厚的历史文化底蕴。

枫桥历史悠久,历代名人辈出,被称为"枫桥三贤"的王冕、杨维桢、陈洪绶便是其中的杰出代表,而枫桥在思想文化上的积淀则主要与受到中华优秀传统文化的滋养紧密相关,其中朱熹的"理学"思想和王阳明的"心学"思想就直接或间

---

① 诸暨市公安局编:《枫桥经验实录》,中共党史出版社2000年版,第1页。

② 《法制日报》对浙江省政法委书记王昌荣的采访稿:《以排头兵姿态创新发展新时代枫桥经验》,2018年4月25日。

接地影响了枫桥人的思维方式。

"据史料考证,南宋时期,著名理学大师朱熹曾四次来枫桥调查民情或访友谈名理,枫桥的义安精舍(又称紫阳精舍)就是其传播理学的摇篮"[①],在枫桥的学勉中学旧址(现在的枫桥镇中所在地)还保留着"朱子讲道处"这块纪念石碑。朱熹是"理学"思想的集大成者,其理学思想中特别精华的部分主要体现在:在超现实、超社会之上存在着一种标准,它是人们一切行为的准则,即"天理",只有去发现和遵循天理,才是真、善、美,引导人们努力去追求一种至高至善的境界。

明代思想家王阳明,生于绍兴府余姚,长于绍兴,生活在绍兴,据绍兴文理学院教授、明史研究专家潘承玉考证,王阳明虽出生在余姚,但在他 10 岁时,其父将家迁回绍兴,从 10 岁到 18 岁,王阳明都生活在绍兴。王阳明喜欢讲学,其"心学"思想在后世流传很广,毫无疑问,会潜移默化地影响枫桥人的思维方式,而阳明心学的精髓之处在于:在确认"心即理"的前提之下,提倡通过"知行合一"的途径去"致良知",以达到"本心"与"天理"的纯然合一,这"致良知"的境界就是人生的最高境界。朱熹"理学"和阳明"心学"中的这种对至高境界不懈追求的思想同时也是中华优秀传统文化的精华之处,假如人们不断接受这种努力追求高境界思想的熏陶,自然会既注重加强个体修养,又设法把工作做到极致。

所以,论"枫桥经验"的文化底蕴,受朱熹"理学"思想和阳明"心学"思想的影响当是其中很重要的一部分内容,其实这也是"枫桥经验"能够长盛不衰的一个极其重要的原因。

(四)现阶段在基层群众中弘扬中华优秀传统文化的必要性

如前所述,中华优秀传统文化对"枫桥经验"诞生和发展产生了重要的影响,因此,要高度重视中华优秀传统文化普及工作,虽然党和政府十分强调继承和弘扬中华优秀传统文化的重要性,但是在基层群众中实现普及还是任重道远的。2018 年初,我们对诸暨市 730 位市管干部及农村和社区的主职领导干部就"基层村(居)中,中华优秀传统文化的普及率如何""您对明朝著名思想家王阳明的心学思想了解多少"以及"儒家文化强调仁、义、礼、智、信等思想对村(居)社区治理起何作用"等三个问题进行了问卷调查,结果如图 1—图 3 所示:

---

① 金伯中:《论"枫桥经验"的文化底蕴》,《公安学刊》2004 年第 3 期,第 14—18 页。

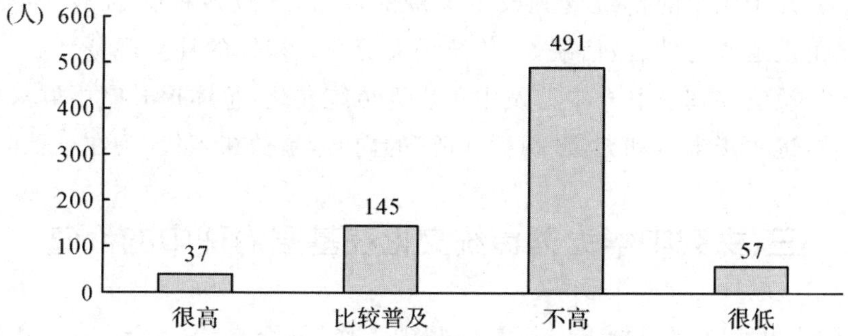

（人）600

		491	
37	145		57

很高　　　比较普及　　　不高　　　很低

图1　中华优秀传统文化的普及率

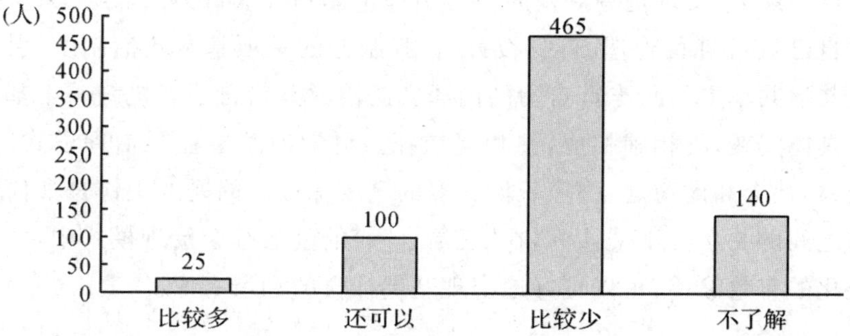

（人）500

		465	
25	100		140

比较多　　　还可以　　　比较少　　　不了解

图2　对王阳明心学的了解

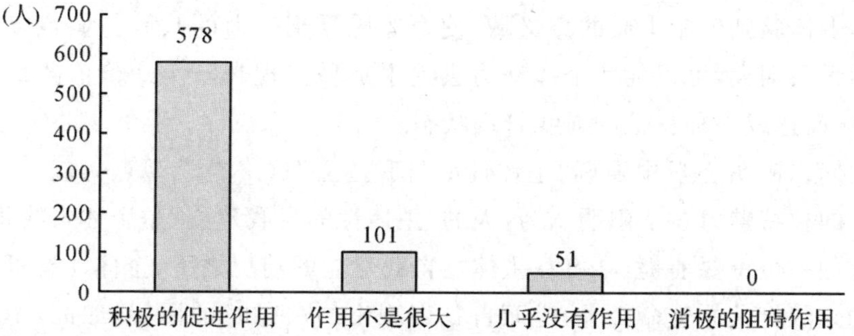

（人）700

578			
	101	51	0

积极的促进作用　　作用不是很大　　几乎没有作用　　消极的阻碍作用

图3　"仁、义、礼、智、信"等思想对村（居）社区治理的作用

　　从调查结果可以看出，在新时代背景下，虽然绝大部分基层群众都认识到中华优秀传统文化的重要性，但是其在基层群众中的普及程度令人担忧。与此同时，随着时代的变迁，尤其是改革开放以来，由于各地对劳动力需求状况的不同，出现了频繁的人口流动现象，熟人社会逐渐被陌生人社会所取代，群体规范和道德规范对民众的约束力开始下降，再加上市场经济条件下，物质利益至上的思想开始抬头,几千年来的传统受到改革大潮的冲击,导致各种新的矛盾和纠纷频发,甚至出现道德滑坡、诚信缺失、传统丢失等令人担忧的社会现象。

所以,设法在基层群众中普及中华优秀传统文化,整体提升基层群众的思想道德素质,进一步丰富和充实"枫桥经验"的内涵,是功在当代、利在千秋的大事。

三、探究中华优秀传统文化在基层治理中的价值

党的十九大强调要加强农村基层基础工作,健全自治、法治、德治相结合的乡村治理体系。简言之,法治就是以法律为社会规范,强调法律强制力;德治是强调道德约束力,实现道德规范对乡村治理主体和群众行为的软约束;自治是指群众对自己进行自我管理、自我教育、自我服务的一项基本政治制度,引导村民在共建共治共享中不断丰富自治的内涵。法治、德治、自治有机统一于基层社会治理的具体实践,既相辅相成,又相互依托。科学的基层社会治理模式,是人民幸福安康、社会和谐稳定、国家长治久安的重要保证。问题的关键是如何协调好这三者之间的关系。本文认为,在"三治合一"的基层社会治理模式中,中华优秀传统文化的有效渗透,可以更好地实现基层社会的和谐有序。

(一)使基层群众更自觉地实现自我管理

中华优秀传统文化强调个体自我修养和约束的重要性,而同时又能让个体从根本上体验到生命本质的意义域,使个体感受到生命的欢欣与愉悦以及生命境界的无限阔大,可以促使个体努力去追求那种实现自己生命价值的最大化的境界,从而达成一种良性的自我管理状态。

我们以阳明心学中强调"主体性的自我建立"这一哲学观点为例,来感受传统文化的独特魅力。王阳明认为,人的"主体性的自我建立"是个体自我肯定、自我尊重的一个重要前提,唯有在主体性自我建立的前提之下,个体才有可能真正领略到无限扩大的生命境界,进而自觉表现出"致良知"的愿望,如此,不仅可以提高自身的德性修养,提高干事创业的积极性和主动性,也容易使个体以更好的心态去处理与群体的关系,有助于营造和谐的社会氛围。习近平总书记曾高度评价阳明心学,认为阳明心学是中华优秀传统文化的精华;哈佛大学的杜维明教授甚至表达了"21世纪将是王阳明的世纪"的观点,对阳明心学推崇备至。

(二)有助于更好地实现基层德治

群众自觉接受道德规范约束的前提是了解和认同道德规范,然后将这些道

德规范内化于心,外化于行。中华优秀传统文化历来强调以德治国,其精髓之处,在于通过美好德行的传播,阐扬人类生存的终极意义,并超越时代成为维系人类生生不息的精神支柱。

西汉著名的政论家贾谊十分强调"德"的重要性,特别是其撰写的《道德说》一文,从根本上肯定了"德"的崇高性和完满性。贾谊强调"德之有也,以道为本"①,因此认为"德有六理。何为六理? 道、德、性、神、明、命,此六者德之理也"②;"德有六美。何为六美? 有道、有仁、有义、有忠、有信、有密,此六者德之美也"③。在贾谊看来,"德"是一个极其精微而又完满无缺的东西,假如人们在处理具体事件时,能真正做到尊道合德,社会就会变得井然有序。习近平总书记曾经强调指出,只要中华民族一代接着一代追求美好崇高的道德境界,我们的民族就永远充满希望,可谓一语中的。

(三)增强基层群众守法的自觉性

道德与法律是社会必须遵守的两大行为准则,法律是成文的道德,道德是内心的法律,随着群众道德素质的不断提高,守法意识就会不断增强。

由于中华民族独特的传统,家国一体的观念一直渗透在中国古代社会生活的深层。个人只是家庭和群体中的一员,家庭各个成员都有应尽的责任和义务,父母对子女有抚育的责任,子女对父母有赡养的义务。这正是儒家所倡导的父慈、子孝、兄友、弟恭等的人伦关系。在这些中华优秀传统文化的浸润之下,可以大大增强自律意识,因此就不会轻易去触碰法律。正如西汉政论家贾谊所言:"礼者禁于将然之前,而法者禁于已然之后。"④注重礼教(即德教),就可以杜绝或减少违法犯罪事件的发生。

四、探索中华优秀传统文化在基层社会中的有效传播路径

中华优秀传统文化曾经对"枫桥经验"的诞生产生了极大影响,我们在新时代创新和发展"枫桥经验",就更应该有意识地在基层群众中传播和普及中华优秀传统文化,以中华优秀传统文化树家风、正民风、带村风,更高效地实现基层社会的良治与善治。下面设计了五条主要的传播路径:

---

① 吴云、李春台:《贾谊集校注》,天津古籍出版社 2010 年版,第 258 页。
②③ 同①,第 256 页。
④ 王兴国:《贾谊评传》,南京大学出版社 1992 年版,第 103 页。

(一)将中华优秀传统文化渗透在家风家规中

"家风"是指家庭或家族成员在长期的生活中逐渐形成并代际相传的该共同体的价值观念、生活作风、生活方式、行为规范等的总和。家庭是社会的细胞,家风正了,家庭和睦了,社会就和谐了。所以,在培育良好家风的过程中,要以"仁、义、礼、智、信、忠、恕、孝、悌"等中华优秀传统文化的核心价值观作为伦理依据,"以'整齐门内,提撕子孙'为实践旨归,以'家和万事兴''天人合一'为理想诉求,营造出一个个绚丽多彩的家国文化范本",内容主要包括:诚实守信、守己本分、做事勤勉、孝敬长辈、善待他人、淡泊明志等。这些优良家风凝聚着社会道德的正能量,汇集了中国千百万家庭成员善良正直的价值取向,是家庭或家族源远流长的精神命脉。

家风的形成与传承要始终围绕中华优秀传统文化所倡导的道德价值观这一根本和灵魂展开。无论行为规范、生活习性上的扬善抑恶还是人格追求、处事为人上的崇真贬假,都要将中华优秀传统文化的传播作为家风传承永恒的主题和内核。

(二)将中华优秀传统文化渗透到村规民约中

村规民约是村民自治的具体体现形式。党的十八届四中全会提出,要推进多层次多领域依法治理,发挥市民公约、乡规民约、行业规章、团体章程等社会规范在社会治理中的积极作用。这既对新时期村规民约建设赋予了新的内涵、提出了新的要求,也为之开辟了更为广阔的天地。

《中华人民共和国村民委员会组织法》强调了村规民约的内容中要蕴含"培育和践行社会主义核心价值观和当代人共同价值观,倡导爱国敬业、诚信友爱、崇德向善,传承优良传统文化,树立良好村风民风"等内容,这充分说明了对传统文化的高度肯定和重视,因此,将中华优秀传统文化渗透到村规民约中,既可以对村民起到规范和约束的作用,也是一个很好的道德教化渠道。在这方面已经有很多成功的先例可循,如,有些村在制定村规民约的时候直接把传统文化中的一些经典内容编入村规民约中;有些村把中国的"仁、义、礼、智、信"以及孝老爱亲等经典传统文化元素通过墙绘等形式向村民展示,将这些内容与村规民约结合在一起进行宣传,让村民在潜移默化中增强了遵规守约的意识,提升了思想道德素质。

(三)依托乡贤传播中华优秀传统文化

1.乡贤的概念及分类

"乡贤"主要是指那些在民间本土本乡德行和才能较高,拥有一定的声望并为当地民众所尊重的人。从目前的状况看,乡贤可以分为两类:"在场的"乡贤和"不在场"的乡贤。第一类乡贤扎根本土,在当地有很高的威望;第二类乡贤外出奋斗,有了成就后积极回馈乡里,他们虽然人不在当地,但是可以通过定期回乡参加当地组织的"乡贤参事会"(如:诸暨市枫桥镇于2015年4月专门成立了"乡贤参事会",且已成功召开四次乡贤大会,对枫桥镇的建设发挥了积极的推动作用),以捐钱捐物等各种方式关心家乡的发展,他们开放的思维观念、丰富的创业经验和充满正能量的价值观念都能够给家乡人民带来积极影响。当然,随着时代的发展,今天的乡贤已不同于古代道骨仙风的先生形象,而是有着鲜明的时代个性,现代的新乡贤可以是知名的思想家、教育家、企业家,也可以是优秀的基层干部、优秀乡村医生、优秀乡村教师等。

2.依托乡贤传播中华优秀传统文化的主要路径

(1)有些乡贤可能本身就是从事中华优秀传统文化研究工作的,那就可以通过直接邀请他们授课、引导民众阅读他们编写的优秀传统文化读本等方式来传播中华优秀传统文化。

(2)依托乡贤的影响力并结合他们自身愿意在物质上回馈乡里的热情,建造相关的普及优秀传统文化的设施与设备及相关的图书资料,从精神上和物质上为普及中华优秀传统文化提供双重便利。

(3)充分发挥乡贤"言传身教"的力量参与乡村治理,在民众中营造中华优秀传统文化的影响力。乡贤参与乡村治理的"台州模式"值得借鉴。在台州,新乡贤成为参与基层文明教化和社会治理的重要力量,很好地维持了乡间社会的礼仪和社会秩序,成为当地百姓眼中的长者甚至权威。如,台州临海东溪单村的新乡贤们致力于传承和重构孝文化,使这个村爱老敬老蔚然成风。

总之,依托乡贤传递中华优秀传统文化以及凭借他们自身的德行和成就产生榜样的力量,极大地有助于维护乡村稳定、促进乡村发展,使村民行为有规范,价值观有引领。

(四)依托社团组织传播中华优秀传统文化

中华优秀传统文化只有全方位融入村民教育的各个领域、各个环节,与他们的生产生活深度融合,才能发挥长久的影响力。因此,要把中华优秀传统文化融入百姓日常的穿衣、吃饭、待人接物之中,落实到家家户户的客厅、厨房、卧室、书房与菜地之中,同时还包括融入红白喜事等重要的生活事件当中,要让它变得通俗易懂,化民成俗。依托由社会热心人士组成的社团组织传播中华优秀传统文化,是一条比较行之有效的途径,通过这些社团组织的传播,让中华优秀传统文化的内涵更好地融入基层群众生产生活的各方面,最终内化为行动自觉。

在浙江诸暨富润集团董事长赵林中的牵头下组建的"孝德文化研究会",一直致力于在企业和村落中推广传承孝德文化的活动,是一个值得借鉴的典型案例。他把"枫桥经验"的推广和孝德文化的弘扬有机结合,"在他看来,孝德文化的传承和实践,是'枫桥经验'创新发展的重要组成部分。自治、德治、法治是基层社会治理的核心要素,家风、家规、家教是治理的基本细胞,共治、共建、共享是社会治理的共同目标。倡导开展'孝德村'创建活动,将中华民族的优秀传统美德融入基层社会治理中,转化为人们的情感认同和行为习惯"。从家庭做起,从娃娃抓起,行孝事,扬美德,激励人们向上向善,孝老爱亲,极大地提升了村民的思想道德素质,推进了和谐社会的建设。

(五)利用农村文化礼堂传播中华优秀传统文化

利用农村文化礼堂传播中华优秀传统文化,需要精心设计活动和组建相关团队,譬如文化礼堂环境的布置、讲师团的组建、相关活动环节的设置等。

(1)要组建一支具备一定专业素养的师资队伍,可以是来自本地的土专家、乡贤、相关的专家学者等,让他们将中华优秀传统文化的精华定期或不定期地在文化礼堂中传授,使村民不断受到优秀传统文化的熏陶。

(2)要将中华优秀传统文化元素体现在文化礼堂建筑上,如大礼堂、文艺舞台、文化长廊的建筑风格均可融入中华优秀传统文化元素,使群众在不知不觉中受到中华优秀传统文化的浸润。

(3)利用文化礼堂的文艺舞台将中华优秀传统文化中的经典内容以戏剧、小品、故事会等形式加以展示,既丰富村民的业余生活,又提升村民的思想道德境界。

总之,要把握契机,因势利导,借助日益普及的互联网技术将中华优秀传统文化融入文化礼堂建设和各类活动中,不断扩大其在民众中影响力。

五、结　论

千百年来,中华优秀传统文化是我们中国人安身立命的根本、治国安邦的法宝,但是由于历史和现实的种种复杂原因,她更多的是以隐性的方式存在于我们的血脉里,需要我们适时地去唤醒她,设法寻找合适的途径把她显性化。"枫桥经验"要担当起中国基层社会治理的样板角色,就应该先行一步,借助其已有的优势,寻找合适的途径在基层群众中普及中华优秀传统文化,从源头上避免或减少矛盾和纠纷的发生,整体提升基层群众的素质,以更好地实现基层社会的良治和善治。

【参考文献】

[1] 习近平. 决胜全面建成小康社会 夺取新时代中国特色社会主义伟大胜利[M]. 北京:人民出版社,2017.

[2] 杨国荣. 中国哲学史[M]. 上海:华东师范大学出版社,2012.

[3] 董平. 中国哲学教程[M]. 杭州:浙江大学出版社,2011.

[4] 王阳明. 王阳明全集[M]. 上海:上海古籍出版社,2011.

[5] 徐伟新. 中国传统文化经典导读[M]. 北京:中共中央党校出版社,2017.

[6] 吴云,李春台. 贾谊集校注[M]. 天津:天津古籍出版社,2010.

[7] 俞可平. 论国家治理现代化[M]. 北京:社会科学文献出版社,2015.

[8] 吴锦良. "枫桥经验"演进与基层治理创新[J]. 中共浙江省委党校学报,2010(7).

[9] 诸暨市公安局. "枫桥经验"实录[M]. 北京:中共党史出版社,2000.

[10] 赵义. 枫桥经验 中国农村治理样板[M]. 杭州:浙江人民出版社,2008..

[11] 周望. 社会治理创新的地方经验研究[M]. 北京:中国法制出版社,2014.

[12] 卢芳霞. "枫桥经验"50年辉煌成就[J]. 观察与思考,2013(10).

[13] 陈家刚. 从社会管理走向社会治理[N]. 学习时报,2012-10-22.

加强新时代农村基层党组织建设

——实现美丽乡村善治的关键

夏远永①

【摘　要】 新时代美丽乡村善治是全面实施乡村振兴战略和国家治理现代化的主要抓手。本课题组通过长期考察浙江省美丽乡村治理实践情况,总结提炼了其具体举措和基本经验。本课题组认为,农村基层党组织建设的虚弱化是实现美丽乡村善治的障碍,具体表现在农村基层党组织人才队伍建设工作跟不上新农村发展的需要、农村"空心化"减弱了基层党组织的力量、农村基层党组织的权威性受到村民自治的巨大挑战、农村基层党员干部参与美丽乡村治理工作的权责关系失衡。据此,新时代实现美丽乡村善治的关键在于加强农村基层党组织的建设,具体举措包括:以新发展理念大力发展农村美丽经济,增强农村基层党组织的"龙头"作用;全面打造美丽乡村治理生力军,扩大农村基层党组织的社会基础;树立农村基层党组织要牵头加强社会主义协商民主制度建设的权威性,使其协商民主与村民自治有机结合起来;厘清农村基层党员干部参与美丽乡村治理工作的权责关系,保持多元治理主体的动态平衡。

【关键词】 国家治理;生态文明;美丽乡村;善治

2015 年,笔者曾在《新常态下社会治理的内涵、特征及未来前瞻》一文中指出:"社会治理的目标是'善治',即追求帕累托最优或公共利益最大化的效果。其实质是对公共权力的延伸以及对公民个人权利的保护。它更强调政府以外的非政府组织、志愿者和公民等社会力量在管理公共事务、解决社会争端方面所起的积极作用。它与政府治理、市场治理共同构成了国家治理。毋庸置疑,社会治理理论属于新常态下马克思主义中国化的重大理论成果,是中国共产党作为执

---

① 夏远永,浙江水利水电学院马克思主义学院副教授、政党治理与廉政建设研究所所长、博士,研究方向为政治哲学、政党理论。

政党走向成熟的重要理论标志。"[①]2017 年，又有学者指出："要在全国整体实现'美丽中国'的奋斗目标，必须建设好美丽乡村。发端于浙江，美丽乡村建设在2013 年成为全国层面的共同行动。在中央和地方的共同推动下，各地展开了美丽乡村建设实践，农村的生产、生态和农民生活等各方面都有了较明显的改善。"[②]基于建设美丽中国的伟大梦想，我们可以将美丽乡村治理归为基层社会治理或国家治理的范畴，其中浙江的"千村示范万村整治"工程在全国又先行一步，因此急需我们认真总结经验并加以推广。"当代中国正在向一个适应时代要求的现代工业化国家迈进，但农村、农业、农民问题始终是一个非常重大的问题。从这个意义上说，乡村治理是国家治理的重要组成部分，国家工业化离不开乡村现代化。中国是一个拥有几千年延绵发展历史的国家，传统农业社会积淀了丰富的乡村治理经验，如何使我国农村成功地实现现代化的转换，是国家治理现代化需要解决的重大问题。中国特色社会主义制度决定了党肩负着国家治理的领导责任，基层党组织在现代乡村治理中如何发挥作用，是一个值得高度重视和需要深入研究的重大课题。"[③]2018 年，黄祖辉先生强调了"治理有效"的广泛深远意义，"一方面，'治理有效'是整个乡村振兴战略的重要目标与内在保障；另一方面，'治理有效'与第二个百年目标的社会主义现代化强国建设中的国家治理体系与治理能力现代化紧密对接，关乎整个发展大局"[④]。而基层党组织和地方政府主导下的各种社会力量共同参与美丽乡村建设恰恰是新时代实现美丽乡村善治的有效治理方式和破题之策。

近年来，全国各地都蓬蓬勃勃地开展了美丽乡村建设工作，大大推进了"美丽中国"的现代化建设进程，加快推进了美丽乡村治理能力和美丽乡村治理体系的现代化。本文在对浙江省浦江县、海宁市、瑞安市等多地的美丽乡村治理情况进行长期实地调研基础上，对美丽乡村治理的具体措施、基本经验和存在问题进行深入剖析，最后提供新时代实现美丽乡村善治的破题之策。

---

① 夏远永：《新常态下社会治理的内涵、特征及未来前瞻》，《人民论坛》2015 年第 17 期，第 55—57 页。

② 陈秋红：《美丽乡村建设的困境摆脱：三省例证》，《改革》2017 年第 11 期，第 100—113 页。

③ 齐卫平、刘益飞、郝宇青等：《乡村治理：问题与对策（笔谈）》，《华东师范大学学报》（哲学社会科学版）2016 年第 1 期，第 1 页。

④ 黄祖辉：《基于乡情，探索"治理有效"》，《人民日报》2018 年 1 月 9 日，第 20 版。

一、浙江美丽乡村治理实践中的具体举措和基本经验

浙江省以"绿水青山就是金山银山"重要思想为指导,坚持以人民为中心,认真贯彻落实十九大精神和习近平新时代"三农"思想及省市重要会议精神,深入推进农业农村供给侧改革,实施乡村振兴战略,按照产业兴旺、生态宜居、乡风文明、治理有效、生活富裕的总要求,全域打造美丽乡村治理升级版,为中国加快推进农业农村现代化树立了典型,提供了样本。2017年,浙江省以党的十九大精神为指引,全域打造美丽农业,催生美丽经济,维护广大农民群众的合法权益,增强广大农民群众的获得感和幸福感。根据2017年7月《2016年度浙江省农业现代化发展水平综合评价报告》,2016年全省农业现代化发展水平综合得分为83.11分,自2013年开始评价以来连续四年实现稳步提升,年际综合得分增量平均为3.30分,平均增速为3.37%。浙江省对美丽乡村治理机制进行了有针对性和实效性的探索创新,具体包括以下举措:确立农村公共物品的政府部门职责体系;确保农村公共物品的有效供给侧改革;推动农村公共物品的美丽经济发展;全面推进农村公共物品的创新主体培育;运用物联网、互联网等信息化技术手段,建立农村公共物品的智慧物流体系建设;发挥农村公共物品的产业品牌优势;以项目责任制推进农村公共物品供给侧改革。

通过对浙江省美丽乡村治理社会实践基地的长期考察,我们可以进一步总结出可供全国美丽乡村治理实践借鉴的一些宝贵经验:一是要抓好基层党建工作,基层党建工作也可以促进乡村美丽经济的发展;二是要始终坚持群众路线,要以农民群众最关心的切身利益为先,让民众参与美丽乡村治理,并监督美丽乡村治理的过程和结果;三是美丽乡村治理是以地方政府为主导的民生工程,充分发挥基层干部的工作积极性和创造性;四是要动员有利于城乡统筹发展的一切资源和要素,团结乡贤、专家、学者、商人、爱国宗教人士、民间公益组织等一切可以团结的社会力量;五是要统筹安排,科学合理规划,对工作和项目进行价值评估和价值排序;六是美丽乡村治理必须建设好基础设施,比如五水共治、交通、水电、天然气、健身设施等各种问题,同时还要管护好这些基础设施,否则边建设边损毁,成本太大,也影响村容,让村民痛心。

二、农村基层党组织建设的虚弱化：实现美丽乡村善治的障碍

"国家治理现代化首先要把乡村治理纳入现代化的轨道，乡村治理决不能拖国家治理现代化的后腿。历史和现实都告诉我们，建设农村的有序发展必须始终坚持党的领导。切实解决好农村、农民、农业现实问题，离不开基层党组织坚强有力的作用。党中央的基本指导原则是，加快完善乡村治理，必须把加强基层党的建设和巩固党的执政基础作为贯穿农村社会治理和基层建设的红线。党组织在乡村治理现代化中面临再造凝聚力的时代新任务。党中央反复强调党的创造力、凝聚力和战斗力。这'三力'中凝聚力是最重要的，没有凝聚力就没有战斗力，而创造力又以凝聚力为基础。聚焦再造凝聚力，是农村基层党组织发挥推进乡村治理现代化作用的重要职责担当。"[1]改革开放四十年来，全国各地的乡村都发生了翻天覆地的变化，从贫穷到温饱，从温饱到小康，农民的精神面貌也发生了很大的变化，尤其是经过美丽乡村治理之后，环境恶化的情况大有改观，很多农民感慨乡村环境变得越来越美，农民收入越来越高，但同时中国特色社会主义经济建设也迈入了新时代，新时代必然有新问题和新征程，这是我国发展新的历史方位，我国的社会主要矛盾已经转化为人民日益增长的美好生活需要和不平衡不充分的发展之间的矛盾，农民群众对美好生活的需要同样在日益增长，对美好生活的期待和要求都越来越高。目前，美丽乡村治理过程中仍然存在一些问题，主要体现在以下四个方面：

（1）市场经济冲击农村，基层党组织人才队伍建设工作跟不上美丽经济发展的速度。育才引才机制建设还不够健全，管护农村实用人才的教育培训力度还有待加强，德才兼备的留乡精英、外出精英、外来精英还有待进一步挖掘和聚集，资金投入和人才服务平台都还有待进一步的提升。高层次人才和基层干部某种程度上也无法摆脱公共选择理论中的"经济人"范式窠臼[2]，也会趋利避害，不会一味地出于维护公共利益之心。"从调研情况来看，基层干部很辛苦，但晋升渠道有限，只是一味地强调责任，没有增加基层干部的权力和利益，长期来看不利

---

① 齐卫平、刘益飞、郝宇青等：《乡村治理：问题与对策（笔谈）》，《华东师范大学学报》（哲学社会科学版）2016年第1期，第2页。

② 申屠莉、夏远永：《解读公共选择理论中的"经济人"范式》，《浙江学刊》2010年第5期，第171—177页。

于乡村治理工作的推进。"①因此,无论从理论依据上还是从实证材料来看,对高层次人才和基层干部的激励机制对于推进新时代美丽乡村治理工作都是必不可少的。然而,现实情况不容乐观,改革开放四十年来,城乡二元体制存在已久,城乡改革红利差距悬殊,农民所能享有的改革红利明显低于城市居民,农民的获得感明显不如城市居民,农民的幸福指数也远不如城市居民,农民往往要靠青壮年时期的外出打工和省吃俭用来获取微薄的收入,返村改善生活条件,但从城市返回农村的农民面对反差如此巨大的城乡二元体制背景,不禁唏嘘不已,自然会怪罪于农村基层党组织及其干部的庸官懒政、不作为和贪腐行为。

(2)农村产业水平不高,产业支撑力度不够,青壮年进城务工,农村子弟大学生毕业后跳出农门不再返乡工作,老人、妇女和儿童留守农村,致使农村"空心化"现象相当普遍,直接导致了基层党组织有生力量的匮乏。"农村空心化减弱了党组织的力量。农村空心化是普遍现象,长期以来是理论界关注的问题。从学理角度上说,这是一个国家在现代化和城镇化过程中农民身体空间位移和身份改变的问题。它对城市来说面临如何吸纳兼容农民工的问题,对农村来说则是生力军逃离的问题,年轻力壮的农民选择外面的世界,农村孩子考上大学毕业后不愿回到乡村。以老人、妇女和儿童留守为特点的农村空心化伴随的是劳力和智力的外流,这就必然削弱党组织开展工作的力量,影响党组织活动的生气。"②

(3)农村基层党组织的权威性受到村民自治的巨大挑战,村民委员会因为是民主选举产生而具有权威性,农村基层党组织对村民委员会的监督能力有限,农村基层党组织和村民委员会往往不能同向而行,这成了乡村民主的悖论。农村基层党组织内部民主问题没有获得有效的解决,仍然停留在罗尔斯意义上的形式民主和程序正义上,殊不知这在当年恰恰是被来中国考察过两次的罗蒂所严厉批评过的,③就不足以充分调动广大农民的凝聚力、战斗力和创造力。农村自由和民主的匮乏导致了一种恶果:农民收入总体偏低,保持农民的可持续增收困难,农民参与美丽乡村治理的积极性不够,农民参政议政的能力和财力都相当有限。农村基层党组织急需进一步拓宽农民增收渠道,提高促进农民增收措施的

---

① 刘承礼、丁开杰:《农村公共品供给与城乡一体化:基于贵州省"四在农家·美丽乡村"建设的分析》,《新视野》2016年第2期,第78—84页。

② 齐卫平、刘益飞、郝宇青等:《乡村治理:问题与对策(笔谈)》,《华东师范大学学报》(哲学社会科学版)2016年第1期,第2页。

③ 张国清:《实用主义政治哲学》,商务印书馆2018年版,第297页。

针对性和有效性,尤其是中西部地区的乡村精准扶贫精准脱贫的难度非常大。

(4)农村基层党员干部参与美丽乡村治理工作的权责关系失衡,致使村民无法有效监督农村基层党员干部,对征地补偿、拆迁补偿、土地等资源的分配等显得很无力,美丽乡村的重复建设太多,给人一种大致雷同的感觉,缺乏创意。农村历史欠账较多,建设资金还比较匮乏,村容村貌仍需改善。离全域推进美丽乡村建设的要求仍有一定差距,一些偏远农村要求改善村庄环境、完善基础配套和公共服务体系建设的呼声还是很高。第一,在交通出行方面还是很不方便,根据课题组长年累月的调查,温州、嘉兴的村民出行主要还是依靠私家车和公交车,一旦离开了私家车,晚上出行就成了大问题,因为乡村附近的公交车和私人承包的客运车都停止运营了。东部沿海地区的乡村尚且如此,更遑论中西部地区的乡村了。交通不方便,会导致信息闭塞,物流不畅,人才不愿留,农民就业和提升收入的机会就少,农业农村就无法实现现代化。第二,农民医疗、养老、社会保障问题非常严重。"农民基本医疗保险的平均筹资水平不到职工基本医疗保险平均筹资水平的1/4,又由于农村医疗卫生服务薄弱,农民进城看病成本增加,所以农民的医疗费用负担很重。"[1]"自从1987年进入老年型社会以来,浙江人口老龄化程度不断上升。根据人口预测,到2040年,全省每三人中可能就有一个老人。'十二五'期间,省外流入人口的年龄结构也呈现出少儿人口和中老年人口上升、青壮年人口下降的趋势。一方面,受全国性政策的制约,浙江现行制度所规定的农民社会保障项目依然偏少、保障待遇依然偏低。目前老年农民的平均养老金不到退休职工平均养老金的1/15。另一方面,从现行制度安排看,老年照护服务的保障制度还不健全,养老院利用率不高,社会化的照护服务供给严重不足。事实上,居家养老是大多数人的选择,但目前这方面投入资源不够,供求矛盾突出。从国际经验看,社会保障早期主要是经济保障,后来逐步发展为服务保障。"[2]这一切都要归根于农村基层党组织的低效乏力和农民主体权利意识的缺乏。

---

① 何文炯:《努力补齐基本民生保障短板》。转引自姚先国、冯履冰:《率先实现浙江经济发展与民生改善的良性循环》,《观察与思考》2018第2期,第5—13页。

② 姚先国、冯履冰:《率先实现浙江经济发展与民生改善的良性循环》,《观察与思考》2018第2期,第5—13页。

三、加强农村基层党组织建设：新时代实现美丽乡村善治的关键

新时代实现美丽乡村善治，其实就是通过消除城乡二元体制，推进美丽经济和谐有序发展，进而实现"美丽中国"蓝图的国家治理路径。"建设美丽乡村，最终是要让农民得到实实在在的利益，关键是要发挥包括农民在内的社会各方面的积极性和能动性。为此，各级党委、政府特别是基层组织始终坚持把尊重农民意愿贯穿于工作的各个方面、各个环节，把村庄整治和美丽乡村建设的主动权交到农民自己手上，尊重民意、维护民利、依靠民资、强化民管。同时，引导广大浙商积极投身美丽乡村建设，在家乡树立情系桑梓、回报乡亲的'丰碑'。"①因此，新时代实现美丽乡村治理的关键在于再造农村基层党组织，提升农村基层党组织的功能，吸纳和凝聚社会力量，发扬农村基层党组织党内民主、批评与自我批评、密切联系群众和统一战线的作用，充分尊重广大农民群众的首创精神，从根本上维护他们的权益，让他们来监督美丽乡村治理的进程，才能充分发挥他们的积极性和创造性。

(1)以新发展理念大力发展农村美丽经济，增强农村基层党组织的"龙头"作用。

新时代要有新的合法性基础，要破除农业、农村、农民问题，当务之急是农村基层党组织要坚持新发展理念，事先做好价值排序和价值引导工作，充分发挥"龙头"作用，带领农民大力发展农村美丽经济，使其过上更加美好的生活。一要领导农民实行法治，加强对"三农"问题的引导、规范，重点培育挖掘本地优秀传统文化，全面振兴农村产业，保障农村产业的可持续健康发展，保障农产品质量安全，着力打造一系列具有家乡特色的品牌，实现量的扩展和质的提升。二要依法管理和鼓励发展壮大农村集体经济，以村或乡镇为单位，盘活利用闲置房屋和土地，精准用好扶贫资金，发挥县级扶贫资金杠杆作用，奖励做法好、潜力好、成绩好的集体经济薄弱村。三要立足于产业发展、生活环境改善和历史文化村落建设，带领农民全面提升农村环境。四要稳步推进美丽乡村的交通建设，以"四好农村路"建设为载体，提升农村通达水平，为"乡村振兴"战略添砖加瓦。这四点要求是增强农村基层党组织的感召力和凝聚力的最起码要求，有助于增强新时代农村基层党组织的合法性和权威性基础。

---

① 夏宝龙：《美丽乡村建设的浙江实践》，《求是》2014 年 5 期，第 13—14 页。

（2）全面打造美丽乡村治理生力军，扩大农村基层党组织的社会基础。

"体制机制顺，则人才聚，事业兴。"①美丽乡村建设和美丽经济发展的关键在于扩大农村基层党组织的社会基础，扩大农村基层党组织的社会基础就必须全面打造一支忠诚能干的美丽乡村治理生力军，而打造一支忠诚能干的美丽乡村治理生力军关键在于创新育才引才机制。进一步加大部门合作，以服务美丽乡村建设和美丽经济发展为出发点，创办并提供以农民为主体的教育平台，加强农村实用人才培训，重点开展种植能手、民宿农家乐经营人才、农村电商、乡村导游、绿化养护、居家养老、非遗文化传承人培训，全年培训农村实用人才，为加快推进农业农村现代化提供人才保障和智力支撑。同时，还要注重乡风家风、村规民约等方面的精神文明建设和优秀传统文化挖掘，对人才进行理想信仰培育和人生价值引领，正如一些学者调研发现的那样："重视道德文化教育的乡村，村民关系普遍融洽，幸福指数普遍较高。"②破解"有田无人种，种田皆老人"难题，防止农村"空心化"现象发生。引进人才，加大与各高校和科研机构的合作力度，提供科技支撑；摸清农业人才底数，尤其是乡镇农业队伍家底，加强培训，积极培养科技型人才；加大培育新型职业农民力度，特别是大学生投身农业的支持，在政策、资金方面予以倾斜；评比引导农业生产技能推陈出新，养成社会尊重农民、崇尚农业的新风尚，解决青黄不接的农业人才难题。以"乡土、乡情、乡愁"为纽带，以"强农、富民、美村"为目标，逐渐消除城乡二元体制，拉平城乡改革红利，提升农民的获得感和幸福指数，改善他们的生活条件。以乡镇（街道）为平台，激励高层次人才和基层干部，吸引凝聚、广泛发动社会组织和新乡贤、外出精英、外来精英等社会力量参与美丽乡村善治行动计划，搭建资金平台和人才服务平台，共谋共建共治新时代美丽乡村，共享美丽经济的改革开放成果。

（3）农村基层党组织要牵头加强社会主义协商民主制度建设，使协商民主与村民自治有机结合起来。

"主体的多样性，社会利益的多元性，人与人交往的多层次性和多目的性，人类交往呈现的交往理性，是协商民主的哲学基础。"③农村是以农民为主体的乡村，农民主体也存在多样性和利益多元性的特点，他们的交往活动也存在多层次性和多目的性的特点，交往理性很可能贯穿于他们的实际生活，只是他们不自觉

①　袁华明：《动力变革正此时》，《浙江日报》2017年12月26日，第2版。
②　谭英：《美丽乡村建设背景下的孝文化与乡村治理》，《中共浙江省委党校学报》2016年第6期，第40页。
③　张国清：《实用主义政治哲学》，商务印书馆2018年版，第279页。

也不承认罢了。因此,农民与农民之间、农民与基层党组织干部之间、农民与村民委员会之间,也要充分发挥社会主义协商民主的优势,通过协商民主达成共识,化解冲突,妥协利益。农村基层党组织无论从形式和程序上,还是从实质民主的意义上,都必须牵头加强农村的协商民主制度建设,贯彻落实民主集中制原则。农村基层党组织要灵活运用政府主导、媒体跟进、企业联手、区域协作的党建工作宣传模式,充分对接运用互联网大数据等信息化手段,打造广播、电视、报纸、多媒体等传统渠道和移动互联网、微博、微信、微视频、数字旅游、影视植入、在线预订等新技术渠道相结合的党建宣传工作体系,有效整合宣传力量。各相关县(市、区)要提高联动和协作意识,克服"只竞争、不合作"的倾向,防止出现"各弹各的调、各吹各的号"。除此之外,农村基层党组织还必须从组织结构、体制设计和党建工作上入手,想方设法克服对村民委员会的监督能力有限的难题,尽可能和村民委员会努力协商、同向而行,并彻底解决农村基层党组织内部的民主问题,充分调动广大农村党员的凝聚力、战斗力和创造力,要带头积极参与美丽乡村善治工作,培育和提升广大农民的参政议政能力。

(4)厘清农村基层党员干部参与美丽乡村治理工作的权责关系,保持多元治理主体的动态平衡。

有权力,就有责任,没有权力的责任是负担和障碍,没有责任的权力是率性妄为和失控贪腐,因此,权责关系必须保持高度的一致性。"为了防止党员领导干部站在笼子里却手拿钥匙,治理寻租腐败现象,必须建立党内权责统一、权责一致的制度,提升党员干部权力与责任相对等的政治意识,劝勉党员干部不要迷恋手中权力,不要寻找机会腐败,而要勇敢地肩负起公共治理责任,恪尽职守,为民请命。"[①]由此看来,我们一方面要赋予农村基层党员干部充分的权力,从原则上指导各级政府加大对新农村的产业发展引导力度,全面激活市场、激活要素、激活主体,鼓励更多专业的社会力量参与到各农村的产业带建设和村民自治活动中,形成市场作用和政府作用有机统一、相互补充、相互协调、相互促进的格局,另一方面又要在制度设计上,切实保证广大农民的合法权益,充分发挥他们的工作积极性和创造性,保证他们能够民主选举、依法监督甚至罢免农村基层党员干部和村民委员会委员,让他们在征地补偿、拆迁补偿、土地等资源的分配等方面获得公平正义的对待,并获得价值实现或价值补偿。农村基层党组织应该

---

① 夏远永:《净化党内政治生态的五个辩证关系》,《中共福建省委党校学报》2016年第12期,第18页。

起着垂范作用、凝聚作用和核心作用,但这并不代表农村不存在多元治理主体的可能,恰恰相反,新时代的农村特别需要多元治理主体的参与,需要多元治理主体去献计出力,欢迎社会资本入驻农村,欢迎社会力量参与美丽乡村善治行动计划。多元治理主体相互间要保持一种协商、妥协的精神,保持一种动态平衡机制。多元治理主体遇事要客观冷静,理性作为,既要尊重大多数人的意见,又要包容少数人的异见,从而保证美丽乡村善治能够成为全民参与的合法性活动,这种活动将在广大农民的民主参与中变得更加有意义,农村、农民的生活将变得更加美好。

乡村文化振兴的价值、困境和途径

王甄玺①

【摘　要】　乡村文化振兴在乡村振兴中占有重要战略地位,传统中国乡村文化本身有着独特价值内涵,内生于乡村社会的乡村文化,符合新时代背景下的文化自信,也以传统智慧孕育生态文明,更用约定俗成的非制度性规范维护乡村秩序。当前乡村文化发展面临一系列现实困境。在党中央提出"乡村振兴战略"的历史大背景下,应重新全面认识乡村文化在现代化进程中的历史和价值,充实"乡村振兴战略"的文化内涵。

【关键词】　乡村文化振兴;困境;重构

党的十九大报告提出实施乡村振兴战略,并提出了"产业兴旺、生态宜居、乡风文明、治理有效、生活富裕"的 20 字总要求。这一政策说明,乡村振兴是全方面、多视角的振兴,包含经济、政治、文化、生态等方方面面。其中乡村文化振兴对乡村振兴起着引领作用。

文化属于观念形态,潜移默化地影响着人们的思想观念,对一个民族、国家的发展影响巨大。何白鸥、齐善兵二位学者认为,在乡村振兴中,加强乡村文化建设非常紧迫。"文化是一个国家、一个民族的灵魂,它能为广大人民群众提供坚强的思想保证、强大的精神力量和丰润的道德滋养,实施乡村振兴战略必须重视加强乡村文化建设。"②乡村文化建设是新时代中国特色社会主义社会发展的需要,乡风文明可以从根本上塑造新时代农民精神面貌,因此乡村文化振兴有着深远意义。

我国有着五千年的农业文明传统,并在这个文明传统中孕育了大量的优秀

---

① 王甄玺:中共浙江省委党校研究生,研究方向为马克思主义哲学。

② 何白鸥、齐善兵:《乡村振兴战略实施中加强乡村文化建设的建议》,《领导科学》2018 年第 12 期,第 4—5 页。

思想文化,同时中国社会是一个以乡土为依附的社会,社会的思想文化精神文明体系也在此基础上形成。费孝通先生也将传统中国称为"乡土中国",乡土中国有着自己独有的文化价值理念,不仅仅在农业生产方式上,还在整个乡土社会中呈现为以农为主的熟人社会。乡土社会的思想价值理念深深影响着农民的行为模式,同时特有的乡土文化也使得人们在乡土社会中找到祖祖辈辈留下来的人生终极理念。

张中文先生对乡村文化的概念做了一个定义,他认为"乡村文化是乡村居民在乡村环境中长期生产与生活,逐步形成并发展起来的一套心理、思想、观念和行为模式,以及表达这些心理、思想、观念和行为方式所制作出来的种种成品"①。乡村文化是乡土中国特有的典型文化,人们在这种特有的文化活动中得到了身心愉悦,从而延续自己从事农业生产的人生。当然。乡村文化的价值远不止于此,数千年以来形成的乡村文化不仅在新时代背景下契合文化自信,而且孕育着现代文明所需的生态智慧,更对乡村生活秩序的维护有着极其重要的影响,为当前社会基层治理体系提供了智慧。

一、乡村文化的价值

(一)乡村文化契合文化自信

乡村文化是乡土中国独有的典型文化,在新时代下孕育着新的价值。我们自古以来形成的中华民族文化底气,以及获得自强不息的精神源泉来自乡村文化。新时代要求我们中华民族要有自己的话语体系,刘忱先生认为当代我们的乡村文化的战略地位极其重要,乡村文化符合当代文化自信要求,乡村文化价值也一定会重回大众视野。"特别是进入 21 世纪后,中国已经全面进入世界生产体系……传统文化价值尤其是乡村文化价值必然回归。"②乡村文化契合中国特色社会主义理论的文化自信。开发我国传统农耕文化资源、继承乡土文化基因、厚植乡村文化根基,是拓展社会主义理论文化自信的关键,也是乡村发展的优势所在。新时代乡村文化的基本价值有利于建立我们自己的话语体系。当前反思乡村文化发展历程及其规律,探索未来乡村文化如何发展,可以使乡村文化为中

---

① 张中文:《我国乡村文化传统的形成、解构与现代复兴问题》,《理论导刊》2010 年第 1 期,第 31—33 页。

② 刘忱:《乡村振兴战略与乡村文化复兴》,《中国领导科学》2018 年第 2 期,第 91—95 页。

国特色社会主义理论道路提供思想支撑,特有乡村文化的文化自信体系也可以满足广大农民的文化需求。

(二)乡村文化孕育和谐生态智慧

乡村文化建立在传统小农经济的农业社会,长期以来,农民以乡土为根基和纽带,内心对土地有深厚依恋,会自觉地尊重和保护自己生活的乡土环境,同时小农经济制度下农民基本靠天吃饭,在自给自足的自然经济基础之下,乡土中国形成了一套独特的文化系统。如人们认识到人和自然和谐共处的重要性,从而形成了"人法地,地法天,天法道,道法自然"的顺应自然的、与自然规律相适宜的生态智慧观。它所体现的是大自然与人类相互融合、相协调的生态意识。也正是这种追求和谐生态稳定的农耕文明土壤,才孕育出"民胞物与""天人合一""无为而治""和谐共生""存顺没宁""不涸泽而渔,不焚林而猎"等尊重自然、追求和谐的思想文化智慧。如《中庸》中"致中和,天地位焉,万物育焉",《老子》中"万物负阴而抱阳,冲气以为和"追求的就是和谐共生,这种乡村文化是在尊重自然的前提下改造大自然,是符合现代化发展道路的,可以使大自然更好地为人服务。

在现代文明中,我国的乡土文化可以更好地处理西方国家工业文化带来人与自然的危机,"中国传统农业生态文化提供了最深刻、最智慧的生态思想,建立起了尊重自然、善待自然的和谐发展秩序,这一点与先期的工业文明形成了鲜明对比"[①]。西方国家在工业社会中,在工具主义的深刻影响下征服自然,后期出现了人与自然的矛盾。这种"先发展,后治理"的思想将自然资源与生态环境推向危险的边缘。在乡土文化的影响中,中国传统社会一直保持着人与自然相协调,这种乡土文化思想为国家的后期发展提供了思想经验。

(三)乡村文化对生产生活秩序有良好的规范

费孝通在《乡土中国》中认为,传统的中国乡村社会是礼治社会,是以人伦关系为依托建构起来的共同体。"礼并不是靠一个外在力量推行的,而是在教化中养成个人敬畏感,使人服膺。"[②]乡村社会中形成了一个"熟人社会",人们受乡村教化,形成群体内公认的价值核心和伦理性社会舆论;如果有人逾越了行为边界,会受到人们的鄙视并承受着内心羞愧的惩罚。"乡土文化呈现为一个完整的

---

① 赵霞:《传统乡村文化的秩序危机与价值重建》,《中国农村观察》2011 年第 3 期,第 80—86 页。
② 费孝通:《乡土中国》,生活·读书·新知三联书店 2013 年版,第 64 页。

价值世界,这一世界的内在支撑是'礼俗世界'。"①这种乡村文化对维持人们的生活秩序起着重要作用,乡土文化背后的礼治思想所蕴含的价值追求、道德情感和精神信仰深深地影响着乡土社会中人们的价值取向、思想观念、行为规范,构成了中华民族精神传统的重要部分。

二、乡村文化面临的困境与矛盾

乡村文化有着丰富的文化价值内涵,但在中国从农耕经济主导的乡村社会向工业经济主导的城市社会转型的过程中,振兴乡村文化也面临着一系列困境。

(一)乡村文化面临解构及其问题

改革开放以来,伴随着我国城市化、工业化、市场化的快速发展和农村体制改革的不断推进,我国的社会形态也发生了变化,由传统的农业社会向现代社会进行转变。这种社会结构的变化深刻,也深深影响着乡村文化思想价值体系,冲击着人们的精神世界,带来传统社会所没有的文化矛盾。

大量城市文化涌入乡村,乡村文化生态也发生了改变,乡村社会原有的礼俗秩序遭到破坏,传统的乡土社会思想与现代思想碰撞、影响,造成了乡村文化与城市文化的矛盾与冲突。乡村社会转型期的价值体系还未形成,"农民过度追求现代性的价值观,导致乡村社会原有的价值体系崩溃"②从而也带来了一系列问题。如在处理人与人、人与社会、人与自然之间的关系时,容易出现破坏生态环境,过度开发利用资源等问题。

(二)乡村精英阶层没落

乡村精英主要指乡村中有贤德、有文化、有威望的人,他们能够对乡村本身乃至其成员产生巨大影响,"在乡村社会中,作为唯一的知识分子阶层,乡绅是社会规范的解释者和文字的传播者,教化和教育是赋予他们的最基本任务"③。如费孝通所言,传统中国是一个乡土社会,在传统乡土社会中,起了纷争会找乡绅调解,他们起着教化和指引的功能。随着社会结构的变迁,指引人们行为的人

---

① 张晓琴:《乡村文化生态的历史变迁及现代治理转型》,《河海大学学报(哲学社会科学版)》2016年第6期,第80—86,96页。

② 吕宾、俞睿:《乡村文化自信培养困境与路径选择》,《学习论坛》2018年第4期,第66—73页。

③ 徐祖澜:《乡绅之治与国家权力——以明清时期中国乡村社会为背景》,《法学家》2010年第6期,第111—127,177页。

的身份随着社会结构的变迁经历了由知识分子到劳模的转变。

随着城市化进程的加快和经济体制的转轨，这些在思想上引领人们的乡村精英也渐渐没落，取而代之的是在市场经济获得成功的现代型精英。但他们可能缺乏相应的道德声望来担当道德教化的功能。

（三）乡村的文化生态变化

随着社会类型结构的改变、经济的发展和城市化的加快，乡村文化生态正发生着巨大变化。就乡村实体来说，"乡村退变尤其是乡村文化衰落之快、之重可能远远超出了我们的想象。最新的农业普查数据表明，目前全国自然村总计317万个，比2000年时的360万个减少了43万个"[1]。农田和村庄流转变迁，传统村落数量急剧减少，新一代农村居民大量转入城市，农村各类人才不断外流，导致乡土文化的根基和载体摇摇欲坠。乡村文化载体的减少，乡村文化生态急剧改变，乡村文化固有的价值体系开始边缘化。

很多人认为传统中国的农耕文明所代表的是落后的生产方式、生活观念，所以中国要像西方国家一样快速实现现代化，要走城市化之路。这种观念忽视了乡村文化的智慧。

"中国人没有必要像西化派所鼓吹的那样跟在西方的后面跑，因为中西文化之间在路向上存在根本的差异，即使中国人跑得再快，也不会跑到西方的路上去。既然中西文化在路向上根本不同，而且每一种文化路向都有存在的合理性。"[2]在梁漱溟看来，中国人所要做的不是去羡慕模仿西方的文化，而是要重新回到中国文化的路向上来，在保存中国优秀传统文化的基础上复兴中国文化。

（四）农村居民主体意识缺失

乡村民众是乡村文化的传承者和革新者，然而在工业化和城市化的影响下，大批农村居民对乡村文化的价值意识变得淡薄，"农民价值观的转变，对原有的乡村人文精神是一个巨大冲击。……乡村人文精神开始走向没落"[3]。这种不恰当的思想使乡村文化建设面临着困境。当前，青年一代农民更倾向于在城镇里生活与就业，他们中的一些人认为，老套的乡村生活方式是过时的，这体现出

①　董祚继：《乡村振兴呼唤文化复兴》，《国土资源》2018年第2期，第16—20页。

②　吴先伍：《柏格森生命哲学与梁漱溟中国文化复兴论》，《江苏行政学院学报》2014年第3期，第23—28页。

③　龚天平、张军：《资本空间化与中国城乡空间关系重构——基于空间正义的视角》，《上海师范大学学报（哲学社会科学版）》2017年第2期，第29—36页。

当代青年农民对乡村文化的认同感比较低。同时在乡村文化振兴中，乡村居民在乡村文化振兴中的主体地位并未得到重视，这更是降低了农村居民参与乡村文化建设的积极性，会造成农民不情愿继承、发展乡村文化。

(五)乡村文化资源整合不足

目前，我国尚未形成较为完善的文化资源保护和调配的立体网络体系，乡村文化资源与社会文化资源的整合力度还有待加强。虽然我国乡村拥有丰富的文化资源，然而一些地方对乡村文化资源的改造、开发和利用还不够科学。如过去十年间，自然村落作为乡村文化的载体其数量大大减少，地方特色的乡村文化作为一种不可复制的文化生态资源，随着自然村落的减少而边缘化。传统自然村实体自然面临着生存的压力。同时，有的乡村公共文化资源利用率不高、管理不健全、服务不精细等问题依然存在，造成了公共文化服务基础设施供给不足与资源闲置并存的尴尬局面。在文化产业的发展中，乡村地区依然表现出单一化、保守化的一面，文化产品不能很好地满足乡村居民日益增长的精神文化需求，产业潜力没有被充分激发，影响了乡村文化"内生力"的发挥。

三、乡村文化重构

习近平总书记在党的十九大报告中指出，要"深入挖掘中华优秀传统文化蕴含的思想观念、人文精神、道德规范，结合时代要求继承创新，让中华文化展现出永久魅力和时代风采"。这一思想在乡村文化振兴的战略中，就是要重视作为独有的历史记忆和思想表达的乡村优秀传统文化，要充分发掘乡村优秀传统文化的价值，并在新的时代发展中增加符合时代发展的新内涵，发挥乡村文化特有的作用，如尊重生态文化、乡村秩序的发展、当地基层治理体系的完善等，使乡村文化转化为推动乡村振兴的精神支撑和道德引领。乡村文化振兴需要的是一套综合措施。

(一)社会主义核心价值观引领乡村文化

文化作为一种精神力量，能够起到铸魂化人的作用。乡村振兴既要塑形，也要铸魂。只有塑造以社会主义先进文化为主体的乡村思想文化体系，打造乡村文化新风尚，培育文明乡风，让乡村居民物质生活充裕、乡风文明得到极大改善，乡村振兴战略才能真正实现。

"从思想起源说，社会主义核心价值观是对中国优秀传统文化的继承，与我国传统的乡土文化具有内在的契合性。"①在当前我国乡村的现实环境中,传统文化、地域文化、民族文化和互联网形成的网络文化等各种形态的文化现象交叉更迭、错综复杂。文化是多元的,主流文化是唯一的,以社会主义核心价值观为引领的乡村文化,就是主流文化。在乡村振兴战略实践中,应当把握住社会主义先进文化的前进方向。只有这样,才可以使以社会主义先进文化为引领的乡土文化发挥其真正作用,将村民的共识汇聚到以马克思主义为指导、以社会主义核心价值观为灵魂的思想价值体系中,从而有利于塑造面向现代化、面向世界、面向未来的新时代村民。

确保乡村振兴战略的各项措施落到实处,必须用社会主义先进文化占领乡村阵地。

(二)弘扬优秀传统文化

振兴乡村文化,需要弘扬优秀传统文化。在中国几千年的发展过程中,中华优秀传统文化发挥着深远影响,优秀传统文化在革命、建设、改革、发展的各个阶段都发挥着作用。梁漱溟认为,"世界未来的文化就是中国文化的复兴,有似希腊文化在近世复兴那样"②。我国优秀传统文化有极其丰富的价值,现代化并不是十全十美,本身也存在不足和问题。中华优秀传统文化的独特教化力在一定程度上可以矫正精神家园方面的问题,弥补现代化、城市化进程中的不足。因此乡村文化的振兴也是优秀传统文化的振兴。

(三)发挥农民主体地位

乡村文化的振兴,需要发挥农民的主体地位。乡村文化建设的主体是农民,也就是说乡村文化归根结底是为广大农民服务的。要加强农民对文化建设重要性的认识,鼓励广大农民积极参与其中,让农民积极主动地建设自己精神文化家园。创造优秀乡村文化,创造广大农民自己喜欢的文化形式和内容,让乡村成为现代化的文明乡村,而不是城市经济和城市文化的附庸。

乡村文化的价值主要体现在对传统文化的继承发展和与现代文化的融合创新,以及在促进现代乡村经济、社会以及城乡融合发展等方面的作用。乡村文化是由农民创造的,又是为农民所用的文化。它的社会功能就是让全社会,特别是

---

① 李凤兰:《社会主义核心价值观引领乡村文化振兴——基于日常生活理论视角》,《贵州社会科学》2018 年第 7 期,第 11—17 页。

② 梁漱溟:《东西文化及其哲学》,上海人民出版社 2014 年版,第 199 页。

农民能分享更多的精神文化和物质文化成果,让每位农民都有足够的获得感,并作为一个社会共同体凝聚起来。只有让农民成为乡村文化的主体,乡村文化才能发挥更广泛的作用,进而滋养全社会,这是乡村文化自信的根基。

(四)重塑新乡贤文化

在我国乡村社会中独具魅力的乡贤文化,对传承创新中华优秀传统文化特别是乡村文化,进而凝聚人心、弘扬正能量,起着非常关键的作用。近年来,随着现代化和城市化的发展,乡贤文化受到冲击。当今面对新的历史使命,我们需要塑造新乡贤,推动形成适应时代发展需要的乡贤文化,为实施好乡村振兴战略提供智慧和力量。

"当代新乡贤文化建设的主要目的却并不仅仅于此,它一方面是为了传承中华民族优秀传统文化,另一方面是为了破解乡村社会现代发展这一世界性难题,尤其是后者,是当代新乡贤文化建设所肩负的全新的历史使命。不管是中国,还是欧洲、日本,当代乡村社会都面临着人才流失,乡村逐渐空心化乃至消失的现代化困境。"①因此当代新乡贤文化主要是为了解决乡村建设问题。其次,新乡贤文化可以唤起各方人士心系乡村。因而,新乡贤文化建设的主要目标,或者说是历史使命,就是要使人们能够归心乡村,安心乡村,把乡村视作精神家园。只有这样,才能从根本上解决乡村社会的现代化困境。当今是中国伟大复兴的时代,新乡贤文化重造有利于推进乡村文化复兴。

(五)弘扬革命文化

革命文化是中国人民在艰苦卓绝的革命战争年代创造的宝贵精神财富,反映了无产阶级理想的信念,强调奉献、牺牲、拼搏等价值取向。革命文化是鼓舞、激励人们艰苦奋斗的强大精神力量。继承和发扬革命文化,要大力弘扬以爱国主义为核心的民族精神和以改革创新为核心的时代精神,使之成为实施乡村振兴战略的思想保证、道德支撑和精神动力。要依托乡村本地红色资源,推动红色薪火代代相传,采用人们喜闻乐见的方式传播革命文化;要理直气壮地让年轻人懂党史、知革命、念党恩、怀初心;要根据不同的受教对象,选择不同的课题,设置不同的内容,运用不同的模式,真正实现从认知到践行的转化。

要积极探寻乡村革命文化的教育途径。"在对红色文化进行传播过程中,我

---

① 季中扬、师慧:《新乡贤文化建设中的传承与创新》,《江苏社会科学》2018 年第 1 期,第 181—186 页。

们要向大众普及更多历史……使之成为激发我们努力向前的不竭动力。"①要在乡村以系列爱国主义教育为契机,推出优秀红色文艺作品,举办革命文化主题活动,讲好红色故事,搞好红色展览。要构建立体传播平台,推动红色故事广为传颂。要在乡村的中小学及各教育机构开展各类红色主题教育实践活动,不断增强乡村红色文化教育的生动性、吸引力和感染力,通过形式多样的宣传教育途径,让革命文化在乡村中得以传承。

(六)以"乡愁"重构乡村文化生态

"家乡是血亲、邻里、方言礼俗等多样低于元素的空间集合……这种存在的载体是记忆和记载。"②乡村是现代化的乡村,并非城市经济和城市文化的附庸,"让居民望得见山、看得见水、记得住乡愁"是乡村振兴的精神指向。乡村的发展一定要充分发挥文明乡风、良好家风、淳朴民风等乡村文化的纽带作用,以社会重组、经济重建、空间重构等重塑乡村文化生态。要点亮乡村文化的"火种",就要尊重乡村的民俗风情,保护、传承、挖掘中华优秀传统文化和乡土文化的思想观念、人文精神、道德规范,让乡村文化的形式和内容以农村、农民、农业为主线。畅通乡村文化的传播渠道,可采用文化墙、宣传栏、流动广播车、手册和海报等群众喜闻乐见的传播形式,大力弘扬中华优秀传统文化,以深切的乡土情结增强村民对地域文化、民族文化的归属感、认同感、自豪感,充分发扬创新精神,建构具有中华民族特色的乡村文化体系,努力缩小城乡文化代沟,切实增强乡村振兴的动力,展现乡村文明新气象。

---

① 黄汉昌:《弘扬红色文化要用好"微传播"》,《人民论坛》2017 年第 31 期,第 252—253 页。
② 李河:《从根系式生存到漂泊式生存——中国城市化进程的生存论解读》,《求是学刊》2018 年第 2 期,第 17—26 页。

新时代"枫桥经验"的根本遵循

——深入学习贯彻习近平同志关于坚持发展"枫桥经验"的重要论述

金伯中[①]

【摘　要】　深入学习贯彻习近平总书记关于坚持发展"枫桥经验"的重要论述,对于坚持和发展中国特色社会主义,推进平安中国、法治中国建设,实现国家治理体系和治理能力现代化,具有重大理论价值和实践指导意义。

【关键词】　"枫桥经验";基层治理;重要论述

习近平新时代中国特色社会主义思想孕育发展了新时代"枫桥经验",新时代"枫桥经验"是习近平新时代中国特色社会主义思想的有机组成部分。习近平同志对"枫桥经验"高度重视,据不完全统计,2002 年以来,习近平同志至少 46 次在有关报告、讲话、文章中反复强调要总结、推广、创新"枫桥经验",其中担任浙江省委书记期间 39 次。习近平同志关于坚持发展"枫桥经验"的重要论述,思想深邃,视野宽广,饱含远见卓识,科学阐明了坚持发展"枫桥经验"的一系列重大理论与实践问题。在习近平新时代中国特色社会主义思想指引下,"枫桥经验"开辟了新境界,实现了由"小事不出村、大事不出镇、矛盾不上交"向"矛盾不上交、平安不出事、服务不缺位"的跨越,完成了社会从管理到治理、政府从管理到服务的转变。认真学习贯彻习近平同志关于坚持发展"枫桥经验"的重要论述,对于坚持和发展中国特色社会主义,推进平安中国、法治中国建设,决胜全面建成小康社会,实现国家治理体系和治理能力现代化,实现"两个一百年"奋斗目标,具有重大理论价值和实践指导意义。

---

① 金伯中,浙江省公安厅副厅长。

一、明确了坚持发展"枫桥经验"的历史方位

到浙江工作不久,习近平同志在深入全省各地调查研究基础上,提出了推动浙江经济社会全面协调可持续发展和转型升级的"八八战略"。习近平同志从维护改革发展稳定的大局出发,围绕树立和落实科学发展观、构建社会主义和谐社会,强调要正确认识和把握浙江面临的重要战略机遇,正确认识和把握浙江经济社会发展的现实基础,提出了浙江加快全面建设小康社会、提前基本实现现代化的战略目标。正是基于对浙江进入加快全面建设小康社会、提前基本实现现代化的历史方位的准确认识和科学把握,习近平同志要求牢固树立"发展是硬道理、稳定是硬任务"的政治意识,高度重视并切实抓好维护社会稳定的各项工作,特别是要充分珍惜"枫桥经验",大力推广"枫桥经验",不断创新"枫桥经验",使"枫桥经验"在维护浙江社会稳定中显示更强的生命力,在加快浙江全面建设小康社会、提前基本实现现代化的进程中发挥更大的作用。习近平同志强调,必须始终站在改革发展稳定大局的高度,去思考、去实践、去创新"枫桥经验",通过改革发展促进社会稳定,在社会稳定中推进改革发展,最大限度地发挥"枫桥经验"在协调经济社会关系、预防化解社会矛盾、有效维护社会稳定中的积极作用,促进经济、社会和人的全面发展。习近平同志指出,不同的历史时期,发展的环境、条件、内容和要求不同,发展的理念和思路也会有所不同。根据经济转型发展给社会建设带来的新情况,大力推进社会建设和社会管理创新,进一步坚持发展"枫桥经验",遂成为浙江加快建设小康社会、提前基本实现现代化的题中应有之义。

党的十九大报告指出,经过长期努力,中国特色社会主义进入了新时代,这是我国发展新的历史方位。特别是在全面建成小康社会决胜期,各类社会风险交织叠加,社会治理面临的形势环境更为复杂。习近平总书记指示要把"枫桥经验"坚持好、发展好,把党的群众路线坚持好、贯彻好。在新的历史条件下做好维护社会稳定工作,把平安中国建设置于中国特色社会主义事业发展全局中来谋划,紧紧围绕"两个一百年"奋斗目标,把人民群众对平安中国建设的要求作为努力方向。习近平同志的这些重要论述,始终坚持马克思主义的立场、观点和方法,科学运用马克思主义的世界观和方法论,把坚持发展"枫桥经验"置于改革发展稳定的大局和全面建设小康社会的全局来把握,放到浙江加快全面建设小康社会、提前基本实现现代化的战略目标中来考量,明确了坚持发展"枫桥经验"的

历史方位。

二、明确了坚持发展"枫桥经验"的战略目标

平安和谐是全面建成小康社会的内在要求,也是坚持发展"枫桥经验"的目标追求。在浙江工作期间,习近平同志将坚持发展"枫桥经验"作为集中体现对小康社会建设全面化、品质化追求的重要载体,把平安和谐作为全面建设小康社会的前提和保证,提出了"大平安"的理念和平安建设的思想。习近平同志指出:"崇尚和谐,企盼稳定,追求政通人和、安居乐业的平安社会,这是中华民族文化的重要组成部分。""没有平安的浙江,就没有全面小康的浙江;没有和谐稳定的浙江,就没有繁荣富裕的浙江。"2004年2月23日,习近平同志在接受《人民公安报》专访时明确指出:"小康社会首先应该是平安社会。""充分认识建设'平安浙江',创造一个和谐稳定的社会环境,是全面建设小康社会的必然要求","维护社会稳定是构建和谐社会的前提和基础","如果不注重'社会更加和谐',就不可能实现更高水平的全面小康,更谈不上现代化"。习近平同志明确指出:"推进经济发展是政绩,维护社会和谐稳定同样是政绩。只有社会和谐稳定,国家才能长治久安,人民才能安居乐业。人民群众企盼生活幸福,但幸福生活首先必须保证和谐稳定。"

平安是人民幸福安康的基本要求,是改革开放的基本前提。15年来,习近平同志多次强调"要学习和推广'枫桥经验',争取做到'小事不出村、大事不出镇、矛盾不上交'","真正把问题解决在基层、解决在萌芽状态,做到不出事、少出事,不出大事,特别是不能出惊天动地的事"。习近平同志的这些重要论述,创造性地提出了"大平安"的理念和平安建设的思想,要求我们坚持目标导向,形成良好的社会秩序和发展环境,把平安和谐既作为全面建设小康社会的主要目标,又作为全面建设小康社会的重要保证,明确了坚持发展"枫桥经验"的战略目标。

三、明确了坚持发展"枫桥经验"的实践路径

在纪念毛泽东同志批示"枫桥经验"40周年暨创新"枫桥经验"大会上,习近平同志强调:"把学习推广新时期'枫桥经验'作为加强社会治安综合治理的总抓手,以基层安全文明创建系列活动为载体,抓基层、打基础,建机制、架网络,明责任、强保障,使'枫桥经验'在全省城乡基层单位全面推广,并贯穿到社会治安综

合治理的各项工作之中,有效维护全省社会稳定。"使社会发展更加"有序"、疏解矛盾更加"有效"、处理问题更加"有力",基础就在于基层工作,在系统调研和深入思考的基础上,习近平同志创造性地提出了"把工作重心下移基层"这一治国理政的新理念新举措,明确指出"枫桥经验"最显著的特点,就是抓基层、打基础,紧紧依靠广大群众,就地解决矛盾纠纷,增强维护社会稳定工作的针对性和有效性。同时,习近平同志明确指出学习、推广和创新"枫桥经验",要坚持预防在先、工作在前,努力把不稳定因素解决在基层,解决在内部,解决在萌芽状态,力争早发现、早报告、早控制、早处置。在 2005 年 1 月 31 日召开的省委保持共产党先进性教育活动专题报告会上,习近平同志指出:"推广和发展新时期'枫桥经验',建立健全预防化解矛盾纠纷机制,把各类矛盾、问题解决在基层和萌芽状态。"

社会组织发育程度是衡量社会成熟与否的重要标志,高度重视社会组织的培育和实质性作用的发挥是新时代"枫桥经验"的显著特征。习近平同志高度重视社会组织在基层社会治理中的作用,要求通过发挥各类社会组织的作用,形成社会管理和社会服务的合力,不仅要发挥好人民政协组织以及工会、共青团、妇联等人民团体的桥梁和纽带作用,还要注重发挥其他社团、行业组织和社会中介等民间组织的有益作用,进一步发挥民间组织广泛联系群众的优势,加强对社会成员的管理和服务,特别是在提供社会服务、反映公众诉求、促进社会公平、整合社会资源、化解社会矛盾、规范社会行为、加强自我服务等方面的作用。习近平同志明确指出创新发展新时期"枫桥经验",要不断健全和完善党政领导、社会协同、公众参与的社会管理格局。新时代"枫桥经验"坚持共建共治共享,大力引导和培育各类社会组织参与社会治理,实现了社会由管理向治理的转变。

习近平同志在党的十九大报告中提出,加强农村基层基础工作,健全自治、法治、德治相结合的乡村治理体系。这是在遵循新时代基层社会治理规律,吸纳主政浙江期间基层社会治理的有益经验,挖掘基层社会治理优秀传统文化基础上进行的重大理论创新和实践创新,也是新时代"枫桥经验"的基本要义。习近平同志的这些重要论述,对平安建设、加强和创新基层社会治理做出战略部署,实现"三治"结合,完善基层社会治理,广泛动员社会组织共同参与社会建设、共同参与社会治理、共同分享治理成果,为在新的历史起点上坚持发展"枫桥经验"指明了实践路径。

四、明确了坚持发展"枫桥经验"的法治要求

15 年来,习近平同志把坚持发展"枫桥经验"寓于法治建设大布局之中,坚持以法治思维和法治方式破解治理难题,为坚持发展"枫桥经验"营造了良好的法治环境。在纪念毛泽东同志批示"枫桥经验"40 周年暨创新"枫桥经验"大会上,习近平同志坚持把学习推广"枫桥经验"与贯彻依法治国基本方略,推进依法治省各项工作,加强基层民主政治建设有机结合起来,与推进以德治省,加强公民思想道德建设有机结合起来。习近平同志明确提出,创新"枫桥经验",必须营造法治环境,在依法治省中取得明显成效。"创新'枫桥经验',就要在推进依法治省中,把加强党的领导、人民当家做主和实行依法治国有机结合起来,最广泛地动员和组织人民群众依法管理国家和社会事务,管理经济和文化事业,维护和实现人民群众的根本利益。就要大力推进基层民主政治建设,浓厚基层民主法治氛围,畅通社情民意渠道,疏导理顺群众情绪;就要广泛开展普法宣传教育,进一步完善普法工作机制,不断提高人民群众的法治素质。"2006 年 4 月 26 日,习近平同志主持召开中共浙江省委十一届十次全体(扩大)会议,审议通过了《中共浙江省委关于建设"法治浙江"的决定》(以下简称《决定》),开启了法治中国建设在省域层面的实践探索。《决定》坚持把总结、推广和创新"枫桥经验"与谋划、推进社会主义法治浙江建设紧密结合起来,为坚持发展"枫桥经验"营造了良好的法治环境、提供了科学的法治指南。

2013 年 10 月 9 日,习近平同志就坚持和发展"枫桥经验"做出重要指示,明确要求善于运用法治思维和法治方式解决涉及群众切身利益的矛盾和问题。习近平同志的这些重要论述,着眼于创造公平、公正的良好法治环境,大力推进依法行政、依法管理和公正司法,把"枫桥经验"纳入法制轨道,推动形成办事依法、遇事找法、解决问题用法、化解矛盾靠法的良好环境,明确了坚持发展"枫桥经验"的法治要求。

五、明确了坚持发展"枫桥经验"的精神动力

独特的历史命运、独特的文化传统和独特的革命传统,注定了一个国家、一个民族必须选择适合自身特点的社会治理道路。"枫桥经验"之所以诞生和发展在浙江,这绝非偶然,而是中华优秀传统文化传承发展的产物,是浙江精神孕育

滋养的结果,也是以红船精神为代表的中国近代伟大革命精神孕育滋养的结果。红船精神和浙江精神是中国革命传统文化和浙江地域文化的提炼和升华,为坚持发展新时代"枫桥经验"提供了源源不断的精神动力。新时代"枫桥经验"是红船精神和浙江精神内生性演化、创造性转化、创新性发展的结果。习近平同志始终将红船精神和浙江精神作为引领坚持发展"枫桥经验"的力量源泉,不断总结提炼、丰富发展新时代"枫桥精神"。习近平同志在浙江工作期间,始终坚持并大力倡导红船精神和浙江精神,亲自把红船精神的基本内涵高度概括提炼为"开天辟地、敢为人先的首创精神,坚定理想、百折不挠的奋斗精神,立党为公、忠诚为民的奉献精神",反复强调要坚持和发展"自强不息、坚韧不拔、勇于创新、讲求实效"的浙江精神,要与时俱进地培育和弘扬"求真务实、诚信和谐、开放图强"的浙江精神。红船精神和浙江精神是浙江经验的内核、灵魂和精髓,也是浙江人民的理想信念、精神支柱和动力源泉,更是习近平同志留给浙江大地和浙江人民最可宝贵的精神财富。

15年来,习近平同志对红船精神和浙江精神念兹在兹、关爱有加。2018年7月8日,习近平总书记在中共浙江省委关于"八八战略"实施15年情况报告中做出重要指示,对浙江干部群众提出了"干在实处永无止境,走在前列要谋新篇,勇立潮头方显担当"的新期望新要求,不断丰富和发展了新时代浙江精神。正是在红船精神和浙江精神的引领、支撑和激励下,"枫桥经验"在诞生、发展、深化过程中培育形成了枫桥特有的"枫桥精神",这就是"枫桥经验"所蕴含的敢为人先、勇立潮头的创造精神,以民为本、春风化雨的和合精神,就地解决、舍我其谁的担当精神。习近平同志有关红船精神和浙江精神的这些重要论述,要求我们不断总结提炼、丰富发展新时代"枫桥精神",在新时代"枫桥精神"引领、支撑和激励下,不断总结、推广和创新新时代"枫桥经验",明确了坚持发展"枫桥经验"的精神动力。

六、明确了坚持发展"枫桥经验"的价值追求

15年来,习近平同志始终把实现、维护和发展人民群众的根本利益作为学习推广"枫桥经验"的出发点和归宿,坚持以人为本、执政为民。在纪念毛泽东同志批示"枫桥经验"40周年暨创新"枫桥经验"大会上,习近平同志强调:"实现人民的愿望,满足人民的需求,维护人民的利益,是'三个代表'重要思想的根本出发点和落脚点,是共产党执政的根本宗旨。创新'枫桥经验',就要始终坚持全心

全意为人民服务的宗旨。""切实做到权为民所用、情为民所系、利为民所谋。就要不断创新密切联系群众的有效载体,推动各级领导干部深入基层、深入实际、深入群众,调解纠纷,化解矛盾,理顺情绪,维护稳定;就要积极探索服务群众的多种途径,真心诚意地为群众办实事、解难事、做好事,满腔热情地解决人民群众工作和生活中的实际问题,努力实现富民、安民、乐民、康民。"夯实社会和谐之基,做好群众工作,要求我们把维护群众根本利益、促进利益关系协调看作和谐社会建设的重中之重。习近平同志在《树政绩的根本目的是为人民谋利益》一文中指出:"共产党人的政绩,就是做得人心、暖人心、稳人心的事,就是解决群众最关心、最迫切需要解决的问题,就是全面建设小康社会,促进人的全面发展。"习近平同志要求在学习推广"枫桥经验"的过程中,进一步转变执法管理理念,注重提高人的素质,维护人的权益,规范人的行为,和谐人与人之间的关系,使各项工作更贴近实际、贴近生活、贴近群众。同时,习近平同志指出创新"枫桥经验",要相信和依靠群众,充分发挥群众自我教育、自我管理、自我约束的本质力量,要求把人民群众看作和谐社会建设的主体。习近平同志指出:"群众路线是我们党的根本路线,群众观点是我们党的根本政治观点,人民群众不仅是物质财富、精神财富的创造者和享有者,也是和谐社会建设的主力军和最广大的受益者。"2005年1月6日,在省委建设"平安浙江"领导小组第二次全体会议上,习近平同志指出:"坚持创新发展'枫桥经验',充分发挥党的政治优势,进一步加强和改进新形势下的群众工作,教育引导广大干部群众正确认识和处理各种利益关系,增强主人翁意识和责任感。"

习近平同志的这些重要论述,要求我们牢固树立以人民为中心的发展思想,始终坚持全心全意为人民服务的根本宗旨,坚决贯彻党的群众路线,一切为了群众,一切依靠群众,紧盯群众所想、群众所急、群众所盼,明确了坚持发展"枫桥经验"的根本立场和价值追求。

七、明确了坚持发展"枫桥经验"的根本保证

中国特色社会主义最本质的特征是中国共产党的领导,最大的优势是中国共产党的领导。习近平同志始终强调党建统领是坚持发展"枫桥经验"的根本保证,明确指出:"'枫桥经验'充分发挥党的政治优势,通过依靠和组织人民群众,化解消极因素,解决社会矛盾,是党的优良传统和群众工作路线在新形势下的继承和发扬。"要求切实加强以党支部为核心的基层组织建设,深入细致地做好思

想政治工作。在纪念毛泽东同志批示"枫桥经验"40周年暨创新"枫桥经验"大会上,习近平同志指出:"各级党委充分发挥总揽全局、协调各方的领导核心作用,着力形成党政主要领导亲自抓、分管领导具体抓、有关领导共同抓的维护稳定工作领导格局。"习近平同志明确指出:"构建社会主义和谐社会,关键在党。基层组织是党执政的基石,基层干部是党和国家干部队伍的基础。加强基层组织和基层干部队伍建设,既是和谐社会建设的重要内容,更是和谐社会建设的重要保证。"习近平同志明确要求把基层党组织建设作为组织建设的支撑点,使其成为基层和谐社会建设的主心骨,发挥其在和谐社会建设中的组织和推动作用。党的基层组织是构建和谐社会的基石和支撑,基层党组织要围绕建设和谐社会的工作,进一步发挥领导核心和战斗堡垒作用,切实做好机关、企业、农村、城镇社区和学校、文化团体的党建工作,以服务群众为重点,扩大党的工作覆盖面,构建基层党建工作新格局。

党政军民学,东西南北中,党是领导一切的。中国共产党是中国特色社会主义事业的坚强领导核心,是最高政治力量,坚持发展"枫桥经验"必须坚定自觉坚持党的领导。只有始终坚持党的领导,充分发挥基层党组织建设、发挥领导核心和战斗堡垒作用,才能在更高水平推进"枫桥经验"创新发展。在国家基层社会治理体系的棋局中,基层党组织始终是最坚固的堡垒,通过政治引领、思想引领、组织领导,组织群众、引导群众、凝聚群众、服务群众,将党建引领贯穿坚持发展"枫桥经验"的各个环节。习近平同志的这些重要论述,强调党在社会治理中的统一领导作用,通过党建引领实现党委领导下的政府治理和社会调节、居民自治良性互动,明确了坚持发展"枫桥经验"的根本保证。

资本逻辑介入高职教育发展的逻辑悖论及平衡路径

牛 涛①

【摘 要】 工业 4.0 时代的产业升级要求"培养数以亿计的高素质劳动者和技术技能人才",浙江现代产业高速发展的现状,对高职教育提出了超常规发展的需求,但经济新常态下政府财政收入增幅加速下降,难以满足投资需求。浙江省域社会主义市场经济比较发达,资本相对活跃,需要调动社会资本投入高职教育的积极性。作为一种特殊的公共产品,高职教育具有强烈的针对行业企业的外部性,资本方作为重要的受益者有义务分担教育成本,实现高职教育超常规发展和资本增殖的共赢。但高职教育本质上是要通过对劳动者潜能的全面开发来实现人的自由和全面发展,这与资本自我增殖最大化的基本逻辑之间不可避免地产生某种紧张关系。资本逐利的短期行为冲动可能会导致高职教育在实践中重技术、轻文化,重操作、轻理论,重当下、轻未来,重效率、轻公平,从而遮蔽其本质、扭曲其产出。资本与高职教育之间,勾连是趋势,紧张与遮蔽是当前发展中的现象,平衡是要达到的目的。我们可以从制度供给入手,探索二者间达成平衡的路径。首先,对相关的制度供给进行价值合理性的在先约束,保证其不偏离消解资本负面效应的基本方向。其次,从宏观制度供给、中观机制建设和微观模式建构三个层面供给平衡资本逻辑与高职教育的制度体系。

【关键词】 资本逻辑;高职教育本质;制度供给

改革开放以来,伴随着社会主义市场经济体制的确立,在以工业 4.0 为标志的产业结构升级和高职教育跨越式发展的社会大背景下,高职教育与资本之间的内在逻辑联系得以凸显。如何认识资本逻辑与高职教育的本质,提供恰当的制度供给,保障各方主体的利益,约束相关各方的行为,既遵循教育的基本规律,

---

① 牛涛,浙江金融职业学院副教授,研究方向为马克思主义哲学。

遏制资本在人才培养上"工具主义"和短期行为的冲动,又充分利用市场和资本的工具,推动高职教育的跨越式发展,这已成为一个日益重要的理论和现实问题。

一、当前资本介入高职教育的逻辑必然及其表现形态

(一)当代中国资本与高职教育勾连的逻辑必然

资源依赖理论认为"组织体本身的生存发展需要从外部环境中获取资源,必须和周围的外部环境相互依存、相互作用才可以实现目标"[①]。高职教育体系本身是一个动态的开放系统,社会经济的整体状况、行业和企业的发展态势是其办学的重要外部环境,影响着其人才培养的结构和内容,要求其在适应中实现对社会现实的超越。在具体的学校和一线实际用人的行业企业之间,存在资源的依赖、交换和权力影响的互动关系。

首先,资本自我增殖的逻辑实现要以人的劳动能力扩张为前提。

对于资本而言,其基本的价值逻辑是要通过直接或间接地参与财富的生产过程实现自我增殖的最大化,价值规律、资源配置的手段、经营管理和竞争的法则、利益分配的规则等是其实现目标的工具逻辑。但财富的增殖是通过人的劳动实现的,技术进步和生产过程本身都是人劳动本质力量的外化。因此,资本自我增殖的逻辑实现要以发展人的潜能、扩张人的劳动能力为前提,这内在的要求通过教育特别是职业教育开发人的学习能力、实践能力和行动的意志力,使劳动者能更高效使用资本所提供的生产工具。特别是在现代工业和后工业社会,第三产业迅猛发展、第二产业的供给本身也强调多样化、个性化和创新性,资本必须通过技术创新来扩大相对剩余价值的生产,这就对劳动者的技术创新和应用推广能力提出了更高的要求,由此产生了高等职业教育大发展的需要。就具体的行业和企业而言,基于其特殊的岗位要求,其对高职教育培养出来的人才往往有能力开发方面的具体需要,从而产生介入高职教育产品生产过程的内在需要,由此强化人才培养的针对性,降低员工入职之后二次培养成本,实现效益的最大化。

其次,高等职业教育的本质要求资本的介入。

---

① 李维安:《资源依赖理论的比较分析》,《外国经济与管理》2015 年第 2 期,第 20—24 页。

高等职业教育属于高等教育的一种类型,本质上是通过开发劳动者的"人的自然力",在使劳动者"通过创造更多的经济价值提高了自身价值"①的同时,为国家经济建设提供"高素质技能型"人才,提升全民族的文化素质,属于社会公共产品提供的范畴。

但高职教育不属于义务教育,相对于普通高等教育,它更贴近应用,直接针对产业发展需要开展教学,与企业竞争力提高紧密联系,其教育产出除具有一般公共产品的公共性外,还具有更强烈的相对于行业企业的外部性。据教育成本分担理论,高职教育的投入主体不应限于政府和受教育者个体,企业作为高职教育的主要利益相关者应分担教育成本,实现投入主体多元化。

具体来说,高职教育准公共产品的性质要求政府要承担职业教育发展的终极责任,在相关投入中占主导地位,企业则通过纳税将培养合格劳动者的义务委托给了政府。但随着产业结构的转型和职业流动性的增强,政府无法靠一己之力满足社会具体、多样且不断变化的人才需求。由政府包办供给,可能会出现效率低下、缺乏针对性、难以根据企业行业需要及时应变调整供给结构等问题。根据制度分析学派的多中心治理理论,由私人部门提供一定限度的公共服务可以对解决这个问题提供一定启发:"政府的主要责任也并不是直接生产和提供公共服务,而是制定、执行和维护市场规则,监督和评估职业院校的办学行为和产品质量。"②因此,应从计划经济时代的供给导向转向需求导向,允许市场主体参与高职教育办学,让市场在高职教育的资源配置中发挥更重要的作用。这不意味着责任的转嫁,"政府应当积极发挥主导作用,承担起统筹规划、合理布局、制定措施、保障投入、健全法制等方面的职责……对企业在校企合作中可能受到的利益损失进行补偿"③。在投入的分工上,政府直接投入企业不愿也无法提供但社会又需要的人才培养内容,并调节投入的公平和远期利益的调整。资本则负责扩张投入的总量,并按照行业企业的实际需要和经济法则配置教学资源,提高投入的针对性和使用效率,从而解决当前我国人才培养与市场需求之间的结构性矛盾。

再次,经济新常态下高职教育的快速健康发展需要资本的介入。

随着我国经济社会的发展,劳动密集型加工经济的人口红利难以为继,必须

① 习近平:《之江新语》,浙江人民出版社2007年版,第198页。
② 刘晓、石伟平:《职业教育集团化办学治理:逻辑、理论与路径》,《中国高教研究》2016年第2期,第101—105页。
③ 陈玺名:《职业教育校企合作中的计划与市场》,《现代教育管理》2015年第1期,第109—113页。

进行产业转型,攀爬产业链和价值链的顶端,这要求教育系统能够"培养数以亿计的高素质劳动者和技术技能人才"①。《国家中长期教育改革和发展规划纲要(2010—2020年)》(以下简称《纲要》)要求我国高等教育毛入学率要从2010年的24.2%提高到2020年的40%。高职教育可以通过大量"高素质技能型人才"的培养,助力产业结构转型升级,适应"增速换挡、结构升级和创新驱动"②的经济新常态,需要超常规的快速发展。正如《纲要》所言:"到2020年形成适应发展方式转变和经济结构调整要求、体现终身教育理念、中等和高等职业教育协调发展的现代职业教育体系,满足人民群众接受职业教育的需求,满足经济社会对高素质劳动者和技能型人才的需要。"同时,高职教育兴起不久,基础薄弱,培养高素质技能型人才对实验实训场地设备等配置要求高,办学成本较高。这些都要求对高职教育进行更大规模的投入。

但在新常态下,"伴随着经济增速的回落,政府财政收入增幅加速下降,2011年税收收入增长率为22.6%,2012年下降到12.1%,2013年为9.9%,2014年仅为7.8%"③。这必然会影响政府财政在高职教育中的投入规模。除此之外,对政府而言,随着老龄化社会的加速到来,教育在涉及政府财政支出的政策议程中的优先次序也将面临巨大压力。实践中"高职院校年生均拨款尚在推动过程之中,且2017年的期望起点值(不低于12000元④)仍然低于2013年高等学校年生均拨款的平均水平(15591元⑤)"⑥。因此,经济新常态下的高职教育因应产业升级需要的规模扩张,完全由政府进行投入既不现实也不科学。理应拓宽投资渠道,调动社会各方面资本投入的积极性,给民间因长期经济高速发展累积起来但苦于缺乏投资渠道的资本提供投资的渠道,实现高职教育超常规发展和资

---

① 习近平:《就加快发展职业教育作出的指示》,《人民日报》2014年6月24日,第1版。

② 中国现代职业教育网:《独家图解:鲁昕部长谈职业教育新常态》,2014年8月25日,http://www.siit.cn/s/1/t/7/64/de/info25822.htm。

③ 宗晓华、陈静漪:《新常态下中国教育财政投入的可持续性与制度转型》,《复旦教育论坛》2015年第6期,第5—11页。

④ 中华人民共和国财政部:《财政部、教育部关于建立完善以改革和绩效为导向的生均拨款制度加快发展现代高等职业教育的意见》(财教〔2014〕352号),2014年10月30日,http://www.mof.gov.cn/zhengwuxinxi/caizhengwengao/wg2014/wg201411/201504/t20150427_1223648.html。

⑤ 中华人民共和国教育部:《教育部、国家统计局、财政部关于2013年全国教育经费执行情况统计公告》(教材〔2014〕4号),2014年10月31日,http://www.moe.gov.cn/srcsite/A05/s3040/201410/t20141031_178035.html。

⑥ 崔玉平、杨玉洁:《我国高等职业教育社会资本投入的现状、问题与对策》,《职业技术教育》2015年第22期,第31—36页。

本增殖的共赢。

(二)资本介入高职教育的表现形态

高职教育人才培养的要素分布于学校和行业企业,任一方均无法充分提供相关要素。需要在政府的引导和规范下,行业企业与相关高职院校就人才培养、技术服务、资源共享等方面开展互动,发挥各自的要素优势,实现共赢。这些要素内在配置方式的外化就是资本介入高职教育的具体表现形态。资本既是高职教育产品的直接需求者,又可以介入高职教育产品的生产过程,以高职教育产品供给的主体面貌出现。具体采取何种介入的方式,源于资本本身多样的需求定位,形成不同主体多元共生的供给结构,带来职业教育发展样态的多元化。

适应经济社会不同层面、产业不同发展阶段和不同层次人群的多样需求,高职教育存在全日制、非全日制的就业培训、岗位培训、新技术后期培训等多种类型,不同类型面对资本介入时应采取不同的策略。非全日制的就业培训、岗位培训、新技术后期培训等更直接针对资本的需要,承担人文素养提升的任务较轻,可以给资本更多的介入空间和更大的管控自由。而全日制高等职业教育作为全日制高等教育的类型,承担着德、智、体、美、劳全面发展的社会主义建设者培养的义务,资本的介入必须在总体培养目标的框架体系以及教育管理部门的评估规范之下进行,建构政府宏观调控下的高职教育自主发展体系。

在具体的行为机制层面。首先,许多中小企业有技术开发和创新的需要,但受资金、人才储备和设备条件等方面的限制,高职院校有相应的人才储备,但缺少生产一线创新的敏感性。二者可以就一些具体的创新项目开展技术开发的合作,推动技术进步、流程改造和产品的升级,从而获取更多的经济和社会效益。其次,行业企业与高职院校之间可以通过建构常态化沟通平台,使行业企业对人才培养的需要及变化状况及时准确地传递到职业教育体系中去,通过所需人才的精准化培养,增强高职院校人才培养的针对性,降低企业员工培训和使用成本。再次,资本通过订单培养、合作办学、参与政府高职教育公共服务的市场购买行动、独立办学等多种形式直接投入资源,参与高职教育人才培养的过程,不仅以需求侧,还以产品供给方的面貌出现。最后,资本方在政府协调下,承担自身的社会责任,在实习实训、教师专业化素质提升等方面为高职院校提供相应的办学资源。

二、高职教育的本质及其被资本逻辑多重遮蔽的可能

在市场经济时代,高职教育本身服务于资本的增殖,同时又由于高职自身本质和发展的必然,二者有着相互勾连的内在需要和可能。但资本本身自我增殖最大化的基本逻辑又与高职教育的本质目的之间不可避免地产生某种紧张关系。

(一)高职教育的本质及其应然产出

一切人的自由和全面发展是人类社会发展的基本方向,作为人的第一需要,劳动创造了人本身,正是在劳动的过程中,人的本质得以确证、显化。"未来教育对所有已满一定年龄的儿童来说,就是生产劳动同智育和体育的结合,它不仅是提高社会生产的一种方法,而且是造就全面发展的人的唯一办法。"[①]人的自由和解放只能在劳动中得以实现,推进教育与劳动的结合、实现人的解放和自由全面发展是高等职业教育的本质属性。

作为一种有别于普通高等教育的独立教育类型,高职教育具有高等教育和职业教育的复合特性。作为高等教育,要关注人的全面发展和社会核心价值的传播。作为职业教育,它"是国民教育体系和人力资源开发的重要组成部分,是广大青年打开通往成功大门的重要途径"[②],其"目标定位不拘泥于技术技能的传递,而是凝聚在人本身的内在价值实现之上"[③]。通过提升受教育者技术化生存的整体素养,为其在特定时空境域技术环境下的自由和全面发展奠定基础。

就其产出而言,高职教育的人才培养具有明晰的职业导向特点,但就业市场本身是多层次的,随着工业 4.0 时代的到来,我国制造业逐步摆脱数量扩张的发展路径依赖,依靠创新驱动由"中国制造"向"中国创造"转型,社会技术进步速度加快,产业的升级和岗位更替加速,就业市场的需求越来越多地从低层次技能人才向全面发展的高素质技能型人才迁移,对技术、知识、能力的复合性要求越来越高。相较于传统工业时代的中级普通职业教育,对高职教育人才培养的内容不再满足于工人某个具体岗位操作层面的一技之长,而要强调完满的职业人格、多种岗位的适应和知识迁移能力。

---

① 《资本论》(第 1 卷),人民出版社 1975 年版,第 535 页。

② 习近平:《就加快发展职业教育作出的指示》,《人民日报》2014 年 6 月 24 日,第 1 版。

③ 赵文平:《文化取向的现代职业教育价值选择》,《现代教育管理》2016 年第 1 期,第 102—106 页。

这要求高职教育的人才培养要有其自身独特的价值取向和发展逻辑,不能片面迎合市场当前的需求,只针对某一具体岗位掌握单项技能。而应以人的自由和全面发展为本位,针对不同人的个性特点及其可持续发展的需要开展教育,让学生认识自己、发掘潜能,明确职业发展的方向、培养职业发展的整体素质,在职业中体现人的价值,而不是仅仅为了谋生的需要。在培养内容的操作层面,服务但不附庸于市场,与市场之间保持适当的张力,具备一定的前瞻性、超越性和引领性,注重综合素质的培养,夯实学生技能背后的知识基础,塑造学生自我提升和可持续发展的品质,从而具备较强的学习能力、创新能力、知识迁移和岗位适应能力,更好地适应技术的进步和产业的升级。

(二)资本逻辑对高职教育本质的多重遮蔽可能

资本首先是高职教育产品的基本需求侧,消费高职教育人才培养方面的产出。同时,当资本开始介入高职教育时,它又以高职教育产品提供主体的面貌出现。二者相互缠绕,形塑双向互动的基本格局。但资本与高职教育具有不同的本质和目的,因而各自的行为动机和对人才培养需要的侧重点也不同。资本逻辑要实现自我增殖的最大化,其关注的焦点集中于利润本身。高职教育作为一种高等教育类型,其意义不仅在于辅助生产的经济功能发挥,还包括人格培养、价值文化传递等社会责任担当。资本介入高职教育具有价值的双面性。在高职教育社会属性和经济属性的交集地带,价值规律、竞争法则、经管规则等资本实现其增殖目标的工具性逻辑有助于高职教育资源配置的科学合理。但若放任资本最大化自我增殖的基本逻辑发挥作用,资本逐利的短期行为冲动可能会遮蔽高职教育推进教育与劳动结合、实现人的解放和自由全面发展的本质。正如马克思所言,"如果我把人说成是'交换价值',那么这个说法已经包含了这样的意思:社会条件把人变成了'物'"[1],"在现代世界,生产表现为人的目的,而财富则表现为生产的目的"[2]。

具体来说,处于短期利益获取的冲动和成本控制的需要,资本可能会在下列几个方面对高职教育的人才培养产生扭曲,从而遮蔽其本质。

首先,重技术、轻文化。技术本身就包括物质和精神两个层面,是一种文化现象和过程。技术的产生是文化累积的结果,技术的目的是满足人的多方面的需要,其中也包括文化的需要,文化通过技术的发展获得自身的外在表现。当技

---

①　《马克思恩格斯全集》(第 42 卷),人民出版社 1979 年版,第 263 页。

②　《马克思恩格斯全集》(第 46 卷),人民出版社 1979 年版,第 486 页。

术被普遍应用,就会成为当时时代下人们的行动和生活方式,从而以一种文化的面貌出现。因此,技术的学习和创新,离不开对相应文化的感受和理解。

对于高职学生来说,文化教育的内容包括人文素养基础课程、技术文化和伦理教育、职业基础知识、具体专业的文化背景教育、职业价值、职业精神和职业态度教育等,从而提升学生的整体文化品位、塑造完整职业人格。但资本出于成本控制的需要,往往会在人才培养时将技术和文化割裂开来,片面强调技术能力培养,忽略对相应技术及其发展的文化背景的学习。可能会培养出一些有知识、有技术,却缺少文化品位、存在人格缺陷的"单面人"。

其次,重操作、轻理论。"职业知识分三个层次,一是引导行动的知识,二是解释行动的知识,三是反思性知识。"[①]"这三个层次的职业知识绝非简单地用完成某项操作任务的实践所涵盖,需要以坚实的理论素养为基础。"[②]这就要求高职教育不能停留在操作性技能培训的层面,合格的毕业生要有能力将理论针对具体的操作需要进行演绎,重新语境化,从而有针对性地应用于实践,有效处理工作现场各种不同表现形态的具体技术问题。

但资本基于当下效率提升和短期利益的需要,可能会倾向于把人当作一种工具性的存在,将不同的岗位内部阶层固化,将劳动者作为廉价劳动力、作为设备的附属品加以使用,通过越来越细化的专业分工最大化地发掘人的局部潜能,从而在资本的不断扩张中抑制人全面发展的可能。如泰勒制下的流水作业企业制度,将员工分成对立的两极,一极是产品研发者和管理者,另一极是一线工人,只需具备一般的理解能力和绝对的服从以及纪律性,能够按指令去做简单操作,无须创造性。在人才培养上将高职院校定位为一线工人培养者,以特定职业甚至岗位所需要的具体技能为中心学习训练,从而最大限度地降低培养成本,获取劳动者剩余价值。这样培养出来的学生容易上手某项具体技能,迅速适应某个具体岗位,成为熟练工。但缺乏系统的知识基础和知识迁移的可持续发展能力,容易禁锢人的职业方向和发展道路,使人难以适应技术进步和职业本身要求的变化。"基础不牢,技术人才的综合职业品质没有得到较好的沉淀,低层次的职业教育无法满足高端制造业对于高端技术人才的需要。"[③]

---

　　①　费利克斯·劳耐尔:《职业教育是促进人的发展》,2014年4月7日,http://jnb.gdps.net/2011/477/2011-701.html。

　　②　陈德泉:《德国双元制职业教育的重新审视》,《中国高教研究》2016年第2期,第92—96页。

　　③　陈鹏、庞学光:《培养完善的职业人——关于现代职业教育的理论构思》,《教育研究》2013年第1期,第101—107页。

再次,重当下、轻未来。这与"重操作、轻理论"实质上是一个问题的两个方面。资本在介入高职教育之后,若无相关机制加以限制,出于培养效率的需要,可能会在专业设置和人才培养的具体内容上片面迎合就业市场当下的热门需求,热衷短平快的能力培养方案,忽略未来需求变化的风险。而且,对资本而言,其若对高职教育过程进行投入,自然希望其相应的产出具有针对自身需要的更强的专用性,防止其他没有进行投入的企业搭便车,因此,能力和岗位的可迁移性强不一定符合资本短期利益的需要。

高职教育的相关院校要注意这种风险,不能被动适应当前经济结构下的需求,要在充分调研、了解真实需求的基础上,反思不具持续性的产业结构和需求内容,辨别当下需求结构的合理性,对需求的发展趋势有科学的预测。对能把握住的趋势,要在人才培养上兼具适应性与超越性,具备前瞻性和引导性。通过与一些有产业升级需求企业的紧密协作,通过供给结构的调整带动需求侧的改革发展,为受教育者的自由和全面发展、为经济结构的转型升级做出贡献。对难以准确把握的未来趋势,要夯实理论基础,强调理论的应用能力和知识迁移能力的培养。

最后,重效率、轻公平。高职教育作为社会公共产品的提供者,其内在承担着提升全体劳动者职业素质的社会责任,要帮助社会弱势群体通过接受相应教育提升创造财富的能力,从而维护社会公平正义。但资本的基本逻辑使其有强调效率至上、功利主义乃至工具主义的强烈冲动。可能会在培养内容上减少基本课时、降低培养质量;在培养成本的分担上,尽可能扩大受教育者本人和政府分担的比例;在培养对象选择上,不会考虑最需要获得接受良好职业教育的机会的社会弱势群体利益。

基于以上分析,我们可以认为:资本与高职教育之间,勾连是趋势,紧张与遮蔽是当前发展中的现象,平衡是要达到的目的。我们可以从制度供给入手,探索二者间达成平衡的路径。

三、资本与高职教育:基于制度供给的平衡路径

制度是一种规范体系,其生成本身是各方利益主体博弈和妥协的结果。制度的供给包括静态的规范建构和动态的机制运行两个方面,建构协调各方主体利益的责、权、利规范框架,界定行为边界,确定行为模式,从而使系统的外部环境和内部各方主体的行为均具有某种确定性,形成相对稳定的预期。在高职教

育方面,产业升级对人才全面素质的要求与高职教育的本质要求是一致的,关键在于建构并严格执行相关制度和机制约束企业行为,促使其及早适应产业体系环境的转型。高职教育要针对教育发展和改革实践中的实际问题而进行相关制度供给,并在实践应用中检验、调整并体现其价值,这本身就是一个动态的教育治理过程。在政府的主导下,各方主体参与建立长效发展机制,实现契约治理,符合高职教育依法管理的发展趋势要求。教育治理体系与治理能力的现代化、科学化可以在相关制度的供给侧改革的实践中实现突破。

制度不是价值中立的自然法则,它由各利益主体在博弈的过程中确立,内在蕴含着特定社会的价值理念。就高职教育而言,制度的供给,需要有价值合理性的在先约束,从而保证制度供给不偏离其消解资本负面效应的基本方向。第一,制度供给本身体现了法治的价值,要求相关主体均要确立规则意识,自觉遵守制度。第二,制度供给要体现科学的价值规范。应有科学的制定、执行、评估和终结的程序性规定,减少供给的随意性。制定方面,当现实的问题出现,对制度供给提出要求的时候,要有相应的程序机制保证能够将问题及时纳入制度供给的议程,尽可能避免超前、过时等无效供给;执行方面,制度要有能应用于实践,调整相关主体行为的保障机制,包括物质、机构、奖惩措施等;评估方面,制度在应用于实践的过程中,要有一个相对中立的机构按照相应程序性要求对制度的实际效果进行评估,以发展和完善制度;终结方面,当制度经评估发现无法实现预期效果,并没有调整完善的必要时,要有相应的终结程序。第三,制度供给要体现民主的价值。制度作为一个规范体系,涉及多方主体利益的调整。因此,应该让相关的"多元利益主体直接参与制度的形成过程,监督制度的形成和执行过程。"①第四,制度供给要体现公平正义的价值。高职教育不是精英教育,承担着帮助劳动者适应现代社会要求、提升劳动能力的社会责任。对于社会弱势群体来说,接受高职教育是其在社会阶层中向上流动的重要途径。第五,制度供给要聚焦于人的自由和全面发展,为人的解放服务。

具体来说,我们可以从宏观、中观和微观三个层面去建构平衡资本逻辑与高职教育的制度体系。

(一)宏观制度供给层面

宏观制度是指那些具有普遍适应性、系统性、协同性的顶层设计,为资本对

---

① 唐世纲:《大学制度规制的价值合理性及其实现》,《现代教育管理》2016 年第 1 期,第 31—37 页。

高职教育的介入明确总的方向。这类制度供给聚焦于资本介入高职教育的合法性确立,资本取得回报的可能,多元办学主体的关系定位,管理主体确定,办学标准、办学类型和办学层次的界定等方面。既包括增量的制度供给,也包括根据实践的新发展对相关存量制度进行审查,清理歧视性的或不合时宜的内容。

在形式方面,高职教育的宏观制度供给首先以国家层面政策的面貌出现,然后其核心内容通过相关的立法行为,将政策的成果以法律的形式固定下来。2002 年颁布的《中华人民共和国民办教育促进法》、2004 年国务院出台的《民办教育促进法实施条例》,都综合体现了之前相关的政策内容。但立法并不是制度供给的终点,针对实践中的新情况,职能部门需要及时应对,在法律的框架内出台新的政策。若有必要,按照一定的程序对法律本身进行修订,从而保证相关的制度供给能够与时俱进。

近年来,为有效解决实践中的新问题,《国家中长期教育改革和发展规划纲要(2010—2020 年)》(以下简称《纲要》)指出:"大力支持民办教育……依法管理民办教育……依法落实民办学校、学生、教师与公办学校、学生、教师平等的法律地位。"《关于加快发展现代职业教育的决定》强调,积极支持各类办学主体,探索发展所有制混合、股份制职业院校;鼓励社会力量、民间资本与公办优质教育资源嫁接合作;鼓励社会力量要素参与办学。《现代职业教育体系建设规划(2014—2020)》明确:"鼓励企业举办或参与举办职业院校,到 2020 年,大中型企业参与职业教育办学的比例达到 80% 以上。经费渠道通畅,根据办学要素投入而获得相应的权利,营利或者取得合理回报。"

针对某些歧视性或已不合时宜的存量制度供给,《纲要》强调"根据经济社会发展和教育改革的需要,修订教育法、职业教育法、高等教育法、学位条例、教师法、民办教育促进法,制定有关考试、学校、终身学习、学前教育、家庭教育等法律。"如《纲要》提出要完善人才评价标准、改进人才评价方式、克服唯学历倾向;2014 年《关于深化考试招生制度改革》决定取消高考的录取批次;《人才管理和评价制度改革》提出要淡化学历作为入职和职称评审等的硬性条件。

(二)中观机制建设的制度供给方面

改革开放后,我国先后颁布了近百部保障和促进高职教育发展的政策文件,其中不少涉及明确资本介入高职教育的合法性、规范其介入行为等,但"由于政策的操作性以及其科学性而导致的与当前高职教育发展的现实不适应"①,导致其预期功能并未得到有效发挥,需要制定和执行具体的配套机制。

多元办学主体的投入及回报机制建设方面,资本介入高职教育存在投入周期长、回报相对较慢、相关制度不健全、政策环境具有不确定性等问题。同时,高职教育本身公共产品供给的特点决定了其产出具有很强的外部性和迁移性,企业以追求利润为目的,讲求投资效率,易产生搭便车心理,不愿投入。对于行业企业而言,没有在法律层面的义务规定,需要能够刺激他们投入的长效机制。

1996 年颁布实施的《中华人民共和国职业教育法》规定要吸引企业参与职业教育投入,但在投资方式、合作类型、管理模式、回报机制等方面缺乏具备可操作性的细则;1997 年《社会力量办学条例》规定"不得以营利为目的"、2002 年《中华人民共和国民办教育促进法》指出"民办教育事业属于公益性事业",但公益性事业不代表不能营利,具体活动的营利与否不是其公益性本质的决定因素,这里对相关问题并没有进行明确界定。2014 年 11 月颁布的《国务院关于创新重点领域投融资机制鼓励社会投资的指导意见》对这个问题有了更具体的规定:"鼓励社会资本加大社会事业投资力度。通过独资、合资、合作、联营、租赁等途径,采取特许经营、公建民营、民办公助等方式,鼓励社会资本参与教育、医疗、养老、体育健身、文化设施建设。……各级政府逐步扩大教育、医疗、养老、体育健身、文化等政府购买服务范围,各类经营主体平等参与。……营利性民办学校收费实行自主定价,非营利性民办学校收费政策由地方政府按照市场化方向根据当地实际情况确定。"

遏制资本在高职教育人才培养的短期行为冲动方面,要制定更具体的规则,避免对既有制度的片面理解。如《关于以就业为导向,深化高等职业教育改革的若干意见》指出:"毕业生的就业状况将作为检验学校办学水平的核心指标。"在这里强调应用型人才培养的方向是对的,但在实践中出现片面注重一次就业率量的提升而忽视就业质量问题,反映在教学中就是片面注重技能训练,育人功能出现偏差。因此,要细化相关的考核细则,不能仅看数量,而是通过对毕业生开展初次就业薪资等状况调查、5 年就业跟踪调查等考核毕业生培养质量。

除此之外,在中央宏观的制度框架之下,各省市可以根据本地的具体情况,在招生管理、办学形式、人才管理等方面依据中央精神大胆改革创新,探索建立

---

① 蒋春洋:《国际视野下的中、高等职业教育衔接:模式、特征与启示》,《现代教育管理》2014 年第 4 期,第 102 页。

适合本省实际的资本与高职教育协同发展体系。如 2015 年 12 月出台的《上海现代职业教育体系建设规划(2015—2030 年)》强调"对举办职业院校的企业,其办学符合职业教育发展规划要求的,通过政府购买服务等方式给予支持。对职业院校自办的、以服务学生实习实训为主要目的的企业或经营活动,按照国家有关规定享受税收等优惠"。

(三)微观模式建构的制度供给层面

主要是指各个微观办学主体具体的教育治理模式建构,建构办学资源与要素的有效供给体系。国务院《关于加快发展现代职业教育的决定》提出要鼓励多元主体组建职业教育集团。教育部在《关于深入推进职业教育集团化办学的意见》中进一步明确:"支持行业部门、中央企业和行业龙头企业、职业院校,围绕行业人才需求,牵头组建行业性职业教育集团。"但具体的治理模式和规则体系尚不够完善。微观模式建构的制度供给要求针对不同的资本介入高职教育类型,建构资本、政府、学校三方合作的组织架构、行动规则、权利义务、培养方案、分利机制、争议解决条款等具体的治理模式,从而明确投入主体各方责权利,促进利益诉求表达的规范化,遏制资本的自利倾向和机会主义的短期行为冲动,形成以市场机制为基础、以法律为行为准则的利益共同体。

具体来说,在校企合作的模式方面,在《校企合作促进条例》的制度框架下,相关主题根据各自的需要和投入状况采取多样化的合作模式,如订单培养、行业协会参与投入和治理、共建二级学院、研发项目合作等,明确董事会领导下的校长负责制。在专业设置、学科建设、课程体系开发、教学内容建设等方面,要根据高职教育的本质设计科学合理的人才培养方案,制定并严格执行教学质量评估的具体指标体系设计、教学过程的管控体系、教学质量的保障机制,从而调整资源在不同专业和具体培养内容上的投入,整合社会资源投入的效率,实现优化配置。在校外实训、顶岗实习、毕业设计等方面,要根据职业教育的规律,从学生职业能力发展的长远角度出发,科学合理地设计并严格执行过程管理机制。资本介入高职教育后的教学评估方面,《纲要》指出"依法管理民办教育……扩大社会参与民办学校的管理和监督。加强对民办教育的评估",但如何评估、主体为谁、评估标准、评估公正性的保障、评估的后续整改行为保障等,都需要进一步明确。各地教育行政管理部门作为微观办学主体的管理者,有责任发挥主导作用,建立并运行高职教育教学质量的评估和管控机制。

后　记

　　习近平总书记在党的十九大报告中指出："经过长期努力,中国特色社会主义进入了新时代,这是我国发展新的历史方位。"并且强调指出："我国社会主要矛盾已经转化为人民日益增长的美好生活需要和不平衡不充分的发展之间的矛盾。"在解决新时代的新矛盾时,我们在实践中形成了"新思想",这就是习近平新时代中国特色社会主义思想。正如马克思、恩格斯在《德意志意识形态》中所说的,"一切划时代的体系的真正的内容都是由于产生这些体系的那个时期的需要而形成的"。正确认识我国社会所处的历史方位,准确把握我国社会主要矛盾,要坚持马克思主义立场观点方法,从我国实际出发,遵循我国社会发展的逻辑,不断在实践和理论上进行探索,用发展着的理论指导发展着的实践。

　　每一个时代的哲学人都力图对时代提出的问题进行反思。新时代对哲学提出了新课题,也为哲学发展提供了新契机和新动力。作为时代精神精华的哲学比以往任何时候都需要以创新的姿态重新解释我们已有的认知范式并为我们提供新的行为规范。新时代的发展和中国特色既是哲学在当今创新的必要动力,也为哲学创新是否与时代精神相辅相成提出了重要的指标体系。哲学理论创新必须既要考虑新时空、新条件,又能引领新时代精神。正是在这样的时代背景下,浙江省哲学学会本着每一个时代的哲学工作者都要把握自己时代所应有的责任感和使命感,将2018年度学术研讨会的主题内容确定为"习近平新时代中国特色社会主义思想与哲学创新"。探求既能站在时代的前列,提出理解当务之急问题的新方法和新视角,又能立足于历史的深处,批判性地反思这些新问题、新方法、新视角;尝试超越短期利益诉求和浅见,一方面传承接续哲学历史脉络,另一方面又能以创新的立意指向时代精神的高峰。无论传承还是建构,哲学创新都是对新时代问题的回答、对新时代需求的回应。

　　在学会秘书处的会议通知发出以后,广大会员就开始积极撰写论文,共递交了五十余篇论文。这些论文围绕主题,就习近平新时代中国特色社会主义思想形成的理论基础和历史渊源、丰富内涵和精神实质、方法论特点，以及以人民为中心的马克思主义发展观等问题，从多角度多层面展开了分析和论述。许多论文反映新时代的特点，从世界观、时代观、历史观去总结、反思中国社会发展的历史进程及未来发展走向，为解决当今中国重大问题，例如共享发展、基层社会治理，以及实现人类命运共同体等提供方法论的指导，并探究哲学创新与时代精神的互动关系，提出了许多具有理论学术价值和当代实践意义的观点。为了让全体会员以及社会上更多的人了解和利用这些成果，也为了激励更多的会员今后积极参与学会的各项学术活动，学会从本年度以及 2017 年度学会年会论文中选取了部分论文续集出版。由于论文集的篇幅所限，尚有部分作者的论文没有被收录到本论文集中，在此致歉。对于论文集在内容和形式上的不完善处，我们将在以后加以改进。

　　最后，谨向积极撰写论文的各位作者、给予我们大力支持的浙江工商大学出版社，以及责任编辑刘淑娟，表示真诚的感谢。省哲学学会秘书处在论文集的编辑出版中做了不少的工作，在此也一并表示感谢。

浙江省哲学学会

2018 年 11 月